Spanish Learner's Dictionary

Spanish-English / English-Spanish

For the English Speaker

Spanish Learner's Dictionary

Spanish-English / English-Spanish

For the English Speaker

HIPPOCRENE BOOKS, INC.
New York

© 2003 Hippocrene Books, Inc.

All rights reserved.

ISBN 0-7818-0937-1

For information, address:
Hippocrene Books, Inc.
171 Madison Avenue
New York, NY 10016

Cataloging-in-Publication data available from the Library of Congress.

Printed in the United States of America.

Contents

The Spanish Alphabet	1
Abbreviations	2
Pronunciation	3
Grammar	7
1,000 Frequently Used Spanish Words	17
Spanish – English Dictionary	33
English – Spanish Dictionary	145
INDICES:	269
Common Spanish Verbs	271
Spanish Holidays	299
50 Spanish Proverbs	301
Spanish Menu Terms	307
Cooking A-Z	321

The Spanish Alphabet

a	*(ah)*	n	*('eneh)*
b	*(beh)*	ñ	*('en-yeh)*
c	*(theh)*	o	*(oh)*
ch	*(cheh)*	p	*(peh)*
d	*(deh)*	q	*(koo)*
e	*(eh)*	r	*('ereh)*
f	*('ef-feh)*	rr	*('erreh)*
g	*(heh)*	s	*('eseh)*
h	*('acheh)*	t	*(teh)*
i	*(ee)*	u	*(oo)*
j	*('hota)*	v	*('veh)*
k	*(ka)*	w	*(doh-bleh-oo)*
l	*('eleh)*	x	*('ekees)*
ll	*('el-yeh)*	y	*(eegree-'eh-ga)*
m	*('emeh)*	z	*('thet-ta)*

Abbreviations

abb.	abbreviation
adj.	adjective
adv.	adverb
art.	article
aux.	auxiliary
conj.	conjunction
f.	female
interj.	interjection
m.	masculine
n.	noun
num.	number
pl.	plural
pref.	prefix
prep.	preposition
pron.	pronoun
v.i.	intransitive verb
v.r.	reflective verb
v.t.	transitive verb

Pronunciation

Vowels:

a   As the "a" in *father*. Say: alas *(ah-las)*, alambre *(ah-lahm-bre)*, cara *(cah-rhah)*

e   As the "e" in *pet*. Say: edad *(eh-thad)*, melodia *(meh-lo-dee-ah)*

i   As the "e" in *me*. Say: mito *(mee-toh)*, idolo *(ee-doh-loh)*

o   As the "o" in *moss*. Say: mora *(moh-rah)*, ojala *(oh-ha-lah)*

u   As the "oo" in *cool*. Say: unico *(ooh-nee-ko)*, tubo *(too-boh)* It is silent after "g" and in "gue, gui," unless marked with an umlaut. Examples: *antigüedad (ahn-tee-gwee-thad), pingüino (peen-gwee-noh)*.

y   When occurring as a vowel (in the conjunction *y* or at the end of a word) is pronounced like "e" in *me*. Example: hoy *(ohee)*

Diphthongs:

ai   Like "i" in *right*. Example: maiz *(my-eeth)*

ei   Like "ey" in *they*. Example: peine *(payee-neh)*

oi   Like "oy" in *boy*. Example: oiga *(oy-gah)*

au   Like "ou" in *mouse*. Example: autentico *(ow-ten-tee-ko)*

eu   Like "e" in *pet* followed by "oo." Example: Europa *(eh-oo-roh-pah)*

Consonants:

- **b & v** Like English "b" at the beginning of a word; like "v" in *virtual* within a word. Example: veinte *(beyn-teh)* as opposed to uva (oo-vah)
- **c** Before a, o, u, is like "*k*". Before "e, i" is pronounced like an "s" in *soon*. Example: copa *(koh-pah)* as opposed to cena *(seh-nah)*
- **g** Before "e" and "i" like "h" in *hot*. In other instances the sound is that of "g" in *get*. Example: gente *(hen-teh)* as opposed to ganso *(gahn-so)*
- **h** Always silent. Example: alcohol *(ahl-col)*
- **ll** Like "y" in *yes*. Example: callampa *(kai-yahm-pah)*
- **ñ** Like "n" in *onion*. Example: niño *(neen-yo)*
- **q** Like "k" (always in combination with "u," which is silent). Example: parque *(pahr-keh)*
- **r** A trilled "r." Example: pera *(peh-rah)*
- **rr** Strongly trilled "r." Example: perra *(pehr-rah)*
- **x** Like "s" in *legs*. Example: sexo *(sehck-so)*
- **y** Like "g" in *general*. Example: yegua *(yeh-guah)*
- **z** Like "s," or "th" (Spain). Example; zoologo *(thoo-oh-loh-goh)*

Recommendation: If possible, review the material given here with a speaker of Spanish to hear how the sample words, phrases and sentences are pronounced.

Stress

1. If a word ends in a vowel, "*n*", or "*s*", the penultimate (the second to last) syllable is stressed. Examples: *herm<u>a</u>na, bibliot<u>e</u>ca, c<u>a</u>ntan, edif<u>i</u>cios.*

2. If a word ends in a consonant other than *n* or *s*, the last syllable is stressed. Examples: *com<u>er</u>, laur<u>el</u>, necesid<u>ad</u>.*

3. If a word is to be stressed in any way contrary to rules 1 and 2, an acute accent is written over the stressed vowel: Examples: *autobús, orígenes, acentúa, carácter.*

Diphthongs and Syllabe Division

The vowels "a, e, o" are considered strong and "i, u" weak.

1. A combination of weak + strong forms a diphthong, the stress falling on the stronger element: Examples: *di<u>e</u>nte, c<u>a</u>usa, deti<u>e</u>ne, du<u>e</u>le.*

2. A combination of weak + weak forms are a diphthong, the stress falling on the second element. Examples: *cu<u>i</u>do, vi<u>u</u>do.*

3. Two strong vowels together remain two distinct syllables, the stress falling according to the rules 1 and 2. Examples: *a/tra/er, ma/es/tro.*

4. Any word having a vowel combination not stressed according to these rules has an accent: Examples: *fr<u>í</u>o, ca<u>í</u>do, ba<u>ú</u>l, tra<u>í</u>do.*

Syllabification

Spanish words are divided according to the following rules:

1. If there is a single consonant between two vowels, the division is made between the first vowel and the consonant. Examples: *flo-re-ro, pa-lo-ma.*

2. When there are two consecutive consonants, these may be divided, for example: *miér-co-les, in-fier-no.* If the second consonant is an "l" or "r," the division comes before the two consonants. Examples: *no-ble, true-no, es-ta-blo.* This also goes for "ch," "ll," and "rr." Examples: *pe-cho, lla-ve, ca-rro.*

3. In the case of three consecutive consonants (usually including an "l" or "r"), the division comes after the first consonant. Examples: *aden-tro, vien-tre.* If the second consonant is an "s," however, the division comes after the "s." Examples: *cons-pi-rar, ins-tin-to.*

4. In the case of four consecutives consonants (the second of these is usually an "s"), the division is made between the second and third consonants. Example: *ins-tru-men-to.*

5. Diphthongs and triphthongs may not be divided. Examples: *cien, fue.* Vowels which are part of different syllables, however, may be divided. Examples: *frí-o, a-cre-e-dor.*

6. Compounds including those formed with prefixes, are divided morphologically. Examples: *dis-cul-pa, des-tru-cción.*

Grammar

Nouns

A noun is the name of a person, place, or thing. Examples: *casa (house)*, *niña* (girl); *mesa* (table); *escuela* (school); *puente* (bridge); *río* (river).

A proper noun is the name of a particular person, place or thing. These are generally capitalized. Examples: *Juan* (John); *Argentina* (Argentina); *Nueva York* (New York).

Gender

All nouns are masculine or feminine in Spanish. Generally nouns ending in "o" are masculine, and nouns ending in "a" are feminine. Examples: *el oro* (the gold); *la abuela* (the grandmother).

There are some exceptions, often times with words ending in "ma" or "pa". Common examples include: *el problema* (the problem), *el mapa* (the map); *el tema* (the subject or plot), *la mano* (the hand); *el día* (the day).

The following endings are generally feminine or masculine, respectively. <u>Generally feminine</u>: *ción, dad, tad, umbre, tud*. <u>Generally masculine</u>: *ón, el, al, ente, ador, or*.

The Plural

Nouns ending in a vowel form their plurals by adding -s, and those ending in a consonant form their plurals by adding -es. Those ending in "z" change the "z" to "c" before adding -es. Examples: *hijo, hijos* (son, sons); *papel, papeles* (paper, papers); *doctor, doctores* (doctor, doctors); *luz, luces* (light, lights).

The masculine plural of nouns and of adjectives used as nouns may include both male and female beings when they denote rank or relation and may be repeated. Examples: *los abuelos* (the grandparents); *los alumnos* (the students); *los hermanos* (the brothers & sisters); *los tíos* (the uncles & aunts).

Pronouns

A word that takes the place of, or is used instead of a noun is referred to as a pronoun.

yo (I)
tú (you)
él (he)
ella (she)
Ud. (you)
nosotros (we)
Uds. (you all)
ellos (they)

In Spanish there are two ways of saying "you"; in the singular *tu* is called the familiar form and is used in speaking to members of one's family, intimate friends and animals, etc; *usted* and *ustedes* are called the formal or polite form.

Possessive pronouns show ownership of a noun. Before the noun, the forms are:

mi (my)
tu (your)
su (his, her, its)
nuestro(a) (our)
sus (their)

Example: *es mi libro* (it's my book).

After the noun, the forms are:

mio(a) (mine)
tuyo(a) (yours)
suyo(a) (his, hers, its)
suyos(as) (theirs)

Example: *el libro es mio* (the book is mine).

Adjectives

An Adjective is a word that modifies (limits or describes) a noun or pronoun. Examples: *alto* (tall); *nuevo* (new); *pocos* (few); *viejo* (old); *azul* (blue); *mucho* (much, a lot).

Adjectives form their plurals in the same manner as nouns. If they end in a vowel, they form plurals by adding *-s*; if they end in a consonant, they form plurals by adding -*es*; if they end in -*z*, change the *"z"* to *"c"* and add -*es*.

Adjectives ending in -*o* in the masculine change the *"o"* to *"a"* to form the feminine. Examples: *blanco—blancos, blanca—blancas* (white); *alto—altos, alta—altas* (tall); *grande—grandes* (large). Other adjectives are the same for both genders.

Exception: Adjectives of nationality ending in a consonant in the masculine singular add *"a"* to form the feminine. Examples: *español—españoles, española—españolas* (Spanish).

Limiting adjectives precede the noun they modify; descriptive adjectives generally follow the noun they modify. Examples: *muchos libros* (many books); *muchos libros rojos* (many red books); *nuestra casa* (our house); *nuestra casa grande* (our large house).

Articles

The articles in Spanish are adjectives and, as such, precede the noun they modify and agree with it in the number and gender. The singular is as follows: *el* (the); *un* (a, an); *la* (the), *una* (a, an); *los* (the), *las* (the).

Masculine nouns require a masculine article; feminine nouns require feminine article. Examples: *el hombre* (the man); *la muchacha* (the girl); *un pasaporte* (a passport); *una mesa* (a table).

Exception: Feminine nouns beginning with stressed *"a"* or *"ha"* take *"el"* in the singular instead of *"la"*, when the article immediately precedes. *"El"* here is of different origin from the masculine article of the same form and its use does not by any means change the gender of the noun. Examples: *el agua* (the water), *las aguas* (the waters); *el acta de nacimiento* (the birth certificate), *las actas de nacimiento* (the birth certificates); *el hacha* (the axe), *las hachas* (the axes).

The definite article in Spanish generally has the same uses as in English. The leading difference being that Spanish employs the article before any noun in a general sense or when nouns represent abstractions. Examples: *El hombre es mortal.* (Man is mortal). *El tiempo es precioso.* (Time is precious).

Verbs

A verb is a word that shows action, being, or state of being. Examples: *John writes a letter. (action); John is a boy. (being); John is sick. (state of being).* Verbs without any conjugation are called infinitives. In English, these are verbs that have "to" in front of them (to go). In Spanish, infinitives are complete verbs ending in "ar," "er," or "ir." Examples: *pagar* (to pay), *entender* (to understand), *cubrir* (to cover).

All Spanish verbs are conjugated based on the subject pronoun and tense of the verb. The majority of verbs use the first part of the infinitive with a regular set of endings for each tense.

In the present tense, for example, verbs ending in *ar* have these endings:

(Yo) *o* (Nosotros) *amos*
(Tu) *as* (Vosotros)* *ais*
(Usted, El, Ella) *a* (Ustedes, Ellos, Ellas) *an*

Ir or *er* ending verbs have these endings in the present tense:

(Yo) *o*   (Nosotros) *emos*
(Tu) *es*   (Vosotros)* *eis*
(Usted, El, Ella) *e*   (Ustedes, Ellos, Ellas) *en*

The following is an example of a regular verb in the present tense, *hablar* (to talk):

Hablo (I talk)   *Hablamos* (we talk)
Hablas (you talk)   *Hablais** (you and they talk)
Habla (he, she, it talks) *Hablan* (they talk)

**vosotros used in* Spain

There are also many irregular verbs with uncommon endings. The most common verb *ser* (to be) is part of this group:

Soy (I am)   *Somos* (we are)
Eres (you are)   *Sois* (you and they are)
Es (he, she, it is)   *Son* (they are)

Keep in mind, each tense (past, future, pluperfect, etc.) has its own set of regular endings and irregulars.

Adverbs

An adverb is a word that modifies a verb, an adjective, or another adverb. It answers: where (place), how (manner), and when (time). Examples: *El habla bien* (He speaks well) *(modifies a verb)*; *Ella es muy bonita* (She is very pretty) *(modifies an adj.)*; *Ellos hablan muy bien* (They speak very well) *(modifies an adv.)*.

Adverbs are often formed by adding *-mente* to the feminine singular form of the adjective similar to adding "ly" after an adjective in English. Examples: *lenta* (slow), *lentamente* (slowly); *rápida* (rapid), *rápidamente* (rapidly); *feliz* (happy), *felizmente* (happily); *triste* (sad), *tristemente* (sadly).

Many times an adverbial phrase is used instead of the adverb. Examples: *finalmente—al fin, por fin* (finally, at last); *ciertamente—por cierto* (certainly); *claramente—con claridad* (clearly); *facilmente—con facilidad* (easily).

When two or more adverbs occur in a series, only the last receives the termination *-mente*; the other(s) assume the form they would have if *-mente* were to be added. Example: *El habla lenta y claramente.* (He speaks slowly and clearly).

Prepositions

A preposition is a word that shows the relation of a noun or pronoun following it to some other word in the sentence. Examples: *de* (from, of); *en* (on, in, at—location); *a* (at—time, to); *sobre* (on, over); *por* (by, through, for); *desde* (since); *sin* (without); *con* (with); *para* (for, in order to).

The prepositional pronouns are the same as the subject pronouns with the exception of the first and second persons singular: *mí* me; *ti* you; *él* him, it; *ella* her, it; *Ud.* you; *ellos* them; *ellas* them; *Uds.* you. Examples: *La carta es de **mi*** (the card is from me); *Este libro es para **Ud**.* (This book is for you).

When used after the preposition *con*, the first and second person singular becomes *conmigo* (with me) and *contigo* (with you), respectively. Examples: *Ella no estudia conmigo* (She does not study with me); *María no está con el* (María is not with him); *¿Va Juan contigo?* (Is Juan going with you?).

In Spanish the masculine singular definite article *el* contracts with the prepositions *a* and *de* respectively. Examples: *a* plus *el* equals *al*; *de* plus *el* equals *del*. *Voy al cine* (I'm going to the movie theatre).

Conjunctions

A conjunction is a word that is used to join a word or group of words. Examples: *y* (and); *si* (if); *porque* (because); *aunque* (although); *pero* (but); *o* (or).

Interjections

An interjection is a word that expresses strong or sudden feeling. These usually start with "que" and can include an adjective or noun. Examples: *¡Qué lástima!* (What a pity!); *¡Qué bonito!* (How pretty!).

Punctuation

Questions and exclamations are introduced by an inverted question mark and exclamation point respectively, which immediately precedes the question or exclamation, and at the end of the question or exclamation. Example: *Disculpe, ¿esta en casa el Señor Perez?* (Excuse me, is Mr. Pérez at home?) *¡Que lástima!* (What a shame!).

In Spanish a comma is often placed after an adverbial phrase-introducing sentence. Example: *Sin embargo, todos los esfuerzos fueron en vano.* (However, all efforts were in vain.) A comma also follows a subsidiary clause beginning a sentence. Example: *Si tengo tiempo, lo hare* (If I have time, I'll do it); but, *Lo hare si tengo tiempo* (I'll do it if I have time.)

In quotations a dash (-) is generally used to indicate a change of speaker instead of quotations marks. Examples: *Ana dijo-¡Que lindo día hoy!* (Anna said: What a nice day today!).

The following abbreviations are capitalized: *usted-Ud.*; *ustedes-Uds*; *señor-Sr*; *señora-Sra*; *señorita-Srta.*

1,000 Frequently Used Spanish Words

Note: this list has been modified from the original list in Juilland / Chang-Rodriguez: *Frequency Dictionary of Spanish Words* (Mouton & Co.).

A
a *prep.* to
abeja *f.* bee
abierto *adj.* open
abosolutamente *adv.* absolutely
abril *m.* April
acá *adv.* here
acabar *v.* end
acampar *v.* camp
acaso *adv.* by chance
aceptar *v.* accept
aclarar *v.* clear up
acompañar *v.* accompany
aconsejar *v.* advise
acreditar *v.* accredit
actitud *m.* attitude
actividad *f.* activity
acto *m.* act
actor *m.* actor
actual *adj.* actual
acuerdo *m.* agreement
acumular *v.* accumulate
acudir *v.* come over
administrativo *adj.* administrative
admirable *adj.* admirable
adquirir *v.* acquire
afectuoso *adj.* affectionate
afirmar *v.* affirm
afuera *adv.* outside
agosto *m.* August
aguja *f.* needle
ala *m.* wing
alambre *m.* wire
alcachofa *f.* artichoke
alcanzar *v.* achieve, reach
alegría *f.* joy
alemán *adj.* German
algún *adj.* any
alguno *pron.* some
allá *adv.* there
alli' *adv.* there
alquilar *v.* rent
alto *adj.* tall
altura *f.* height

amargo *adj.* bitter
amarillo *adj.* yellow
ambos *adj.* both
amor *m.* love
amoroso *adj.* lovely, loving
amplio *adj.* wide, spacious
añadir *v.* add
andar *v.* walk
ángel *m.* angel
anhelo *m.* desire
ánimo *m.* endurance
año *m.* year
ante *prep.* in the presence of
antes *adv.* before
anunciado *adj.* announced
aparato *m.* apparatus
apartar *v.* remove
apenas *adj.* scarcely, barely
aportar *v.* contribute
aprender *v.* learn
apresurar *v.* rush
aquel *adj.; pron.* that
aquí *adv.* here
a'rabe *adj.* Arabic
ardiente *adj.* burning
argentino *adj.* Argentinean
arma *f.* weapon
arrancar *v.* to run away
arremangar *v.* roll up
arrendar *v.* rent
asegurar *v.* ensure
así *adv.* like this
áspero *adj.* rough
atención *f.* attention
atmósfera *f.* atmosphere
atraer *v.* attract
atrever *v.* dare
audacia *f.* audacity

aumentar *v.* augment
aún *adv.* still
aunque *conj.* although
autor *m.* author
autoridad *f.* authority
avanzar *v.* advance
ayuda *f.* help
azul *adj.* blue

B

balcón *m.* balcony
banda *f.* band
bandera *f.* flag
banquete *m.* feast
barbarie *f.* barbarity
barco *m.* ship
beber *v.* drink
blanco *adj.* white
boca *f.* mouth
boda *f.* wedding
bola *f.* ball
bondad *f.* goodness
bosque *m.* forest
brazo *m.* arm
breve *adj.* brief
brillante *adj.* shinny
bronce *m.* bronze
buscar *v.* search

C

caballero *m.* gentlemen
caber *v.* fit
cabo *m.* extremity
cadáver *m.* corpse
café *m.* coffee
cálculo *m.* calculation
calle *f.* street
calma *f.* quiet

1,000 Frequently Used Spanish Words

calor *m.* heat
cama *m.* bed
cambio *m.* change
cantar *v.* sing
cantidad *f.* quantity
capaz *adj.* competent
capitán *m.* captain
caprichoso *adj.* capricious
carbón *m.* charcoal
cárcel *f.* jail
cargado *adj.* loaded
cargo *m.* load
cariñoso *adj.* affectionate
casa *f.* house
casi *adv.* almost
caso *m.* case
cátedral *f.* cathedral
catorce *num.* fourteen
causa *f.* cause
cazar *v.* hunt
celebrar *v.* celebrate
célula *f.* cell
ceniza *f.* ash
central *adj.* central
cerca *adj.* near
cerebro *m.* brain
cerrar *v.* close
chimenea *f.* chimney
chiste *m.* joke
cielo *m.* sky
cien *num.* one-hundred
ciencia *f.* science
científico *adj.* scientific
cierto *adj.* true, certain
cinco *num.* five
cincuenta *num.* fifty
cine *m.* cinema
círculo *m.* circle

cita *f.* appointment
citar *v.* cite
ciudad *f.* city
civil *adj.* civil
civilización *f.* civilization
civilizado *adj.* civilized
claramente *adv.* clearly
clase *f.* class
clásico *adj.* classic
cliente *m.* customer, client
clientela *f.* clientele
coche *m.* car
código *m.* code (of laws)
colchón *m.* mattress
colección *f.* collection
colmo *m.* overflow
colocar *v.* place
colonia *f.* colony
color *m.* color
comercio *m.* commerce
cometer *v.* commit
cómico *m.* comic
comienzo *m.* begining
cómo *adv.* how
cómodo *adj.* comfortable
completamente *adv.* completely
completo *adj.* complete
comprar *v.* buy
común *adj.* common
con *prep.* with
concluir *v.* conclude
condenado *adj.* convicted
conducir *v.* conduct
conducta *f.* behavior
conductor *m.* conductor
confesar *v.* confess
confianza *f.* trust
confirmar *v.* confirm

confuso *adj.* confusing
congestionar *v.* congest
conocer *v.* know
consecuencia *f.* consequence
conseguir *v.* obtain
consejo *m.* advice
conservar *v.* conserve
considerable *adj.* considerable
conspirar *v.* conspire
constante *adj.* constant
construir *v.* construct
consultar *v.* consult
contacto *m.* contact
contado *adj.* cash down
contemplar *v.* contemplate
contener *v.* contain
contestar *v.* respond
contra *prep.* against
contratar *v.* hire
contrato *m.* contract
contrario *adj.* contrary
convencer *v.* convince
convertir *v.* convert
coordinar *v.* coordinate
copia *f.* copy
corazón *m.* heart
coro *m.* chorus
corresponder *v.* correspond
corrida *f.* stampede
corriente *adj.* current, regular,
   agua ~ running water
cortar *v.* cut
corto *adj.* short
cosa *f.* thing
coser *v.* sew
costa *f.* coast
costumbre *f.* custom, habit
creer *v.* believe

criatura *f.* creature
criminal *adj.* criminal
crítica *f.* criticism
crítico *m.* critic
cuadro *m.* painting
cuadra *f.* block
cuadrada *adj.* squared
cualquier *m. pron.* any
cualquiera *f. pron.* any
cuándo *adv.* when
cuanto *adv.* how much
cuarenta *num.* forty
cuarto *adj.* fourth, room, quarter
cuatro *num.* four
cuento *m.* tale
cuestión *f.* question
cueva *f.* cave
culpa *f.* fault
cumplir *v.* fulfill
cumpleaños *m.* birthday
curioso *adj.* curious

D

dama *f.* lady
dar *v.* give
de *prep.* of
decidir *v.* decide
décimo *adj.* tenth
decir *v.* say
declarar *v.* declare
dedicar *v.* dedicate
defender *v.* defend
delante *adv.* ahead
demasiado *adj.* too many
demonio *m.* demon
demostrar *v.* demonstrate
dentro *adv.* inside
denunciar *v.* demand

1,000 Frequently Used Spanish Words 21

derecha *f.* right (direction)
derecho *m.* straight, right (law)
desagradable *adj.* disagreeable
desaparecer *v.* disappear
desarreglar *v.* rearrange
descanso *m.* rest
desconocer *v.* disown
descubrir *v.* discover
deseo *m.* desire
despertar *v.* wake up
despierto *adj.* awake
después *adv.* afterwards
desvio *m.* detour
detalle *m.* detail
determinado *adj.* determined
día *m.* day
diálogo *m.* dialogue
diario *adj.* daily
dibujo *m.* drawing
dicha *f.* happiness
dicho *m.* saying
diciembre *m.* December
diecinueve *num.* nineteen
dieciocho *num.* eighteen
diecise'is *num.* sixteen
diecisiete *num.* seventeen
diez *num.* ten
diferir *v.* differ
difuso *adj.* diffuse
dinero *m.* money
Dios *m.* God
directo *adj.* direct
dirigir *v.* conduct
discurso *m.* discourse
disfrutar *v.* enjoy
disimulado *adj.* pretended
disponer *v.* arrange
dispuesto *adj.* prepared

disputar *v.* debate
distancia *f.* distance
distante *adj.* distant
distinguir *v.* distinguish
diverso *adj.* diverse
divertido *adj.* fun
doce *num.* twelve
doctor *m.* doctor
doctrina *f.* doctrine
dolor *m.* pain
domingo *m.* Sunday
don *m.* Mr.
doña *f.* Mrs.
dónde *adv.* where
dorado *m.* golden
dormir *v.* sleep
dos *num.* two
duda *f.* doubt
dueña *f.* mistress
dulce *adj.* sweet
duque *m.* duke
durante *adv.* during
duro *adj.* hard

E

edad *f.* age
egoísta *adj.* egoistic
ejemplar *adj.* exemplary
el *art.* the
elevado *adj.* Lofted, raised
ello *pron.* that
emperador *m.* emperor
empezar *v.* begin
empleado *m.* employee
emplear *v.* employ
en *prep.* into
encantado. *adj.* enchanted, **he** ~ a pleasure to meet you

encargo *m.* order
encomendar *v.* commend
energía *f.* energy
Enero *m.* January
enfermedad *f.* illness
enfermo *m.* ill
engaño *m.* deceit
enjuagar *v.* rinse
enorme *adj.* enormous
ensayo *m.* essay, rehearsal
en seguida *adv.* right away
enseñar *v.* teach
entero *adj.* entire
entonces *adv.* then
entrada *f.* entrance
entraña *f.* entrails
entrar *v.* enter
entre *prep.* between
entregar *v.* deliver
entretanto *adv.* meanwhile
entretenido *adj.* amusing
entrevista *f.* interview
enviar *v.* send
envolver *v.* wrap
equilibrio *m.* balance
error *m.* mistake
escalera *f.* stairs, ladder
escalón *m.* step
escaso *adj.* scarce
escena *f.* scene
escribir *v.* write
escritor *m.* writer
escuchar *v.* listen
escuela *f.* school
ese *adj.* that
esfuerzo *m.* effort
espacio *m.* space
espada *f.* sword

espalda *f.* back
especial *adj.* special
especie *f.* kind
espectáculo *m.* show
esperanza *f.* hope
esposa *m.* wife
esposo *m.* husband
espuma *f.* foam
esquina *f.* corner
establecer *v.* establish
establecimiento *m.* establishment
estación *f.* station
estacionar *v.* park
estado *m.* estate, state
estancia *f.* residence
estar *v.* be
este *adj.* this
estrella *f.* star
etcétera *f.* etcetera
eternamente *adv.* eternity
eterno *adj.* eternal
evitar *v.* avoid
excelencia *f.* excellency
exclamar *v.* exclaim
exigir *v.* demand
existir *v.* exist
explicación *f.* explanation
expresar *v.* express
extranjero *m.* stranger, foreigner
extraño *adj.* strange, weird
extraordinario *adj.* extraordinary
extremo *adj.* extreme

F
fácil *adj.* easy
factor *m.* factor
fama *f.* fame
familia *f.* family

famoso *adj.* famous
fantasia *f.* fantasy
fantástico *adj.* fantastic
fascismo *m.* fascism
favor *m.* favor
fe *f.* faith
febrero *m.* February
felicidad *f.* happiness
feria *f.* fair
fiel *adj.* faithful
figura *f.* figure
finca *f.* parcel of land
fino *adj.* fine, elegant
físico *adj.* physical, physique
flor *f.* flower
florecer *v.* bloom
fondo *m.* bottom
formula *f.* formula
fortuna *f.* fortune
francés *m.* French
franco *adj.* sincere
frase *f.* phrase
frecuencia *f.* frequency
frondoso *adj.* leafy
frontera *f.* frontier
fruta *f.* fruit
fuente *f.* fountain
fuera *adv.* outside
fuerza *f.* strength
fundamental *adj.* fundamental
fundir *v.* melt

G

gemir *v.* moan
general *m.* general
género *m.* gender, genre
genio *m.* genius
gente *f.* people
geografía *f.* geography
geográfico *adj.* geographic
gigante *m.* gigantic, huge
gloria *f.* glory
gobernar *v.* govern
gobierno *m.* government
gozar *v.* enjoy
gracia *f.* grace
gracioso *adj.* humorous
grande *adj.* big
gratitud *f.* gratitude
grave *adj.* grave, critical, serious
guardar *v.* keep
guardia *m.* guard
guerra *f.* war
gusto *m.* taste, **mucho** ~ pleased to meet you

H

haber *v.* have
hablar *v.* speak
hacer *v.* make
harto *adj.* satiated, fed up
hasta *prep.* until
hecho *adj.* deed
hermana *f.* sister
hermoso *adj.* beautiful
héroe *m.* hero
hielo *m.* ice
hierro *m.* iron
hijo *m.* son
historia *f.* history
histórico *adj.* historical
hoja *f.* leaf
hombre *m.* man
hondo *adj.* deep
honor *m.* honor
honrado *adj.* honest

hora *f.* hour, time
horizonte *m.* horizon
horror *m.* horror
hospital *m.* hospital
hotel *m.* hotel
hoy *adv.* today
huella *f.* footprint
huerto *m.* orchard
hueso *m.* bone
huevo *m.* egg
hurtar *v.* steal

I

idea *f.* idea
ideal *m.* ideal
iglesia *f.* church
ignorar *v.* ignore
igualdad *f.* equity
ilusión *f.* illusion
ilustrado *adj.* erudite
ilustre *adj.* illustrious
imaginar *v.* imagine
impedir *v.* prevent
implacable *adj.* implacable
imponer *v.* impose
importante *adj.* important
importar *v.* import
imposible *adj.* impossible
inconcebible *adj.* inconceivable
inconsciente *adj.* unconscious
incomprensible *adj.* incomprehensible
indecente *adj.* indecent
indeciso *adj.* undecided
indefenso *adj.* defenseless
independiente *adj.* independent
indicar *v.* indicate
indispensable *adj.* indispensable

indudable *adj.* undoubtedly
industria *f.* industry
inédito *adj.* unedited
inesperado *adj.* unexpected
inevitable *adj.* inevitable
infancia *f.* childhood
infectar *v.* infect
infundir *v.* infuse
ingeniero *m.* engineer
ingenioso *adj.* ingenious
ingenuo *adj.* ingenuous
ingles *adj.* English
ingreso *m.* admission
injusticia *f.* injustice
inmediatamente *adv.* immediately
insecto *m.* insect
insólito *adj.* unusual
inspirar *v.* inspire
instante *m.* instant
intentar *v.* intend
interesante *adj.* interesting
interesar *v.* interest
internacional *adj.* international
íntimo *adj.* intimate
inútil *adj.* useless
inventar *v.* invent
invierno *m.* winter
invitación *f.* invitation
invitado *adj.* guest
ir *v.* go
ira *f.* anger
isla *f.* island

J

jefe *m.* boss
joven *adj.* young
juego *m.* game

jueves *m.* Thursday
juez *m.* judge
juicio *m.* judgment
julio *m.* July
junio *m.* June
justicia *f.* justice
justificar *v.* justify
juventud *f.* youthfulness
juzgar *v.* judge

L

la *art.* the
labor *f.* labor
ladrar *v.* bark
largo *adj.* long
laurel *m.* bay tree
leche *f.* milk
lecho *m.* bed
lector *m.* reader
lengua *f.* tongue
lenguaje *m.* language
lentamente *adv.* slowly
león *m.* lion
letra *f.* letter
leyenda *f.* legend
liberal *adj.* liberal
liberar *v.* liberate
libro *m.* book
ligero *adj.* light
limpiar *v.* clean
literatura *f.* literature
llamado *adj.* called
llamar *v.* call
llano *m.* flat
llanta *f.* tire
llegar *v.* arrive
lleno *adj.* full

local *adj.* local, neighborhood bar/place
loco *m.* crazy
lógico *adj.* logic
lograr *v.* achieve
lucha *f.* battle
luego *adv.* Then, later
luna *f.* moon
lunes *m.* Monday
luz *f.* light

M

madera *f.* wood
madre *f.* mother
madrugar *v.* get up early
maduro *adj.* ripe
magia *f.* magic
mágico *adj.* magic
mal *adj.* badly
mamá *f.* mother
man *m.* hombre
manchar *v.* stain
manifestación *f.* manifestation
maniobrar *v.* maneuver
mano *f.* hand
mantener *v.* maintain
mar *m.* sea
maravilloso *adj.* marvelous
marchitar *v.* wither
marido *m.* husband
mármol *m.* marble
marqués *m.* marquis
marrón *adj.* brown
martes *m.* Tuesday
marzo *m.* March
más *adv.* more
masa *f.* dough
máscara *f.* mask

matemática *f.* mathematics
material *f.* material
matrimonio *m.* marriage
mayo *m.* May
mayoría *f.* majority
médico *m.* doctor
medio *adj.* middle
memoria *f.* memory
menester *m.* shortage
menor *adj.* minor
menos *adv.* less
mentira *f.* lie
mercado *m.* market
mercancía *f.* goods
merecer *v.* deserve
mérito *m.* merit
método *m.* method
metro *m.* meter
mi *adj.* my
miedo *m.* fear
miércoles *m.* Wednesday
mil *num.* thousand
milagro *m.* miracle
militar *m.* military
millón *m.* million
mina *f.* mine
mirada *f.* sight
mision *m.* mission
mismo *adj.* same
misterioso *adj.* mysterious
mitad *f.* half
mito *m.* myth
modesto *adj.* modest
móderación *adj.* moderation
modificar *v.* modify
modo *m.* mode
momento *m.* moment
moneda *f.* coin

montaña *f.* mountain
monte *m.* mountain range
moral *adj.* moral
motivar *v.* motivate
motivo *m.* motive
motor *m.* motor
mucho *adj.* much, a lot
muerte *f.* death
muerto *adj.* dead
mujer *f.* woman
mundo *m.* world
muro *m.* defensive wall
música *f.* music
muy *adv.* very

N

nacido *adj.* born
nada *f.* nothing, anything
naranja *adj.* orange
natural *adj.* natural
naturaleza *f.* nature
naturalmente *adv.* naturally
necesario *adj.* necessary
necesidad *f.* necessity
necio *adj.* senseless
negro *adj.* black
nervio *m.* nerve
nervioso *adj.* nervous
nieve *f.* snow
niña *f.* girl
ninguno *adj.* nobody
no *adv.* not
noble *adj.* noble
noche *f.* night
nombrar *v.* nominate
nombre *m.* name
norte *m.* north
notable *adj.* notable

notar *v.* note, observe
noticia *f.* notice, news
novedad *f.* new, current
novelista *m.* novelist
noveno *adj.* ninth
noventa *num.* ninety
noviembre *m.* November
nube *f.* cloud
nuca *f.* nape
núcleo *m.* nucleus
nuestro *adj.* our
nuevamente *adv.* once more
nueve *num.* nine
nuevo *m.* new
numeroso *adj.* numerous
nutritivo *adj.* nutritious

O

o *conj.* or
obediencia *f.* obedience
objeto *m.* object
obligar *v.* obligate
obrero *m.* worker
obtener *v.* obtain
ocasión *f.* occasion
ochenta *num.* eighty
ocho *num.* eight
octavo *adj.* eighth
octubre *m.* October
ocupar *v.* occupy
odio *m.* hate
oeste *m.* west
oficio *m.* occupation
ofrecer *v.* offer
ojo *m.* eye
ola *f.* wave
once *num.* eleven
operar *v.* operate

opinión *f.* opinion
oportuno *adj.* opportune, convenient
oración *f.* sentence, prayer
organizado *adj.* organized
origen *m.* origin
oro *m.* gold
otoño *m.* autumn
otro *adj.* other

P

padecer *v.* suffer
página *f.* page
país *m.* country
paisaje *m.* scenery
palabra *f.* word
palacio *m.* palace
panorama *f.* panorama
papel *m.* paper
para *conj.* for
parar *v.* stop
parecer *v.* appear
particular *adj.* particular
partir *v.* divide
pasado *adj.* past
pasaje *m.* ticket, pass
pasar *v.* pass
pasión *f.* passion
pasta *f.* pastry
pastor *m.* pastor, shepherd
pecar *v.* sin
pecho *m.* chest
peligro *m.* danger
peligroso *adj.* dangerous
pelo *m.* hair
pena *f.* grief
penetrar *v.* penetrate
pensamiento *m.* mind

pensar *v.* think
perfectamente *adv.* perfectly
perfecto *adj.* perfect
perfume *m.* perfume
periódico *m.* newspaper
perla *f.* pearl
permanecer *v.* stay
pero *conj.* but
persona *f.* person
pertenecer *v.* belong
perturbador *adj.* disturbing
pesar *v.* weigh
pescar *v.* fish
peso *m.* weight, type of currency
pez *m.* fish
piadoso *adj.* compassionate, merciful
pie *m.* foot
piedra *f.* stone
pierna *f.* leg
pintura *f.* paint
plan *m.* plan
plano *m.* sketch, blueprint
planta *f.* plant
plata *f.* silver
playa *f.* beach
plaza *f.* town square
plebeyo *adj.* plebeian
plenamente *adv.* entirely
pleno *adj.* plenty
pluma *f.* feather
pobre *m.* poor
poder *v.* to be able to
poema *f.* poem
policía *m.* police
política *f.* politician
politico *adj.* political
pollo *m.* chicken

polvo *m.* powder
pólvora *f.* gunpowder
popular *adj.* popular
por *prep.* for
por qué *adv.* why
porque *conj.* because
porte *m.* physical size
porvenir *m.* future time
poseer *v.* possess
positivo *adj.* positive
potencia *f.* potency
práctico *adj.* practical
prado *m.* meadow
precioso *adj.* beautiful
precisamente *adv.* exactly
precisar *v.* arrange
preferir *v.* prefer
prensa *f.* press, media
preparar *v.* prepare
presente *adj.* present
presidente *m.* president
préstamo *m.* loan
pretexto *m.* pretext
previo *adj.* previous
primavera *f.* spring
primer *m.*.. first
primero *adj.* first
principal *adj.* principal, main
principio *m.* beginning
privilegio *m.* privilege
probar *v.* prove, taste
procurar *v.* procure
profesional *adj.* professional
profeta *m.* prophet
propio *adj.* proper
proveeder *v.* provide
provincia *f.* province
provisional *adj.* provisional

próximo *adj.* next
prudente *adj.* prudent
psicólogo *adj.* psychology
público *m.* public
puerto *m.* harbor
puesto *m.* post

Q
que *pron.* who
queja *f.* complaint
querer *v.* want
querido *adj.* darling
quince *num.* fifteen
quinto *adj.* fifth
quitar *v.* remove
quizás *adv.* maybe

R
radio *f.* radio
raya *f.* line
razón *f.* reason
razonable *adj.* reasonable
reaccionar *v.* react
real *adj.* real, royal
realidad *f.* reality
realizar *v.* perform, accomplish
realmente *adv.* really, truly
reciente *adj.* recent
recogido *adj.* confined
reconocer *v.* recognize
rectangular *adj.* rectangular
redondo *adj.* round
reducido *adj.* reduced
referencia *f.* reference
reflejo *m.* reflection
región *f.* region
regular *v.* regular

reina *f.* queen
reino *m.* kingdom
reja *f.* fence
relativo *adj.* relative
religioso *adj.* religious
reloj *m.* watch
recomendar *v.* recommend
reparar *v.* repair
reposo *m.* rest
representante *m.* representative
reproche *m.* reproach
republicano *adj.* republican
resaltar *v.* rebound
reservar *v.* reserve
resignar *v.* resign
respetar *v.* respect
respirar *v.* breathe
responder *v.* answer
resuelto *adj.* resolute
resultado *m.* result
revista *f.* magazine
rey *m.* king
rígido *adj.* rigid
robo *m.* robbery
roca *f.* rock
rodear *v.* surround
rojo *adj.* red
romano *adj.* Roman
romper *v.* break
rosa *f.* rose
rostro *m.* face
rubio *adj.* blonde
ruta *f.* route

S
sábado *m.* Saturday
saber *v.* know

sabio *adj.* wise
sacrificio *m.* sacrifice
sal *f.* salt
salida *f.* exit
salir *v.* go
salvación *f.* salvation
sangre *f.* blood
santa *f.* female saint
satisfacer *v.* satisfy
satisfactorio *adj.* satisfactory
satisfecho *adj.* full (after eating), content
secreto *m.* secret
secundario *adj.* secondary
seguir *v.* follow
según *prep.* according to
segundo *adj.* second
seguro *adj.* sure
seis *num.* six
semana *f.* week
semejante *adj.* similar
señalar *v.* mark, signal
sencillo *adj.* simple
señor *m.* gentleman
señora *f.* lady
señorita *f.* young lady
sentir *v.* feel
Septiembre *m.* September
séptimo *adj.* seventh
ser *v.* be
servir *v.* serve
sesenta *num.* sixty
setenta *num.* seventy
severo *adj.* severe
sexo *m.* sex
sexto *adj.* sixth
si *adv.* If

sí *adv.* yes
siempre *adv.* always **para siempre** forever
siete *num.* seven
significar *v.* mean
silencio *m.* silent
silueta *f.* silhouette
simple *adj.* simple
sin *prep.* without
sino *conj.* but
sistema *m.* system
situación *f.* situation
sobre *prep.* upon
social *adj.* social
sol *m.* sun
solamente *adv.* solely, only
sólo *adv.* only
sombra *f.* shadow
someter *v.* submit
sonriente *adj.* smiling
sopa *f.* soup
sorprender *v.* surprise
sospechoso *adj.* suspicious
su *adj.* his, hers
suave *adj.* soft
subir *v.* ascend, take (mode of transportation)
sublevar *v.* rebel
substituido *adj.* substituted
suceder *v.* happen
sueño *m.* dream
suerte *f.* luck
sufrir *v.* suffer
suma *f.* addition, sum
superfluo *adj.* superfluous
superior *adj.* superior
suprimir *v.* suppress

1,000 Frequently Used Spanish Words

sur *m.* south
surgir *v.* spout

T
tal *adj.* such
talento *m.* talent
talle *m.* size
también *adv.* also
tan *adv.* so
tarde *f.* afternoon
tarea *f.* task
técnica *f.* technique
teja *f.* tile
temer *v.* fear
tener *v.* have
teñir *v.* dye
tercero *adj.* third
terrestre *adj.* equipped for land; terrestrial
territorio *m.* territory
terror *m.* terror
tesis *f.* thesis
tiempo *m.* time
tierra *f.* earth
tirar *v.* throw
titulado *adj.* person with a degree
título *m.* title, degree
tocante *adj.* concerning
tocar *v.* touch
todo *adj.* all
tomar *v.* drink
tormenta *f.* storm
toro *m.* bull
torre *m.* tower
traer *v.* bring
tragedia *f.* tragedy
tranquilo *adj.* quiet
transparente *adj.* transparent
trasladar *v.* transfer
traspasar *v.* transgress
trato *m.* truce
trece *num.* thirteen
treinta *num.* thirty
tren *m.* train
tres *num.* three
trigo *m.* wheat
triunfar *v.* triumph
tropa *f.* troop
tropezar *v.* stumble

U
úlcera *f.* ulcer
ultimo *adj.* last
un *art.* one
unido *adj.* unite
uniforme *m.* uniform
unir *v.* unite
uno *num.* one
uso *m.* usage

V
vacío *adj.* empty
valiente *adj.* valiant
varios *adj.* different
varón *m.* male
vaso *m.* glass
veinte *num.* twenty
veneno *m.* poison
venida *f.* arrival
venir *v.* come
venta *f.* sale
ver *v.* see
vera *f.* edge
verano *f.* summer
verdad *f.* truth
verdadero *m.* actual

verde *adj.* green
verso *m.* verse
vez *f.* time
vía *f.* way, traffic lane
viajar *v.* travel
victoria *f.* victory
vida *f.* life
viernes *m.* Friday
villa *f.* village
vino *m.* wine
violencia *f.* violence
visión *f.* vision
visita *f.* visitor
visitar *v.* visit
vital *adj.* vital
vivir *v.* live
vivo *adj.* alive
volver *v.* return
vuestro *adj.* yours (Spain)
vulgar *adj.* vulgar

Y

y *conj.* and
ya *adv.* now, already
yo *pron.* I

Z

zapatilla *f.* tennis or casual shoe
zapato *m.* shoe
zoológico *m.* zoo

Spanish-English Dictionary

A

abajo *adv.* below; down; under, underneath *(debajo)*
abandonar *v.t.* forsake, desert; leave *(dejar)*; give up, renounce *(renunciar)*
abeja *nf.* bee
abertura *nf.* opening, aperture *(apertura)*; hole *(agujero)*; fissure *(fisura)*
abierto/a *adj.* open; not closed
abogado/a *nm.* attorney, lawyer
abolladura *nf.* dent, hollow *(hueco)*
abollar *v.t.* dent
abono *nm.* subscription *(suscripción)*; voucher *(vale)*; manure, fertilizer *(fertilizante)*
abordar *v.t.* board a ship; *v.i.* put into port
aborrecer *v.t.* hate, dislike; detest *(detestar)*
aborto *nm.* abortion, miscarriage *(espontáneo)*; monster *(monstruo)*; failure *(fracaso)*
abrazar *v.t.* embrace, hug, hold in your arms
abrazo *nm.* embrace, hug, cuddle

abreviación *nf.* abbreviation, short form *(forma corta)*; contraction *(contracción)*
abreviar *v.t.* abbreviate; shorten *(acortar)*
abridor *nm.* opener
abrigar *v.t.* shelter, protect *(proteger)*; cover *(cubrir)*; *v.i.* wrap oneself up *(abrigarse)*
abrigo *nm.* shelter, protection *(protección)*; wrap *(envoltura)*, coat *(saco)*
abril *nm.* April
abrir *v.t.*; *v.i.* open; unwrap *(paquete)*; unlock *(puerta)*
abrochar *v.t.* zip, fasten *(abrochar)*; close *(cerrar)*
absoluto/a *adj.* absolute; total *(total)*; complete *(complete)*
absorber *v.t.* absorb; attract *(atraer)*
abstracto/a *adj.* abstract
absurdo/a *adj.* absurd; ridiculous *(ridículo/a)*; illogical *(ilógico/a)*; silly *(tontería)*
abuela *nf.* grandmother; old woman *(mujer vieja)*; dame *(dama)*

abuelo *nm.* grandfather, grandparent; ancestor *(ancestro/a)*; old man *(hombre viejo)*

abundancia *f.* abundance, plenty; great quantity *(gran cantidad)*

abundante *adj.* abundant, plentiful; copious *(copioso/a)*

aburrido/a *adj.* dreary, boring; monotonous *(monótono/a)*; tedious *(tedioso/a)*

abusar *v.i.* abuse; take advantage of *(tomar ventaja de)*

abusivo/a *adj.* abusive; rude *(rudo/a)*

abuso *nm.* abuse, mistreatment; cruelty *(crueldad)*

A.C. *abb.* B.C.

acá *adv.* here; at this point *(en este lugar)*

academia *nf.* academy, school *(escuela)*; college *(colegio)*

académico/a *adj.* academic; educational *(educacional)*

acampar *v.t.*; *v.i.* camp

acantilado *nm.* cliff, precipice; *adj.* precipitous, steep

acarrear *v.t.* to cart, haul; transport *(transportar)*; bring *(traer)*

acceso *nm.* access, admission, admittance; right of entry *(derecho de entrada)*

acceso casual *adj.* random, accidental; inadvertent *(inadvertido/a)*

accesorio *nm.* accessory, ornament

accidental *adj.* accidental; unintentional *(sin intención)*

accidente *nm.* accident, mishap; misfortune *(desfortuna)*

acción *nf.* action, act

accionista *nm./f.* shareholder, saver, investor, depositor

acechar *v.t.* stalk, follow; pursue *(perseguir)*

aceitar *v.t.* oil; lubricate *(lubricar)*; grease *(engrasar)*

aceite *nm.* oil

aceitoso/a *adj.* oily, greasy, fatty

aceituna *nf.* olive

acelerador *nm.* accelerator, throttle

acelerar *v.i.* accelerate, speed up

acento *nm.* accent; pronunciation *(pronunciación)*

aceptación *nf.* acceptance; recognition *(reconocimiento)*

aceptar *v.t.* accept; believe *(creer)*; recognize *(reconocer)*

acercar *v.i.* approach, come up to, come near

acero *nm.* steel

acero inoxidable *nm.* stainless steel

acidez *nf.* acidity, sourness, bitterness

ácido/a *nm./f.*; *adj.* acid, acidic, tart, sour

acné *nm.* acne, bad skin

acolchar *v.t.* pad

acomodación *nf.* accommodation; adjustment *(ajuste)*; adaptation *(adaptación)*
acomodador/a *nm./f.* usher, guide; theater attendant *(de teatro)*
acomodar *v.t.* accommodate, arrange; adjust *(ajustar)*; adapt *(adaptar)*; *v.i.* suit
acompañante *nm.* companionship, escort
acompañar *v.t.* to accompany; follow, escort
acondicionador de aire *nm.* air conditioner
acondicionamiento del aire *nm.* air-conditioning
acondicionar el aire *v.t.* air-condition
aconsejar *v.i.* to advise; *v.r.* consult, ask advice
acordar *v.t.*; *v.i.* agree, resolve *(resolver)*; remind *(recordar)*; harmonize *(harmonizar)*
acosar *v.t.* to persecute, annoy, harass
acostumbrarse *v.i.* accustom; adjust *(ajustarse)*
acre *nm.* acre
acreditar *v.t.* to prove, verify *(verificar)*; recommend *(recomendar)*; guarantee *(garantizar)*
acreedor/a *nm./f.* creditor, claimant
actitud *nf.*; *adj.* attitude; manner *(manera)*; position *(posición)*

actividad *nf.* activity; movement *(movimiento)*
activo/a *adj.* active; dynamic *(dinámico/a)*
acto *nm.* act, deed, action; public ceremony *(ceremonia pública)*
actor *nm.* actor
actuación *nf.* performance, show; presentation *(presentación)*
actual *adj.* actual; present *(presente)*; contemporary *(contemporáneo/a)*
actualizado/a *adj.* topical; current *(corriente)*; contemporary *(contemporáneo/a)*
actuar *v.t.* perform, operate; *v.i.* act; exercise legal functions *(ejercer funciones legales)*
acuarela *nf.*; *adj.* water-color painting
acuático/a *adj.* aquatic
acuchillar *v.t.* slash, cut; *v.r.* fight with swords
acumular *v.t.* accumulate; collect *(recolectar)*
acusación *nf.* accusation; allegation *(alegación)*
acusar *v.t.* accuse, blame; denounce *(denunciar)*
A.D. (Año Domínico) *abb.* A.D. *(Anno Domini)*
adaptador *nm.* adapter
adaptar *v.t.* adapt, adjust; *v.r.* adapt oneself

adecuado/a *adj.* adequate; sufficient *(suficiente)*
adelantar *v.t.* advance, move on; overtake *(adelantar en el trabajo)*
adelante *adj.*; *adv.* ahead, in front, to the front, in advance
además *adv.* moreover, in addition, besides
adherir *v.i.* adhere, attach *(juntar)*; stick *(pegar)*
adhesivo/a *adj.* adhesive
adicional *adj.* additional, extra
adiós *nm.* good-bye
adjetivo *nm.* adjective
adjuntar *v.t.* enclose, attach; include *(incluir)*
administración *nf.* administration, management; direction *(dirección)*, control *(control)*
administrar *v.t.* control, manage
administrativo/a *adj.* administrative, managerial, directorial
admirable *adj.* admirable, venerable
admirar *v.t.* admire, esteem, respect, amaze
admitir *v.t.* admit; declare *(declarar)*, confess *(confesar)*
adolescente *nm./f.*; *adj.* adolescent, teenager, youth
adopción *nf.* adoption; acceptance *(aceptación)*
adoptar *v.t.* adopt, accept; assume *(asumir)*; approve *(aprobar)*

adoptivo/a *adj.* adoptive
adorar *v.t.* adore; worship *(religión)*
adquirir *v.t.* acquire; obtain *(obtener)*
adquisición *adj.* acquisition; purchase *(compra)*; gaining *(ganancia)*
aduana *nf.* customs
adular *v.t.* flatter, compliment
adulto/a *nm./f.* adult; *adj.* grown-up; mature *(maduro/a)*
adverbio *nm.* adverb
adversario/a *nm./f.* adversary, opponent, challenger
adyacente *adj.* adjacent, adjoining
aéreo/a *adj.* aerial, in flight *(en vuelo)*
aerolínea *nf.* airline
aeroplano *nm.* airplane, aircraft, plane, jet
aeropuerto *nm.* airport, airfield, landing field
afectar *v.t.* affect, influence, involve
afeitar *v.i.*; *v.t.* shave
aficionado/a *nm./f.* amateur, fan
afilado/a *adj.* sharp
afilar *v.t.* sharpen
afinar *v.t.* tune; *v.i.* to sing in tune; *v.r.* grow refined
afirmación *nf.* affirmation, assertion, statement
afirmar *v.t.* affirm; *v.r.* steady oneself
aflicción *nf.* affliction, distress, grief

afligir *v.t.* afflict, sadden; *v.r.* lament, mourn
afligido/a *adj.* sorrowful, sad
afortunadamente *adv.* fortunately, luckily
afortunado/a *adj.* fortunate, lucky
africano/a *nm./f.; adj.* African
afuera *adj.; adv.; prep.* outside, exterior
afueras *nf.* outskirts; suburbs *(suburbios)*
agachar *v.t.* bend, bow; *v.r.* crouch down; lie low, hide
agalla *nf.* gill
agarrar *v.i.* grip, grasp; *v.r.* hold on
agenda *nf.* agenda, notebook
agente *nm.* agent; representative *(representante)*
ágil *adj.* agile, nimble
agitación *nf.* shaking, agitation, excitement
agitar *v.t.* agitate, stir, excite
agonía *nf.* agony, anguish
agosto *nm.* August
agotar *v.t.* drain, exhaust; consume *(consumir)*
agradable *adj.* agreeable, pleasant
agradecer *v.t.* thank, to be grateful for
agradecido/a *adj.* grateful, thankful
agrandar *v.t.* enlarge
agravar *v.t.* aggravate, increase; *v.r.* grow worse
agresivo/a *adj.* aggressive

agrícola *adj.* agricultural, agriculturalist, farmer
agricultura *nf.* agriculture
agrio/a *adj.* sour, tart, bitter; disagreeable *(desagradable)*
agrupar *v.t.* to assemble, group; *v.r.* crowd, cluster
agua *nf.* water
agua de mar *nf.* seawater
aguado/a *adj.* watery, watered
agua viva *nf.* jellyfish
aguantar *v.t.* bear, tolerate, endure; resist *(resistir)*; *v.r.* bear in silence, keep quiet
aguante *nm.* endurance, patience, resistance
agudo/a *adj.* acute; severe *(severo/a)*
aguijón *nm.* sting, goad, thorn, prickle, spur
águila *nf.* eagle
aguja *nf.* needle, spire, hatpin
agujero *nm.* hole; aperture *(abertura)*
ahijada *nf.* goddaughter
ahijado *nm.* godchild, godson
ahogar *v.t.; v.r.* drown; suffocate *(sofocar)*
ahora *adv.* now, present; just now *(justo ahora)*
ahorrar *v.t.* save, economize; *v.r.* avoid
ahorro *nm.* saving, thrift
aire *nm.* air, atmosphere; breeze *(brisa)*; wind *(viento)*
aislamiento *nm.* isolation
aislar *v.t.* insulate, isolate; *v.r.* become a recluse; become isolated

ajedrez *nm.* chess
ajo *nm.* garlic
ajustar *v.t.* adjust, fit, arrange; make an agreement *(llegar a un acuerdo)*
ala *nf.* wing
alabanza *nf.* praise; eulogy *(elogio)*
alabar *v.t.* praise; *v.r.* brag, boast
al aire libre *adj.*; *adv.* outdoor
alambre *nm.* wire
alargar *v.t.* lengthen, prolong; *v.r.* spread oneself
alarma *nf.* alarm
alarmar *v.t.* alarm; frighten; *v.r.* be alarmed
albaricoque *nm.* apricot
albergue *nm.* shelter, refuge; asylum *(asilo)*
alborotar *v.t.* disturb, *v.i.* make a noise; *v.r.* riot
alboroto *nm.* uproar, tumult
alcalde *nm.* mayor
alcance *nm.* reaching, attainment
alcantarilla *nf.* sewer
alcanzar *v.t.* overtake; *v.i.* reach
alcoba *nf.* alcove, bedroom
alcohol *nm.* alcohol
alcohólico/a *adj.* alcoholic
al corriente *nf.* current
aldea *nf.* village
alegre *adj.* joyful, glad, cheerful, gay
alegría *nf.* joy, gladness, cheerfulness, gaiety
alegrón *nm.* sudden unexpected

alemán/ana *nm./f.*; *adj.* German
alergia *nf.* allergy
alérgico/a *adj.* allergic
alerta *nf.* alert; *adv.* watchfully
aleta *nf.* small wing
alfabeto *nm.* alphabet
alfiler *nm.* pin
alfombra *nf.* rug, carpet
alga *nf.* seaweed
algo *adv.* somewhat; *pron.* anything
algodón *nm.* cotton
alguien *pron.* anyone, someone, somebody
algún *adj.* some
alguna vez *adv.* sometime
algún lugar *adv.* someplace
alguno/a *adj.* any
aliado/a *nm./f.* ally, allied
alianza *nf.* alliance; pact, agreement; relationship by marriage *(matrimonio)*
alicates *nm./pl.* pliers, pincers
alimentar *v.t.* feed, nourish; foment *(fomentar)*
alimento *nm.* nourishment, food
alinear *v.t.* align, range in line
aliviar *v.t.* alleviate, relieve
alivio *nm.* alleviation, relief
allá *adv.* there, to that place
alma *nf.* soul, spirit, ghost
almacén *nm.* depot, storeroom, warehouse, store
almacenaje *nm.* cost of storage
almacenar *v.t.* store, put in store
almanaque *nm.* almanac, calendar
almeja *nf.* clam

almendra *nf.* almond
almíbar *nm.* syrup; nectar
almidón *nm.* starch
almidonar *v.t.* starch
almirante *nm.* admiral
almohada *nf.* pillow
almohadilla *nm.* pad, small cushion
almohadón *nm.* cushion
almuerzo *nm.* luncheon
alojamiento *nm.* lodging
alojar *v.i.* lodge
a lo largo de *adv.* along
al por mayor *adj.* wholesale
alquilar *v.t.* rent; hire out *(contratar)*; *v.r.* hire oneself out
alquiler *nm.* hiring out; renting, rental; hire
alquitrán *nm.* tar, pitch
alrededor *adv.* around, round about; approximately *(aproximadamente)*
alrededores *nm./pl.* surroundings, environs
al revez *adv.* upside down
alta frecuencia *abb.* UHF
altar *nm.* altar
altavoz *nm.* loudspeaker, amplifier
alteración *nf.* alteration, change *(cambio)*; modification *(modificación)*; adjustment *(ajuste)*
altitud *nf.* altitude, height, elevation, height above sea level

alto/a *adj.* high, tall
altura *nf.* height; stature *(estatura)*; elevation *(elevación)*; altitude *(altitud)*
aluminio *nm.* aluminum
A.M. *adv.*; *abb.* A.M.
amabilidad *nf.* kindness, niceness, goodness, gentleness; benevolence *(benevolencia)*
amable *adj.* kind, nice, good, helpful
ama de casa *nf.* housewife
ama de llaves *nf.* housekeeper
amanecer *nm.* dawn, sunrise
amansar *v.t.* tame, pacify
amante *nm./f.* lover; *adj.* loving
amar *v.t.* love
amargo/a *adj.* bitter, embittered; grievous, sad *(triste)*
amarillo/a *adj.* yellow
amasar *v.t.* knead
ambición *nf.* ambition; aspiration *(aspiración)*
ambicioso/a *adj.* ambitious
ambiente *nm.* environment
ambiguo/a *adj.* ambiguous; equivocal *(equívoco)*
ambulancia *nf.* ambulance
amenaza *nf.* threat, menace; intimidation *(intimidación)*
amenazar *v.t.* threaten; intimidate *(intimidar)*
americano/a *nm./f.*; *adj.* American
amigable *adj.* friendly; harmonious *(armonioso/a)*

amígdala *nf.* tonsil
amigo/a *nm./f.* friend, pal, buddy; *adj.* friendly
amistad *nf.* friendship, amity, acquaintance
amo/a *nm./f.* master; owner *(dueño/a)*, possessor *(poseedor/a)*
amoníaco *nm.* ammonia
amor *nm.* love
amoroso/a *adj.* lovely; gentle *(gentil)*
amplificador *nm.* amplifier
amplificar *v.t.* amplify, enlarge; extend *(extender)*; increase *(incrementar)*
amplio/a *adj.* ample, wide
amputación *nf.* amputation; elimination *(eliminación)*
amputar *v.t.* amputate; remove *(remover)*
amueblar *v.t.* furnish, provide with furniture
analfabeto/a *nm./f.*; *adj.* illiterate, uneducated
análisis *nm.* analysis; examination *(examinación)*; study *(estudio)*
analizar *v.t.* analyze
analogía *nf.* analogy; similarity *(similaridad)*
ananá *nf.* pineapple
anarquía *nf.* anarchy
anatomía *nf.* anatomy
ancestro *nm.* ancestor, forebear, predecessor; antecedent *(antecedente)*

ancho/a *adj.* wide, broad; extensive *(extensivo/a)*; ample *(amplio/a)*
anchura *nf.* width, breadth
anciano/a *nm./f.*; *adj.* elderly, old, aged, mature
anclar *v.i.* anchor
andamio *nm.* scaffolding, stand; platform *(plataforma)*
andar en bote o lancha *v.t.* boating
andrajoso/a *adj.* shabby, ragged, tattered, scruffy
anécdota *nf.* anecdote; story *(cuento)*
anemia *nf.* anemia
anestesia *nf.* anesthesia
anexo *nm.* annex; *adj.* attached, joined
anfibio *nm.*; *adj.* amphibian
anfitriona *nf.* hostess
ángel *nm.* angel
anguila *nf.* eel
ángulo *nm.* angle; point of view *(punto de vista)*; perspective *(perspectiva)*
angustia *nf.* anguish, grief, sorrow
angustiar *v.t.*; *v.i.* grieve, mourn; lament *(lamento)*
anhelar *v.i.* yearn; desire *(desear)*
anidar *v.t.* shelter, protect; *v.i.*; *v.r.* nest
anillo *nm.* ring, finger ring
animado/a *adj.* animated, lively
animal *nm.*; *adj.* animal
animar *v.t.* animate, encourage, cheer up; *v.r* make up one's mind

aniversario *nm.* anniversary; *adj.* annual
anónimo/a *nm.* anonymity; *adj.* anonymous
anormal *adj.* abnormal; unusual *(inusual)*
a no ser que *conj.* unless, if not, if; except *(excepto)*
ansiedad *nf.* anxiety, nervousness, worry
ansioso/a *adj.* anxious, eager
antebrazo *nm.* forearm
antena *nf.* antenna
anteojos de sol *nm./pl.* sunglasses
antepecho *nm.* sill, windowsill, ledge, shelf
anterior *adj.* former, previous, past, ex
antes *adj.; adv.* ago; *prep.* before, previous to, earlier than, sooner than, prior to
anti *prep.* anti, opposed to, unwilling
antibiótico *nm.; adj.* antibiotic
anticipación *nf.* anticipation; advance *(avance)*
anticipar *v.t.* anticipate, advance money *(anticipar dinero)*; *v.r.* happen before time
antiguo/a *nm./f.; adj.* antique, ancient, aged
antipático/a *adj.* unfriendly, disagreeable
antiséptico/a *adj.* antiseptic, antibacterial
antorcha *nf.* torch

anual *adj.* annual, yearly, once a year
anudar *v.t.* knot, tie, loop
anulado/a *adj.* annulled, void; cancelled *(cancelado/a)*; invalid *(inválido/a)*
anular *v.t.* annul, nullify, cancel; dissolve *(disolver)*
anunciar *v.t.* announce, advertise; promote *(promover)*; publicize *(publicar)*
anuncio *nm.* advertisement, announcement, ad; commercial *(comercial)*
año *nm.* year
año bisiesto *nm.* leap year
año nuevo *nm.* New Year
añoranza *adj.* nostalgic; homesickness, homesick *(añoro del hogar)*
apacible *adj.* pacific; tranquil *(tranquilo/a)*; serene *(sereno/a)*, calm *(calmo/a)*
apagado/a *adj.; adv.* off
aparato *nm.* apparatus, device; equipment *(equipo)*
aparecer *v.i.; v.r.* appear, seem
aparente *adj.* apparent, noticeable; perceptible *(perceptible)*
aparición *nf.* apparition, loom
apariencia *nf.* appearance, look
apartado postal *nm.* mailbox
apartamento *nm.* apartment
apartar *v.t.; v.i.* withdraw, sort; remove *(remover)*

aparte *adv.* apart, aside; separately *(separadamente)*
apasionado/a *adj.* passionate, adoring, loving
apático/a *adj.* apathetic, indifferent, uninterested, unconcerned
apelar *v.i.* appeal, plea; demand *(demandar)*
apellido *nm.* surname, last name, family name
apéndice *nm.* appendix; P.S. *(posdata P.D.)*
apendicitis *nf.* appendicitis
aperitivo *nm.* appetizer, hors d'oeuvre, entrée, cocktail snack
apetito *nm.* appetite, hunger, craving
apilar *v.i.*; *v.t.* pile, heap
aplastar *v.t.* flatten, squash, crush
aplaudir *v.i.* applaud, clap
aplauso *nm.* applause, clapping
apodo *nm.* nickname
apostar *v.t.* bet
apoyar *v.t.*; *v.i.*; *v.r.* lean against, rest upon, uphold, rest on
apoyo *nm.* support
apreciación *nf.* appreciation; admiration *(admiración)*; approbation *(aprobación)*
apreciar *v.t.* appreciate, be grateful for; be thankful for *(ser agradecido por)*
aprender *v.t.*; *v.i.* learn
apresurar *v.t.* rush, hurry; run *(correr)*

apretado/a *adj.* tight
apretar *v.t.* tighten, squeeze
apretón *nm.* grip
aprobación *nm.* approbation, approval
aprobar *v.t.* approve; pass an examination *(pasar un examen)*
apropiado/a *adj.* appropriate, suitable; proper *(propio/a)*
aproximar *v.t.* approximate
apto/a *adj.* apt, appropriate, suitable, fitting; competent *(competente)*
apuesta *nf.* bet, wager
apuntar *v.t.*; *v.i.* point, aim
apunte *nm.* aim
a punto de *adv.* about to
apurado/a *adj.* hasty, hurried, quick, speedy
apuro *nm.* hurry, rush; urgency *(urgencia)*
árabe *nm./f.*; *adj.* Arab
arábico/a *nm./f.* Arabic
arado *nm.* plow, till
araña *nf.* spider
arañar *v.t.* scratch, scrape, graze
arar *v.t.* plow, till, cultivate
arbitrario/a *adj.* arbitrary
árbol *nm.* tree
archivar *v.t.* archive, file, record
archivo *nm.* archive, records, file; documentation *(documentación)*
arcilla *nf.* clay
arco *nm.* arch, arc; curve *(curva)*; semicircle *(semicírculo)*

arco iris *nm.* rainbow
ardilla *nf.* squirrel
área *nf.* area; region *(región)*; district *(distrito)*
arena *nf.* sand
arenque *nm.* herring
argentino/a *nm./f.*; *adj.* Argentinean
argumento *nm.* argument; theme *(tema)*
árido/a *adj.* barren; infertile *(infértil)*; unproductive *(improductivo/a)*
arisco/a *adj.* surly, unsociable; wild *(salvaje)*
aritmético/a *nm./f.* arithmetic; mathematic *(matemático/a)*
arma *nf.* weapon
armada *nf.* army, navy
armario *nm.* cabinet, cupboard; wardrobe *(ropero)*
aro *nm.* hoop, loop; ring *(anillo)*; circle *(círculo)*
aroma *nm.* aroma, smell; perfume *(perfume)*; fragrance *(fragancia)*; scent *(esencia)*
arpa *nf.* harp
arqueología *nf.* archaeology
arqueológico/a *adj.* archaeological
arquitecto *nm.* architect
arquitectónico *nm.* architecture, structural design; style *(estilo)*
arquitectural *adj.* architectural
arrancar *v.t.* uproot, pull out, wrench, tear off
arranque *nm.* starter, uprooting

arrastramiento *nm.* drift, flow
arrastrar *v.i.*; *v.t.* pull, drift, drag
arrecife *nm.* reef
arreglar *v.t.* fix, arrange; adjust *(ajustar)*
arreglo *nm.* arrangement, agreement
arrestar *v.t.* arrest; detain *(detener)*
arresto *nm.* arrest; capture *(capturar)*; take into custody *(tomar en custodia)*
arriba *adj.*; *adv.* up, above, overhead; upstairs *(escalera arriba)*
arriesgar *v.t.* risk; *v.r.* run into danger
arrodillar *v.i.*; *v.r.* kneel down
arrogancia *nf.* arrogance, conceit, self importance; vanity *(vanidad)*
arrogante *adj.* arrogant, conceited, overconfident; egotistical *(egoísta)*
arrojar *v.t.* throw, hurl, cast
arroz *nm.* rice
arruga *nf.* crease, wrinkle
arruinar *v.t.* ruin, damage; destroy *(destrozar)*; devastate *(devastar)*
arte *nm.* art, skill; talent *(talento)*
artefacto *nm.* machine, apparatus, device
arteria *nf.* artery
artesanía *nf.* craft, handicraft
artesano/a *nm./f.* artisan
ártico/a *adj.* Arctic

artículo *nm.* article, item, object; piece of writing *(comentario escrito)*
artículo electrodoméstico *nm.* appliance
artificial *adj.* artificial, false, fake, simulated
artista *nf.* artist, entertainer, performer; actor *(actor)*
artístico/a *adj.* artistic, inventive; creative *(creativo/a)*; imaginative *(imaginativo/a)*
arveja *nf.* pea
as *nm.* ace, first rate, champion
asa *nf.* handle
asado/a *nm.*; *adj.* roast
asaltar *v.t.* assault; attack *(ataque)*
asalto *nm.* assault
asamblea *nf.* assembly; meeting *(reunión)*; congregation *(congregación)*
asar *v.t.* roast
asar a la parrilla *v.t.* grill
ascendente *adv.* upward, up, uphill
ascensor *nm.* elevator
asegurar *v.t.* assure; promise *(prometer)*
aserrín *nm.* sawdust
asesinato *nm.* assassinate, murder
asesino/a *nm./f.* assassin, murderer
asfalto *nm.* asphalt, tarmac, blacktop
asiento *nm.* seat, place, site

asiento para el auto *nm.* car seat
asignar *v.t.* assign
asilo *nm.* asylum, shelter; refuge *(refugio)*
asimilar *v.t.* assimilate; *v.i.* resemble
asistencia *nf.* attendance: audience *(audiencia)*
asistente *nm.* assistant, helper
asistir *v.t.* accompany, assist, help; *v.i.* be present at, attend
asma *nf.* asthma
asmático/a *adj.* asthmatic
asociación *nf.* association
asociado/a *nm./f.* partner, associate, member; partner *(socio)*
asociar *v.t.* associate; *v.r.* associate oneself
asombrado/a *adj.* amazed, astonished; surprised *(sorprendido/a)*
asombrar *v.t.*; *v.i.* amaze, wonder, astonish
aspecto *nm.* aspect, look, appearance, outlook
áspero/a *adj.* rough, harsh
aspiradora *nf.* vacuum cleaner
aspirar *v.t.*; aspire to, desire to; breathe in, inhale *(respirar)*
aspirina *nf.* aspirin
asta *nm.* lance, spear
astilla *nf.* splint, splinter
astringente *nm.*; *adj.* astringent
astronomía *nf.* astronomy
astuto/a *adj.* astute, shrewd; smart *(inteligente)*

asumir *v.t.* assume, take for granted, suppose; deduce *(deducir)*
asunto *nm.* matter, theme, subject; business, affair *(negocio)*
asustado/a *adj.* frightened, scared, afraid
asustar *v.t.* frighten, scare
atacar *v.t.* attack; assault *(asaltar)*; show aggression *(mostrar agresión)*
ataque *nm.* attack; quarrel; fight *(pelea)*
atar *v.t.* tie, fasten, lace; *v.r.* get in a fix; confine oneself
atardecer *nm.* sunset, dusk, evening
ataúd *nm.* coffin, sarcophagus, tomb
ateísmo *nm.* atheism, incredulity, agnosticism
atención *nf.* attention; courtesy *(cortesía)*; consideration *(consideración)*
atender *v.t.* await, expect; take care of, look after
atentar *v.t.* attempt; *v.r.* restrain oneself
atento/a *adj.* attentive, mindful; courteous *(cortés)*
ateo *nm.* atheist; *adj.* atheistic
aterrizar *v.t.*; *v.i.* land, touch down
atestiguar *v.t.*; *v.i.* testify; be a witness *(ser un testigo)*
ático *nm.* attic, loft
atleta *nm.* athlete, sportsperson
atlético/a *adj.* athletic
atletismo *nm.* athletics
atmósfera *nf.* atmosphere, ambiance, environment
átomo *nm.* atom, particle, bit
atormentar *v.t.* torment; torture *(torturar)*
atornillar *v.t.* screw, turn, twist
atracción *nf.* attraction; magnetism *(magnetismo)*
atractivo/a *adj.* attractive, good-looking, gorgeous
atraer *v.t.* attract, charm; enchant *(encanto)*
atrás *prep.* behind, back, past; previously *(previamente)*
atrasado/a *adj.*; *adv.* slow *(en tiempo)*; backward
atribuir *v.t.* attribute; assign *(asignar)*
atributo *nm.* attribute
audaz *adj.* audacious, daring, hardy
audición *nf.* audition
audiencia *nf.* audience, spectators, viewers
audífono *nm.* earphone, earpiece, headset, headphone
auditorio *nm.*; *adj.* auditory, hearing
aumentar *v.t.* augment; increase *(incrementar)*
aunque *conj.* although, even though
ausente *adj.* absent
australiano/a *nm./f.*; *adj.* Australian

auténtico/a *adj.* authentic; genuine *(genuino/a)*; real *(real)*
auto deportivo *nm.* sport car
auto servicio *nm.*; *adj.* self-service
automático/a *adj.* automatic
automatización *nf.* automation; mechanization *(mecanización)*
automóvil *nm.* automobile, car; vehicle *(vehículo)*
autónomo/a *adj.* autonomous, independent; self-sufficient *(autosuficiente)*
autopsia *nf.* autopsy
autor *nm.* author; writer *(escritor/a)*; novelist *(novelista)*; creator
autoridad *nf.* authority; power *(poder)*; right *(derecho)*; influence *(influencia)*
autorización *nf.* authorization, approval, agreement; permission *(permiso)*
autorizar *v.t.* authorize, allow; approve *(aprobar)*; permit *(permitir)*
autotopista *nf.* highway
avance *nm.* advance, progress, go forward
avanzar *v.t.* advance, promote
avecinarse *v.i.* to be approaching
ave de corral *nm.* fowl
avena *nf.* oat
avenida *nf.* avenue
aventura *nf.* adventure, venture
aventuroso/a *adj.* adventurous, daring; audacious *(audaz)*; risky *(riesgoso/a)*
avergonzado/a *adj.* ashamed
aviación *nf.* aviation
avión *nm.* plane, jet, airplane, aircraft
avisar *v.t.* inform, acquaint, warn, advise
aviso *nm.* notice, announcement, advice, warning
avispa *nf.* wasp
axila *nf.* armpit
ayer *nm.* yesterday, a short while ago; in the past *(en el pasado)*
ayuda *nf.* aid, help, assist, support
ayudante *nm.* helper; assistant *(asistente)*
ayudar *v.t.* aid, help, hand; assist *(asistir)*
azadón *nm.* hoe
azúcar *nm./f.* sugar
azul *adj.* blue

B
babero *nm.* bib
babosa *nf.* slug
bacalao *nm.* cod
bacteria *nf.* bacteria; microbes *(microbios)*; germs *(gérmenes)*
bacterial *adj.* bacterial
bahía *nf.* bay, harbor
bailar *v.i.* dance, spin round
baile *nm.* dance, ball, ballet
bajo/a *adj.* low; short; inferior; *prep.* under
bala *nf.* bullet, projectile
balance *nm.* balance; equilibrium *(equilibrio)*; stability *(estabilidad)*

Spanish-English Dictionary

balancear *v.t.* swing; oscillate *(oscilar)*; vacillate, hesitate; *v.r.* balance oneself
balcón *nm.* balcony, veranda; terrace *(terraza)*
balde *nm.* bucket, pail, container
baldosa *nf.* tile, paving stone
ballena *nf.* whale
baloncesto *nm.* basketball
balsa *nf.* raft
balsero *nm.* rafter, ferryman
banana *nf.* banana
Banco mercantil *nm.* merchant, mercantile; commercial *(comercial)*
Banco Mundial *nm.* The World Bank
banco *nm.* bank, bench
banda *nf.* wide ribbon; band, gang *(grupo)*
bandeja *nf.* tray, dish, plate, serving dish
bandera *nf.* flag, banner, standard
banquero/a *nm./f.* banker
banquete *nm.* banquet, feast, formal meal
bañar *v.i.*; *v.t.* bathe, wash; *v.r.* take a bath; bathe
bañar en oro *v.t.* gild, cover with gold
bañera *nf.* bathtub
baño *nm.* bath, lavatory, toilet, restroom
bar *nm.* bar, pub, tavern
barajar *v.t.* shuffle, jumble, mix; *v.i.* quarrel
barato/a *adj.* cheap; *adv.* cheaply

barba *nm.* beard
barbería *nf.* barber shop
barbero *nm.* barber
barco *nm.* ship, boat
barco a vapor *nm.* steamship
barco de vela *nm.* sailboat
barniz *nm.* varnish, glaze
barnizar *v.t.* varnish, glaze
barómetro *nm.* barometer
barraca *nf.* barrack
barranca *nf.* shed, furrow
barrer *v.t.* sweep
barrera *nf.* barrier, hedge, railing
barril *nm.* barrel, cask, water-butt
barrio bajo *nm.* slum
barro *nm.* mud
base *nf.* base; make-up *(maquillaje)*
básico/a *adj.* basic, essential, fundamental
bastante *adj.*; *adv.* sufficient, enough
bastar *v.i.* suffice
basura *nf.* litter, garbage, junk, trash, waste
batalla *nf.* battle, fight, combat
batallar *v.t.* battle, fight, dispute, argue
batería *nf.* battery
batido *nm.* batter; *adj.* beaten
batidor/a *nm./f.* beater, churn, blender
batir *v.t.* beat; slap
bautismo *nm.* baptism
bautizar *v.t.* baptize; christen *(cristianizar)*

bebé *nm./f.* baby, infant, little one, tot, toddler, babe; newborn *(recién nacido/a)*
beber *v.t.* drink, absorb; *v.i.* toast *(brindar)*
bebida *nf.* beverage, drink; alcoholic liquor *(bebida alcohólica)*
beca *nf.* scholarship, erudition
becerro *nm.* bullock, bull calf
béisbol *nm.* baseball
belleza *nf.* beauty, loveliness, fairness, prettiness, cuteness
bendecir *v.i.* praise, extol, bless; consecrate *(consagrar)*
bendición *nf.* blessing, benediction; consecration *(consagración)*
beneficiar *v.t.* benefit
beneficio *nm.* benefit, profit
beneficioso/a *adj.* beneficial, useful, helpful
benigno/a *adj.* benign, kind; benevolent *(benevolente)*
berenjena *nf.* eggplant
besar *v.t.* kiss; *v.r.* kiss one another
beso *nm.* kiss
bestia *nf.* beast, animal, monster; *adj.* brute *(bruto/a)*
Biblia *nf.* Bible
biblioteca *nf.* library
bibliotecario/a *nm./f.* librarian
bicicleta *nf.* bicycle, bike; mountain bike *(bicicleta montaña)*
bien *nm.* good, ideal goodness
bienes *nm./pl.* goods

bienestar *nm.* welfare
bienvenida *nf.* welcome
bigote *nm.* mustache, whisker
bilingüe *adj.* bilingual
billar *nm.* billiards, pool
billetera *nf.* wallet
biografía *nf.* biography, memoirs, life story
biología *nf.* biology; ecology *(ecología)*; natural science *(ciencia natural)*
biológico/a *adj.* biological
bisagra *nf.* hinge, pivot, turning point
blanco *nm.* target, objective; *adj.* white person
blanquear *v.t.* whiten, bleach, whitewash; *v.i.* appear white, show white
bloque *nm.* block, slab
bloquear *v.t.* trap, blockade, besiege; obstruct *(obstruir)*
blusa *nf.* blouse
bobina *nf.* bobbin, spool, reel
boca *nf.* mouth
bocado *nm.* snack, nibble, bite
boda *nf.* wedding, marriage, nuptials, bridal
bolsillo *nm.* pocket
bomba *nf.* bomb; pump, pumping engine *(pompa)*
bombardear *v.t.* bomb, bombard, shell
bombear *v.t.* pump; bombard
boquilla *nf.* nozzle
bordado *nm.* embroidery, needlework, stitching
bordar *v.t.* embroider

borde *nm.* edge, rim; perimeter *(perímetro)*
borracho/a *adj.* drunk
borrador *nm.* eraser, rough draft
borrar *v.t.* delete, erase, cross out, blot out
bostezar *v.i.* yawn
bostezo *nm.* yawn, yawning
bota *nf.* boot
bote *nm.* boat
botella *nf.* bottle, bottleful; flask
bote remolcador *nm.* tugboat
bote salvavidas *nm.* lifeboat
botón *nm.* button
bóveda *nf.* vault, arch; crypt *(cripta)*
boxeo *nm.* boxing
boya *nf.* buoy, float
brasilero/a *nm./f.; adj.* Brazilian
brazo *nm.* arm
breve *adj.* brief, concise; *adv.* shortly, in a short while; soon *(pronto)*
brillante *adj.* brilliant, sparkling
brillar *v.i.; v.t.* shine, glow, sparkle, gleam, glisten
brisa *nf.* breeze
británico/a *nm./f.; adj.* British
britano/a *nm./f.* Briton
brizna *nf.* blade, shred, paring
brocha de afeitar *nf.* shaving brush
brócoli *nm.* broccoli
bromear *v.t.* joke, kid, tease, make fun
bronce *nm.; adj.* bronze
bronceado/a *adj.* bronzed; sunburn, tan
bronceador *nm.* sunscreen
broncear *v.i.; v.t.* tan, sunburn, suntan
bronquitis *nf.* bronchitis
brotar *v.i.* spring, sprout; germinate *(germinar)*
brote *nm.* sprout
bruja *nf.* witch
brujo *nm.* warlock
brutal *adj.* brutal
bucear *v.i.* dive
buceo *nf.* dive, diving
bucle *nm.* loop, ringlet, curl
buen *adj.* good
buen estado físico *nm.* fitness
bueno/a *nm./f.; adj.* good
buey *nm.* ox, oxen *(bueyes)*
bufanda *nf.* scarf
bufar *v.i.* snort
bujía *nf.* spark
bulbo *nm.* bulb
burbuja *nf.* bubble, fizz
burócrata *nm.* bureaucrat
burocrático/a *adj.* bureaucratic
burro *nm.* donkey
buscar *v.i.; v.t.* search, seek; explore *(explorar)*
búsqueda *nf.* browser, search

C

caballero *nm.* cavalier, gentleman, knight
caballo *nm.* horse
cabaña *nf.* hut, cabin, cottage
cabecera *nf.* heading, top, upper portion; seat of honor *(asiento de honor)*
cabello *nm.* hair

cabeza *nf.* head
cabina *nf.* cabin
cable *nm.* cable, string
cable de empalme *nm.* jumper cables
cabra *nf.* goat
cacería *nf.* hunter, seeker
cacerola *nf.* pan, pot; saucepan *(sartén)*
cachorro/a *nm./f.* cub, puppy
cada *adj.* each, every
cadáver *nm.* corpse
cadena *nf.* chain, link; sequences *(secuencia)*, series *(serie)*
cadera *nf.* hip; flank
caer *v.i.; v.t.* fall, drop
café *nm.* coffee
cafeína *nf.* caffeine
cafetera *nf.* coffeemaker, coffeepot
cafetería *nf.* cafeteria, coffee shop
caja *nf.* box, pack; package *(paquete)*
cajero/a *nm./f.* cashier, teller
cajero automático *nm.* ATM (automatic teller machine)
cajón de embalar *nm.* crate
calambre *nm.* cramp; contraction *(contracción)*
calcio *nm.* calcium
calculación *nf.* calculation
calculadora *nf.; adj.* calculator, calculating machine, calculating
calcular *v.t.* calculate, guess; estimate *(estimar)*
cálculo *nm.* guess, supposition *(suposición)*
cálculo biliar *nm.* gallstone
caldera *nf.* kettle, cauldron
caldo *nm.* broth
calefacción *nf.* heating
calentador *nm.* heater, warming-pan; *adj.* heating, warming
calidad *nf.* quality
caliente *adj.* hot, warm
calificado/a *adj.* qualified
calificar *v.i.* classify; categorize *(categorizar)*
callar/se *v.i.; v.r.* to say nothing, keep silent, stop speaking
calle *nf.* street
callejón *nm.* alley; impasse
calma *adj.* calm; serenity *(serenidad)*, tranquil *(tranquilidad)*; peaceful *(pacífico/a)*
calmar *v.t.; v.i.* calm, soothe, moderate, mitigate, pacify, grow calm
calor *nm.* heat; ardor; warmth
calumnia *nf.* libel, calumny; defamation *(difamación)*
calumniar *v.t.* calumniate, libel
calvo/a *adj.* bald, hairless
calzado deportivo *nm.* sneakers
calzador *nm.* shoehorn
calzoncillos *nm./pl.* underpants
calzones *nm./pl.* panties
cama *nf.* bed, bedstead
cámara *nf.* chamber
camarera *nf.* waitress, stewardess, waiting-maid, chambermaid

camarero *nm.* waiter, steward
camarón *nm.* shrimp, prawn
cambiable *adj.* changeable, exchangeable
cambiar *v.t.; v.i.* shift, change, alter, switch, trade; convert *(convertir)*
cambio *nm.* exchange, change
camello *nm.* camel
camilla *nf.* stretcher, litter
caminante *nm.* walker, traveler
caminar *v.t.; v.i.* walk; ramble, travel
caminar en el agua *v.i.* wade
caminata *nf.* hike, tiring walk
camino *nm.* way, lane, pat, trail, road; route *(ruta)*
camión *nm.* truck
camión tanque *nm.* tanker
camioneta *nf.* van, light truck, pick-up truck, station wagon
camisa *nf.* shirt
camiseta *nf.* undershirt, vest, T-shirt
campamento *nm.* camping, encampment, camp
campana *nf.* bell
campeón *nm.* champion, winner, champ, title holder
campesino/a *nm./f.* peasant
campo *nm.* field, country
canadiense *nm./f.; adj.* Canadian
canal *nf.* gutter, canal, channel, waterway
canasta *nf.* basket, hamper; card game *(juego de canasta)*
cancelación *nf.* cancellation, abolition, termination, cessation, deletion

cancelar *v.t.* cancel; stop *(parar)*; annul *(anular)*; terminate *(terminar)*
cáncer *nm.* cancer
cancha *nf.* playing field
candado *nm.* lock, combination lock, security device
candidato/a *nm./f.* candidate; aspirant *(aspirante)*
canela *nf.* cinnamon
canguro *nm./f.* kangaroo
canilla *nf.* faucet, tap; valve *(válvula)*
canoa *nf.* canoe
cansado/a *adj.* restless, tired, tiresome
cansancio *nm.* tiredness, weariness, sleepiness; fatigue *(fatiga)*
cantante *nm./f.* singer, vocalist, songster
cantar *v.i.; v.t.* sing
cantidad *nf.* quantity, amount; capacity *(capacidad)*
cantina *nf.* canteen
canto *nm.* singing, song
caña *nf.* cane, rod, stalk, reed
caña del timón *nf.* helm, wheel
cañón *nm.* cannon
caótico/a *adj.* chaotic; disordered *(desordenado/a)*; disorganized *(desorganizado/a)*
capa *nf.* cape
capacidad *nf.* capacity, capability; ability *(habilidad)*
capacitar *v.t.* enable, capacitate
capaz *adj.* capable, capacious; competent *(competente)*

capilla *nf.* chapel, cowl, hood
capital *nf.* capital
capitán *nm.* captain, skipper; chief *(jefe)*; leader *(líder)*
capítulo *nm.* chapter
cápsula *nf.* capsule, pill, tablet, pod, container
capturar *v.t.* catch, capture, apprehend; arrest *(arrestar)*
capucha *nf.* hood, cover, covering, top, lid
caqui *nm.; adj.* khaki
cara *nf.* face
caracol *nm.* snail
carácter *nm.* character; sign *(signo)*; mark *(marca)*
característico/a *nm./f.; adj.* characteristic; distinctive *(distintivo/a)*
caracú *nm.* bone marrow
caramelo *nm.* candy, caramel, sweetie, toffee
caravana *nf.* caravan, group of traders, pilgrims; earring *(aros)*
carbohidrato *nm.* carbohydrate
carbón *nm.* coal, charcoal, black chalk, firewood
cárcel *nf.* jail, prison, penitentiary, detention center, imprison
carga *nf.* load, charge
cargar *v.t.* load, charge
caridad *nf.* charity, aid organization, charitable trust; contributions *(contribuciones)*
cariño *nm.; adj.* affection, fond

cariñoso/a *adj.* affectionate, loving, kind; demonstrative *(demostrativo/a)*
carnada *nf.* bait
carnaval *nm.* carnival, street party; celebration *(celebración)*
carne *nf.* beef, flesh, meat
carne de ave *nf.* poultry
carnero *nm.* mutton
caro/a *adj.* expensive
carpa *nf.* tent
carpeta *nf.* folder
carrera *nf.* race, dash, run, contest; competition *(competencia)*
carreta *nf.* spool
carretera *nf.* highway
carretilla *nf.* wheelbarrow
carro *nm.* cart, haul
carta *nf.* letter; correspondence *(correspondencia)*
carta adjunta *nf.* enclosure, inclusion
cartera *nf.* bag, briefcase
cartera de mano *nf.* handbag
carterista *nm.* pickpocket, thief, burglar
cartero *nm.* mail carrier
cartílago *nm.* cartilage
cartón *nm.* cardboard, carton
cartuchera *nf.* pouch
cartucho *nm.* cartridge
casa *nf.* house; residence *(residencia)*; domicile *(domicilio)*
casado/a *adj.* married, wedded
casar *v.t.* marry

cascada *nf.* waterfall, cascade, falls
cáscara *nf.* rind, peel; skin *(piel)*
casco *nm.* cask, helmet
casi *adv.* almost, approximately, about
casita *nf.* lodge, cabin, cottage
caso *nm.* case
castaño/a *adj.* maroon
castigar *v.t.* punish, chastise
castigo *nm.* punishment
castillo *nm.* castle
casual *adj.* casual
casualidad *nf.* casualty, chance; coincidence *(coincidencia)*
catálogo *nm.* catalogue, list
catedral *nf.* cathedral, church, house of worship
catolicismo *nm.* Catholicism
católico/a *nm./f.; adj.* Catholic
católico/a romano/a *nm./f.; adj.* Roman Catholic
catorce *num.* fourteen
causa *nf.* cause, source; reason *(razón)*; basis *(base)*; origin *(origen)*
causar *v.t.* cause
cauteloso/a *adj.* cautious, careful, watchful; precautious *(precavido/a)*
cauto/a *adj.* cautious, wary
caza *nf.* hunt, chase; pursuit *(persecución)*
cebada *nf.* barley
cebolla *nf.* onion
cebra *nf.* zebra
cedro *nm.* cedar tree, cedar wood

ceguera *nf.* blindness, sightlessness, loss of sight
ceja *nf.* eyebrow
celebración *nf.* celebration, festivity; festival *(festival)*; commemoration *(conmemoración)*
celebrar *v.i.; v.t.* celebrate, rejoice
celo *nm.* zeal; enthusiasm *(entusiasmo)*; passion *(pasión)*
celos *nm.* jealousy; envy *(envidia)*
celoso/a *adj.* jealous; zealous
célula *nf.* cell
celular *nm.* cellular
cementerio *nm.* cemetery, memorial park
cemento *nm.* cement
cena *nf.* dinner, supper
cenar *v.i.* dine
cenicero *nm.* ash-tray, ash-pan, ash-pit
cenit *nm.* zenith
ceniza *nf.* ash, cinder
centavo *nm.* cent, penny; hundredth part *(centésima parte)*
centeno *nm.* rye
centésimo/a *nm./f.; adj.* hundredth
centímetro *nm.* centimeter
central *adj.* central; centric *(céntrico/a)*
centro *nm.* center; middle *(medio)*
ceñir *v.i.* girdle; *v.r.* be moderate
ceño *nm.* frown
cepillo *nm.* brush

cepillo de dientes *nm.* toothbrush
cera *nf.* polish, wax
cerámica *nf.*; *adj.* ceramic
cerca *nf.* fence, wall; *adj.*; *adv.* nearby
cercano/a *adj.*; *adv.* near, neighboring
cerda *nf.* sow
cerdo *nm.* pig, swine
cereal *nm.* cereal
ceremonia *nf.* ceremony; ritual *(ritual)*
cereza *nf.* cherry
cero *num.* zero
cerrado/a *adj.*; *adv.* closed
cerradura *nf.* bolt, secure, lock
cerrar *v.t.* close, lock, shut, seal; secure *(seguro)*
cerrar con pestillo *v.i.* latch
certificado *nm.* certificate; diploma *(diploma)*
certificar *v.t.* certify; confirm *(confirmar)*
cerveza *nf.* ale, beer
cesar *v.i.* cease, stop *(parar)*, finish *(terminar)*
césped *nm.* grass, pasture, lawn
chal *nm.* shawl, wrap, stole; scarf *(bufanda)*
chaleco *nm.* vest
chalet *nm.* cottage, bungalow, lodge
champú *nm.* shampoo
chaqueta *nf.* jacket, coat
charla *nf.* chat, talk, gossip
charlar *v.i.* chat, talk
chasis *nm.* chassis, frame, framework
chico/a *adj.* small, little, petite; diminutive *(diminuto/a)*
chimenea *nf.* chimney, flue, vent, smokestack
chino/a *nm./f.*; *adj.* Chinese
chiquito/a *adj.* tiny
chispear *v.t.* spark
chiste *nm.* joke
chistoso/a *adj.* witty, hilarious; funny *(divertido/a)*; comical *(cómico/a)*
chocar *v.i.* collide, crash, bump
choclo *nm.* corn
chocolate *nm.* chocolate
chofer *nm./f.* driver
choque *nm.* collision, crash, shock
chorro *nm.* jet, stream
chupar *v.t.* suck
churrasco *nm.* steak
ciber- *pref.* cyber-
cicatriz *nf.* scar, blemish; mark *(marca)*
ciclo *nm.* cycle; sequence *(secuencia)*; phase *(fase)*
ciego/a *adj.* blind, sightless, unsighted
cielo *nm.* heaven, sky; paradise *(paraíso)*
ciempiés *nm.* centipede
ciencia *nf.* science
científico/a *nm./f.*; *adj.* scientific, scientist
ciento *num.* hundred
cierre *nm.* zipper
cierto/a *adj.* certain; sure *(seguro/a)*
ciervo *nm.* deer, stag

cigarrillo *nm.* cigarette
cigarro *nm.* cigar
cigüeña *nf.* stork
cilindro *nm.* cylinder
cima *nf.* summit, top
cincel *nm.* chisel, carve, shape
cincelar *v.t.* chisel, carve, shape
cinco *num.* five
cincuenta *num.* fifty
cine *nm.* cinema, movies, pictures, film
cínico/a *adj.* cynical; sarcastic *(sarcástico/a)*; pessimistic *(pesimista)*
cinta *nf.* ribbon, band, tie
cinta magnética *nf.* videotape, tape, cartridge
cintura *nf.* waist
cinturón *nm.* belt, buckle
cinturón de seguridad *nm.* seatbelt
circo *nm.* circus
circuito *nm.* circuit
circulación *nf.* circulation; flow *(flujo)*; movement *(movimiento)*
circular *v.t.* circulate, flow, move
círculo *nm.* circle, round
circundante *adj.* surrounding, nearby; close by *(cerca de)*
circunferencia *nf.* circumference; perimeter *(perímetro)*
circunstancia *nf.* circumstance; condition *(condición)*; situation *(situación)*
ciruela *nf.* plum, prune

cirugía *nf.* surgery; operation *(operación)*
cirujano *nm./f.* surgeon, doctor, general practitioner
cisne *nm.* swan
cita *nf.* appointment, meeting, date
citación *nf.* quotation, quote, citation, mention *(mención)*; reference *(referencia)*
citar *v.t.* cite, quote, refer to, allude to
ciudad *nf.* city, town
ciudadano/a *nm./f.* citizen, inhabitant, resident
ciudad de procedencia *nf.* hometown, homeland, birthplace
civilización *nf.* civilization; people *(gente)*; society *(sociedad)*
claro/a *nm./f.* light; *adj.* clear; lucid *(lúcido/a)*; patent *(patente)*
clase *nf.* class, classroom, sort
clásico/a *adj.* classical; traditional *(tradicional)*; conventional *(convencional)*
clasificar *v.t.* classify, rank
clavar *v.t.* nail, stick
clemencia *nf.* clemency, mercy, mildness
clérigo *nm.* clergyman, cleric
clero *nm.* clergy
cliente *nm./f.* client, customer; consumer *(consumidor/a)*
clima *nm.* climate, clime; weather *(tiempo)*

clímax *nm.* climax
clínica *nf.* clinic; health center *(centro de salud)*
club *nm.* club; association *(asociación)*; organization *(organization)*
club nocturno *nm.* nightclub, disco, club, nightspot
cobarde *nm.* coward
cobertizo *nm.* hangar, overhanging roof, shack, shed, hut
cobre *nm.* copper
cocer a fuego lento *v.i.* simmer
coche cama *nm.* sleeping car
cochecito de niño *nm.* pram, baby carriage, pushchair
cocina *nf.* cooking, kitchen, stove
cocinero/a *nm./f.* cook, chief
cocoa *nf.* cocoa
cóctel *nm.* cocktail
código *nm.* code
código postal *nm.* zip code
codo *nm.* elbow, angle *(ángulo)*
codorniz *nf.* quail
cohete *nm.* rocket
coincidencia *nf.* coincidence
coincidente *adj.* coincidental; accidental *(accidental)*
coincidir *v.i.* coincide, agree
cojo/a *adj.* lame, unsteady
cola *nf.* queue, tail
colaboración *nf.* collaboration; cooperation *(coperación)*
colaborar *v.i.* collaborate; cooperate *(cooperar)*
colador/a *nm./f.* strainer, colander; filter *(filtro)*

colcha *nf.* quilt, bedspread, comforter
colchón *nm.* mattress
colección *nf.* collection, heap, set
colectar *v.t.* collect; accumulate *(acumular)*
colegio *nm.* college; institution *(institución)*
colesterol *nm.* cholesterol
colgar *v.i.*; *v.t.* hang; suspend *(suspender)*
coliflor *nm.* cauliflower
colina *nf.* hill
collar *nm.* collar, necklace
colmena *nf.* hive
colon *nm.* colon
colonia *nf.* colony
colonización *nf.* colonization
color *nm.* color
colorete *nm.* rouge
columna *nf.* column; line *(línea)*; file *(fila)*
coma *nf.* comma
comandar *v.t.* command; control *(controlar)*
comando *nm.* command; authority *(autoridad)*; dominion *(dominio)*
combinación *nf.* combination; mixture *(mezcla)*
combinar *v.t.* combine; mix *(mezclar)*
combustible *nm.* fuel
comedia *nf.* comedy
comedor *nm.* dining room
comentar *v.i.* comment, remark
comentario *nm.* commentary, comment, remark

comenzar *v.i.* begin, commence, start, start on; initiate *(iniciar)*
comer *v.t.* eat
comercial *nm.; adj.* commercial
comerciante *nm./f.* dealer, shopkeeper, trader, merchant
comercio *nm.* commerce
comestible *adj.* edible
cometa *nf.* kite
cómico/a *nm./f.; adj.* comic; comedian *(comediante)*; humorist *(humorista)*
comida *nf.* food, meal
comisión *nf.* commission
comité *nm.* committee, board; group *(grupo)*
como *adv.; conj.* as, like
cómo *adv.* how
comodín *nm.* joker
compacto/a *nm./f.; adj.* compact
compadecer *v.i.* pity
compadecerse *v.t.* sympathize
compañero/a *nm./f.* companion, fellow, pal, friend, mate, buddy
compañero/a de escuela *nm./f.* schoolchild
compañero/a de habitación *nm./f.* roommate
compañía *nf.* company; corporation *(corporación)*
comparación *nm.* comparison; similarity *(similaridad)*
comparar *v.t.* compare, match up to
compartimiento *nm.* compartment

compartir *v.i.; v.t.* share; distribute *(distribuir)*
compás *nm.* compass
compasión *nf.* sympathy, pity
compasivo/a *adj.* compassionate, merciful
compatible *adj.* compatible, well-matched
compensar *v.t.* compensate, offset
competencia *nf.* competition, contest
competente *adj.* competent, capable, proficient *(proficiente)*
competición *nf.* competition, contest
competir *v.t.* contest, compete
competitivo/a *adj.* competitive
completar *v.t.* complete
completo/a *adj.* complete; whole *(entero/a)*; full *(lleno/a)*
complicado/a *adj.* complicated, difficult; problematical *(problemático/a)*
cómplice *nm./f.* accomplice, partner in crime, co-conspirator
componer *v.t.* compose, compile; create *(crear)*
comportamiento *nm.* behavior; conduct *(conducta)*
comportarse *v.i.* behave, conduct yourself
composición *nf.* composition, piece of music
compra *nf.* shopping, purchase; acquisition *(adquisición)*

comprador/a *nm./f.* buyer, purchaser, shopper; customer *(cliente)*; consumer *(consumidor)*
comprar *v.t.* buy, shop
comprender *v.t.* comprise, understand; contain *(contener)*
comprensivo/a *adj.* sympathetic, comprehensive, understanding
compromiso *nm.* compromise, engagement
compuerta *nf.* hatch
compuesto/a *nm./f.; adj.* compound
computadora *nf.* computer, processor, CPU, PC, workstation
común *adj.* common; ordinary *(ordinario/a)*; frequent *(frecuente)*
comunicación *nf.* communication; announcement *(anunciación)*
comunicar *v.t.* communicate; converse *(conversar)*
comunión *nf.* communion; unity *(unidad)*
comunismo *nm.* communism
comunista *nm./f.; adj.* communist
con *prep.* with, by, among
conceder *v.t.* concede, grant, allow; admit *(admitir)*
concentración *nf.* concentration, attentiveness; attention *(atención)*
concentrar *v.i.* concentrate, focus; think *(pensar)*
concepto *nm.* concept
concertar *v.t.* arrange, settle; adjust *(ajustar)*
concha *nf.* shell
conciencia *nf.* conscience
concienzudo/a *adj.* conscientious; meticulous *(meticuloso/a)*
concierto *nm.* concert, show
conciso/a *adj.* concise; brief *(breve)*; short *(corto/a)*
concluir *v.t.; v.i.* finish, end; terminate *(terminar)*
conclusión *nf.* finish, conclude
concurrencia *nf.* attendance; audience *(audiencia)*
condado *nm.* county, region; province *(provincia)*; district *(distrito)*
condenar *v.t.* condemn; censure *(censurar)*; denounce *(denunciar)*
condición *nf.* condition; situation *(situación)*
condolencia *nf.* condolence, pity
condominio *nm.* condominium
condón *nm.* condom
conducir *v.t.* transport, convey, carry
conducta *nf.* conduct, behavior
conectar *v.t.* connect, link
conejo/a *nm./f.* rabbit
conexión *nf.* connection, joint, link
conferenciante *nm.* speaker; lecturer, spokesman; narrator *(narrador/a)*

confesar *v.t.* confess; admit *(admitir)*
confesión *nf.* confession; declaration *(declaración)*
confianza *nf.* trust
confiar *v.t.* entrust; trust
confirmación *nf.* confirmation; corroboration *(corroboración)*; verification *(verificación)*
confirmar *v.t.* confirm; corroborate *(corroborar)*; verify *(verificar)*
conflicto *nm.* conflict; disagreement *(desacuerdo)*
confort *nm.* comfort
confortable *adj.* comfortable; relaxed *(relajante)*
confortar *v.t.* comfort
confundir *v.t.* confound, confuse
confusión *nf.* confusion; misunderstanding *(malentendido)*
congelado/a *adj.* frozen
congelar *v.i.*; *v.t.* freeze
congreso *nm.* congress; assembly *(asamblea)*
conjunción *nf.* conjunction; connection *(conexión)*
conmovedor/a *adj.* pitiful, moving, affecting
cono *nm.* cone, funnel, shaft
conocer *v.t.* know, be acquainted with, be familiar with
conocimiento *nm.* knowledge; information *(información)*
con respecto a *prep.* regarding
consciente *adj.* conscious, aware

consecuencia *nf.* consequence, sequel; result *(resultado)*
consejero/a *nm./f.* counselor, adviser
consentimiento *nm.* consent; permission *(permiso)*; authorization *(autorización)*
consentir *v.t.* consent
conserje *nm.* concierge, janitor, gatekeeper
conserva *nf.* conserve, preserve
conservación *nf.* conservation; maintenance *(mantenimiento)*
conservar *v.t.* conserve; preserve *(preservar)*
consideración *nf.* consideration
considerar *v.t.* consider, reckon
consistir *v.i.* consist
consola *nf.* console
consolación *nf.* consolation
consolar *v.t.* console, cheer up; calm *(calmar)*
consonante *nf.* consonant
conspiración *nf.* conspiracy, plot
conspirar *v.t.* conspire, plot
constante *nf.*; *adj.* constant, steady; stable *(estable)*
constelación *nf.* constellation
constitución *nf.* constitution, establishment
constituir *v.t.* constitute; compose *(componer)*
construcción *nf.* construction
cónsul *nm.* consul; ambassador *(embajador)*; representative *(representante)*
consulado *nm.* consulate

consultante *nm.* consultant, advisor; counselor *(consejero/a)*
consultar *v.i.* consult, seek advice from
consumidor/a *nm./f.* consumer; customer *(cliente)*
consumir *v.t.* consume
consumirse *v.i.* peak
consumo *nm.* consumption; use *(uso)*
contabilidad *nf.* accounting; bookkeeping
contactar *v.t.* contact, get in touch with
contacto *nm.* contact
contador/a *nm./f.* accountant, bookkeeper
contagioso/a *adj.* contagious; infectious *(infeccioso/a)*; transmittable *(transmisible)*
contaminación *nf.* pollution, smog
contaminar *v.t.* contaminate, pollute, infect
contar *v.t.* count, add up
contemplar *v.i.* behold; observe *(observar)*; watch *(mirar)*
contener *v.t.* contain; include *(incluir)*
contento/a *nm./f.*; *adj.* content; happy *(feliz)*; satisfied *(satisfecho/a)*
continente *nm.* continent, mainland
continuar *v.t.* continue, keep on; maintain *(mantener)*
continuo/a *adj.* continuous, through, nonstop; incessant *(incesante)*
contorno *nm.* outline
contra *prep.* against; versus *(versus)*
contrabandear *v.t.* smuggle goods
contrabandista *nm./f.* smuggler
contrabando *nm.* smuggling
contraceptivo/a *nm./f.*; *adj.* contraceptive
contrario/a *adj.* contrary; opposing *(opuesto/a)*; different *(diferente)*
contraseña *nf.* password, code word, secret word; secret code *(código secreto)*
contraste *nm.* contrast; distinction *(distinción)*
contratar *v.t.* hire; employ *(emplear)*
contrato *nm.* contract, agreement
contribución *nf.* contribution; donation *(donación)*
contribuir *v.t.* contribute
control *nm.* control, checking
controlador/a *nm./f.* controller; organizer *(organizador)*
controlar *v.t.* control, manage; organize *(organizar)*
convención *nf.* convention; meeting *(reunión)*
conveniencia *nf.* convenience
conveniente *adj.* suitable; appropriate *(apropiado/a)*
convento *nm.* convent

conversación *nf.* conversation, chat, talk; dialogue *(diálogo)*
conversión *nf.* conversion; adaptation *(adaptación)*
convertir *v.t.* convert; adapt *(adaptar)*
convocar *v.t.* convene, call together, set up
cooperar *v.i.* cooperate; assist *(asistir)*
coordinar *v.t.* coordinate; organize *(organizar)*
copia *nf.* copy; reproduction *(reproducción)*; duplicate *(duplicado)*
copiadora *nf.* copier, printer, laser printer, laser copier
copiar *v.t.* copy; duplicate *(duplicar)*
copo de nieve *nm.* snowflake
coral *nm.* coral
corazón *nm.* heart
corbata *nf.* necktie
corcho *nm.* cork
cordero *nm.* lamb
cordialmente *adv.* cordially, affectionately
cordón *nm.* shoelace, tie, cord, bootlace
coreano/a *nm./f.; adj.* Korean
coro *nm.* choir, chorus, singing group
corona de flores *nf.* wreath
corona *nf.* crown
coronel *nm.* colonel
corporación *nf.* corporation; company *(compañía)*
corpulento/a *m./f.; adj.* corpulent, stout

correa *nf.* leash, strap, watchband
corrección *nf.* correction; alteration *(alteración)*
correcto/a *nm./f.* right, correct
corredor/a *nm./f.* corridor, runner
corredor/a de bolsa *nm./f.* stockbroker
corregir *v.t.* correct, scold
correo *nm.* mail, post office
correo aéreo *nf.* airmail
correo de voz *nm.* voice mail
correo electrónico *nm.* e-mail, electronic mail
correr *v.i.; v.t.* run, jog
correr rápido *v.i.* sprint
correspondencia *nf.* correspondence, mail, e-mail
corresponder *v.i.* correspond
correspondiente *nm.* corresponding, matching
corriente *nf.; adj.* current; flow
corromper *v.t.* corrupt
corrupción *nf.* corruption; dishonesty *(deshonestidad)*
corrupto/a *adj.* corrupt; dishonest *(deshonesto/a)*
cortaplumas *nm.* penknife, pocketknife, army knife, camping knife
cortar *v.t.* chop, cut, saw
corte *nf.* court
cortesía *nf.* courtesy, politeness
corteza *nf.* crust, rind
cortina *nf.* curtain, drape, blind, screen, shade, shutter
cortocircuito *nm.* short circuit

corto/a de vista *adj.* nearsighted, shortsighted; myopic *(miope)*
cosa *nf.* thing; object *(objeto)*
cosecha *nf.* crop, harvest
cosechar *v.t.; v.i.* gather, reap
coser *v.i.; v.t.* sew, stitch, seam, embroider
costa *nf.* coast, seacoast, shore, seashore, seaside, seaboard
costanera *nf.* waterfront, harbor, seafront
costar *v.t.* cost
costilla *nf.* rib, spine
costo *nm.* cost, price, rate, fee
costra *nf.* scab
costumbre *nf.* habit, custom; routine *(rutina)*
costura *nf.* seam, sewing
cráneo *nm.* cranium, skull
creación *nf.* creation; formation *(formación)*; construction *(construcción)*
crear *v.t.* create, make; generate *(generar)*; produce *(producir)*
crecer *v.i.; v.t.* grow; cultivate *(cultivar)*
creciente *nm.; adj.* crescent, growing, rising
crecimiento *nm.* growth; increase *(incremento)*; expansion *(expansión)*
crédito *nm.* credit; recognition *(reconocimiento)*
creencia *nf.* belief, credence, faith; principle *(principio)*
creer *v.t.* believe; consider *(considerar)*
creído/a *adj.* snobbish; arrogant *(arrogante)*

crema *nf.* cream, ointment; balm *(bálsamo)*; unguent *(ungüento)*
crema de afeitar *nf.* shaving cream
crepúsculo *nm.* dusk, twilight, sunset, nightfall, sundown
cresta *nf.* crest; crown *(corona)*
criatura *nf.* creature, being, individual; human being *(ser humano)*
crimen *nm.* crime; felony *(felonía)*
criminal *nm.; adj.* criminal; against the law *(contra la ley)*
crisis *nf.* crisis; disaster *(desastre)*; catastrophe *(catástrofe)*; calamity *(calamidad)*
cristal *nm.* crystal, glass
cristiandad *nf.* Christianity
cristiano/a *nm./f.; adj.* Christian
crítica *nf.* criticism, disapproval, disparagement; censure *(censura)*
criticar *v.t.* criticize; condemn *(condenar)*; censure *(censurar)*
crónico/a *adj.* chronic, inveterate; incorrigible *(incorregible)*
cruce de vía *nf.* crossroad
crucero *nm.* cruise, tour
crucigrama *nm.* crossword
crudo/a *adj.* crude, raw, uncooked, rare, underdone, unrefined

cruel *adj.* cruel, unkind, mean, nasty, brutal, pitiless; malicious *(malicioso/a)*
crujir *v.t.* creak, groan, scrape
cruz *nm.* cross
Cruz Roja *nf.* Red Cross
cruzar *v.t.* cross
cuaderno *nm.* notebook, notepad, pad
cuadrado *nm.; adj.* square; quadrangle *(cuadrángulo)*
cuadragésimo/a *adj.* fortieth
cuadro *nm.* picture
cual *adj.; pron.* which, who, such as
cualquier *conj.* either, whichever, any
cualquiera *pron.* anybody, anyone, somebody, someone
cualquier lugar *adv.* anywhere, wherever, anyplace, somewhere, someplace
cuando *adv.* when, while, at what time, what time
cuarenta *num.* forty
cuarentena *nf.* quarantine
cuaresma *nf.* Lent
cuarta parte *nf.* quarter, divide into four parts
cuartel general *nm./pl.* headquarters, head office, H.Q., control center
cuarto de baño *nm.* bathroom, lavatory, toilet, restroom
cuarto/a *adj.* fourth
cuarzo *nm.* quart, quartz
cuatro *num.* four

cubículo *nm.* cubicle
cubierta *nf.* cover, deck
cubo *nm.* cube, pail
cubrir *v.t.* cover, wrap, coat, cover up
cuchara *nf.* spoon, tablespoon
cucharita *nf.* teaspoon
cucharón *nm.* ladle, serving spoon
cuchillo *nm.* knife, blade, table knife
cuello *nm.* neck, neckline
cuenta *nf.* account, bill
cuerda *nf.* rope, string
cuerno *nm.* horn
cuero *nm.* leather
cuerpo *nm.* body
cuervo *nm.* crow
cueva *nf.* cave
cuidado *nm.* caution, care, concern, watchfulness, vigilance
cuidadoso/a *adj.* careful, cautious, watchful
cuidar *v.i.; v.t.* care; nurse
culpa *nf.* fault, guilt, blame, fault
culpable *adj.* guilty; responsible *(responsable)*
culpar *v.t.* blame, fault
cultivación *nf.* cultivation, farming; agriculture *(agricultura)*
cultivar *v.t.* cultivate, farm, grow, plant, nurture
culto *nm.* worship; adoration *(adoración)*; veneration *(veneración)*

cultura *nf.* culture; civilization *(civilización)*; society *(sociedad)*; tradition *(tradición)*
cultural *adj.* cultural; educational *(educacional)*; artistic *(artístico/a)*
cumpleaños *nm.* birthday; anniversary *(aniversario)*
cumplimiento *nm.* completion, accomplishment, achievement; triumph *(triunfo)*
cumplir *v.t.* accomplish; comply, achieve; complete *(completar)*
cuna *nf.* cot, cradle; bed
cuñada *nf.* sister-in-law
cuñado *nm.* brother-in-law
cuota *nf.* quota, share
cupo *nm.* occupancy, tenancy
cúpula *nf.* dome, cupola
cura *nf.* cure, heal, treat; alleviate *(aliviar)*
curar *v.t.* cure, heal, treat, alleviate *(aliviar)*
curioso/a *adj.* curious, inquisitive, snooping, interested, questioning
curso *nm.* course
curva *nf.* curve, bend, curvature; arch *(arco)*
curvado/a *adj.* crooked, bent, curved, twisted
cuyo/a *adj.* whose

D

dama *f.* lady, woman
dañar *v.t.* damage, injure, harm, hurt
dañino/a *adj.* harmful, damaging, injurious; destructive *(destructivo/a)*
daño *nm.* harm, damage, hurt, injury
dar *v.t.* give, provide, offer
dar un paso *v.i.* step, footstep
dar vueltas *v.i.* whirl, spin, reel; rotate *(rotar)*
datos *nm./pl.* data; information *(información)*; statistics *(estadísticas)*
de *prep.* of, from
de algún modo *adv.* somehow, someway, in some ways
de alto *adj.* aloft, up, uphill
debajo *adv.*; *prep.* under, below, beneath, underneath
debate *nm.* debate, argue; discuss *(discutir)*; dispute *(disputa)*
deber *v.t.* debit, owe, debt
débil *adj.* weak; fragile *(frágil)*
debilidad *nf.* weakness, feebleness; fragility *(fragilidad)*
debilitar *v.t.* weaken; *v.r.* to become weak
decaer *v.i.* fail, be unsuccessful
decente *adj.* decent, polite; honest *(honesto/a)*; civilized *(civilizado/a)*
decepción *nf.* disappointment; deception; dissatisfaction *(insatisfacción)*
decepcionar *v.t.* disappoint, upset; disillusion *(desilusionar)*

decidir *v.i.; v.t.* decide, choose
decimal *nm.; adj.* decimal
décimo/a *adj.* tenth
decimoctavo/a *adj.* eighteenth
decimocuarto/a *adj.* fourteenth
decimonoveno/a *adj.* nineteenth
decimoprimero/a *adj.* eleventh
decimoquinto/a *adj.* fifteenth
decimoséptimo/a *adj.* seventeenth
decimosexto/a *adj.* sixteenth
décimotercero/a *adj.* thirteenth
decir *v.t.; v.i.* say, tell, speak; inform *(informar)*
decisión *nf.* decision, choice; result *(resultado)*
decisivo/a *adj.* decisive; important *(importante)*; crucial *(crucial)*
declaración *nf.* declaration, statement, announcement *(anuncio)*
declarar *v.t.; v.i.* declare, state; announce *(anunciar)*
declinar *v.i.* decline, refuse
decoración *nf.* decoration, adornment *(adorno)*
decorar *v.t.* decorate; beautify *(embellecer)*; adorn *(adornar)*
dedal *nm.* thimble
dedicación *nf.* dedication, commitment; devotion *(devoción)*; perseverance *(perseverancia)*
dedicar *v.t.* dedicate, devote; consecrate *(consagra)*
dedo *nm.* finger
dedo del pie *nm.* toe

deducción *nf.* deduction; conclusion *(conclusión)*
de él *pron.* him
defecto *nm.* defect, flaw; imperfection *(imperfección)*
defender *v.t.* defend, secure; protect *(proteger)*
defendido/a *nm./f.* defendant
defensa *nf.* defense; protection *(protección)*; security *(seguridad)*
definición *nf.* definition; meaning *(significado)*; description *(descripción)*
definido/a *adj.* definite; exact *(exacto/a)*; specific *(específico/a)*
definir *v.t.* define; describe *(describir)*; classify *(clasificar)*
definitivo/a *adj.* definitive, ultimate
defraudar *v.t.* deceive, mislead
dejar *v.t.; v.i.* leave, depart
dejar sin sentido *v.t.* stun, shock, astonish, make unconscious
del *adj.* its
del sur *adj.* southern
de lana *adj.* woolen
delantal *nm.* apron
delantero/a *adv.* forward, ahead
deleite *nm.* delight, enjoyment
deletrear *v.t.* to spell; decipher
delfín *nm.* dolphin
delgado/a *adj.* slender, slim, lean
deliberado/a *adj.* deliberate
delicadeza *nf.* delicacy
delicado/a *adj.* delicate, fine, tender

demanda *nf.* demand
demandar *v.t.* demand; command *(comandar)*
democracia *nf.* democracy; equality *(igualdad)*
democrático/a *adj.* democratic, elected
demora *nf.* delay, holdup, postponement
demorar *v.t.* delay, wait
demostración *nf.* demonstration; expression *(expresión)*
demostrar *v.i.; v.t.* demonstrate, show, reveal; exhibit *(exhibir)*
densidad *nf.* density, compactness
denso/a *adj.* dense, thick; solid *(sólido/a)*
dental *adj.* dental
dentista *nm./f.* dentist
dentro *adj.* inside, in, within
dentro *prep.* into
dentro de *adv.; prep.* within
dentro de poco *adv.* shortly, soon, in a while, in a minute, in a moment
de otra manera *adv.* otherwise, or else, if not
departamento *nm.* department; section *(sección)*; subdivision *(subdivisión)*
depender *v.i.* depend, rely
dependiente *nm.; adj.* dependent, needy, reliant
de por vida *nm.* lifetime; existence *(existencia)*

deportar *v.t.* deport; expel *(expulsar)*; extradite *(extraditar)*
deporte *nm.* sport; activity *(actividad)*; exercise *(ejercicio)*
deportista *nm.* sportsman
depresión *nf.* depression; sadness *(tristeza)*
depresivo/a *adj.* depressed; sad *(triste)*
deprimir *v.i.* depress; sadden *(entristecer)*
de quién *pron.* whom
derecho/a *adj.* right, right-handed, straight
derivar *v.t.* derive
derramar *v.t.* shed, spill
derrame *nm.* spill, fall, drop, drip, leak
derretir *v.i.* melt; dissolve *(disolver)*
derrota *nf.* defeat, beat, overcome
derrotar *v.t.* defeat, beat
desabrido/a *adj.* insipid
desabrochar *v.t.* unfasten
desacuerdo *nm.* disagreement; difference *(diferencia)*
desafiar *v.t.; v.i.* defy, challenge, dare
desafilado/a *adj.* blunt
desafío *nm.* challenge, dare; confront *(confrontar)*
desafortunado/a *adj.* unfortunate
desagradable *adj.* unpleasant, disagreeable, unlikable
desagradar *v.t.* displease

desagradecido/a *adj.* ungrateful, unappreciative, unthankful
desagüe *nm.* drain
desairar *v.t.* snub, disdain, slight, disregard; ignore *(ignorar)*
desaparecer *v.i.* disappear, vanish
desarmado/a *adj.* unarmed, unprotected, defenseless
desarrollar *v.i.; v.t.* thrive, develop, rise
desarrollo *nm.* development
desastre *nm.* disaster; tragedy *(tragedia)*
desatar *v.t.* untie, unfasten
desautorizado/a *adj.* unauthorized; illicit *(ilícito/a)*
desayuno *nm.* breakfast
descafeinado/a *adj.* decaffeinated
descansar *v.i.* rest; relax *(relajarse)*
descanso *nm.* rest, repose
descargar *v.t.* unload, discharge
descender *v.i.* descend, go down, move down
descenso *nm.* descent, decline
desconcertado/a *adj.* disconcerting, upsetting, distressing, disappointing
desconcertar *v.t.* disconcert, distress, disappoint
desconcierto *nm.* disconcert, distress, disappoint
desconfianza *nf.* distrust, disbelieve, mistrust
desconfiar *v.t.* mistrust, distrust

desconocido/a *adj.* unfamiliar, unknown; strange *(extraño/a)*
descortés *adj.* impolite; rude *(rudo/a)*; indecorous *(indecoroso/a)*
describir *v.t.* describe; explain *(explicar)*; express *(expresar)*
descripción *nf.* description; explanation *(explicación)*; report *(reporte)*
descubrimiento *nm.* discovery, finding; invention *(invento)*
descubrir *v.t.* discover, find out
descuento *nm.* discount; reduction *(reducción)*
descuidado/a *adj.* careless, sloppy
descuidar *v.t.* disregard, neglect; ignore *(ignorar)*
descuido *nm.* carelessness, inattention, negligence, oversight; mistake *(error)*
desde entonces *adv.; prep.* since, as, from the time when
deseable *adj.* desirable, wanted; attractive *(atractivo/a)*
desear *v.t.* desire, wish
desempacar *v.i.; v.t.* unpack, unload, empty out, discharge
desempleado/a *adj.* unemployed, jobless, unwaged, out of work, out of job
desempleo *n.* unemployment
desenvolver *v.t.* unwrap, unpack
deseo *nm.* desire, wish
desesperado/a *adj.* desperate, hopeless

desesperar *v.i.* despair, to make hopeless; *v.r.* lose hope
desespero *nm.* despair, hopelessness
desfilar *v.t.* to walk in file
desfile *nm.* parade; procession *(procesión)*
desgracia *nf.* disgrace, misfortune; adversity *(adversidad)*
desgraciado/a *adj.* unlucky, unfortunate, unhappy
deshacer *v.i.* undo; destroy *(destrozar)*
deshelar *v.t.*; *v.i.* thaw, melt, defrost, liquefy
deshidratado/a *adj.* dehydrated; dry *(seco/a)*; desiccated *(disecado/a)*
deshonestidad *nf.* dishonesty, untruthfulness; falsehood *(falsedad)*
deshonesto/a *adj.* dishonest
desierto *nm.* wilderness, desert
designar *v.t.* appoint, designate, intend
desigual *adj.* unequal, uneven; imbalanced *(desbalanceado/a)*
desinfectante *nm.* disinfectant, antiseptic, sanitizer; sterilizer *(esterilizante)*
desinfectar *v.t.* disinfect, sterilize, make germ free, sanitize; fumigate *(fumigar)*
desinflar *v.t.* deflate
deslizar *v.i.* slide
desmayar *v.t.* faint

desmayado/a *adj.* pale, faint
desmenuzar *v.i.* crumble
desnatar *v.t.* skim
desnudez *nf.* nudity, nakedness, bareness
desnudo/a *adj.* bare, naked, nude, undressed
desobedecer *v.t.* disobey, defy; go against *(ir en contra)*
desodorante *nm.* deodorant
desorden *nm.* mess, turmoil, untidiness
despedir *v.t.* dismiss, fire, send away
despegar *v.t.* detach; separate *(separar)*; remove *(remover)*
despensa *nf.* pantry, store cupboard, store room, food cupboard
despertador *nm.* alarm clock
despertar *v.t.* wake
despiadado/a *adj.* merciless, cruel, unkind, mean
despilfarrador/a *adj.* wasteful
despreciar *v.t.* scorn, disrespect
desprecio *nm.* scorn, contempt, disdain
después de *adv.* after, following, subsequent to
destacado/a *adj.* outstanding, great
destellar *v.i.* flash, sparkle
destello *nm.* beam, flash
destilar *v.t.* distill; purify *(purificar)*; refine *(refinar)*
destino *nm.* destiny; providence *(providencia)*
destornillador *nm.* screwdriver

destrozar *v.t.* destroy, wreck; devastate *(devastar)*
destrucción *nf.* destruction, damage; devastation *(devastación)*
destruir *v.i.* destroy; demolish *(demoler)*
desventura *nf.* misadventure, misfortune
desviación *nf.* deviation; variation *(variación)*
desviado/a *adj.*; *adv.* astray
detección *nm.* detection, finding; discovery *(descubrimiento)*
detectar *v.t.* detect, notice; perceive *(percibir)*
detective *nm./f.* detective
detergente *nm.* detergent
determinación *nf.* determination, willpower
determinado/a *adj.* determined, resolute
determinar *v.t.* determine; decide *(decidir)*
deuda *nf.* debit, debt
devoto/a *adj.* devout; religious *(religioso/a)*
día *nm.* day, daylight, daytime
diabético/a *adj.* diabetic
diabetes *nf.* diabetes
diablo *nm.* devil
día de semana *nm.* weekday
día festivo *nm.* holiday, public holiday
diagnóstico *nm.* diagnosis, analysis
diagonal *adj.* diagonal

dialecto *nm.* dialect, parlance; language *(lenguaje)*; idiom *(idioma)*
diálogo *nm.* dialogue, chat; conversation *(conversación)*; discourse *(discurso)*
diamante *nm.* diamond
diámetro *nm.* diameter
diario *nm.*; *adj.* diary, journal; daily; newspaper
diarrea *nf.* diarrhea
día santo *nm.* holy day
dibujar *v.i.*; *v.t.* sketch, draw
dibujo *nm.* drawing, sketch
dibujo animado *nm.* cartoon; caricature *(caricatura)*
diccionario *nm.* dictionary; phrase book
dicho *nm.* saying; proverb *(proverbio)*
diciembre *nm.* December
dictado *nm.* dictation, transcription
dictador/a *nm./f.* dictator
dictar *v.t.* dictate, say, say aloud, read aloud
diecinueve *num.* nineteen
dieciocho *num.* eighteen
dieciséis *num.* sixteen
diecisiete *num.* seventeen
diente *nm.* tooth, incisor
dieta *nf.* diet
diez *num.* ten
diferencia *nf.* difference; distinction *(distinción)*
diferente *adj.* different, unlike
diferir *v.i.* differ
difícil *adj.* awkward

dificultad *nf.* difficulty
dificultoso/a *adj.* difficult
digerir *v.t.* digest
digestión *nf.* digestion
dignidad *nf.* dignity, self respect
digno/a *adj.* dignified
digno de confianza *adj.* trustworthy, reliable
diligente *adj.* diligent, attentive
dimensión *nf.* dimension, measurement
dinámico/a *adj.* dynamic, lively; active *(activo/a)*
dinero *nm.* money, cash, currency, change
Dios *nm.* God
diosa *nf.* goddess
diplomáticamente *adj.* diplomatic, tactful; considerate *(consideradamente)*
diplomático/a *nm./f.* diplomatic, diplomat, political
diputado/a *nm./f.* deputy; delegate *(delegado/a)*
dique *nm.* dam; barrier *(barrera)*; block *(bloque)*; wall *(pared)*
dirección *nf.* address, direction
directo/a *adj.*; *adv.* direct
director/a *nm./f.* director, manager
directorio *nm.* directory
dirigir *v.t.* manage, address, direct
discar *v.t.* dial
disciplina *nf.* discipline
disco *nm.* disk, dial, record
disco compacto *nm.* compact disc

disco flexible *nm.* diskette
discrepar *v.i.* disagree; differ *(diferir)*; oppose *(oponer)*
discreto/a *adj.* discreet, cautious
discriminar *v.i.* discriminate
disculpa *nf.* apology
disculpar *v.i.*; *v.t.* apologize, excuse
discurso *nm.* speech
discusión *nf.* discussion
discutir *v.t.* discuss, debate, argue
diseñador/a *nm./f.* designer
diseñar *v.t.* design
diseño *nm.* design
disfraz *nm.* disguise, costume
disfrutar *v.t.* enjoy, join
disminuir *v.i.*; *v.t.* diminish, decrease, shorten, shrink
disponer *v.i.* dispose, arrange
disponibilidad *adj.* availability, accessibility
disponible *adj.* obtainable, available
dispuesto/a *adj.* willing; enthusiastic *(entusiasta)*
disputa *nf.* dispute, argument, disagreement, quarrel
distancia *nf.* distance
distante *adj.* distant, far-away; remote *(remoto/a)*
distinción *nf.* distinction, difference, division
distinguir *v.t.* distinguish, differentiable
distinto/a *adj.* distinct; different *(diferente)*

distorsionar *v.t.* distort; deform *(deformar)*; disfigure *(desfigurar)*
distraer *v.i.*; *v.t.* distract; entertain *(entretener)*
distribución *nf.* distribution
distribuir *v.t.* distribute, dispense
distrito *nm.* district; region *(región)*
disturbar *v.t.* disturb; alarm *(alarmar)*
diversión *nf.* amusement
diverso/a *adj.* diverse
divertido/a *adj.* fun, funny; entertainment *(entretenido/a)*
dividir *v.i.*; *v.t.* part, divide
división *nf.* division
divorciado/a *adj.* divorced, separated *(separado/a)*
divorciar *v.t.*; *v.i.* divorce
divorcio *nm.* divorce; separation *(separación)*
dobladillo *nm.* hem, edge; border *(border)*
doblar *v.t.* fold, double
doble *adj.* double, twice
doce *num.* twelve
docena *nf.* dozen
doctor/a *nm./f.* doctor, physician
dólar *nm.* dollar, buck, money
doler *v.t.*; *v.i.* pain, ache, hurt
dolor *nm.* ache, hurt, pain, sore
dolor de dientes *nm.* toothache
dolor de estómago *nm.* stomachache; indigestion *(indigestión)*
dolor de oídos *nm.* earache

dolorido/a *adj.* sore, painful
doloroso/a *adj.* painful, sore, aching
doméstico/a *adj.* domestic
dominación *nf.* domination; power *(poder)*; control *(control)*; authority *(autoridad)*
dominar *v.t.* dominate, rule; control *(controlar)*; govern *(gobernar)*
domingo *nm.* Sunday
dominio *nm.* domain, mastery
dominó *nm.* domino
donación *nf.* donation; gift *(regalo)*; contribution *(contribución)*
donar *v.t.* donate, give; contribute *(contribuir)*
doncella *nf.* maid
donde *adv.* where
donde sea *adv.*; *conj.* wherever; *adj.* anywhere
dorado/a *adj.* golden, gilt
dormido/a *adj.*; *adv.* asleep, sleeping
dormir *v.i.* sleep, nap
dormitar *v.i.* nap, snooze
dormitorio *nm.* bedroom
dos *num.* two
dosis *nf.* dose, dosage, amount; quantity *(cantidad)*
dos veces *adv.* twice, two times, double
dragón *nm.* dragon
drama *nm.* drama, play, stage show

droga *nf.* drug; medicine *(medicina)*; remedy *(remedio)*
ducha *nf.* shower
ducharse *v.i.* shower, have a shower
duda *nf.* doubt, query, hesitation
dudar *v.t.* doubt, query, distrust
dudoso/a *adj.* doubtful; uncertain *(incierto/a)*
dueño/a *nm./f.* landlord, owner, property owner, proprietor
dulce *nm.*; *adj.* sweet; *adj.* sugary, syrupy
duodécimo/a *adj.* twelfth
durante *prep.* during, throughout
durante la noche *adv.* overnight, all night
durar *v.i.* endure, undergo, last
durazno *nm.* peach
dureza *nf.* hardness; rigidity *(rigidez)*; solidity *(solidez)*
duro/a *adj.* hard, tough, rough; firm *(firme)*; solid *(sólido/a)*

E

eco *nm.* echo; resonance *(resonancia)*
economía *nf.* economy; financial system *(sistema financiero)*
económico/a *adj.* economical, inexpensive; cheap *(barato)*; reasonable *(razonable)*
economista *nf.* economist
ecuador *nm.* equator
edad *nf.* age; era *(era)*; period *(período)*
edad mediana *adj.* middle-aged

edición *nf.* edition; version *(versión)*; publication *(publicación)*
editar *v.t.* edit
editorial *nf.* publisher
educación *nf.* education; instruction *(instrucción)*
educacional *adj.* educational; instructive *(instructivo/a)*; didactic *(didáctico/a)*
educar *v.t.* educate; teach; instruct *(instruir)*
efectivo *nm.*; *adj.* cash, effective, currency
efecto *nm.* effect; result *(resultado)*; consequence *(consecuencia)*
egipcio/a *nm./f.*; *adj.* Egyptian
eje *nm.* axis, axle, pivot, spin
ejecutar *v.t.* execute; effect *(efectuar)*
ejecutivo/a *nm./f.* executive
ejemplo *nm.* example, instance
el *art.* the
él *pron.* he
elástico/a *nm./f.*; *adj.* elastic, stretchy; flexible *(flexible)*
elección *nf.* choice, election, pick; option *(opción)*; alternative *(alternativa)*
electricidad *nf.* electricity; energy *(energía)*
eléctrico/a *adj.* electric
electrónico/a *adj.* electronic
elefante *nm.* elephant
elegante *adj.* elegant, graceful, stylish

elegir *v.i.; v.t.* choose, pick; decide *(decidir)*; select *(seleccionar)*
elemental *adj.* elementary; basic *(básico/a)*; simple *(simple)*
elemento *nm.* element, component *(componente)*; ingredient *(ingrediente)*
elevación *nf.* rise; increase *(incremento)*
elevador *nm.* elevator, winch, crane, pulley
elevar *v.i.* lift, elevate, raise, lift up
eliminar *v.t.* eliminate, get rid of; abolish *(abolir)*
ella *adj.; pron.* her, she
ella misma *pron.* herself
ellos/as *pron.* they, them
ellos mismos *nm./pl.; pron.* themselves
el mejor *adj.; adv.* best, top, greatest
él mismo *pron.* himself
elogiable *adj.* praiseworthy, commendable; admirable *(admirable)*
el peor *adj.; adv.* worst
el que sea *adj.; pron.* whichever, either, any
embajada *nf.* embassy; delegation *(delegación)*
embajador/a *nm./f.* ambassador; representative *(representante)*
embalaje *nm.* packing
embarazada *adj.* pregnant, expectant
embarcar *v.t.* embark, ship

embargo *nm.* embargo; impediment *(impedimento)*
emblema *nm.* emblem; symbol *(símbolo)*
embrague *nm.* clutch
emergencia *nf.* emergency
emerger *v.i.* emerge; appear *(aparecer)*
emigración *nf.* emigration, mass departure
emigrante *nm./f.* emigrant
emigrar *v.i.* migrate, emigrate
emitir *v.t.* emit, release; produce *(producir)*
emoción *nf.* emotion; sensation *(sensation)*
empacar *v.i.; v.t.* pack
empastar *v.t.* paste, stick, glue
empeine *nm.* groin
empeñar *v.t.* pawn, trade in
empeño *nm.* pawn, trade in
emperador/a *nm.* emperor; monarch *(monarca)*; sovereign *(soberano/a)*
empezar *v.i.* begin, start, start on; commence *(comenzar)*
empleado/a *nm./f.* employee; worker *(trabajador/a)*
emplear *v.t.* employ; use *(usar)*; utilize *(utilizar)*; occupy *(ocupar)*
empleo *nm.* job, employment; occupation *(ocupación)*
empresa *nf.* enterprise
empresario/a *nm./f.* employer
empujar *v.t.; v.i.* push, shove
empuje *nm.* push
empuñar *v.t.* grasp, grab, grip

en *prep.* at, in, inside, within, into
en algún lugar *adv.* somewhere, anywhere, wherever, someplace
encantador *adj.* enchanting, charming, captivating
encantar *v.t.* enchant, charm; fascinate *(fascinar)*; captivate *(cautivar)*
encarcelar *v.t.* imprison
encender *v.t.* kindle, fire up
encerar *v.t.* polish, wax
enchufar *v.t.* plug, connect
enchufe *nm.* plug, wall socket
enciclopedia *nf.* encyclopedia
encima *adv.* above, over, on top of
en conjunto total *adj.; adv.* overall; in general *(en general)*; generally *(generalmente)*
encontrar *v.t.; v.i.* meet, find, encounter
encuentro *nm.* encounter
encuesta *nf.* quiz, question, ask
encuestar *v.t.* quiz, question, ask
encurtido *nm.* pickle, preserve, marinate
encurtir *v.t.* pickle
endosar *v.t.* endorse
endulzar *v.t.* sweeten
endurecer *v.i.; v.t.* stiffen, harden
enemigo/a *nm./f.* enemy; opponent *(oponente)*; adversary *(adversario/a)*
energético/a *adj.* energetic; active *(activo/a)*
energía *nf.* energy, power

enero *nm.* January
énfasis *nm.* emphasis; importance *(importancia)*
enfatizar *v.t.* emphasize
enfermedad *nf.* disease, illness, sickness
enfermería *nf.* nursing
enfermero/a *nm./f.* nurse
enfermo/a *adj.* ill, sick, unwell
enfocar *v.t.; v.t.* focus
enfriar *v.t.* cool, chill, freeze
engañar *v.t.* trick
engrapar *v.t.* staple, clip
engrasar *v.t.* grease; lubricate *(lubricar)*
enigma *nm.* enigma, riddle, challenge
enjabonar *v.t.* soap
enjambre *nm.* swarm
enjuagar *v.t.* rinse; *v.r.* rinse the mouth
enjuague *nm.* rinse; mouthwash *(enjuague bucal)*
enlace *nm.* liaison, link; connection *(conexión)*
enlazar *v.t.* lace, tie
en línea *adj.; adv.* on-line
en lugar de *adv.* instead, as a substitute
enmarcar *v.t.* frame, border, surround
enmienda *nf.* indemnity
en ningún lugar *adv.* nowhere
en nombre de *nm.* behalf
enojado/a *adj.* angry, mad
enojo *nm.* anger, annoyance; irritation *(irritación)*

enorme *adj.* enormous, huge, vast; gigantic *(gigantesco/a)*
en punto *adv.* o'clock
enredar *v.t.* entangle
enrulado/a *adj.* curly, wavy
enrular *v.t.* curl
ensalada *nf.* salad
ensanchar *v.t.* widen; extend *(extender)*
ensayar *v.t.* rehearse
ensayo *nm.* essay, rehearsal
enseñar *v.i.; v.t.* teach; educate *(educar)*
entallado/a *nm./f.* carving
entallar *v.t.* tailor; adapt *(adaptar)*; modify *(modificar)*
entender *v.t.; v.i.* understand, know; appreciate *(apreciar)*
entendimiento *nm.* understanding
enterado/a *adj.* aware; conscious *(consciente)*
entero/a *adj.* entire, whole; complete *(completo/a)*
enterrar *v.t.* bury
entrada *nf.* admission, entrance, entry, ticket, admittance
entrar *v.i.* enter, go into, come in, come into
entre *prep.* amid, between, among, in the middle of
entre medio de *prep.* among, in the middle of
entrega *nf.* delivery
entregar *v.t.* deliver, carry; bring *(traer)*; transport *(transportar)*
entremés *nm.* hors-d'oeuvre

entrenador/a *nm./f.* coach, trainer; instructor *(instructor)*
entrenamiento *nm.* training; preparation *(preparación)*; instruction *(instruction)*
entretener *v.t.* entertain; divert *(divertir)*
entretenimiento/a *adj.* entertaining, amusing; enjoyable
entrever *v.t.* glimpse, sight
entrevista *nf.* interview, meeting; dialogue *(diálogo)*
entrevistar *v.t.* interview
entristecer *v.i.* sadden, depress, distress
entusiasmo *nm.* enthusiasm, zest
entusiasta *adj.* enthusiastic, keen
enviar *v.t.* send
enviar un fax *v.t.* fax
envidia *nf.* envy
envidiar *v.t.* envy
envidioso/a *adj.* envious
envío de documentos electrónicamente (enviar por fax) *nm.* fax
envolver *v.t.* envelop, wrap; involve
epidemia *nf.* epidemic
epidémico/a *adj.* epidemic
epilepsia *nf.* epilepsy
equidad *nf.* equity
equipaje *nm.* baggage, luggage
equipar *v.t.* equip, supply
equipo *nm.* crew, equipment, team; group *(grupo)*

equipo físico *nm.* hardware
equivalente *adj.* equivalent, equal, alike
equivocación *nf.* mistaken
equivocado/a *adj.* wrong, mistaken; incorrect *(incorrecto/a)*
equivocar *v.t.* mistake
era *nf.* era; epoch *(época)*; period *(período)*; time *(tiempo)*
errar *v.t.* miss
erróneo/a *adj.* erroneous; wrong *(equivocado/a)*; incorrect *(incorrecto/a)*
error *nm.* error, slip, mistake
erupción *nf.* eruption; rash
escasez *nf.* scarcity, shortage, lack; insufficiency *(insuficiencia)*
escala *nf.* scale
escalar *v.i.*; *v.t.* scale, climb
escalera *nf.* escalator, ladder, stair, staircase
escándalo *nm.* scandal
escandaloso/a *adj.* scandalous
escandinavo/a *nm./f.*; *adj.* Scandinavian
escanear *v.t.* scan
escaneo del cerebro *nm.* CAT scan
escapar *v.t.* escape
escape *nm.* escape, run away, getaway
escarabajo *nm.* beetle, insect
escarcha *nf.* frost
escardar *v.t.* weed
escarlata *adj.* scarlet
escaso/a *adj.* scarce, meager

escena *nf.* scene
escenario *nm.* scenery, stage; panorama *(panorama)*
esencia *nf.* essence
esencial *adj.* essential
esclavitud *nf.* slavery
esclavo/a *nm./f.* slave
esclusa *nf.* lock; floodgate
escolar *nm./f.* scholar; schoolmate
escoltar *v.i.* escort, guard, lead
esconder *v.t.* hide
escondido/a *adj.* hidden, out of sight; secreted *(secreto/a)*
escorpión *nm.* scorpion
excremento *nm.* dung, manure, compost
escribir *v.t.* write
escribir a máquina *v.t.*; *v.i.* type
escritor/a *nm./f.* writer
escritorio *nm.* desk, counter
escritura *nf.* writing, script; text *(texto)*
escrúpulo *nm.* scruple, qualm
escrupuloso/a *adj.* scrupulous
escrutinio *nm.* scrutiny
escudo *nm.* shield
escuela *nf.* school
escuela de pupilos *nf.* boarding school
esculpir *v.i.* sculpt, carve, shape
escultor/a *nm./f.* sculptor
escultura *nf.* sculpture; statue *(estatua)*
escupir *v.i.*; *v.t.* spit, cough up
ése *adj.*; *pron.* that
esfera *nf.* sphere, globe, orb
esfuerzo *nm.* effort, courage

esmalte *nm.* enamel
eso mismo *pron.* itself
ésos *nm./pl. pron.* those
espacial *adj.* spatial
espacio *nm.* space
espada *nf.* sword
espalda *nf.* back, rear
español/a *nm./f.; adj.* Spaniard, Spanish
esparcir *v.i.; v.t.* scatter, disperse, spread out; distribute *(distribuir)*
especia *nf.* spice, flavor
especial *adj.* special; unique *(único/a)*
especialista *nm./f.* specialist; expert *(experto/a)*; professional *(profesional)*
especialmente *adv.* especially; principally *(principalmente)*; particularly *(particularmente)*
especificar *v.t.* specify; stipulate *(estipular)*
espécimen *nm.* specimen
espectáculo *nm.* spectacle, show; scene *(escena)*
espectador/a *nm./f.* spectator, viewer, watcher; observer *(observador/a)*
espejo *nm.* mirror; reflect *(reflejo)*
esperanza *nf.* hope; optimism *(optimismo)*
esperanzado/a *adj.* hopeful; optimistic *(optimista)*
esperanzar *v.t.* hope, expect
esperar *v.t.* expect, hope

espesar *v.i.; v.t.* thicken; condense *(condensar)*
espeso/a *adj.* thick
espesor *nm.* thickness
espía *nm./f.* spy, undercover agent; secret agent *(agente secreto)*; detective *(detective)*
espiar *v.i.* spy
espina *nf.* spine, thorn
espina dorsal *nf.* backbone
espinaca *nf.* spinach
espinazo *nm.* backbone; spinal column *(columna vertebral)*
espiral *adj.* spiral
espíritu *nm.* spirit
espiritual *adj.* spiritual
espléndido/a *adj.* splendid; magnificent *(magnífico/a)*; wonderful *(maravilloso/a)*
esponja *nf.* sponge
espontáneo/a *adj.* spontaneous
esposa *nf.* wife
esposo *nm.* husband
espuela *nf.* spur
espuma *nf.* foam, lather, scum
esqueleto *nm.* skeleton
esquí *nm.* ski
esquí acuático *nm.* water-ski
esquiar *v.i.* ski
esquilar *v.t.* shear
esquina *nf.* corner
establecer *v.t.* establish
establecido/a *adj.* statutory
establo *nm.* stable
estaca *nf.* stake, stick
estación *nf.* season, station
estacional *adj.* seasonal
estacionamiento *nm.* parking lot

estacionar *v.i.; v.t.* station, park
estacionario/a *adj.* stationary
estadio *nm.* stadium, sports ground, arena
estadística *nf.* statistic
estadístico/a *adj.* statistical
estado *nm.* estate, state
estafador/a *nm./f.* swindler
estafar *v.t.* swindle, cheat
estancia *nf.* residence
estanque *nm.* pond
estante *nm.* shelf, bookcase
estantes *nm./pl.* shelves
estatua *nf.* statue; figure *(figura)*
estatus *nm.* status, rank; position *(posición)*
estatus quo *nm.* status quo
éste *adj.; pron.* this
este *nm.; adj.; adv.* east, eastern
esterilizar *v.t.* sterilize; disinfect *(desinfectar)*
estéreo *nm.* stereo, hi-fi, stereo system, CD player
estereotipo *nm.* stereotype, typecast
estéril *adj.* sterile
esterilizar *v.t.* scald
estetoscopio *nm.* stethoscope
estilo *nm.* style
estima *nf.* regard
estimar *v.t.* regard
estimulante *nm.* stimulant
estimular *v.t.* stimulate
estirar *v.t.* stretch
esto *pron.* it
estofado *nm.* stew
estómago *nm.* stomach; abdomen *(abdomen)*

estornudar *v.i.* sneeze
estornudo *nm.* sneeze
éstos *nm./pl.; pron.* these
estrafalario/a *adj.* zany
estrangular *v.t.* strangle, choke
estrato *nm.* stratum
estrecho/a *adj.* wide; ample *(amplio/a)*
estrella *nf.* star; celebrity *(celebridad)*
estrella de mar *nf.* starfish
estreñimiento *nm.* constipation
estrés *nm.* stress, strain; pressure *(presión)*; anxiety *(ansiedad)*
estresar *v.t.* stress, strain; pressure *(presión)*
estribillo *nm.* chorus; refrain *(refrán)*
estribo *nm.* stirrup, footboard, running board
estribor *nm.* starboard
estricto/a *adj.* strict; severe *(severo/a)*; firm *(firme)*
estropeado/a *adj.* crippled
estropear *v.i.; v.t.* spoil, ruin, mess up; destroy *(destrozar)*
estructura *f.* structure; composition *(composición)*
estudiante *nm./f.* learner, pupil, student, beginner; apprentice *(aprendiz)*
estudiar *v.i.; v.t.* study; learn *(aprender)*
estudio *nm.* study
estupendo/a *adj.* terrific, great; wonderful *(maravilloso/a)*; excellent *(excelente)*

estúpido/a *adj.* stupid, dim, unintelligent
etcétera *nf.* etcetera, and so on, and so forth
eterno/a *adj.* eternal, everlasting, unending
ético/a *adj.* ethical, moral, principled
etiqueta *nf.* tag, ticket, label; mark *(marca)*
europeo/a *nm./f.; adj.* European
evacuación *nf.* evacuation, mass departure
evacuar *v.t.* evacuate; empty *(vaciar)*
evaluar *v.t.* value, price
evaluación *nf.* evaluation; estimate *(estimado)*
evangelio *nm.* gospel
evento *nm.* event, happening; occasion *(ocasión)*
evidencia *nf.* evidence
evidente *adj.* evident, noticeable; obvious *(obvio/a)*
evitable *adj.* avoidable; preventable *(prevenible)*
evitar *v.i.; v.t.* avoid, flee
exactamente *adv.* exactly, accurately; precisely *(precisamente)*
exacto/a *adj.* exact, accurate
exageración *nm.* exaggeration, overstatement
exagerar *v.t.* exaggerate, overstate
examen *nm.* review, examination; evaluation *(evaluación)*

examinar *v.t.* examine, review
excavación *nf.* excavation, dig
excavar *v.i.; v.t.* dig
exceder *v.t.* exceed, go beyond, go over
excelente *adj.* excellent, outstanding; brilliant *(brillante)*
excéntrico/a *adj.* eccentric
excepción *nf.* exception, exemption; exclusion *(exclusión)*
excepto *prep.* except
exceso *nm.* excess, surplus, overload
excitación *nf.* excitement; enthusiasm *(entusiasmo)*
excitar *v.t.* excite; stimulate *(estimular)*
exclamar *v.t.* exclaim
excluir *v.i.* exclude, keep out, leave out
excursión *nm.* hiking, tour
excursionista *nm.* hiker
excusa *nf.* excuse; reason *(razón)*; justification *(justificación)*
exhalar *v.i.* exhale, breathe out
exhausto/a *adj.* exhausted; tired *(cansado/a)*
exhibición *nf.* exhibit, display, show
exhibir *v.t.* display, exhibit, show
exigir *v.t.* claim
eximir *v.i.* exempt
existencia *nf.* existence
existir *v.i.* exist

expandir *v.t.* expand, enlarge, make bigger
expansión *nf.* expansion, growth, development
expectación *nf.* expectation, wait *(esperar)*
experiencia *nf.* experience; knowledge *(conocimiento)*
experimentar *v.t.* experience; practice *(practicar)*
experto/a *adj.* expert; specialist *(especialista)*
explicación *nf.* explanation; clarification *(clarificación)*
explicar *v.t.* explain; clarify *(clarificar)*
explorador/a *nm./f.* scanner
explorar *v.t.* explore, scout
explosión *nf.* explosion, blast; detonation *(detonación)*
explotar *v.t.* explode, detonate
exponer *v.t.* expose; representation *(representación)*
exportación *nf.* export
exportar *v.t.* export
exposición *nf.* exposure
expresar *v.t.* express
expreso/a *adj.* express
expulsar *v.t.* expel, force out
extender *v.t.*; *v.i.* extend; spread, enlarge
extendido/a *adj.* widespread; extensive *(extensivo/a)*
extensión *f.* extension
exterior *adj.* outer
externo/a *adj.* external
extinguir *v.t.* extinguish
extra *nm.*; *adj.*; *adv.* extra
extractar *v.t.* extract
extracto *nm.* extract
extranjero/a *nm./f.*; *adj.* foreigner, alien
extraño/a *nm./f.* stranger; *adj.* strange, foreigner
extraordinario/a *adj.* extraordinary
extraviar *v.t.* mislay, misplace, lose
extremo/a *adj.* extreme

F

fábrica *nf.* factory, industrial unit
fabricante *nm.* maker, creator, manufacturer
fábula *nf.* myth; legend; legend *(leyenda)*
fachada *nf.* facade, frontage, portico
facial *adj.* facial
fácil *adj.* easy, uncomplicated, trouble-free, effortless
facilidad *nf.* facility; ability *(habilidad)*
facilitar *v.t.* facilitate; assist *(asistir)*
factible *adj.* feasible, viable; possible *(posible)*
factura *nf.* invoice, statement, bill, charge
facturar *v.t.* invoice, bill, charge
facultad *nf.* faculty; facility *(facilidad)*; ability *(habilidad)*
faisán *nm.* pheasant
fallar *v.i.* fail, not pass, be unsuccessful

falsificado/a *adj.* counterfeit, fake; imitation *(imitación)*
falsificar *v.t.* falsify, fake, forge
falso/a *adj.* false, untrue, fake; copied *(copiado/a)*
falta *nf.* absence, default, lack
faltar *v.t.* lack; require *(requerir)*
fama *nf.* fame
familia *nf.* family, relatives
familiar *adj.* familiar; recognizable *(reconocible)*; common *(común)*
famoso/a *adj.* famous; renowned *(renombrado/a)*; eminent *(eminente)*
fantasía *nf.* fantasy, fancy; dream *(sueño)*
fantasma *nm.* ghost, phantom; spirit *(espíritu)*
fardo *nm.* bundle, bale, package
farmacéutico/a *adj.* pharmaceutical
farmacia *nf.* pharmacy
farmacología *nf.* pharmacology
fármaco *nm.* pharmacist
faro *nm.* headlight, lighthouse
farol *nm.* lamppost, lantern, street light, streetlamp
fascinación *nf.* fascination, charm; attraction *(atracción)*
fascinar *v.t.* fascinate; captivate *(cautivar)*
fase *nf.* phase, stage; time *(tiempo)*; period *(período)*
fatal *adj.* fatal
fatigado/a *adj.* weary; tired *(cansado/a)*; exhausted *(exhausto/a)*

favor *nm.* favor, good deed
favorecer *v.t.* aid, protect, support
favorito/a *adj.* favorite; preferred *(preferido/a)*
fe *nf.* faith, trust
febrero *nm.* February
fecha *nf.* date
fechoría *nf.* misdeed; crime *(crimen)*; offense *(ofensa)*
felicidad *nf.* happiness, contentment
felicitación *nf.* congratulation
felicitar *v.t.* congratulate
feliz *adj.* happy; content *(contento/a)*
femenino/a *adj.* feminine, female
fenómeno *nm.* phenomenon; occurrence *(ocurrencia)*
feo/a *adj.* ugly, unattractive
feria *nf.* fair
fermentar *v.t.* ferment
feroz *adj.* fierce, ferocious
ferrocarril *nm.* railroad, railway
fértil *adj.* fertile, fruitful; productive *(productivo/a)*
festival *nm.* festival, fair, carnival; celebration *(celebración)*
fiable *adj.* reliable, dependable, consistent, unfailing
fianza *nf.* bail, surety
fibra *nf.* fiber
ficción *nf.* fiction, falsehood, invention
fiebre *nf.* fever

fiel *adj.* faithful, loyal, trustworthy
fiesta *nf.* feast, party, festival; celebration *(celebración)*
figura *nf.* figure, shape; form *(forma)*
fila *nf.* row
filmación *nf.* film, movie, motion picture
filmar *v.i.; v.t.* film
filosofía *nf.* philosophy, attitude, beliefs
filtro *nm.* filter, strainer
fin *nm.* end, finish
final *nm.; adj.* ending, final
finalizar *v.i.* finish; conclude *(concluir)*
finalmente *adj.* finally, lastly
financiero/a *adj.* financial; economic *(económico/a)*
finanzas *nf.* finance
fin de semana *nm.* weekend
firma *nf.* signature; autograph *(autógrafo)*
firme *adj.* firm; solid *(sólido/a)*
física *nf.* physics
físico *nm.* physicist, physician, physique; *adj.* physical
flaco/a *adj.* skinny, thin, lean
flama *nf.* flame, blaze, flare
flautista *nm./f.* flutist, piper
flecha *nf.* arrow
flema *nf.* phlegm
flete *nm.* freightage, cargo, freight
flor *nf.* flower
flora y fauna *nf.* flora and fauna, wildlife; nature *(naturaleza)*

florecer *v.i.* bloom, flower
florecimiento *nm.* blossom
florista *nm./f.* florist
flotar *v.i.* float, drift
fluente *adj.* fluent, flowing, confident
fluído/a *nm./f.; adj.* fluid; liquid *(líquido/a)*
fluir *v.i.* flow
foca *nf.* seal
foco *nm.* focus
fondo *nm.* bottom
fonético/a *adj.* phonetic
forma *nf.* form, shape; figure *(figura)*
formal *adj.* formal; official *(oficial)*; proper *(propio/a)*
formar *v.t.* form, shape
formato *nm.* format
fórmula *nf.* formula; method *(método)*; prescription *(prescripción)*
fortalecer *v.t.* toughen, strengthen; reinforce *(reforzar)*
fortaleza *nf.* fortress, stronghold; fortification *(fortificación)*
fortín *nm.* fort, fortress, stronghold
fortuna *nf.* fortune
forzar *v.t.* force; oblige *(obligar)*
fósforo *nm.* phosphorus, match
fósil *nm.* fossil
foto *nf.* photo, photograph
fotocopia *nf.* photocopy
fotocopiadora *nf.* photocopier
fotocopiar *v.t.* photocopy

fotografía *nf.* photography; snapshot, photograph
fotografiar *v.t.* photograph
fotógrafo/a *nm./f.* photographer
fracasado/a *adj.* unsuccessful; ineffective
fracaso *nm.* failure, breakdown, malfunction, disappointment
fracción *nf.* fraction; part *(parte)*; portion *(porción)*
fragancia *nf.* scent, smell; aroma *(aroma)*; perfume *(perfume)*
frágil *adj.* fragile; delicate *(delicado/a)*
fragmentar *v.t.* chip, fragment
francés *nm.; adj.* French
francesa *nf.; adj.* French
franco/a *adj.* candid
francotirador/a *nm./f.* snob
franela *nf.* flannel
frasco *nm.* jar, container
frase *nf.* phrase; expression *(expresión)*
fraude *nm.* deceit, fraud; dishonesty *(deshonestidad)*
frazada *nf.* blanket, cover; mantle *(manta)*
frecuencia *nf.* frequency
frecuente *adj.* often, frequent
frecuentemente *adv.* frequently, often; regularly *(regularmente)*
fregar *v.t.* scrub, clean *(limpiar)*
freír *v.t.* fry
frenar *v.t.* brake; check
frenético/a *adj.* frantic
freno *nm.* brake
frente *nm.; adj.* forehead, front

fresco/a *adj.* fresh
fríjol *nm.* bean
frío *nm.; adj.* cold, chill, cool
friolento/a *adj.* chilly, cold, cool
frito/a *adj.* fried
frontera *nf.* border, frontier, edge, limit
frotar *v.t.* rub; massage *(masajear)*
frustración *nf.* frustration, aggravation; irritation *(irritación)*
frustrado/a *adj.* frustrated, aggravated; irritated *(irritado/a)*
frustrar *v.t.* frustrate, aggravate; irritate *(irritar)*
fruta *nf.* fruit
frutilla *nf.* strawberry
fuego *nm.* fire, flames, blaze
fuente *nf.* fountain, cascade
fuera *adv.* out, away
fuera del país *adv.; adj.* abroad, out of the country, in a foreign country
fuerte *adj.* loud, strong, tough
fuerza *nf.* force, power, strength
fuerza aérea *nf.* air force
fugitivo/a *adj.* fugitive, escapee; renegade *(renegado/a)*
función *nf.* function; purpose *(propósito)*
funcionar *v.i.* function, work *(trabajar)*
funda *nf.* pillowcase, spread
fundación *nf.* foundation
fundador/a *nm./f.* founder

fundamental *adj.* fundamental; basic *(básico/a)*; primary *(primario/a)*
fundamento *nm.* basis, starting point
fundamento *nm.* groundwork
funeral *nm.* funeral, memorial service
furioso/a *adj.* furious, angry, mad, infuriated
fuselaje *nm.* fuselage
fútbol *nm.* football
futuro *nm./f.*; *adj.* future

G

galería *nf.* gallery, veranda; corridor *(corredor)*
galleta *nf.* biscuit, cookie
gallina *nf.* hen
gallo *nm.* rooster
galón *nf.* gallon
galopar *v.i.* gallop
galope *nm.* gallop
gamba *nf.* prawn
gamuza *nm.* suede, chamois, chamois leather
ganado *nm.* cattle
ganador/a *nm./f.* winner, champion, champ
ganancia *nf.* profit, gain, income, earning
ganar *v.t.*; *v.i.* earn; profit; win
gancho *nm.* hook
ganso/a *nm./f.* goose
garabatear *v.t.* scribble, scrawl
garaje *nm.* garage
garantía *nf.* warranty, guarantee
garantir *v.t.* guarantee; assure *(asegurar)*
garganta *nf.* throat
gargarizar *v.i.* gargle
garra *nf.* paw
garza *nf.* heron
gas *nm.* gas
gaseoso/a *adj.* gassy
gasoil *nm.* diesel
gasolina *nf.* gasoline, gas
gastar *v.t.* spend
gasto *nm.* expense; cost *(costo)*
gatear *v.i.* crawl
gatillo *nm.* trigger
gatito/a *nm./f.* kitten
gavilla *nf.* sheaf
gavillas *nm./pl.* sheaves
gaviota *nm./f.* seagull
gema *nf.* gem
gemelo/a *nm./f.* twin
gemido *nm.* moan, groan
gemir *v.i.* groan
generación *nf.* generation
general *nm.*; *adj.* general
generalmente *adv.* generally; usually *(usualmente)*
generar *v.t.* generate, make; produce *(producir)*; cause *(causar)*
género *nm.* gender, sex
generoso/a *adj.* generous, kind, openhanded
genético/a *adj.* genetic; hereditary *(hereditario/a)*
genio *nm./f.* genius, mastermind
genital *adj.* genital
genitals *nm.* genitals
gente *nf.* people

Spanish-English Dictionary 85

genuino/a *adj.* genuine
geografía *nf.* geography
geología *nf.* geology
gesticular *v.i.* gesture
gesto *nm.* gesture, gesticulation
gigante *nm.; adj.* giant, huge; colossal *(colosal)*
gimnasio *nm.* gymnasium, gym, fitness center, sports center
ginebra *nf.* gin
ginecólogo/a *nm./f.* gynecologist
girar *v.t.* twist
girasol *nm.* sunflower
giro *nm.* twist
gitano/a *nm./f.* Gypsy
glándula *nf.* gland
global *adj.* global, worldwide; international *(internacional)* universal *(universal)*
globo del ojo *nm.* eyeball
globo *nm.* balloon, globe
gloria *nf.* glory
gobernador/a *nm./f.* governor
gobernar *v.t.* govern; *v.i.* steer
gobierno *nm.* government
goce *nm.* enjoyment
golf *nm.* golf
golpe *nm.* hit, knock
golpear *v.i.;v.t.* punch, knock, slam
goma *nf.* gum, rubber
gordo/a *adj.* fat, overweight, plump, chubby
gorra *nm.* cap
gorrión *nm.* sparrow
gotear *v.t.; v.i.* leak
gotera *nf.* leak
grabado/a *adj.* tapered

grabadora *nf.* tape recorder
grabar *v.t.* engrave, record, tape
gracia *nf.* grace; elegance *(elegancia)*
gracias *nf./pl.* thanks; gratitude *(gratitud)*
gracioso/a *adj.* gracious
grado *nm.* degree, grade
graduado/a *nm./f.* graduated
gradual *adj.* gradual
graduar *v.t.; v.i.* graded, graduate
gráfico/a *nm./f.; adj.* graphic; graph
gramática *nf.* grammar, syntax
gramo *nm.* gram
gran *(see grande)*
grande *adj.* large, big, great, huge
granito *nm.* granite
granja *nf.* farm; ranch *(rancho)*
granjero/a *nm./f.* farmer
grano *nm.* grain, berry, kernel; pimple
grapadora *nf.* stapler
grasa *nf.* grease, fat
grasoso/a *adj.* fatty, greasy, oily
gratis *adj.* free
gratitude *nf.* gratitude
grave *adj.* grave, serious, critical
gravedad *nf.* gravity, seriousness
graznido *nm.* quack
griego/a *nm./f.; adj.* Greek
grillo *nm.* cricket
gripe *nf.* flu, influenza, cold
gris *adj.* gray
gritar *v.i.* yell, scream, shout
grito *nm.* yell, shout, scream
grúa *nf.* crane
gruñido *nm.* growl, snarl
gruñir *v.i.* growl, snarl

grupo *nm.* troop, batch, group, cluster
guadaña *nf.* scythe
guante *nm.* glove
guapo/a *adj.* handsome, good looking, attractive
guarda *nf.* guard; protector *(protector)*
guardabarros *nm.* fender
guardapolvo *nm.* overalls
guardar *v.t.* keep, remain, stay; maintain *(mantener)*
guardería *nf.* nursery school, kindergarten
guardia *nm.* keeper, warden, custodian
guardián *nm.* watchman
guarnición *nf.* garrison
guerra *nf.* war
guerrillero/a *nm./f.; adj.* guerrilla fighter
guía *nm./f.* guide
guía telefónica *nf.* phone book
guía turística *nf.* guidebook
guiar *v.t.* guide
guijarro *nm.* pebble
guiñar *v.i.* wink, flash, twinkle
guiño *nm.* wink
guión *nm.* hyphen, line, dash
guisante *nm.* bean
guitarra *nf.* guitar
gusano *nm./f.* worm, larva, caterpillar
gustar *v.t.* like

H

hábil *adj.* skillful
habilidad *nf.* ability, skill
habitación *nf.* den, room
habitante *nm.* inhabitant
habitar *v.t.* inhabit
hábito *nm.* robe
hablador/a *adj.* talkative, chatty
hablar *v.i.; v.t.* speak, talk
hacer *v.i.; v.t.* do, make
hacer cosquilla *v.t.; v.i.* tickle
hacer dedo *v.i.* hitchhike, get a ride, thumb a lift
hacha *nm.* ax, hatchet
hacia *prep.* toward
hada *nf.* fairy
halcón *nm.* hawk
hamaca *nf.* swing
hamacar *v.i.; v.t.* swing
hambre *nm.* hunger, starvation
hambriento/a *adj.* hungry, starving
harina *nf.* flour
harina de avena *nf.* oatmeal
hasta *prep.* until
hasta el final *adv.* throughout
hecho *nm.* fact
helado *nm.* ice cream; *adj.* icy
helar *v.t.* ice, frost
helecho *nm.* fern
helicóptero *nm.* helicopter
hembra *nf.; adj.* female, feminine
hemofilia *nf.* hemophilia
hemofílico/a *nm./f.; adj.* hemophiliac
heno *nm.* hay
hepatitis *nf.* hepatitis
heredar *v.t.* inherit
heredero/a *nm./f.* heir, inheritor
herencia *nf.* inheritance

herida *nf.* injury
herido/a *adj.* injured, hurt
herir *v.t.* wound, injure, harm
hermana *nf.* sister
hermanastra *nf.* stepsister
hermanastro *nm.* stepbrother
hermano *nm.* brother
hermoso/a *adj.* beautiful
hernia *nf.* hernia
héroe *nm.* hero; idol *(ídolo)*
heroico/a *adj.* heroic; valiant *(valiente)*
herramienta *nf.* tool, instrument
herrero *nm.* smith
hervir *v.t.* boil, simmer
heterosexual *nm.; adj.* heterosexual
hiedra *nf.* ivy
hielo *nm.* ice
hígado *nm.* liver
higo *nm.* fig
hija *nf.* daughter
hijastra *nf.* stepdaughter
hijastro *nm.* stepson
hijo *nm.* son
hilar *v.i.* spin
hilo *nm.* thread, yarn, trickle
himno *nm.* hymn, song
hinchado/a *adj.* swelled
hinchazón *nf.* swelling
hindú *nm./f.* Hindu; *adj.* Hindi
hipar *v.i.* hiccup
hipo *nm.* hiccup
historia *nf.* history, story
histórico/a *adj.* historical
hito *nm.* milestone
hocico *nm.* muzzle, snout

hockey *nf.* hockey
hogar *nm.* hearth, home
hoja *nf.* leaf, sheet, peace of paper
hojas *nf./pl.* leaves, foliage; vegetation *(vegetación)*
hojas de papel de oficina (500) *nf.* ream
holograma *nm.* hologram
hombre *nm.* man, gentleman
hombre de estado *nm.* statesman
hombro *nm.* shoulder
homosexual *nm.; adj.* homosexual
honda *nf.* sling
honestidad *nf.* honesty; sincerity *(sinceridad)*
honesto/a *nm./f.* honest, truthful; sincere *(sincero/a)*
hongo *nm.* fungus, mushroom
honor *nm.* honor
honorar *v.t.* honor; respect *(respetar)*
hora *nf.* hour
horario *nm.* timetable; program *(programa)*
horizontal *adj.* horizontal
horizonte *nm.* horizon
hormiga *nf.* ant
hormigón *nm.* concrete; material *(material)*
hornear *v.t.* bake, roast
horno *n.m* stove, furnace, oven
horquilla *nf.* clip
horrible *adj.* horrible, awful; terrible *(terrible)*

horror *nm.* horror; terror *(terror)*
hospedar *v.t.; v.r.; v.i.* lodge
hospital *nm.* hospital; sanatorium *(sanatorio)*
hospitalario/a *adj.* hospitable, welcoming
hostigamiento *nm.* harassment, stalking; persecution *(persecución)*
hostigar *v.t.* harass, annoy, bother, stalk, hassle
hostil *adj.* hostile, unfriendly, unreceptive
hotel *nm.* hotel, lodge, inn
hoy *adv.* today
hoy en día *adv.* nowadays, these days
hueco/a *adj.* hollow
huelga *nf.* strike
huelguista *nm.* striker
huella digital *nf.* fingerprint
huérfano/a *nm./f.* orphan
huerto/a *nm./f.* orchard
hueso *nm.* bone
huevo *nm.* egg
humanidad *nf.* humanity
humano/a *adj.* human; humane
humeante *adj.* smoky
humear *v.t.* smoke
humedad *nf.* humidity, moisture
humedecer *v.t.* dampen, moisten
húmedo/a *adj.* damp, humid, moist
humo *nm.* smoke
humor *nm.* humor, mood
hundir *v.i.* plunge
huraño/a *nm./f.* sullen, surly
hurra *interj.* hurray

I

icono *nm.* icon; symbol *(símbolo)*; sign *(signo)*
idea *nf.* idea, thought
ideal *nm.; adj.* ideal
idéntico/a *adj.* identical
identificación *nf.* identification
identificar *v.t.* identify, recognize
idioma *nf.* language *(lenguaje)*
idiota *nm.* idiot
iglesia *nf.* church; cathedral *(catedral)*
ignición *nf.* ignition; detonation *(detonación)*
ignorancia *nf.* ignorance, unawareness
ignorante *adj.* ignorant, unaware; uninformed *(desinformado/a)*
ignorar *v.t.* ignore, overlook
igual *adj.* equal, equivalent *(equivalente)*; identical *(idéntico/a)*
igualar *v.t.* equalize, match; balance *(balancear)*
igualdad *nf.* equality, parity, fairness
ilegal *adj.* illegal, unlawful; prohibited *(prohibido/a)*
ilegible *adj.* illegible, scrawled, scribbled
iluminación *nf.* illumination, lighting, clarification
iluminar *v.t.* illuminate, light; enlighten
ilusión *nf.* illusion; fantasy *(fantasía)*
ilustración *nf.* illustration

ilustrar *v.t.* illustrate
imagen *nf.* image; figure *(figura)*
imaginación *nf.* imagination, mind's eye, thoughts
imaginar *v.t.*; *v.i.* imagine, conjecture; suppose *(suponer)*
imitación *nf.* imitation; reproduction *(reproducción)*
imitar *v.t.* imitate; copy *(copiar)*; reproduce *(reproducir)*
impaciente *adj.* impatient, annoyed
impedir *v.t.* forbid, restrain
imperdible *nm.* safety pin
imperfecto/a *adj.* imperfect
imperio *nm.* empire, kingdom; domain *(dominio)*
impermeable *adj.* impermeable, waterproof, water-resistant, rainproof
implementar *v.t.* implement; apply *(aplicar)*; realize *(realizar)*
implemento *nm.* implement
implicar *v.t.* imply, involve
imponer *v.t.* impose, inflict; oblige *(obligar)*
impopular *adj.* unpopular, disliked
importancia *nf.* importance
importante *adj.* important; essential *(esencial)*
importar *v.t.* import, concern
imposible *adj.* impossible, unfeasible
impotente *adj.* impotent; incapable *(incapaz)*

imprenta *nf.* printing, printing house
impresión *nf.* impression, intuition *(intuición)*
impresionar *v.t.* impress
impresionante *adj.* impressive, imposing; remarkable *(remarcable)*
impresor/a *nm./f.* printer, copier
imprimir *v.t.* imprint, print
improbable *adj.* improbable, unlikely, doubtful, questionable; impossible *(imposible)*
impropio/a *adj.* improper
improvisar *v.t.* improvise; invent *(inventar)*
impuesto *nm.* tax
impulsar *v.t.* propel, urge
impulso *nm.* impulse, urge
impurificado/a *adj.* impure, polluted
impurificar *v.i.*; *v.t.* pollute; contaminate *(contaminar)*
inaccesible *adj.* inaccessible
inaceptable *adj.* unacceptable; intolerable *(intolerable)*; improper *(impropio/a)*
inactivo/a *adj.* inactive
inalámbrico/a *adj.* wireless
inauguración *nf.* inauguration, opening
inaugurar *v.t.* inaugurate, instate
incansable *nm.* tireless, untiring
incapacidad *nf.* handicap
incapacitado/a *adj.* handicapped

incapaz *adj.* incapable, unable, powerless
incendio *nm.* blaze
incentivo *nm.* incentive; motivation *(motivación)*
incierto/a *adj.* uncertain, unsure, indecisive
inclinación *nf.* incline, slope
inclinado/a *adj.* incline
inclinar *v.i.; v.t.* lean, incline, slant, tilt
incluir *v.t.* include; contain *(contener)*
incómodo/a *adj.* uncomfortable
incompetente *adj.* incompetent, useless; inept *(inepto/a)*
inconsciente *adj.* unconscious; unaware
incontable *adj.* unaccountable; inexplicable *(inexplicable)*
incorrecto/a *adj.* incorrect, wrong, mistaken; erroneous *(erróneo/a)*; untrue *(incierto)*
incrementar *v.i.* increase, add to; augment *(aumentar)*; amplify *(amplificar)*
incremento *nm.* increase; augment *(aumento)*
indagación *nf.* inquiry, query, inquest; question *(pregunta)*
indeciso/a *adj.* undecided; unsure *(inseguro/a)*
independencia *nf.* independence; autonomy *(autonomía)*; freedom *(libertad)*
independiente *adj.* independent; sovereign *(soberano/a)*; autonomous *(autónomo/a)*
indicador/a *nm./f.* indicator, pointer
indicar *v.t.* indicate, point to, point out; designate *(designar)*
índice *nm.* index; directory *(directorio)*
indiferente *adj.* indifferent, uncaring
indignación *nf.* indignation
indio/a *nm./f.; adj.* Indian
indirecto/a *adj.* indirect; oblique *(oblicuo/a)*
indispuesto/a *adj.* unwell, ill
individual *nm.; adj.* individual; person *(persona)*; human being *(ser humano)*
indonés *nm.; adj.* Indonesian
indonesa *nf.; adj.* Indonesian
industria *nf.* industry; manufacture *(manufactura)*
industrial *adj.* industrial; manufacturing *(manufacturado/a)*
ineficiente *adj.* inefficient; incompetent *(incompetente)*
inestable *adj.* unstable; unbalanced *(desbalanceado/a)*
inevitable *adj.* unavoidable
infante *nm.; adj.* infant; baby *(bebé)*; newborn *(recién nacido/a)*
infantil *adj.* childish, infantile, childlike

infección *nf.* infection; contamination *(contaminación)*
infección a la garganta *nf.* throat infection
infeccioso/a *adj.* infectious, catching; transferable *(transferible)*; transmittable *(transmisible)*
infectar *v.t.* infect; contaminate *(contaminar)*
infeliz *adj.* unhappy; sad *(triste)*; discontented *(descontento/a)*
inferior *adj.* inferior, lesser, lower, substandard, poorer
infierno *nm.* hell
inflación *nf.* inflation; increase *(incremento)*; price rise *(aumento de precio)*
inflamable *adj.* inflammable, flammable, combustible; ignitable
inflamación *nf.* inflammation, irritation, swelling
inflamado/a *adj.* inflamed, swollen
influencia *nf.* influence; authority *(autoridad)*
información *nf.* information, knowledge
informar *v.t.* inform; notify *(notificar)*
infortunio *nm.* misfortune, bad luck
infrascrito *nm.* undersign
infringir *v.t.* infringe; violate *(violar)*

ingeniero/a *nm./f.* engineer
ingenioso/a *adj.* ingenious, clever, resourceful; original *(original)*; creative *(creativo/a)*
ingle *nf.* groin
inglés *nm.; adj.* English
inglesa *nf.; adj.* English
ingrediente *nm.* ingredient; element *(elemento)*; component *(componente)*
ingreso *nm.* income, profits, earnings, revenue
inhabilidad *nf.* inability; incapability *(incapacidad)*
inhalador *nm.* inhaler
inhalar *v.t.* inhale, breathe in
inhóspito/a *adj.* forbidden
inicial *nm./f.* initial; first *(primero/a)*; primary *(primario/a)*
iniciar *v.t.* initiate, start, begin; commence *(comienzo)*
iniciativa *nf.* initiative, scheme, proposal; plan *(plan)*; idea *(idea)*
inicio *nm.* initiate, start, begin
injertar *v.t.* graft, splice, joint, embed; implant *(implantar)*
injerto *nm.* graft, splice, joint, embed; implant *(implantar)*
injusto/a *adj.* unfair; unjust *(injusto/a)*
inmerso/a *adj.* immense, huge; vast *(vasto/a)*; enormous *(enorme)*
inmoral *adj.* immoral, wicked; depraved *(depravado/a)*

inmortal *adj.* immortal, everlasting; eternal *(eterno/a)*; perpetual *(perpetuo/a)*
innecesario/a *adj.* needless, unnecessary, pointless, useless, unneeded, unwanted
inocente *adj.* innocent, blameless, not guilty, guiltless, childlike
inoculación *nf.* inoculation; immunization *(inmunización)*; vaccination *(vacunación)*
inocular *v.t.* inoculate; immunize *(inmunizar)*; vaccinate *(vacunar)*
inodoro *nm.* toilet
inodoro/a *adj.* odorless, unscented, fragrance-free; neutral *(neutral)*
inofensivo/a *adj.* harmless, safe
inquieto/a *adj.* uneasy; anxious *(ansioso/a)*; nervous *(nervioso/a)*
inquilino/a *nm./f.* tenant, occupant, renter, leaseholder
inquirir *v.i.* inquire, query, request
insano/a *adj.* insane, unhealthy
insatisfactorio/a *adj.* unsatisfactory, disappointed; unacceptable
insecto *nm.* insect, bug, creepy-crawly
inseguro/a *adj.* insecure, unsafe; dangerous *(peligroso/a)*
insensato/a *adj.* foolish, toughness
insensible *adj.* numb, senseless
inserción *nf.* insert
insertar *v.t.* insert
inservible *adj.* worn out
insignia *nf.* insignia, badge; emblem *(emblema)*
insignificante *adj.* insignificant, unimportant; irrelevant *(irrelevante)*
insistencia *nf.* insistence, persistence *(persistencia)*; perseverance *(perseverancia)*
insistir *v.i.* insist; persist *(persistir)*
insolación *nf.* sunstroke
insomnio *nm.* insomnia
insoportable *adj.* unbearable; intolerable *(intolerable)*
inspección *nm.* inspection, check
inspeccionar *v.t.* check; verify *(verificar)*
inspector/a *nm./f.* inspector; examiner *(examinador/a)*
inspiración *nf.* inspiration; motivation *(motivación)*
inspirar *v.t.* inspire; motivate *(motivar)*
instalación *nf.* installation, setting up
instalar *v.t.* install, set up
instante *nm.* instant; moment *(momento)*
instinto *nm.* instinct; intuition *(intuición)*
instituir *v.t.* institute
instituto *nm.* institute
instrucción *nf.* instruction

instruir *v.t.* instruct, teach, train; educate *(educar)*
instrumento *nm.* instrument, tool, gadget, device
instrumento bocal *nm.* mouthpiece
insuficiente *adj.* insufficient; deficient *(deficiente)*; inadequate *(inadecuado/a)*
insultar *v.t.* insult, slur, slight
insulto *nm.* insult; offense *(ofensa)*
intacto/a *adj.* undamaged
inteligencia *nf.* intelligence, wit
inteligente *adj.* clever, intelligent, smart
intención *nf.* intention, purpose; objective *(objetivo)*
intenso/a *adj.* intense; strong *(fuerte)*; powerful *(poderoso/a)*
intentar *v.t.* intend
intercomunicador *nm.* intercom
interés *nm.* interest; attention *(atención)*; curiosity *(curiosidad)*
interesante *adj.* interesting, attractive, motivating; fascinating *(fascinante)*
interior *nm.*; *adj.* interior, indoors, inside, internal
interminable *adj.* interminable, unending, endless, everlasting
internacional *adj.* international
internet *nm.* Internet
interno/a *adj.* internal, inner; inside *(dentro)*
intérprete *nm.* interpreter
interrumpir *v.i.*; *v.t.* interrupt, hinder
interrupción *nf.* interruption, intermission
interruptor *nm.* switch, button, control
intervalo *nm.* interval; period *(período)*
intervenir *v.i.* intervene
intestino *nm.* intestine
íntimo/a *adj.* intimate, inner; private *(privado/a)*
introducción *nf.* introduction; preamble *(preámbulo)*
inundación *nf.* inundation, flood, overflow; deluge *(diluvio)*
inútil *adj.* useless; ineffective *(inefectivo/a)*; inadequate *(inadecuado/a)*
invadir *v.t.* invade; occupy *(ocupar)*
invasión *nf.* invasion; incursion *(incursión)*
invención *nf.* invention
inventar *v.t.* invent; create *(crear)*; discover *(descubrir)*
inventario *nm.* inventory, list, record
invernadero *nm.* greenhouse
invertir *v.t.* reverse
investigación *nf.* investigation; study *(estudio)*
investigar *v.t.* research, investigate; examine *(examinar)*
invierno *nm.* winter

invisible *adj.* invisible, unseen; undetectable *(indetectable)*
invitación *nf.* invitation
invitado/a *nm./f.* guest, visitor
invitar *v.t.* invite
inyección *nf.* injection
inyectar *v.t.* inject; insert *(insertar)*
ir *v.i.* go, leave, depart
ira *nf.* wrath, anger, rage; fury *(furia)*
irlandés *nm.*; *adj.* Irish
irlandesa *nf.*; *adj.* Irish
ironía *nf.* irony; satire *(sátira)*; sarcasm *(sarcasmo)*
irónico/a *adj.* ironic; sarcastic *(sarcástico/a)*
irrigación *nf.* irrigation
irrigar *v.t.* irrigate
irritación *nf.* redness
irritar *v.t.* irritate, gall, annoy
isla *nf.* island, isle, islet
islam *nm.* Islam
islámico/a *nm./f.*; *adj.* Islamic
israelí *nm./f.*; *adj.* Israeli
italiano/a *nm./f.*; *adj.* Italian
itálico/a *nm./f.* italics
izquierda *adj.*; *adv.* left

J

jabón *nm.* soap
jabonoso/a *adj.* soapy
jade *nf.* jade
jadear *v.i.* pant, gasp, wheeze
jalea *nf.* jelly
jamón *nm.* ham
japonés *nm.*; *adj.* Japanese
jaque mate *nm.* checkmate
jardín *nm.* garden, backyard, plot, patch
jardín de infantes *nm.* kindergarten, nursery school, play school, pre-school
jardinero/a *nm./f.* gardener
jarro/a *nm./f.* jug, pitcher
jarrón *nm.* vase
jaula *nf.* cage
jazz *nm.* jazz
jefe/a *nm./f.* boss, superior, manager, supervisor, chief, person in charge
jerga *nf.* slang, colloquial speech, jargon, lingo, argot; language *(lenguaje)*
jeringa *nf.* syringe
jinete *nm.* rider
joroba *nf.* hump
joven *adj.* youthful, young
joya *nf.* jewel, gemstone, precious stone
joyería *nf.* jewelry, trinkets, charms
judío/a *nm./f.* Jew; *adj.* Jewish
juego *nm.* game, gear, kit
juego de damas *nm.* checkers
jueves *nm.* Thursday
juez *nm.* judge, moderator, adjudicator, referee; arbitrator *(árbitro)*
jugador/a *nm./f.* player, team member
jugar *v.i.*; *v.t.* play
jugo *nm.* juice
juguete *nm.* toy, plaything
juicio *nm.* judgment, trial
julio *nm.* July

junco *nm.* reed
jungla *nf.* jungle, forest, tropical forest, rain forest
junio *nm.* June
junto a *prep.* beside, next to, at the side of, alongside, by, near; close *(cerca)*
juntos *adv.* together, jointly, as one; mutually *(mutuamente)*
jurado *nm.* jury, judges, adjudicators
juramento *nm.* oath, pledge; promise *(promesa)*; vow *(voto)*
jurar *v.i.; v.t.* swear, pledge; promise *(prometer)*
justicia *nf.* justice, fairness; impartiality *(imparcialidad)*
justificación *nf.* justification; excuse *(excusa)*; good reason *(buena razón)*
justificar *v.t.* justify; excuse *(excusar)*
justo/a *adj.; adv.* just, fair
juvenil *nm.; adj.* juvenile, young, youthful
juventud *nf.* youth, childhood; adolescence *(adolescencia)*
juzgar *v.t.* deem, judge

K

kilo *nm.* kilo
kilogramo *nm.* kilogram
kilómetro *nm.* kilometer
kiosco *nm.* kiosk, booth, stall, cabin, cubicle, hut
kiosco de periódicos *nm.* newsstand

L

laberinto *nm.* labyrinth, maze, warren
labio *nm.* lip
laboratorio *nf.* laboratory
lado *nm.* side
ladrar *v.i.* bark, woof, growl, snarl
ladrido *nm.* bark, woof, growl, snarl
ladrón/ona *nm./f.* robber, thief, burglar, pickpocket
lagartija *nf.* lizard
lago *nm.* lake, pond, lagoon
lágrima *nf.* tear
lamentar *v.t.* lament, regret, be sorry
lamento *nm.* lament, regret
lámina *nf.* etching, engraving
lámpara *nf.* lamp, lantern
lana *nf.* wool
lancha *nf.* launch
langosta *nf.* locust, lobster
lanzar *v.t.* launch
lanzarse en paracaídas *v.t.; v.i.* parachute
lapicera *nf.* pen, ballpoint, fountain pen
lápiz *nm.* pencil
lapso *nm.* lapse
largo *nm.; adj.; adv.* long; extensive *(extensivo/a)*
laringitis *nf.* laryngitis
láser *nm.* laser
lastimar *v.i.; v.t.* hurt, harm, injure, wound, damage
lata *nf.* tin, can
latido *nm.* beat
latino/a *nm./f.; adj.* Latin

latinoaméricano/a *nm./f.; adj.* Latin American
latitud *nf.* latitude
lavable *adj.* washable
lavador/a *nm./f.* washer
lavandería *nf.* laundry
lavar *v.t.* wash
laxante *nm.* laxative
lazo *nm.* lace, tie, cord
lección *nf.* lesson
leche *nf.* milk
lechería *nf.; adj.* dairy
lechuga *nf.* lettuce
lechuza *nf.* owl
lector/a *nm./f.* reader
lectura *nf.* lecture, reading; interpretation *(interpretación)*
leer *v.t.* read
legación *nf.* legation; delegation *(delegación)*
legal *adj.* lawful, legal; legalized *(legalizado/a)*
legalidad *nf.* legality; validity *(validez)*; authority *(autoridad)*
legible *adj.* legible, readable, intelligible, understandable; decipherable *(descifrable)*
legislación *nf.* legislation
legítimo/a *adj.* legitimate, lawful, rightful; legal *(legal)*; genuine *(genuino/a)*
lejano/a *adj.; adv.* far; distant *(distante)*; remote *(remoto/a)*
lejía *nf.* lye
lejos *adj.* far; distant *(distante)*; remote *(remoto/a)*

lejos de *adj.* faraway, far off, far
lengua *nf.* tongue; language *(lenguaje)*; dialect *(dialecto)*
lenguaje *nm.* language
lenguaje en señas *nm.* sign language
lenteja *nf.* lentil
lentes *nm.* lens
lento/a *adj.* sluggish, slow, lethargic
león *nm.* lion
lesión *nf.* lesion, injury
letrina *nf.* latrine
levadura *nf.* yeast
levantar *v.t.* hoist, raise, lift; elevate *(elevar)*
ley *nf.* law, rule; commandment *(mandamiento)*; regulation *(regulación)*
leyenda *nf.* legend, fable; myth *(mito)*
liberación *nf.* liberation, release; freedom; emancipation *(emancipación)*
liberal *adj.* liberal, open-minded, free-thinking
liberar *v.t.* liberate, release, free
libertad *nf.* liberty, freedom, scope
libra *nf.* pound
libre *adj.* free
librería *nf.* bookstore
librero *nm.* bookcase
libro *nm.* book; volume *(volumen)*
libro de texto *nm.* textbook, workbook

libro en rústica *nm.* paperback
licencia *nf.* license, certify *(certificado)*; permit *(permiso)*
licor *nm.* liqueur, liquor
líder *nm.* leader, head, manager, chief
liderazgo *nm.* leadership, management, headship
liebre *nf.* hare
lienzo *nm.* linen
lima *nf.* lime
límite *nm.* limit, border; frontier *(frontera)*
limón *nm.* lemon
limpiador/a *nm.* cleaner
limpiar *v.t.* clean, mop, wipe
limpio/a *adj.* clean, spotless, unsoiled, sparkling
lindo/a *adj.* nice, pretty
línea *nf.* line, row
líquido/a *nm./f.; adj.* liquid; fluid *(fluído)*
liso/a *adj.* smooth, flat; level *(nivel)*
lista *nf.* list; catalog *(catálogo)*; inventory *(inventario)*
listar *v.t.* list
listo/a *adj.* ready; prepared *(preparado/a)*; complete *(completo/a)*
literario/a *adj.* literary
literatura *nf.* literature; text *(texto)*
lobo/a *nm./f.* wolf
loción bronceadora *nf.* suntan lotion
loco/a *adj.* crazy, foolish, wild

locomotor *nm.* locomotive
lógico/a *adj.* logic, logical; rational *(racional)*; reasonable *(razonable)*
lona *nf.* canvas
longitud *nf.* longitude, length
longitud de onda *nf.* wavelength
lo que sea *adv.; pron.* whatever, anything, whatsoever, suchlike
loro/a *nm./f.* parrot
lote *nm.* lot
lucha *nf.* struggle, fight
luchador/a *nm.* wrestler, combatant; warrior *(guerrero/a)*
luchar *v.i.; v.t.* fight, wrestle, struggle; battle *(batallar)*
luego *adv.* then, after that, next, afterward
lugar *nm.* place
lugar para campamento *nm.* campsite, campground, encampment
lujo *nm.* luxury; opulence *(opulencia)*
lujoso/a *adj.* luxurious; deluxe
luminoso/a *adj.* bright; brilliant *(brillante)*
luna *nf.* moon
luna de miel *nf.* honeymoon
lunar *adj.* lunar
lunático/a *adj.* lunatic, foolish; crazy *(loco/a)*
lunes *nm.* Monday
luto *nm.* mourning, grief, sorrow, sadness

luz de la luna *nf.* moonlight
luz trasera *nm.* taillight, back light, rear light

LL

llamada *nf.* call
llamar *v.i.*; *v.t.* ring, call
llanto *nm.* cry
llanura *nf.*; *adj.* plain
llave inglesa *nf.* wrench
llegada *nf.* arrival
llegar *v.i.* arrive, come
llenar *v.t.* fill
lleno/a *adj.* crowded, full
llevar *v.t.* carry, convey, take
llorar *v.i.* weep, cry
llorar la muerte de alguien *v.t.* mourn
llover *v.i.* rain
lloviznar *v.i.* drizzle
lluvia *nf.* rain
lluvioso/a *adj.* rainy

M

machacar *v.t.*; *v.i.* pound
macho *nm.* male
madera *nf.* timber, wood, lumber, kindling
madrastra *nf.* stepmother
madre *nf.* mom, mother
madrina *nf.* godmother
madurez *nf.* maturity, adulthood
maduro/a *adj.* mature, ripe
maestro/a *nm./f.* schoolteacher, teacher; educator *(educador/a)*
magia *nf.* magic
mágico/a *adj.* magical
magistrado *nm.* magistrate
magnético/a *adj.* magnetic; attractive *(atractivo/a)*
magneto *nm.* magnet; attraction *(atracción)*
magnificar *v.t.* magnify, enlarge; expand *(expandir)*
magnífico/a *adj.* magnificent; wonderful *(maravilloso/a)*; splendid *(espléndido/a)*
mago *nm.* magician
magro/a *adj.* lean
maíz *nm.* corn
majestad *nm./f.* majesty, magnificence *(magnificencia)*
majestuoso/a *adj.* majestic, regal, royal
mal *adv.* badly
maldecir *v.t.* curse, damn
maldición *nf.* curse, nuisance
mal educado/a *adj.* uneducated
malentender *v.t.* misinterpret, misunderstand
malentendido *nm.* misunderstanding, misinterpretation
malestar *nm.* uneasiness, discomfort
malhumorado/a *adj.* sullen
maligno/a *adj.* malignant, evil, mean; malevolent *(malévolo)*
malla *nf.* mesh
malo/a *adj.* bad, mean
malvado/a *adj.* wicked, evil, bad
mamífero *nm.* mammal
mancha *nf.* stain
manchar *v.i.*; *v.t.* stain
mandar *v.t.* rule

manejar *v.t.* drive
maniquí *nm.* mannequin, Taylor's dummy; model *(modelo)*
manga *nf.* sleeve
mango *nm.* handle, shaft
manguera *nf.* hose, hosepipe
maní *nm.* peanut
manicomio *nm.* asylum
maniobrar *v.i.* maneuver
manipular *v.t.* manipulate; influence *(influenciar)*; control *(controlar)*
mano *nf.* hand
mansión *nf.* mansion
manso/a *adj.* tame; domesticated *(domesticado/a)*
manteca de cerdo *nf.* lard
manteca pastelera *nf.* shortening
mantel *nm.* tablecloth
mantener *v.t.*; *v.i.* maintain, assert, uphold
mantenimiento *nm.* maintenance, upkeep, upholding
mantequilla *nf.* butter
manuable *adj.* handy, useful
manual *nm.* manual, handbook; guide *(guía)*
manuscrito *nm.* manuscript; document *(documento)*
manzana *nf.* apple
mañana *adv.* tomorrow
mapa *nm.* map, chart, plan, atlas
máquina *nf.* machine; mechanism *(mecanismo)*

máquina de afeitar *nf.* razor, shaver, blade
máquina de coser *nf.* sewing machine
máquina de escribir *nf.* typewriter
máquina lavadora *nf.* washing machine
maquinar *v.i.*; *v.t.* hatch; originate *(originar)*
maquinaria *nf.* machinery; equipment *(equipo)*; mechanism *(mecanismo)*
mar *nm./f.* sea, ocean
maratón *nf.* marathon
maravilloso/a *adj.* marvelous, wonderful, amazing
marca *nf.* mark, label, make, brand
marcador/a *nm./f.* bookmark
marcapasos *nm.* pacemaker, pacesetter
marcar *v.i.*; *v.t.* score, result, label, make
marco *nm.* frame; border *(borde)*
marea *nf.* tide *n.*
mareado/a *adj.* dizzy, queasy, seasick
mareo *nm.* dizziness, seasickness
marfil *nm.* ivory
margarina *nf.* margarine
margen *nm.* margin, verge, edge, border
marinero/a *nm./f.*; *adj.* marine, sailor
marioneta *nf.* marionette, puppet, dummy
mariposa *nf.* moth, butterfly

mariscal *nm.* marshal
marisco *nm.* shellfish
mariscos *nm./pl.* seafood
marketing *nm.* marketing
mármol *nm.* marble
martes *nm.* Tuesday
martillar *v.t.*; *v.i.* hammer
martillo *nm.* hammer
marzo *nm.* March
más *adj.*; *adv.* else, plus, more
masa *nf.*; *adj.* dough, mass
más allá *prep.* beyond, further than, ahead of
masaje *nm.* massage, rub
máscara *nf.* mask
mascota *nf.* pet
masculino *adj.* masculine, male, manly, mannish
masivo/a *adj.* massive; enormous *(enorme)*; gigantic *(gigante)*
masticar *v.t.* masticate, chew, munch, crunch, chomp
mástil *nm.* mast, pole, flagpole
matar *v.t.* kill, murder; exterminate *(exterminar)*
matasello *nm.* postmark
matemáticas *nf.* mathematics, arithmetic, math
material *nm.* material, fabric, cloth, textile
matiz *nf.* nuance, shade; tone *(tono)*; touch *(toque)*
matrimonio *nm.* matrimony, marriage, wedding, nuptials
máximo/a *nm./f.*; *adj.* maximum, utmost, most, greatest, highest

mayo *nm.* May
mayonesa *nf.* mayonnaise
mayor *nm.*; *adj.* senior, older, elder
mayoría *nf.*; *adj.*; *adv.* majority; most; common *(común)*; popular *(popular)*
mecánico/a *nm./f.* mechanic
mecanismo *nm.* mechanism, device, machine
mecanógrafo/a *nm.* typist
mecha *nf.* wick
medalla *nf.* marrow, medal
media *nf.* sock, stocking
medianamente *adv.* mild
mediano/a *nf.*; *adj.* medium, average, intermediate
medianoche *nf.* midnight
medicina *nf.* medicine, drug, medication; remedy *(remedio)*
medicina para alergia *adj.* antihistamine
médico *nm.* physician; doctor *(doctor)*; *adj.* medical
medida *nf.* measure
medida líquida 0,473 litros *nf.* pint
medidor *nm.* gauge, measure
medio/a *nm.* middle; center *(centro)*; *adj.* mid
mediodía *nm.* midday, noon
medir *v.t.* gauge, measure
mejilla *nf.* cheek
mejillón *nm.* mussel
mejor *adj.*; *adv.* better, improved
mejoramiento *nm.* improvement; progress *(progreso)*

mejorar *v.i.*; *v.t.* improve, recover, get better
melón *nm.* melon
membrana *nf.* membrane
memoria *nf.* memoir, memory
memorizar *v.t.* memorize; remember *(recordar)*
mena *nf.* ore
mención *nm.* mention, state, cite
mencionar *v.t.* mention, state, cite
menor *nm.*; *adj.* minor, junior
menos *adj.*; *adv.* less; minus *prep.* to
mensaje *nm.* errand, message
mensajero/a *nm./f.* messenger, herald, courier, envoy
menta *nf.* mint, peppermint
mental *adj.* mental; rational *(racional)*; intellectual *(intelectual)*
mente *nf.* mind; intellect *(intelecto)*
mentir. *v.i.* lie
mentira *nf.* lie
mentiroso/a *nm.*; *adj.* liar; impostor *(impostor)*
mentón *nm.* chin
menú *nm.* menu
mercado *nm.* market
mercancía *nf.* merchandise, ware, stock
merecer *v.t.* deserve
mérito *nm.* merit
mermelada *nf.* marmalade, jam, jelly; conserve *(conserva)*
mes *nm.* month
mesa *nf.* table, bench

meta *nf.* goal; objective *(objetivo)*
metal *nm.* metal
metódico/a *adj.* methodical; systematic *(sistemático/a)*
método *nm.* method, technique *(técnica)*
metro *nm.* meter, gauge; indicator *(indicador)*
mexicano/a *nm./f.*; *adj.* Mexican
mezcla *nf.* mix, mixture; combine *(combinación)*
mezclar *v.t.*; *v.i.* mix, mingle; combine *(combinar)*
mezquino/a *adj.* mean, paltry
mezquita *nf.* mosque
mi *pron.* my
microbio *nm.* microbe, germ
micrófono *nm.* microphone
microscopio *nm.* microscope
miedo *nm.* fear, dread; horror *(horror)*
miel *nf.* honey
miembro *m.* member, limb; associate *(asociado/a)*; affiliate *(afiliado/a)*
mientras *conj.* while, as
mientras tanto *adv.* meantime, interim
miércoles *nm.* Wednesday
miga *nf.* crumb
milagro *nm.* miracle
milagroso/a *adj.* miraculous
miles *adj.* thousand
milésimo/a *adj.* thousandth
milímetro *nm.* millimeter
militar *nm.* military
milla *nf.* mile
millón *nm.* million

mimbre *nm.* rattan, wicker
mina *nf.*; *pron.* mine; excavation *(excavación)*
minería *nf.* mine industry
mínimo/a *nm./f.* minimum, least, smallest amount
ministerio *nm.* ministry; organization *(organización)*
ministro *nm.* minister
minoría *nf.* minority
minorista *nm.* retailer
minuto *nm.* minute
mío *adj.* my
mirada *nf.* look, stare, glance
mirar *v.i.* ; *v.t.* see, look, watch; observe *(observar)*
mirar fijamente *v.i.* stare, look intently
miseria *nf.* misery
misil *nm.* missile; projectile *(proyectil)*
misión *nf.* mission, assignment, duty, undertaking; charge *(cargo)*
mismo/a *adj.* same
misterio *nm.* mystery
mitad *nf.*; *adj.* half
mitología *nf.* mythology; myth *(mito)*; legend *(leyenda)*
militante *adj.* militant; activist *(activista)*
mochila *nf.* knapsack, rucksack, backpack
moda *nf.* fashion, style
modales *nm.* manner, behavior
modelo *nm./f.* model
modem *nm.* modem

moderno/a *adj.* up-to-date, fashionable
modesto/a *adj.* humble
modificación *nf.* modification
modificar *v.t.* modify; adapt *(adaptar)*; adjust *(ajustar)*; alter *(alterar)*
modo *nm.* mode, form *(forma)*; style *(estilo)*
modular *adj.* modular
módulo *nm.* module
mojar *v.t.* dip, wet
molde *nm.* mold, pattern
moldear *v.t.* mold
moler *v.t.* grind, crush; pulverize *(pulverizar)*
molestar *v.t.* annoy; irritate *(irritar)*; exasperate *(exasperar)*
molestia *nf.* annoyance, nuisance; exasperation *(exasperación)*
molinero *nm.* mill, miller
molino *nm.* mill
molino de viento *nm.* windmill
momento *nm.* moment; instant *(instante)*; second *(segundo)*
monarca *nm.* monarch; emperor *(emperador)*
monarquía *nf.* monarchy; kingdom *(reinado)*
monasterio *nm.* monastery
moneda europea *nf.* euro
moneda *nf.* coin, currency, money
monedero *nm.* handbag, purse
monitor *nm.* monitor

monja *nf.* nun
monje *nm.* monk
mono/a *nm./f.* monkey, ape; chimpanzee *(chimpancé)*
monopolio *nm.* monopoly; control *(control)*; domination *(dominación)*
monótono/a *adj.* monotonous; repetitive *(repetitivo/a)*; boring *(aburrido/a)*
monstruo *nm.* monster; ogre *(ogro)*
monstruoso/a *adj.* monstrous, ugly; horrible *(horrible)*
montaña *nf.* mountain
montañoso/a *adj.* mountainous, hilly
montar *v.t.; v.i.* mount
mora *nf.* blueberry
moral *nf.* moral, morale
mordida *nf.* bite
morir *v.i.* die
mortero *nm.* mortar
mosquito *nm.* mosquito
mostaza *nf.* mustard
mostrador *nm.* shop counter
mostrar *v.t.* show; indicate *(indicar)*
motel *nm.* motel
motín *nm.* mutiny; rebellion *(rebelión)*
motivación *nf.* motivation; incentive *(incentivo)*; inspiration *(inspiración)*
motivar *v.t.* motivate; inspire *(inspirar)*
motivo *nm.* motive, reason, cause

motocicleta *nf.* motorbike
motociclo *nm.* motorcycle
motor *nm.* engine
mover *v.t.* move
movimiento *nm.* movement, motion
moza *nf.* waitress
mozo *nm.* waiter
muchedumbre *nf.* crowd, mass; multitude *(multitud)*
mucho/a *adj.; adv.* much, a lot
muchos *adj.* many, a lot of; numerous *(numeroso/a)*
mudanza *nf.* change, furniture removal
mudar *v.i.* change one's residence
mudo/a *adj.* mute, voiceless, speechless, quiet; taciturn *(taciturno/a)*
mueble *nm.* furniture
muelle *nm.* dock; harbor *(bahía)*; port *(puerto)*
muerte *nf.* death
muerto/a *adj.* dead, deceased; lifeless *(sin vida)*
muestra *nf.* sample; example *(ejemplo)*; model *(modelo)*
mujer *nf.* woman, lady, female
muleta *nf.* crutch, prop; support *(soporte)*
multa *nf.* fine, summons
múltiple *nm.* manifold; various *(varios)*; diverse *(diversos)*
multiplicación *nf.* multiplication; increase *(incremento)*

multiplicar *v.t.* multiply; increase *(incrementar)*
mundial *adj.* worldwide; universal *(universal)*; international *(internacional)*
mundo *nm.* world; earth *(tierra)*; planet *(planeta)*
municipalidad *nf.* municipality; city *(ciudad)*; metropolis *(metrópolis)*
muñeca *nf.* doll; wrist
muñeco *nm.* doll
murciélago *nm./f.* bat (zoological)
murmurar *v.i.* murmur, whisper, mutter
muscular *adj.* muscular
músculo *nm.* muscle
museo *nm.* museum
música *nf.* music; melody *(melodía)*; composition *(composición)*
música pop *nf.* pop music
música rock *nf.* rock music
músico *nm./f.* musician, player; instrumentalist *(instrumentista)*
muslo *nm.* thigh
musulmán/ana *nm./f.; adj.* Muslim
mutuo/a *adj.* mutual, joint, shared; common *(común)*; reciprocal *(recíproco/a)*
muy *adv.* very; extremely *(extremadamente)*; tremendously *(tremendamente)*

N

nacimiento *nm.* nativity, birth, labor
nación *nf.* nation
nacional *nf.; adj.* national, nationwide, countrywide
nacionalidad *nf.* nationality
nada *pron.* nothing
nadador/a *nm./f.* swimmer
nadar *v.i.* swim
nadie *pron.* no one, nobody
nafta *nf.* gasoline, gas, petrol
naranja *nf.; adj.* orange
narcótico/a *nm./f.; adj.* narcotic, downer; tranquilizer *(tranquilizante)*; sedative *(sedante)*
nariz *nf.* nose
narrador/a *nm./f.* narrator, storyteller, speaker; relater *(relator)*
narrar *v.t.* narrate; relate *(relatar)*
nata *nf.* custard
natación *nf.* swimming, swim
nativo/a *nm./f.; adj.* native
natural *adj.* natural; normal *(normal)*
naturalmente *adv.* naturally; of course *(por supuesto)*; obviously *(obviamente)*
náusea *nf.* nausea, qualm, queasiness
nauseabundo/as *adj.* nauseous, queasy
naval *adj.* naval; marine *(marino/a)*; nautical *(náutico/a)*

navegación *nf.* navigation
navegar *v.i.; v.t.* navigate, sail
nave lateral *nf.* aisle
Navidad *nf.* Christmas
neblina *nf.* fog, haze, mist
nebuloso/a *adj.* hazy, foggy, misty
necesariamente *adv.* necessary; essential *(esencial)*; indispensable *(indispensable)*
necesario/a *adv.* necessarily
necesidad *nf.* necessity, need
necesitar *v.t.* need; require *(requerir)*
negación *nf.* negation, denial, refusal
negar *v.t.* deny, withhold, refute, reject; contradict *(contradecir)*
negativa *nf.* negation, refusal, denial, rejection
negativo *adj.* negative; pessimistic *(pesimista)*
negociación *nf.* negotiation; compromise *(compromiso)*
negociar *v.i.* negotiate, deal; agree *(acordar)*
negocio *nm.* business; company *(compañía)*
negociable *adj.* negotiable
negro/a *adj.* black
nervio *nm.* nerve
nervioso/a *adj.* nervous; anxious *(ansioso/a)*; worried *(preocupado/a)*
neto *adj.* neat; precise *(preciso)*; efficient *(eficiente)*

neumonía *nf.* pneumonia
neuralgia *nf.* neuralgia
neurólogo/a *nm./f.* neurologist
neurótico/a *adj.* neurotic; anxious *(ansioso/a)*; phobic *(fóbico/a)*
neutral *adj.* neutral; impartial *(imparcial)*
neutralidad *nf.* neutrality; impartiality *(imparcialidad)*
neutro/a *adj.* neutral; impartial *(imparcial)*
nevar *v.i.* snow, snowfall; snowstorm *(tormenta de nieve)*
nexo *nm.* nexus, connection, link, union
ni *conj.* nor
nicho *nm.* niche
nido *nm.* nest
niebla contaminada *nf.* smog, pollution
niebla *nf.* mist, haze, fog
nieta *nf.* granddaughter
nieto *nm.* grandson
nietos *nm./pl.* grandchildren
nieve *nf.* snow
nigerino/a *nm./f.; adj.* Nigerian
níkel *nm.* nickel
ninguno/a *pron.* none, nobody, no one
niña *nf.* girl
niñera *nf.* baby-sitter, nanny
niñez *nf.* childhood
niño *nm.* boy, child, kid
nitrógeno *nm.* nitrogen
nivel *adj.* level
no *adj.; adv.* no, not

noble *nm.; adj.* noble; decent *(decente)*
noche *nf.* evening, night, dusk, sunset
noción *nf.* notion; concept *(concepto)*
nocivo/a *adj.* noxious, harmful, toxic *(tóxico/a)*; poisonous *(venenoso/a)*
nogal *nm.* walnut
nómada *adj.* nomadic
nombrar *v.t.* name; nominate *(nominar)*
nombre *nm.* name
nominación *nf.* nomination; proposal *(propuesta)*; suggestion *(sugerencia)*
nominar *v.t.* nominate; propose *(proponer)*; suggest *(sugerir)*
nonagésimo/a *adj.* ninth
noreste *nm.; adj.* northeast
normal *adj.* normal, standard; usual *(usual)*; regular *(regular)*
normalidad *nf.* normality; routine *(rutina)*
normalmente *adv.* normally; usually *(usualmente)*; generally *(generalmente)*
noroeste *nm.; adj.* northwest
norte *nm.; adj.* north
norteño/a *adj.* northern
nosotros/as mismos/as *pron.* ourselves
nosotros/as *pron.* us, we
nota *nf.* note, memo, memorandum, reminder
notar *v.t.* notice; see *(ver)*; observe *(observar)*; perceive *(percibir)*
notario *nm./f.* notary public; public prosecutor
notariar *v.t.* notarize
noticias *nf./pl.* news; information *(información)*; reports *(reportes)*
notificación *nf.* notification; announcement *(anuncio)*
notificar *v.t.* notify; inform *(informar)*; advise *(avisar)*; report *(reportar)*
novedad *nf.* novelty; innovation *(innovación)*; originality *(originalidad)*
novela *nf.; adj.* novel; narrative *(narrativa)*
noventa *num.* ninety
novia *nf.* girlfriend
noviembre *nm.* November
novio *nm.* boyfriend
nube *nf.* cloud
nublado *adj.* cloudy, overcast
nubloso *adj.* cloudy, overcast
nuclear *adj.* nuclear
núcleo *nm.* nucleus; center *(centro)*
nudillo *nm.* knuckle
nudo *nm.* knot, tie, loop
nuera *nf.* daughter-in-law
nuestro/a *adj.* our
nueve *num.* nine
nuevo/a *adj.* new; original *(original)*; innovative *(innovador/a)*
nuez *nf.* nut

nulo/a *adj.* null, void
número de identificación personal *abb.* PIN number
número *nm.* number, numeral; digit *(dígito)*
numeroso/a *adj.* numerous; abundant *(abundante)*
nunca *adv.* never, not at all, in no way
nutrición *nf.* nutrition, nourishment
nutrir *v.t.* nourish, feed, nurture
nutritivo/a *adj.* nutritious, nourishing; healthful *(saludable)*

Ñ

ñandú *nm.* rhea
ñapa *nf.* extra bonus
ñaques *nm./pl.* odds
ñato *adj.* snub-nosed
niñería *nf.* drivel, folly, stupidity
ñoño *nm.* sentimental; foolish

O

o *conj.* or
obedecer *v.t.* obey; comply with *(cumplir con)*
obediencia *nf.* obedience; respect *(respeto)*
obediente *adj.* obedient, compliant; respectful *(respetuoso/a)*
objeción *nf.* objection; opposition *(oposición)*; protest *(protesta)*
objetar *v.t.* object; oppose *(oponer)*; protest *(protestar)*
objetivo/a *adj.* objective, purpose; point *(punto)*; idea *(idea)*
oblicuamente *adj.*; *adv.* oblique, slanted, sideways
obligación *nf.* obligation, duty; responsibility *(responsabilidad)*; requirement *(requerimiento)*
obligado/a *adj.* liable; legally responsible *(responsable legalmente)*
obligar *v.t.* oblige; force *(forzar)*; require *(requerir)*
obra *nf.* work
obsceno/a *adj.* obscene, filthy
obscuridad *nf.* darkness, shadows, gloom
observación *nf.* observation
observar *v.t.* observe, watch, view
observatorio *nm.* observatory
obstáculo *nm.* obstacle; obstruction *(obstrucción)*; impediment *(impedimento)*
obstinado/a *adj.* obstinate, stubborn; persistent *(persistente)*
obstrucción *nf.* obstruction; obstacle *(obstáculo)*; barrier *(barrera)*
obstruir *v.t.* obstruct; impede *(impedir)*
obtener *v.t.* obtain, get; acquire *(adquirir)*; achieve *(alcanzar)*
obvio/a *adj.* obvious, understandable *(entendible)*; apparent *(aparente)*

ocasión *nf.* occasion; event *(evento)*; circumstance *(circunstancia)*
ocasional *adj.* occasional; infrequent *(infrecuente)*; irregular *(irregular)*
occidental *adj.* western
océano *nm.* ocean, sea
ochenta *num.* eighty
ocho *num.* eight
ocio *nm.* leisure, free time, spare time
octavo/a *adj.* eighth
octubre *nm.* October
oculista *nm.* optician
ocultar *v.t.* conceal, hide, cover
oculto/a *adj.* occult
ocupación *nf.* occupation; profession *(profesión)*; career *(carrera)*
ocupado/a *adj.* occupied, busy; unavailable *(indisponible)*
ocupar *v.t.* occupy
ocurrencia *nf.* occurrence; incidence *(incidencia)*
ocurrir *v.i.* occur; happen *(suceder)*; take place *(tomar lugar)*
odiar *v.t.* hate
odio *nm.* odium, hate
oeste *nm.; adj.; adv.* west
ofender *v.t.* offend, upset, hurt somebody's feelings; insult *(insultar)*
ofensa *nf.* offense; insult *(insulto)*
ofensivo/a *adj.* offensive

oferta *nf.* bargain, offer; good deal *(buen negocio)*; good buy *(buena compra)*
ofertar *v.t.* offer; propose *(proponer)*
oficial *nm.* officer, official
oficina *nf.* office
oficinista *nm.* clerk
oír *v.t.* hear, listen
ojo *nm.* eye
ojo de la cerradura *nm.* keyhole, eyehole
ola *nf.* wave
oler *v.i.; v.t.* smell
olímpico/a *adj.* Olympic
olla *nf.* cooker, pot
olla grande *nf.* cauldron
ollería *nf.* pottery; ceramic *(cerámica)*
olor *nm.* odor, smell; scent *(esencia)*; aroma *(aroma)*
olvidar *v.i.; v.t.* forget, disregard
ombligo *nm.* navel
omelet *nm.* omelet
omisión *nf.* omission; exclusion *(exclusión)*; exception *(excepción)*
omitir *v.t.* omit
ómnibus *nm.* bus
once *num.* eleven
ondular *v.t.* wave
onza *nf.* ounce
opaco/a *adj.* opaque, dull
opción *nf.* option; alternative *(alternativa)*; opportunity *(oportunidad)*
opcional *adj.* optional; elective *(electivo/a)*; voluntary *(voluntario/a)*

ópera *nf.* opera
operación *nf.* operation; process *(proceso)*; action *(acción)*; procedure *(procedimiento)*
operador/a *nm./f.* operator, operative; machinist *(maquinista)*
operar *v.t.* operate; function *(funcionar)*; work *(trabajar)*
opinión *nf.* opinion; belief *(creencia)*
oponente *nm.* opponent; adversary *(adversario/a)*; enemy *(enemigo/a)*
oponer *v.t.* object, oppose
oportunidad *nf.* opportunity, chance; occasion *(ocasión)*
oposición *nf.* opposition; antagonism *(antagonismo)*; conflict *(conflicto)*
opresión *nf.* oppression; domination *(dominación)*; cruelty *(crueldad)*; tyranny *(tiranía)*
opresivo/a *adj.* oppressive, cruel
oprimir *v.t.* oppress; tyrannize *(tiranizar)*; dominate *(dominar)*
optimismo *nm.* optimism, hopefulness, cheerfulness
optimista *adj.* optimistic, hopeful, cheerful
optometrista *nm.* optometrist
opuesto/a *adj.* opposite; contradictory *(contradictorio/a)*; contrary *(contrario/a)*

oración *nf.* prayer
oral *adj.* oral, spoken; verbal *(verbal)*
orar *v.i.* pray
orden *nf.* order
orden judicial *nf.* warrant
ordenadamente *adj.* orderly, arranged, tidy; methodical *(metódicamente)*
ordenado/a *adj.* orderly, tidy
ordenador portátil *nm.* laptop, CPU, workstation; processor *(procesador)*
ordenar *v.t.* order, arrange; organize *(organizar)*
ordinario/a *adj.* ordinary; usual *(usual)*
oreja *nf.* ear
orgánico/a *adj.* organic; macrobiotic *(macrobiótico/a)*
organización *nf.* organization, association *(asociación)*; society *(sociedad)*
Organización Mundial de la Salud *nf.* World Health Organization
organizar *v.t.* organize, arrange; classify *(clasificar)*
órgano *nm.* organ
orgullo *nm.* pride; arrogance *(arrogancia)*
orgulloso/a *adj.* proud; arrogant *(arrogante)*
origen *nm.* origin, source
original *nm.*; *adj.* original; unique *(único/a)*; innovative *(innovador/a)*

originalmente *adv.* originally; initially *(inicialmente)*; formerly *(formalmente)*
orina *nf.* urine
orinar *v.t.* urinate
ornamento *nm.* ornament, decoration, adornment
oro *nm.; adj.* gold
orquesta *nf.* orchestra
oscilar *v.i.* oscillate; alternate *(alternar)*
oscurecer *v.t.* darken, dim
oscuro/a *adj.* obscure, dark, somber, dim
oso *nm.* bear
ostra *nm.* oyster
ostracismo *nm.* ostracism; exclusion *(exclusión)*
otoño *nm.* fall, autumn
otra vez *adv.* afterward; subsequently *(subsecuentemente)*
otro/a *adj.; adv.* another, other; further
ovalado/a *adj.* oval, elliptical
oveja *nf.* sheep
oxidado/a *adj.* oxidized, rusty, corroded, tarnished
oxidar *v.t.* oxidize, rust
óxido *nm.* oxidation, rust; corrosion *(corrosión)*
oxígeno *nm.* oxygen
oyente *nm./f.* listener
ozono *nm.* ozone

P

pabellón *nm.* pavilion; exhibition area *(área de exhibición)*

paciencia *nm.* patience, endurance; tolerance *(tolerancia)*
paciente *nm.; adj.* patient, enduring; tolerant *(tolerante)*
padrastro *nm.* stepfather
padre *nm.* father, parent
padre adoptivo *nm.* stepparent
padrino *nm.* godfather
pagano/a *nm./f.; adj.* pagan
pagar *v.t.* pay, disburse
página *nf.* page, sheet, piece of paper
pago *nm.* payment, imbursement
país *nm.* country; nation *(nación)*
paisaje *nm.* landscape; scenery *(escenario)*
país de procedencia *nm.* homeland, motherland, fatherland; native soil *(tierra natal)*
paja *nf.* straw
pájaro *nm.* bird
pala *nf.* shovel
palabra *nf.* word, statement, speech, remark; expression *(expresión)*
palacio *nm.* palace
palanca *nf.* lever, handle, knob, switch
palangana *nf.* basin, sink
paleta *nf.* palette
pálido/a *adj.* pale
palma *nf.* palm
palmada *nf.* slap

palmera *nf.* palm tree
paloma *nf.* dove, pigeon
palpitación *nf.* palpitation
palpitar *v.i.* throb, pour; pulsate *(pulsar)*
palustre *nm.* trowel
panfleto *nm.* pamphlet, brochure, booklet; guide *(guía)*
pan *nm.* bread
panadero/a *nm./f.* baker
pancarta *nf.* banner, standard; sign *(signo)*; poster *(póster)*
panel *nm.* panel, board
pánico *nm.* panic, fright; terror *(terror)*
pantalla *nf.* screen; monitor *(monitor)*
pantalones *nm./pl.* pants, slacks, jeans, denims
pantalones cortos *nm./pl.* shorts
pantalones vaqueros *nm./pl.* jeans
pantano *nm.* mire, swamp
panza *nf.* paunch, belly
pañal *nm.* diaper
paño mortuorio *nm.* pall
pañuelo *nm.* handkerchief, tissue
papa *nf.* potato
papa *nm.* pope
papá *nm.* dad
papel *nm.* paper
papel de lija *nm.* sandpaper
papelera *nf.* bin, storage bin; basket *(canasta)*; container *(recipiente)*

papelería *nf.* stationery
paquete *nm.* package, parcel
par *nm.* pair; couple *(pareja)*; duo *(dúo)*
para *prep.* for
parabrisas *nm.* windshield
paracaídas *nm.* parachute
parado/a *adj.* erect, upright, raise
parágrafo *nm.* paragraph; section *(sección)*
paraguas *nm.* umbrella, sunshade
paraíso *nm.* paradise; heaven *(cielo)*
paralelo/a *adj.* parallel; similar *(similar)*; equivalent *(equivalente)*
parálisis *nf.* paralysis
paralizar *v.t.* paralyze
parar *v.i.; v.t.* stop; discontinue *(descontinuar)*; end *(terminar)*
para siempre *adv.* forever, everlastingly; eternally *(eternamente)*
parásito *nm.; adj.* parasite, parasitic
parche *nm.* patch
parcial *adj.* partial; incomplete *(incompleto/a)*; limited *(limitado/a)*
parecer *v.t.; v.i.* appear, seem, like, look
parecidamente *adv.* likewise, similarly *(similarmente)*; equally *(igualmente)*

parecido/a *adj.* alike; similar *(similar)*; comparable *(comparable)*; the same *(lo/a mismo/a)*
pared *nf.* wall
pareja *nf.* couple
parlamentario/a *adj.* parliamentary
parlamento *nm.* parliament
parlotear *v.i.* prattle, chatter, blather
parloteo *nm.* prattle, chatter, blather
parpadear *v.i.* blink, twinkle, wink
párpado *nm.* eyelid
parque *nm.* park, square
parrilla *nf.* grill
parte *nf.* part, share
partera *nf.* midwife
partición *nf.* partition; division *(división)*
participar *v.i.* participate; contribute *(contribuir)*
partícula *nf.* particle, element *(elemento)*
particular *adj.* particular
partida *nf.* departure; exit *(salida)*
partir *v.i.* depart; divide *(dividir)*
pasa *nf.* raisin
pasado/a *nm./f.*; *adj.* past; history *(historia)*; precedent *(precedente)*
pasado/a de moda *adj.* old-fashioned
pasado/a de peso *adj.* overweight, plump, heavy

pasaje *nm.* passage, passageway; opening *(abertura)*
pasajero/a *nm./f.* passenger; traveler *(viajero/a)*
pasamano *nm.* banister, handrail
pasaporte *nm.* passport
pasar *v.t.* pass, go by
pasatiempo *nf.* hobby, pastime; diversion *(diversión)*
pase *nm.* pass
pasear *v.i.* wander, walk
paseo *nm.* walk, lounge, promenade
pasión *nf.* passion; fervor *(fervor)*; ardor *(ardor)*
pasivo/a *adj.* passive; inactive *(inactivo/a)*
paso *nm.* step, pace, footstep
pasta *nf.* pastry
pasta dental *nf.* toothpaste
pastel *nm.* pie, tart, pastry
pasteurizado/a *adj.* pasteurized
pastilla *nf.* tablet, pill; capsule *(cápsula)*
pastilla de dormir *nf.* sleeping pill
pasto *nm.* grazing; pasture
pastor *nm.* shepherd; minister *(ministro)*
patada *nf.* kick
patear *v.t.* kick
patente *nf.* patent
patético/a *adj.* pathetic
patín *nm.* skate
patinar *v.i.* skate, skid
patio *nm.* patio, courtyard; terrace *(terraza)*

pato/a *nm./f.* duck
patriota *nm.* patriot, loyalist
patriótico/a *adj.* patriotic, loyal
patrocinador/a *nm./f.* sponsor, supporter
patrocinar *v.t.* sponsor, support
patrón *nm.* patron, sponsor
patrulla *nf.* patrol
patrullar *v.t.* patrol
pausa *nf.* pause; break *(recreo)*; recess *(receso)*
pausar *v.t.*; *v.i.* pause
pavimentar *v.t.* pave, lay concrete on
pavimento *nm.* pavement; asphalt road *(ruta de asfalto)*; street *(calle)*
pavo *nm.* turkey
pavo real *nm.* peacock
payaso/a *nm./f.* clown, joker
peaje *nm.* toll, fee
peatón *nm.* pedestrian; walker *(caminante)*
pecado *nm.* sin; offense *(ofensa)*
pecar *v.i.* sin; offense *(ofender)*
pecho *nm.* chest, upper body
peculiaridad *nf.* peculiarity, oddity; idiosyncrasy *(idiosincrasia)*
pedacito *nm.* chip; fragment *(fragmento)*
pedal *nm.* pedal
pedazo *nm.* strip
pediatra *nm./f.* pediatrician
pegajoso/a *adj.* sticky
pegamento *nm.* glue, paste; adhesive *(adhesivo/a)*
pegar *v.t.* glue, paste

peinar *v.t.* comb
peine *nm.* comb
pelar *v.t.* peel
pelea *nf.* quarrel, argue, disagree
pelear *v.i.* quarrel, argue, disagree
película *nf.* movie, film
peligro *nm.* peril, danger, hazard
peligroso/a *adj.* dangerous, risky; unsafe *(inseguro/a)*
pellizcar *v.t.* pinch
pellizco *nm.* pinch
pelo *nm.* hair, fur
pelota *nf.* ball; sphere *(esfera)*
peluca *nf.* wig
peludo/a *adj.* shaggy, hairy
peluquero/a *nm./f.* hairdresser
pelvis *nf.* pelvis
pena *nf.* grief, sorrow; anguish *(angustia)*
penal *nm.* penalty
pene *nm.* penis
penetrar *v.i.* penetrate, go through; enter *(entrar)*
penicilina *nf.* penicillin
pensamiento *nm.* thought
pensar *v.i.* think
pensativo/a *adj.* pensive, thoughtful; meditative *(meditativo/a)*; contemplative *(contemplativo/a)*
peor *adj.*; *adv.* worse; inferior *(inferior)*
pequeño/a *adj.* small, little, slight, tiny; diminutive *(diminuto/a)*; miniature *(miniatura)*

pera *nf.* pear
percepción *nf.* perception, insight, awareness; sensitivity *(sensibilidad)*
percha *nf.* hanger, peg, perch, hook
percibir *v.t.* perceive, distinguish *(distinguir)*; recognize *(reconocer)*
perder *v.i.* ; *v.t.* lose, misplace
pérdida *nf.* loss, waste
perdido/a *adj.* lost, misplaced, mislaid, missing
perdón *nm.* pardon
perdonar *v.t.* forgive, pardon, excuse
perecedero/a *adj.* perishable, brief
perecer *v.t.* perish, end, finish
peregrinación *nf.* pilgrimage
peregrino/a *nm./f.* pilgrim
perejil *nm.* parsley
perezoso/a *adj.* idle, lazy, slack
perfecto/a *adj.* perfect
perfil *nm.* profile
perforar *v.t.* pierce
perfume *nm.* perfume; cologne *(colonia)*; scent *(esencia)*; fragrance *(fragancia)*
pergamino *nm.* parchment
periódico/a *adj.* periodic; *nm.* newspaper
periodista *nm./f.* journalist; reporter *(reportero/a)*
período *nm.* period; era *(era)*; epoch *(época)*; phase *(fase)*
perla *nf.* pearl

permanencia *nf.* permanence; stability *(estabilidad)*
permanente *adj.* permanent; stable *(estable)*
permiso *nm.* permission; consent *(consentimiento)*; authorization *(autorización)*
permitir *v.t.* let, permit, allow
pero *conj.* but; except *(excepto)*
perpendicular *adj.* perpendicular
perrera *nf.* dog kennel
perro/a *nm./f.* dog
persecución *nf.* chase, pursue, hunt, run after
perseguir *v.t.* chase, trail, haunt, pursue
persistir *v.i.* persist, keep on; persevere *(perseverar)*
persona *nf.* person; being *(ser)*; human being *(ser humano)*
personal *nm.*; personnel, staff; *adj.* personal; private
personalidad *nf.* personality; character *(carácter)*
perspectiva *nf.* perspective; viewpoint *(punto de vista)*
perspicacia *nf.* perspicacity; discernment *(discernimiento)*
persuasión *nf.* persuasion; influence *(influencia)*
persuadir *v.t.* persuade; influence *(influenciar)*
pertenecer *v.i.* belong
pertenencias *nf./pl.* belongings; possessions *(posesiones)*; properties *(propiedades)*

pesadilla *nf.* nightmare
pesado/a *adj.* heavy, weighty
pesar *v.t.* weigh, grieve
pescador *nm.* fisherman
pesimista *nm.* pessimist; *adj.* pessimistic
peso *nm.* weight
pestaña *nf.* eyelash
pestillo *nm.* latch, handle, bolt
pétalo *nm.* petal
petirrojo *nm.* robin
petróleo *nm.* petroleum
pez *nm.* fish
piadoso/a *adj.* pious; devout *(devoto/a)*
piano *nm.* piano
picazón *nf.* itch; irritation *(irritación)*
picnic *nm.* picnic
pico *nm.* beak, peak, odd amount
pie *nm.* foot
piedra *nf.* stone; rock *(roca)*
piel *nf.* skin
pierna *nf.* leg
pieza *nf.* piece; part *(parte)*; portion *(porción)*
pijamas *nm./pl.* pajamas; nightgown *(camisón)*
pila *nf.* pile
pilar *nm.* pillar; support *(soporte)*; column *(columna)*
píldora *nf.* pill; capsule *(cápsula)*; tablet *(tableta)*
pileta *nf.* sink, basin, washbasin, hand basin
piloto *nm./f.* pilot
pimienta *nf.* pepper

pinchar *v.t.* puncture; perforate *(perforar)*
pinchazo *nm.* puncture; perforation *(perforación)*
pino *nm.* pine
pintar *v.i.; v.t.* paint, depict
pintor/a *nm./f.* painter; artist *(artista)*
pintoresco/a *adj.* picturesque, pictorial
pintura *nf.* paint, painting
pinzas *nf./pl.* pincers
pionero/a *nm./f.* pioneer
pipa *nf.* pipe; tube *(tubo)*; duct *(ducto)*
pirámide *nf.* pyramid
pirata *nf.* pirate; illegal copy *(copia ilegal)*
piratear *v.t.* pirate; copy illegally *(copiar ilegalmente)*; reproduce *(reproducir)*
piropo *nm.* compliment
piso *nm.* floor
pista *nf.* clue, hint; sign *(signo)*
pista de aterrizaje *nf.* landing
pistola *nf.* pistol, gun, revolver, handgun; weapon *(arma)*
pistón *nm.* piston
pizarra *nf.* slate
pizarrón *nm.* blackboard
placentero/a *adj.* pleasant, pleasing, enjoyable
placer *nm.* pleasure, enjoyment
plaga *nf.* plague; epidemic *(epidemia)*
plan *nm.* plan; diagram *(diagrama)*
plancha *nf.* iron

planchador/a *nm./f.* valet
planchar *v.t.* iron, press
planear *v.i.*; *v.t.* plan; diagram *(diagramar)*
planeta *nm.* planet
plano/a *adj.* plane, flat
planta *nf.* plant
plantar *v.i.*; *v.t.* plant
plasma *nm.* plasma
plástico/a *nm./f.*; *adj.* plastic
plata *nf.* silver
plataforma *nf.* platform, stage, stand
platillo *nm.* saucer, plate
platino *nm.* platinum
plato *nm.* dish, plate
playa *nf.* beach, seashore, seaside, coastline, shoreline
pleito *nm.* lawsuit; court case; dispute *(disputa)*
pliegue *nm.* fold
plomero *nm.* plumber
plomo *nm.* lead
pluma *nf.* feather, plume
plumero *nm.* feather duster
plural *nm.*; *adj.* plural
P.M. *adv.*; *abb.* P.M.
población *nf.* population, inhabitants
pobre *adj.* poor
poco *nm.* bit, few
poder *nm.* power; authority *(autoridad)*; control *(control)*; supremacy *(supremacía)*
poderoso/a *adj.* powerful, commanding; influential *(influenciable)*

podrido/a *adj.* putrid, rotten, decayed
poema *nm.* poem; verse *(verso)*; rhyme *(rima)*
poesía *nf.* poetry
poeta *nm.* poet
polaco/a *nm./f.*; *adj.* Polish
polea *nf.* pulley
policía *nm./f.* cop, police
política *nf.* politics
político/a *adj.* political, politician
póliza *nf.* policy
pollera *nf.* skirt
pollito *nm.* chick
pollo *nm.* chicken, fowl
polo *nm.* pole
polvo *nm.* dust, powder
polvoriento/a *adj.* dusty
pomada *nf.* pomade
pomelo *nm.* grapefruit
poner *v.t.* place, lay
poni *nm.* pony
por *prep* for
porcelana *nf.* porcelain, china
porche *nm.* porch
pordiosero/a *nm./f.* beggar, tramp; vagabond *(vagabundo/a)*
por lo tanto *adv.* therefore, so; consequently *(consecuentemente)*
poro *nm.* pore
pororó *nm.* popcorn
poroto *nm.* bean
porque *conj.* because
porqué *adv.* why
portafolio *nm.* portfolio

Spanish-English Dictionary

portarretrato *nm.* portrait
portátil *adj.* portable; moveable *(movible)*; transportable *(transportable)*
portero *nm.* doorman, porter
portón *nm.* fence, gate
portugués *nm.*; *adj.* Portuguese
portuguesa *nf.*; *adj.* Portuguese
posada *nf.* inn
posesión *nf.* possession; custody *(custodia)*
poseedor/a *adj.* possessor, carrier, holder; owner *(dueño/a)*
poseer *v.t.* possess, own
posesivo/a *adj.* possessive; domineering *(dominante)*
posible *adj.* possible; probable *(probable)*
posición *nf.* position
positivo/a *adj.* positive
posponer *v.t.* postpone; delay *(retrasar)*
poste *nm.* post
posteridad *nf.* posterity
postigo *nm.* shutter
postre *nm.* dessert
pozo *nm.* pit, ditch
práctica *nf.* practice
prácticamente *adv.* practically, almost
practicar *v.i.*; *v.t.* practice
práctico/a *adj.* practical; convenient *(conveniente)*
prado *nm.* meadow
precavido/a *adj.* precautious, watchful; careful *(cuidadoso/a)*

preciso/a *adj.* precise, accurate; exact *(exacto/a)*
predecir *v.t.* predict, forecast
predicar *v.i.*; *v.t.* preach; sermonize *(sermonear)*
predominante *adj.* prevailing
prefacio *nm.* preface, foreword
preferencia *nf.* preference; predilection *(predilección)*
preferir *v.t.* prefer
prefijo *nm.* prefix
pregunta *nf.* question, query
preguntar *v.i.* ask, question, inquire, request
prejuicio *nm.* prejudice
premiar *v.t.* prize, award; reward *(recompensar)*; honor *(honorar)*
premio *nm.* award, prize; reward *(recompensa)*
prenda *nf.* garment
preocupación *nf.* preoccupation, concern, worry
preocupado/a *adj.* preoccupied, worried; anxious *(ansioso/a)*
preocupar *v.t.* preoccupy, worry, be anxious
preparación *nf.* preparation; training *(entrenamiento)*
preparar *v.i.*; *v.t.* prepare, arrange
preposición *nf.* preposition
presa *nf.* quarry
prescribir *v.t.* prescribe; recommend *(recomendar)*
presentar *v.t.* introduce, present
presente *nm.*; *adj.* present
preservar *v.t.* preserve; conserve *(conservar)*; protect *(proteger)*

presidente *nm.* president; leader *(líder)*
presión *nf.* pressure; force *(fuerza)*
presionar *v.t.* pressure; force *(forzar)*
préstamo *nm.* mortgage, loan
prestar *v.t.* lend, loan
prestigio *nm.* prestige; reputation *(reputación)*
presunción *nf.* presumption, conceit
presupuestar *v.t.*; *v.i.* estimate, guess
presupuesto *nm.* presuppose, estimate
prevención *nm.* prevention, avoidance
prevenir *v.t.* prevent
preventivo/a *adj.* preventive
previo/a *adj.* previous, prior
previsión *nf.* foresight
primario/a *adj.* primary
primavera *nf.* spring
primero/a *adj.*; *adv.* first
primo/a *nm./f.* cousin
primordial *adj.* prime
princesa *nf.* princess
principal *nm.*; *adj.* principal, chief, main
príncipe *nm.* prince
principiante *nm.* participant, contestant, applicant
principio *nm.* principle; opinion *(opinión)*
prioridad *nf.* priority, main concern
prisa *nf.* rush, hurry

prisión *nf.* prison, jail; penitentiary *(penitenciaría)*
prisionero/a *nm.* prisoner; convict *(convicto/a)*
privacidad *nf.* privacy
privado/a *adj.* private; confidential *(confidencial)*
privar *v.t.* deprive
privilegio *nm.* privilege; opportunity *(oportunidad)*
probable *adj.* probable; possible *(posible)*
probador/a *nm.* changing room
probar *v.t.*; *v.i.* prove, sample, test, fit, try
problema *nm.* problem, trouble; difficulty *(dificultad)*
procedente *adj.* incoming, arriving
proceder *v.i.* proceed; continue *(continuar)*
procedimiento *nm.* procedure
procesador/a de datos *nm./f.* word processor
procesamiento de datos *nm.* word processing
procesar *v.t.* process
proceso *nm.* process
producir *v.i.*; *v.t.* produce; create *(crear)*; fabricate *(fabricar)*
producto *nm.* product; result *(resultado)*
profecía *nf.* prophecy; prediction *(predicción)*
profesión *nf.* profession; vocation *(vocación)*
profesional *adj.* professional; specialized *(especializado/a)*

profesor/a *nm./f.* professor
profundidad *nf.* profundity, depth
profundo/a *adj.* profound, deep
programa *nm.* program, schedule
programador/a *nm./f.* programmer
programar *v.t.* program, schedule; plan *(planear)*
progresar *v.i.* progress, succeed
progresivo/a *adj.* progressive
progreso *nm.* progress, success
prohibición *nf.* prohibition
prohibir *v.t.* prohibit
promedio *m.* average, standard
promesa *nf.* promise
prometer *v.t.* promise, vow
prometida *nf.* mistress
prometido *nm.* suitor
pronombre *nm.* pronoun
pronóstico *nm.* forecast
pronto *adv.* soon, quickly, shortly; rapidly *(rápidamente)*
pronunciación *nf.* pronunciation; articulation *(articulación)*; intonation *(entonación)*
pronunciar *v.t.* pronounce
propaganda *nf.* propaganda
propiedad *nf.* property, belongings; possessions *(posesiones)*
propiedad literaria *nf.* copyright; patent *(patente)*
propietario/a *nm./f.* proprietor; owner *(dueño/a)*
propina *nf.* tip

propio/a *adj.* proper; appropriate *(apropiado/a)*
proponer *v.t.* propose; suggest *(sugerir)*; offer *(ofertar)*
propósito *nm.* purpose; reason *(razón)*
propuesta *nf.* proposal; suggestion *(sugestión)*
propulsor *nm.* propeller
prosa *nf.* prose
proscrito *nm.* outcast, outlaw; exile *(exilio)*
prosperar *v.i.* prosper
prosperidad *nf.* prosperity, wealth
próspero/a *adj.* prosperous, wealthy
próstata *nf.* prostate
prostituta *nf.* prostitute
protección *nf.* protection; defense *(defensa)*
proteger *v.t.* protect; defend *(defender)*
proteína *nf.* protein
protesta *nf.* protest, complaint; objection *(objeción)*
protestante *nm.*; *adj.* Protestant
protestantismo *nm.* Protestantism
protestar *v.i.*; *v.t.* protest
proveer *v.t.* provide, supply; offer *(ofrecer)*
proverbio *nm.* proverb
provincia *nf.* province
provocación *nf.* provocation, tease
próximo/a *adj.*; *adv.*; *prep.* next
proyecto *nm.* project, scheme

proyector *nm.* projector
prudente *adj.* prudent, cautious; careful *(cuidadoso/a)*
prueba *nf.* test, proof, try
psicología *nf.* psychology
psicológico/a *adj.* psychological; emotional *(emocional)*
psicólogo/a *nm.* psychologist
psiquiatra *nm./f.* psychiatrist
publicación *nf.* publication
publicación periódica *nf.* periodical
publicar *v.t.* publish
publicidad *nf.* publicity, advertising; promotion *(promoción)*
público/a *adj.* public
pudín *nm.* pudding
pudrir *v.i.* rot
puede *verbal aux.* might
puerco/a *nm./f.* pork
puerta *nf.* door
puerto *nm.* harbor, port, seaport
puesto *nm.* stand
pulcro/a *adj.* neat, tidy; orderly *(ordenado/a)*
pulga *nf.* flea
pulgada *nf.* inch
pulgar *nm.* thumb
pulmón *nm.* lung
pulpo *nm./f.* octopus
pulso *nm.* pulse
punta *nf.* beak
punta de pie *nf.* tiptoe
puntada *nf.* stitch
punto *nm.* dot, point
punto de referencia *nm.* landmark
punto y coma *nm.* semicolon
puntuación *nf.* punctuation
puntuar *v.t.* punctuate
punzada *nf.* twinge
puñetazo *nm.* punch
puño *nm.* cuff, fist
purificación *nf.* purification, cleansing
purificar *v.t.* purify, cleanse
puro/a *adj.* pure, clean
pus *nm.* pus

Q

que *adj.; pron.* what; *conj.* than
quebrar *v.t.; v.i.* break, smash
quedar *v.i.* stay, remain
queja *nf.* complaint, grievance; protest *(protesta)*
quejar *v.t.* complain, grievance; protest *(protesta)*
quemadura *nf.* sunburn
que puede ver de lejos *adj.* farsighted
querer *v.t.* want
querido/a *adj.* dear, beloved
queroseno *nm.* kerosene
que tiene buen corazón *adj.* hearty
que vale la pena *adj.* worthwhile, valuable; useful *(útil)*
quien *pron.* who
quien sea *pron.* whoever
quieto/a *adj.* quiet, calm
quijada *nf.* jaw, chin, jawbone
quilla *nf.* keel
química *nf.* chemistry
químico *nm.; adj.* chemical
quince *num.* fifteen

quincena *nf.* fortnight
quincuagésimo/a *adj.* fiftieth
quinto/a *adj.* fifth
quitar *v.t.*; *v.i.* withdraw; remove *(remover)*; extract *(extraer)*
quizás *adv.* maybe, perhaps; possibly *(posiblemente)*

R

rábano *nm.* radish
rabia *nf.* rabies, rage, anger
racial *adj.* racial, ethnic *(étnico)*
ración *nf.* ration; portion *(porción)*
racional *adj.* rational; coherent *(coherente)*
racionamiento *nm.* rationing
radiador *nm.* radiator
radical *adj.* radical; fundamental *(fundamental)*; essential *(esencial)*
radio *nm.* radio, radius
radioactivo/a *adj.* radioactive
radiografiar *v.t.* X-ray
ráfaga *nf.* gust, breeze
raíz *nf.* root; origin *(origen)*; cause *(causa)*
ramificación *nf.* ramification
ramita *nf.* twig, stick, branch
rampa *nf.* ramp
rana *nf.* frog
rancio/a *adj.* rancid, sour, stale
rango *nm.* rank; grade *(grado)*; position *(posición)*
ranura *nf.* slot
rápido/a *adj.* quick, rapid, swift, fast
raqueta *nf.* racket

raramente *adv.* rarely, seldom; infrequently *(infrecuentemente)*
raro/a *adj.* rare, odd, weird, queer
rascar *v.t.*; *v.i.* scratch, scrape
rasgar *v.t.* rip, tear
rasgo *nm.* trait; peculiarity *(peculiaridad)*; characteristic *(característica)*
rasgón *nm.* rip, tear
rastrillar *v.t.* rake
rastrillo *nm.* rake
rata *nf.* rat
ratificación *nf.* ratification; approval *(aprobación)*; authorization *(autorización)*
ratificar *v.t.* ratify; approve *(aprobar)*; consent *(consentir)*
rato *nm.* short interval of time, while
ratón *nm.* mouse
raya *nf.* streak, stripe
rayado/a *adj.* striped
rayar *v.i.* streak
rayo *nm.* ray
rayos X *nm.* X ray
razón *nf.* reason; cause *(causa)*; motive *(motivo)*
razonable *adj.* reasonable; rational *(racional)*
razonar *v.i.* reason
reacción *nf.* reaction; response *(respuesta)*; effect *(efecto)*
reaccionar *v.i.* react; respond *(responder)*
real *adj.* real, royal

realidad *nf.* reality; actuality *(actualidad)*; authenticity *(autenticidad)*
realizar *v.t.* perform, do; execute *(ejecutar)*
reaparecer *v.i.* reappear; come back *(regresar)*
rebanada *nf.* slice
rebanar *v.t.* slice
rebaño *nm.* herd
rebelarse *v.i.* rebel; oppose *(oponerse)*
rebelde *nm.* rebel; revolutionary *(revolucionario/a)*
rebelión *nf.* rebellion, revolt
rebotar *v.i.; v.t.* rebound, bounce
recaída *nf.* relapse; decline *(declinación)*
recargo *nm.* surcharge
recepcionista *nm./f.* receptionist
receta *nf.* prescription; recipe
rechazar *v.t.* rebuff, reject, refuse
rechazo *nm.* rejection, refusal
recibidor/a *nm./f.* receiver, recipient
recibir *v.t.* receive; obtain *(obtener)*
recibo *nm.* receipt
reciclaje *nm.* recycling
reciclar *v.t.* recycle
recién nacido/a *nm./f.; adj.* newborn, baby, infant, babe
reciente *adj.* recent; new *(nuevo/a)*; current *(corriente)*
recinto o lugar universitario *nm.* campus, university grounds
recipiente *nm.* container

reciprocidad *nf.* reciprocity
recitar *v.t.* recite; narrate *(narrar)*
reclinable *adj.* reclining
reclusión *nf.* seclusion, isolation; privacy *(privacidad)*
recluta *nm./f.* recruit
reclutar *v.t.* recruit
recomendación *nf.* recommendation; advise *(aviso)*
recomendar *v.t.* recommend; advise *(avisar)*
recompensa *nf.* reward, recompense
recompensar *v.t.* reward, recompense
reconciliación *nf.* reconciliation, settlement
reconciliar *v.t.* reconcile, settle
reconocer *v.t.* recognize, acknowledge; admit *(admitir)*
reconocimiento *nm.* acknowledgment, recognition
recordar *v.i.; v.t.* remind, remember
recordatorio *nm.* reminder
recorrer *v.t.* tour, travel around
recreación *nf.* recreation, hobby
recreo *nm.* break
rectangular *adj.* rectangular
rectángulo *nm.* rectangle
recuerdo *nm.* reminder, souvenir, memento
recuperar *v.i.* recuperate, recover
red *nf.* network, net
redacción *nf.* writing, editing, editorial office

Spanish-English Dictionary

redada *nf.* raid
redoma *nf.* vial
redondo/a *adj.* round
reducción *nf.* reduction, decrease
reducir *v.t.* reduce, decrease
recepción *nf.* reception
reembolso *nm.* rebate, refund
reemplazar *v.t.* replace
referencia *nf.* reference; orientation *(orientación)*
referir *v.t.* refer; allude *(aludir)*
refinado/a *adj.* refine, polite
refinar *v.t.* refine; purify *(purificar)*
refinería *nf.* refinery; plant *(planta)*; factory *(factoría)*
reflector *nm.* reflector
reflejar *v.i.*; *v.t.* reflect; reveal *(revelar)*
reformación *nf.* reform, improvement; modification *(modificación)*
reformar *v.i.* reform
reforzar *v.t.* reinforce, strengthen, support
refrescar *v.t.* refresh, cool down
refresco *nm.* refreshment; drink *(bebida)*
refrigerador/a *nm./f.* refrigerator
refrigerar *v.t.* refrigerate, chill, cool
refugiado/a *nm.* refugee
refugio *nm.* refuge
regadera *nf.* sprinkler
regalo *nm.* gift, present
regar *v.t.* water, irrigate, hose
regazo *nm.* lap

régimen *nm.* regime; administration *(administración)*; organization *(organización)*
región *nf.* region; area *(área)*; section *(sección)*
regional *adj.* regional; local *(local)*
registrar *v.t.* register, record
registro *nm.* register, record
regla *nf.* rule, ruler
regresar *v.t.* return, go back, come back, come again
regreso *nm.* return, revisit
regulación *nf.* regulation; rule *(regla)*; law *(ley)*
regular *adj.* regular; ordinary *(ordinario/a)*; usual *(usual)*
rehabilitación *nf.* rehabilitation; therapy *(terapia)*
rehén *nm.* hostage, captive; prisoner *(prisionero/a)*
reina *nf.* queen
reino *nm.* kingdom
reír *v.i.* laugh, chuckle, giggle
relación *nf.* relation, relationship
relajación *nf.* relaxation; rest *(descanso)*
relajar *v.i.* relax; rest *(descansar)*
relatar *v.t.* relate; tell *(decir)*; narrate *(narrar)*
relativo/a *adj.* relative
religión *nf.* religion
religioso/a *adj.* religious; spiritual *(espiritual)*
rellenar *v.t.* refill, fill up, replenish
relleno/a *nm./f.* stuffing

reloj *nm.* clock, watch
reloj pulsera *nm.* wristwatch
remar *v.i*; *v.t.* row, paddle
rematar *v.t.* end, finish, knock down at auction
remate *nm.* auction, public sale
rembolsar *v.t.* reimburse, refund
remediar *v.t.* remedy, aid, help, save from danger
remedio *nm.* remedy; medicine *(medicina)*; medication *(medicación)*
remendar *v.t.* mend, fix, patch
remesa *nf.* remittance
remitente *nm.* sender
remitir *v.t.* remit, send, forward; dispatch *(despachar)*
remo *nm.* oar, scull, paddle
remojar *v.i.*; *v.t.* soak
remojo *nm.* soaking
remolacha *nf.* beet
remolcador/a *nm./f.* tow, pull, tug
remolcar *v.t.*; *v.i.* tow, pull, tug
remolino *nm.* whirlwind; tornado *(tornado)*; hurricane *(huracán)*
remolque *nm.* towing; trailer
remordimiento *nm.* remorse, regret, sorrow
remoto/a *adj.* remote; distant *(distante)*; inaccessible *(inaccesible)*
remover *v.t.* remove, take away, get rid of; eliminate *(eliminar)*
rencor *nm.* rancor, spite, ill will; malice *(malicia)*; resentment *(resentimiento)*

rendimiento *nm.* profit, efficiency, submissiveness
rendir *v.i.*; *v.t.* surrender; yield
renguear *v.i.* limp, hobble
renguera *nf.* limp, walk lamely
renovación *nf.* renovation, renewal; restoration *(restauración)*
renovar *v.t.* renew, renovate; restore *(restaurar)*
renta *nf.* rent, lease
rentar *v.i.*; *v.t.* rent
renuevo *nm.* renewal; regeneration *(regeneración)*
renuncia *nf.* waiver
renunciar *v.t.*; *v.i.* renounce, quit, give up
reñir *v.t.* scold; reproach *(reprochar)*
reorganizar *v.t.* reorganize, rearrange
reparación *nf.* repair, restore
reparar *v.t.* mend, refit, repair
reparto *nf.* distribution; circulation *(circulación)*
repeler *v.t.* repel, keep away
repentino/a *adj.* sudden; unexpected *(inesperado/a)*; abrupt *(abrupto/a)*
repetición *nf.* repetition, repeat; replication *(replicación)*
repetir *v.i.* repeat, do again; replicate *(replicar)*
repollo *nm.* cabbage
reportaje *nm.* reporting, coverage
reportar *v.i.*; *v.t.* report

reporte *nm.* report; story *(historia)*; description *(descripción)*
reportero/a *nm./f.* reporter; journalist *(periodista)*
reprender *v.t.* reprimand, warning, telling off
represa *nf.* reservoir
represar *v.t.* restrain, control
represaría *nf.* reprisal; revenge *(venganza)*
representar *v.t.* represent; symbolize *(simbolizar)*; signify *(significar)*
representativo/a *adj.* representative; delegate *(delegado/a)*
represión *nf.* repression; oppression *(opresión)*; domination *(dominación)*
reprimenda *nf.* reprimand, warning
reprimir *v.t.* repress, suppress
reproducción *nf.* reproduction; copy *(copia)*; imitation *(imitación)*
reproducir *v.t.* reproduce; copy *(copiar)*; replicate *(replicar)*
reptil *nm.* reptile
república *nf.* republic; nation *(nación)*
republicano/a *nm./f.*; *adj.* republican
repuesto *nm.* spare part
repugnancia *nf.* repugnance, disgust, revulsion; repulsion *(repulsión)*
repugnante *adj.* repugnant, disgusting, revolting; repulsive *(repulsivo/a)*
reputación *nf.* reputation
requerimiento *nm.* requirement; condition *(condición)*; prerequisite *(pre requisito)*
requerir *v.t.* require; need, necessitate *(necesitar)*
resaca *nf.* hangover
resaltado/a *adj.* bold
resbaladizo/a *adj.* slippery
resbalar *v.i.* slip, trip
rescatar *v.t.* rescue, ransom
rescate *nm.* rescue, ransom
reserva *nf.* reserve, stock
reservación *nf.* reservation
reservado/a *adj.* reserved
reservar *v.t.* reserve, kept, kept aside
resguardo *nm.* stub
residencia *nf.* residence
residente *nm.* resident; occupant *(ocupante)*
residir *v.i.* reside, live in
residuo *nm.* residue, remains; rest *(resto)*
resignación *nf.* resignation, acceptance
resignar *v.i.* resign, resign oneself
resina *nf.* resin
resistencia *nf.* resistance, toughness
resistente *adj.* resistant, tough
resistir *v.t.* resist, oppose, endure
resolver *v.t.* resolve, solve
resoplar *v.i.* wheeze
resoplido *nm.* wheeze

respetar *v.t.* respect
respeto *nm.* respect
respirador *nm.* respirator, breathing apparatus
resplandecer *v.i.* glitter, shine
resplandor *nm.* sunshine, sunlight, brightness
responder *v.i.* respond, reply, react
responsable *adj.* responsible, in charge
respuesta *nf.* answer, response
restablecer *v.t.* reestablish, restore; *v.r.* recover one's health
restallar *v.t.* crack
restallido *nm.* crack
restante *adj.* remaining, residual
restar *v.t.; v.i.* subtract, rest, take away
restaurante *nm.* restaurant
restaurar *v.t.* restore, reinstate; renovate *(renovar)*
restricción *nf.* restriction; limit *(límite)*
restringir *v.t.* restrict; limit *(limitar)*
resultado *nm.* result, outcome; ending *(final)*
resumen *nm.* résumé
resumir *v.t.* resume; abbreviate *(abreviar)*; reduce *(reducir)*
retener *v.t.* retain, keep; hold *(sostener)*; maintain *(mantener)*
retina *nf.* retina
retirada *nf.* withdrawal, removal; extraction *(extracción)*

retirado/a *adj.* retired
retirar *v.t.; v.i.* retire, leave; stop working *(parar de trabajar)*
retornar *v.i.; v.t.* return, go back, come back
retrasado/a *adj.; adv.* late, delayed
retrasar *v.i.* postpone, delay
retribución *nf.* recompense, reward
reunión *nf.* meeting; assembly *(asamblea)*
reunir *v.t.* reunite
revancha *nf.* revenge, vengeance *(venganza)*
revelación *nf.* revelation, exposure
revelar *v.t.* reveal, expose, make known
reverso/a *nm./f.; adj.* reverse, overturn, turn around
revestimiento *nm.* lining, coating
revisar *v.t.* revise; correct *(corregir)*
revista *nf.* magazine
revivir *v.t.; v.i.* revive, revitalize *(revitalizar)*; renew *(renovar)*
revocación *nf.* revocation
revocar *v.t.* revoke; cancel *(cancelar)*; annul *(anular)*
revoltura *nf.* jumble; mixture *(mezcla)*
revolución *nf.* revolution; rebellion *(rebelión)*
revolver *v.t.* revolve, spin, stir
revuelta *nf.* revolt, riot
rey *nm.* king

Spanish-English Dictionary

rezar *v.t.* praise
riachuelo *nm.* stream, brook
rico/a *adj.* rich, wealthy
ridículo/a *adj.* ridiculous; absurd *(absurdo/a)*
rienda *nf.* rein
riesgo *nm.* liability, risk
rifa *nf.* raffle, lottery, draw, sweepstake
rifar *v.t.* raffle, draw
rifle *nm.* rifle
rígido/a *adj.* rigid; firm *(firme)*
rima *nf.* rhyme
riñón *nm.* kidney
río *nm.* river, stream
río arriba *adj.; adv.* upstream
riqueza *nf.* wealth, riches; prosperity *(prosperidad)*
risa *nf.* laugh, giggle
risas *nf.* laughter, hilarity, amusement
ritmo *nm.* rhythm
rival *nm.; adj.* rival; opponent *(oponente)*; adversary *(adversario/a)*
rivalidad *nf.* rivalry, competition *(competencia)*
robar *v.i.; v.t.* rob, steal
roble *nm.* oak
robo *nm.* robbery, theft, burglary
robot *nm.* robot
roca *nf.* rock
rociador/a *nm./f.* spray
rociar *v.t.* spray, sprinkle
rocío *nm.* dew
rocoso/a *adj.* rocky, stony, pebbly
rodar *v.i.; v.t.* roll; rotate *(rotar)*

rodear *v.t.* surround, encircle
rodillera *nf.* knee, lap
rogar *v.t.* request, demand
rojizo/a *adj.* reddish
rojo/a *adj.* red, crimson, scarlet, ruby, burgundy, cherry
rollo *nm.* coil, roll
romance *nm.* romance; relation *(relación)*
romántico/a *adj.* romantic
rompecabezas *nm.* puzzle
ron *nm.* rum
roncar *v.i.* snore
ronco/a *adj.* throaty, hoarse
ropa *nf.* apparel, cloth, clothes, clothing
ropa interior *nf.* underwear
ropero *nm.* closet, wardrobe, cabinet
rosa *nf.; adj.* rose
rosado/a *adj.* pink
rosal *nm.* rosebush
rosario *nm.* rosary
roto/a *adj.* ragged, tattered, worn out
rubí *nm.* ruby
rubio/a *adj.* blond
ruborizar *v.i.* blush, go red, flush
rudo/a *adj.* rude, impolite; discourteous *(descortés)*
rueda *nf.* wheel
ruego *nm.* request; demand *(demanda)*
rugido *nm.* roar, growl
rugir *v.i.* roar, growl
ruido *nm.* noise; sound *(sonido)*
ruidoso/a *adj.* noisy, loud
ruina *nf.* ruin, damage

rulo *nm.* curl
rumor *nm.* rumor, gossip
ruso/a *nm./f.; adj.* Russian
rústico/a *adj.* coarse, rustic
ruta *nf.* road
rutina *adj.* routine, schedule

S

sábado *nm.* Saturday
sábana *nf.* sheet
saber *v.i.; v.t.* know; recognize *(reconocer)*
sabiduría *nf.* wisdom; knowledge *(conocimiento)*
sabio/a *adj.* wise, clever
sabor *nm.* flavor, savor, taste
saborear *v.t.* flavor, savor, taste
sabroso/a *adj.* savory, tasty
sacar *v.i.; v.t.* to draw out; extract *(extraer)*
sacarina *nf.* saccharin
sacerdote *nm.* priest, cleric
saco *nm.* sack, sack coat
saco de dormir *nm.* sleeping bag
sacrificar *v.i.; v.t.* sacrifice, forfeit
sacrificio *nm.* sacrifice, forfeit
sacudida *nf.* shake, tremble
sacudir *v.i.; v.t.* shake, tremble
sagaz *adj.* shrewd; astute *(astuto/a)*
sagrado/a *adj.* sacred, holy, blessed; consecrated *(consagrado/a)*
sal *nm.* salt
sala *nf.* hall, entry, hallway
sala de espera *nf.* waiting room
sala de estar *nf.* living room
salado/a *adj.* salty

salar *v.t.* salt
salario *nm.* salary, wages, pay, income
salchicha *nf.* sausage
saliente *nf.* ledge
salir *v.i.* depart, leave, go away
salmón *nm.* salmon
salpicar *v.i.* splash, splatter
saltamontes *nm.* grasshopper
saltar *v.i.* skip, jump, leap
salto *nm.* jump, leap
salud *nf.* health, fitness; physical condition *(condición física)*
saludable *adj.* healthy, wholesome
saludar *v.i.; v.t.* salute, greet
saludo *nm.* salutation, greeting
salvación *nf.* salvation; rescue *(rescate)*
salvador/a *nm./f.* savior, redeemer; rescuer *(rescatador/a)*
salvaje *nm./f.; adj.* savage, wild
salvaguardia *nf.* safeguard
sanar *v.i.; v.t.* heal, cure
sandalia *nf.* sandal
sandía *nf.* watermelon
sándwich *nm.* sandwich
sangrar *v.i.* bleed; hemorrhage *(hemorragia)*
sangre *nf.* blood
sanidad *nf.* sanity
sanitario/a *adj.* sanitary; hygienic *(higiénico/a)*
sano/a *adj.* sane; normal *(normal)*
santo/a *nm./f.; adj.* saint, holy
santuario *nm.* sanctuary

sapo *nm.* toad
saquear *v.t.* sack, pillage
sardina *nf.* sardine
sargento *nm./f.* sergeant
sartén *nf.* frying pan, saucepan
sastre *nm.* tailor
satélite *nm.* satellite
satisfacción *nf.* satisfaction, fulfillment
satisfacer *v.t.* satisfy, please
satisfactorio/a *adj.* satisfactory, suitable; acceptable *(aceptable)*
satisfecho/a *adj.* satisfied, pleased; content *(contento/a)*
sauce *nm.* sauce, willow
sauna *nm.* boiler
savia *nf.* sap
sazonado/a *adj.* spicy, hot
secador/a *nm./f.* dryer
secar *v.t.* dry
secretario/a *nm./f.* secretary
secreto/a *adj.* secret, confidence
secuestrar *v.t.* kidnap
secular *adj.* secular
sed *nf.* thirst
seda *nf.* silk
sedante *nm.* sedative; tranquilizer *(tranquilizante)*; calming *(calmante)*
sediento/a *adj.* thirsty; dehydrated *(deshidratado/a)*
seducción *nf.* seduction
seducir *v.t.* seduce
segmento *nm.* segment, section, part; piece
seguidor/a *nm./f.* supporter, follower, fun

seguir *v.t.; v.i.* follow, go after
según *prep.* according to
segundo *nm.; adj.* second
seguridad *nf.* safety, security; protection *(protección)*
seguro/a *adj.* safe, sure, secure
seis *num.* six
selección *nf.* selection, assortment; collection *(colección)*
seleccionar *v.t.* select, choose, pick
sellar *v.t.* postmark, seal, stamp
sello *nm.* postage, stamp
selva *nf.* jungle, tropical forest
semana *nf.* week
semejanza *nf.* similarity, resemblance; comparison *(comparación)*
semilla *nf.* seed
semilla de soja *nf.* soybean
senado *nm.* senate
senador/a *nm./f.* senator
sencillamente *adv.* simply, merely
sencillo/a *adj.* simple, naive
sensación *nm.* sensation, feeling; impression *(impresión)*
sensitivo/a *adj.* sensitive; perceptive *(perceptivo/a)*
sentar *v.i.* sit
sentencia *nf.* sentence; verdict *(veredicto)*
sentenciar *v.t.* sentence
sentido *nm.* sense
sentimiento *nm.* sentiment, feeling
sentir *v.t.; v.i.* feel, sense

sentir hormigueo *v.i.* tingle
señal *nf.* sign, signal
señalar *v.i.* sign
señor (Sr.) *nm.* mister (*abb.* Mr.), lord, sir
señora (Sra.) *nf.* lady, madam, Mrs.
señorita (Srta.) *nf.* Miss
separación *nf.* separation; division *(división)*
separado/a *adj.* separate; divided *(dividido/a)*
separar *v.i.*; *v.t.* separate; divide *(dividir)*
séptico/a *adj.* septic
séptimo/a *adj.* seventh
septuagésimo/a *adj.* seventieth
ser *v.i.* be; exist *(existir)*
series *nf./pl.* series; sequences *(secuencias)*
serio/a *adj.* serious; grave *(grave)*
sermón *nm.* sermon, homily
servicio de caballeros *nm.* men's room
servicio *nm.* service
servilleta *nf.* napkin
servilleta sanitaria *nf.* sanitary napkin
servir *v.t.* serve, hand out
sesenta *num.* sixty
sesión *nf.* section, session
setenta *num.* seventy
septiembre *nm.* September
severo/a *adj.* severe; stern, harsh
sexo *nm.* sex, gender
sexto/a *adj.* sixth
sexual *adj.* sexual

sexualidad *nf.* sexuality
si (condicional) *conj.* if
si *adv.* yes
sí mismo/a *adj.* self
SIDA *nm.* AIDS
sidra *nf.* cider
siempre *adv.* always, ever
sierra *nf.* saw
siesta *nf.* nap
siete *num.* seven
siglo *nm.* century
significación *nf.* significance, meaning; importance *(importancia)*
significado *nm.* significance, meaning
significar *v.t.* signify, mean
siguiente *adj.* following, next; subsequent *(subsecuente)*
sílaba *nf.* syllable
silbar *v.i.* whistle
silbato *nm.* whistle
silencio *nm.* silence, quiet, stillness
silencioso/a *adj.* silent, soundless, quiet
silicón *nm.* sealant
silla *nf.* chair, saddle
sillón *nm.* armchair
simbólico/a *adj.* symbolic; representative *(representativo/a)*; figurative *(figurativo/a)*
símbolo *nm.* symbol; sign *(signo)*; representation *(representación)*

similar *adj.* similar; alike *(parecido/a)*; comparable *(comparable)*
simple *adj.* simple, trouble free; easy *(fácil)*
simplemente *adv.* merely; just *(justamente)*; only *(solamente)*
simplificar *v.t.* simplify; shorten *(acortar)*
simulación *nf.* simulation; imitation *(imitación)*
simular *v.t.* simulate; replicate *(replicar)*; reproduce *(reproducir)*
sin *adv.*; *prep.* without, with no, devoid of, lacking, not including
sinagoga *nf.* synagogue
sinceridad *nf.* sincerity
sincero/a *adj.* sincere, earnest; honest *(honesto/a)*
sin dolor *adj.* painless, effortless
sin embargo *adv.* however, nevertheless
sinfonía *nf.* symphony
sin importancia *adj.* unimportant; insignificant *(insignificante)*
sin intención *adj.* unintentional; inadvertent *(inadvertido/a)*; accidental *(accidental)*
sinónimo *nm.* synonym
sin precio *adj.* priceless; invaluable *(invaluable)*
sintaxis *nf.* syntax, grammar
sintético/a *adj.* synthetic; artificial *(artificial)*
síntoma *nf.* symptom; indication *(indicación)*; sign *(signo)*
sin valor *adj.* worthless, valueless; insignificant *(insignificante)*
sin vida *adj.* lifeless
sirviente *nm.*; *adj.* servant
sistema *nm.* system; organization *(organización)*
sistemático/a *adj.* systematic; methodical *(metódico/a)*; organized (organizado/a)
sitio *nm.* site; place *(lugar)*; location *(lugar)*
sitio web *nm.* website
situación *nf.* situation; circumstance *(circunstancia)*
slogan *nm.* slogan, jingle
soberano/a *adj.* sovereign, ruler
sobornar *v.t.* bribe, induce
soborno *nm.* bribe, inducement
sobre *nm.* envelope; *prep.* on.; *adv.* over
sobrenombre *nm.* nickname
sobre todo *adv.* above all
sobreviviente *nm./f.* survivor; *adj.* alive
sobrevivir *v.i.* survive
sobrina *nf.* niece
sobrino *nm.* nephew
social *adj.* social, communal; common *(común)*; public *(público/a)*
socialismo *nm.* socialism
socialista *nm.*; *adj.* socialist
soda *nf.* soda, beverage, thirst-quencher
sodio *nm.* sodium

sofá *nm.* couch, sofa
soja *nf.* soy
sol *nm.* sun
solamente *adj.; adv.* only; merely *(meramente)*
solapa *nf.* lapel, flap
solar *adj.* solar
soldado *nm./f.* soldier, fighter; warrior *(guerrero)*
soldadura *nf.* welding
soldar *v.t.* weld
soleado/a *adj.* sunny
soledad *adj.* lonely
solicitar *v.i.; v.t.* apply
solicitud *nf.* application, request, claim
sólido/a *nm./f.; adj.* solid, hard
sollozar *v.i.* sob, cry
solo/a *adj.* alone, lone, by yourself, on your own
soltero/a *adj.* single
solución *nf.* solution
solvente *nm.* solvent
sombra *nf.* shade, shadow
sombreado/a *adj.* shady, shaded
sombrero *nm.* hat, cap
someter *v.i.; v.t.* submit; subdue
sonar *v.i.* sound
sonido *nm.* sound
sonoro/a *adj.* sounded
sonreír *v.i.* smile, beam
sonrisa *nf.* smile, beam
soñoliento/a *adj.* sleepy, drowsy
sopa *nf.* soup, broth, potage, consommé
soplar *v.i.; v.t.* blow
soplo *nm.* puff

soportar *v.t.* bear, stand, put up with
soporte lógico *nm.* software
sorber *v.t.* sip, drink, swallow
sordo/a *nm.; adj.* deaf, hearing-impaired
sorprendente *adj.* striking, outstanding
sorprender *v.t.* surprise, shock
sorpresa *nf.* surprise, shock
sospecha *nf.* suspicion, misgiving
sospechar *v.i.; v.t.* suspect; deduce *(deducir)*
sospechoso/a *adj.* suspicious, doubtful, distrustful, mistrustful
sostener *v.t.* sustain, hold; maintain *(mantener)*
sótano *nm.* basement, cellar, underground room
suave *adj.* gentle, mellow, soft
subibaja *nm.* seesaw, swing
subida *nf.* climb
subjetivo/a *adj.* subjective
submarino/a *adj.* underwater, submarine
subrayar *v.t.* underline; emphasize *(enfatizar)*
subterráneo/a *adj.* underground, subway
subtítulo *nm.* subtitle
suburbio *nm.* suburb, environs
subvención *nf.* subvention, subsidy
sucede *nm.* matter
suceso *nm.* happening; event *(evento)*

Spanish-English Dictionary

suciedad *nf.* dirt
sucio/a *adj.* dirty, nasty, unclean, filthy
sudadera *nf.* sweatshirt
sudafricano/a *nm./f.; adj.* South African
sudamericano/a *nm./f.; adj.* South American
sudar *v.i.* perspire
sudeste *adj.* southeastern, southeast
sudoeste *adj.* southwest, southwestern
sudor *nm.* perspiration
sueco/a *nm./f.* Swede; *adj.* Swedish
suegra *nf.* mother-in-law
suegro *nm.* father-in-law
suelto/a *adj.* loose; movable *(movible)*
sueño *nm.* dream
suero *nm.* serum
suerte *nf.* luck
suéter *nm.* sweater, jersey, pullover
suficiente *adj..* sufficient, enough; adequate *(adecuado/a)*
sufijo *nm.* suffix
sufrimiento *nm.* hardship; adversity *(adversidad)*
sufrir *v.i.* suffer, undergo, go through
sugerencia *nf.* suggestion, proposal; proposition *(proposición)*
sugerir *v.t.* suggest, propose *(proponer)*; recommend *(recomendar)*

suicidio *nm.* suicide
suizo/a *nm./f.; adj.* Swiss
sujetar *v.t.* fasten, tie up, hold
sujeto *nm.* subject; topic *(tópico)*; theme *(tema)*
suma *nf.* addition, sum
sumar *v.t.* sum, add
sumario *nm.* summary
suministrar *v.t.* supply; provide *(proveer)*
suministro *nm.* provision, supply
superar *v.t.* surpass, improve on
superficial *adj.* superficial, shallow
superficie *nf.* surface, facade
superior/a *adj.* superior, greater
supermercado *nm.* supermarket, superstore, shop, store
superticioso/a *adj.* superstitious; irrational *(irracional)*
supervisar *v.t.* supervise, oversee, manage
supervisor/a *nm./f.* supervisor, manager; administrator *(administrador/a)*
suplementar *v.t.* supplement; complement *(complementar)*
suplemento *nm.* supplement; addition *(adición)*
súplica *nf.* plea, request
suplicar *v.i.* beg, ask for
suponer *v.i.* suppose, presume
supositorio *nm.* suppository
sur *nm.; adj.; adv.* south
sus *pron.* their, your
susceptible *adj.* susceptible; vulnerable *(vulnerable)*; predisposed *(predispuesto/a)*

suscribir *v.i.* subscribe
suscripción *nf.* subscription
suspender *v.t.* suspend; postpone *(posponer)*
suspenso *nm.* suspense; tension *(tensión)*
suspirar *v.i.* sigh
suspiro *nm.* sigh
sustancia *nf.* substance; essence *(esencia)*
sustanciosota *adj.* substantial; considerable *(considerable)*
sustantivo *nm.* noun
sustitución *nf.* substitution; replacement *(reemplazo)*
sustituir *v.t.* substitute
sustituto/a *adj.* substitute
susto *nm.* fright
susurrar *v.i.* whisper; murmur *(murmurar)*
susurro *nm.* whisper
sutil *adj.* subtle, slight; delicate *(delicado/a)*
suyo/a *adj.*; *pron.* his, hers

T

tabaco *nm.* tobacco
taberna *nf.* tavern, bar
tabla *nf.* table, chart
tabla de surf *nf.* surfboard
tablero *nm.* board, panel
tablón *nm.* plank; piece of wood *(pieza de madera)*
taburete *nm.* stool, bench
tachuela *nf.* tack
táctica *nf.* tactic; method *(método)*
tacto *nm.* tact; diplomacy *(diplomacia)*; discretion *(discreción)*
tal *adj.* such
tal vez *adv.* maybe; perhaps *(quizás)*; possibly *(posiblemente)*
taladrar *v.t.* drill
taladro *nm.* drill
talco *nm.* talc
talento *nm.* talent, aptitude; capacity *(capacidad)*
talentoso/a *adj.* talented, gifted, able; capable *(capaz)*
tallar *v.t.* carve, shape
tallarín *nm.* noodle
talle *nm.* size
taller *nm.* workshop
tallo *nm.* stem
talón *nm.* heel
tambaleante *adj.* rickety, shaky
también *adv.* also, too, as well, in addition
tambor *nm.* drum
tamiz *nm.* sieve, strainer
tamizar *v.t.* sift, sieve, filter
tampoco *adj.*; *conj.*; *pron.* neither
tan *adv.* so
tangerina *nf.* tangerine
tanque *nm.* tank; cistern *(cisterna)*
tapa *nf.* lid, top, cover, cap, closure
tapiz *nm.* tapestry
tapón de oídos *nm.* earplug
tapón *nm.* tampon
tarde *nf.* afternoon
tarea *nf.* homework, task, chore

Spanish-English Dictionary

tarifa *nf.* tariff, fare, fee, rate
tarjeta postal *nf.* postcard
tartamudear *v.i.* stammer
tartamudeo *nm.* stammer
taxi *nm.* taxi, cab, minicab, yellow cab
taza *nf.* cup
té *nm.* tea
teatro *nm.* theater
techo *nm.* ceiling, roof
teclado *nm.* keyboard, keypad
técnico/a *adj.* technical
tejedor/a *nm./f.* weaver
tejer *v.t.* knit, weave
tejido *nm.* web
tejido de punto *nm.* jersey
tela *nf.* fabric, cloth, textile
telaraña *nf.* cobweb, spider web
telefonear *v.t.* telephone, phone
teléfono *nm.* phone, telephone, handset
telegrama *nm.* telegram, wire, cable, message
telescopio *nm.* telescope
televisión *nf.* television, TV
tema *nm.* theme; subject *(sujeto)*
temblar *v.i.* tremble, shiver, shake
temer *v.t.* dread, fear; terror *(terror)*
temor *nm.* fear
temperamento *nm.* temperament, nature; character *(carácter)*
temperatura *nf.* temperature
templado/a *adj.* temperate, moderate, mild
templo *nm.* temple

temporal *adj.* temporary; provisional *(provisional)*
temprano/a *adj.*; *adv.* early; premature *(prematuro/a)*
tenaz *adj.* tenacious; obstinate *(obstinado/a)*
tenazas *nf./pl.* tongs
tendencia *nf.* tendency, trend, propensity
tendero *nm.* grocer
tendón *nm.* tendon, sinew
tenedor *nm.* fork
tener *v.t.* have; contain *(contener)*; include *(incluir)*
tener cuidado *v.t.* beware, be careful, be cautious
tener tendencia *v.i.* tend; be inclined *(estar inclinado/a)*
teniente *nm.* lieutenant
tenis de mesa *nf.* table tennis
tenor *nm.* tenor
tensión *nf.* tension; nervousness *(nerviosismo)*
tenso/a *adj.* tense; anxious *(ansioso/a)*
tentación *nf.* temptation, enticement
tentáculo *nm.* tentacle
tentar *v.t.* tempt, lure, entice
tentativo/a *adj.* tentative, experimental
tenue *adj.* delicate
teñido/a *adj.* dyeing
teñir *v.t.* tint, dye, coloring
teología *nf.* theology
teoría *nf.* theory; hypothesis *(hipótesis)*; speculation *(especulación)*

teórico/a *adj.* theoretical; hypothetical *(hipotético/a)*; imaginary *(imaginario/a)*
terapéutico/a *adj.* therapeutic, healing; curative *(curativo/a)*
terapia *nf.* therapy; treatment *(tratamiento)*; rehabilitation *(rehabilitación)*
terapeuta *nf./m.* therapist; psychoanalyst *(psicoanalista)*; psychotherapist *(psicoterapeuta)*
tercero/a *adj.* third
terciopelo *nm.* velvet
terminar *v.t.* terminate, end, finish; conclude *(concluir)*
término *nm.* term; word *(palabra)*; expression *(expresión)*
termita *nf.* termite
termo *nm.* thermos
termómetro *nm.* thermometer
termostato *nm.* thermostat
ternera *nf.* veal
terraza *nf.* terrace
terremoto *nm.* earthquake, tremor
terreno *nm.* yard, backyard, back garden
terrestre *adj.* terrestrial, earthly; worldly
terrible *adj.* terrible, awful
terriblemente *adv.* terribly, awfully; horribly *(horriblemente)*
territorio *nm.* territory, land
terror *nm.* terror, fear

tesis *nf.* thesis; theory *(teoría)*; hypothesis *(hipótesis)*
tesorería *nf.* treasury
tesorero *nm.* treasurer
tesoro *nm.* treasure
testamento *nm.* will
testarudo/a *adj.* stubborn; obstinate *(obstinado/a)*
testigo *nm./f.* witness
testimonio *nm.* testimony; evidence *(evidencia)*
tetera *nf.* teakettle, teapot
textil *nm.* textile, fabric, cloth
texto *nm.* text; book *(libro)*; manuscript *(manuscrito)*
tía *nf.* aunt
tibio/a *adj.* tepid, warm
tiburón *nm.* shark
tiempo *nm.* time, weather; climate *(clima)*
tiempo extra *nm.* overtime
tienda *nf.* grocery, shop
tierno/a *adj.* tender
tierra *nf.* ; *adj.* land, soil, ground, earth
tigre *nm.* tiger
tijeras *nf./pl.* scissors, shears, clippers, nail clippers
timbre *nm.* doorbell
tímido/a *adj.* timid, shy
timón *nm.* rudder
tinta *nf.* ink, tint
tintorería *nf.* dry cleaner
tío *nm.* uncle
típico/a *adj.* typical; characteristic *(característico/a)*
tipo *nm.* kind, type; guy

tiradores *nm./pl.* suspenders
tirante *nm.* tight
tirar *v.t.; v.i.* throw
tirar de *v.t.* yank, pull
tiritar *v.t.* chill
tiro *nm.* throw
tirón *nm.* haul, tow
título *nm.* title, headline
tiza *nf.* chalk
tobillo *nm.* ankle
tobogán *nm.* slide
tocar *v.t.* touch
tocino *nm.* bacon
tocólogo *nm.* obstetrician
todavía *adj.; adv.; conj.* yet, still
todo *pron.* all, every, everything, entire
todo el mundo *pron.* everybody
todo junto *adv.* altogether, in total, overall, in sum
todos *pron.* everyone, everybody, every person
todos lados *adv.* everywhere, all over the place
tolerancia *nf.* tolerance, acceptance
tolerar *v.t.* tolerate, stand, accept
tomate *nm.* tomato
tomillo *nm.* thyme
tonelada *nf.* ton
tonelaje *nm.* tonnage
tono *nm.* tone
tontería *nf.* fool; nonsense
tonto/a *adj.* mindless, silly
tópico *nm.* topic
toque *nm.* touch
torcedura *nm.* sprain
torcer *v.t.* bend, sprain

torcido/a *adj.* bent
tormenta *nf.* storm
tormenta de nieve *nf.* snowstorm, blizzard, snowfall
tormenta de rayos *nf.* thunderstorm
tormento *nm.* torment; anguish *(angustia)*; suffering *(sufrimiento)*
tormentoso/a *adj.* stormy, tempestuous *(tempestuoso/a)*
torneo *nm.* tournament, contest; competition *(competencia)*
tornillo *nm.* screw, bolt
torno *nm.* lathe
torpe *adj.* torpid, dumb
torre *nm.* tower
torrente *nm.* torrent
torta *nf.* cake, sandwich
tortuga *nf.* turtle
tortura *nf.* torture; torment *(tormento)*; afflict *(aflicción)*
torturar *v.t.* torture; afflict *(afligir)*
tos *nf.* cough
toser *v.i.* cough
total *nm.; adj.* total, sum *(suma)*
totalitario/a *adj.* totalitarian; authoritarian *(autoritario/a)*
totalizar *v.t.* total, full amount
totalmente *adj.* totally; completely *(completamente)*
trabajador/a *nm./f.* worker
trabajar *v.i.* toil, work
trabajo *nm.* labor, work
tracción *nf.* traction
tractor *nm.* tractor

tradición *nf.* tradition; custom *(costumbre)*; ritual *(ritual)*
tradicional *adj.* traditional; conventional *(convencional)*
traducción *nf.* translation, paraphrase
traducir *v.t.* translate; interpret *(interpretar)*
traductor/a *nm.* translator, interpreter
traer *v.t.* bring; transport *(transportar)*
traficar *v.i.* traffic, trade
tráfico *nm.* traffic
tragar *v.t.* swallow; ingest *(ingerir)*; consume *(consumir)*
tragedia *nf.* tragedy; disaster *(desastre)*
trágico/a *adj.* tragic; disastrous *(desastroso/a)*
trago *nm.* swallow, drink, beverage
traición *nf.* treason, disloyalty
traicionar *v.t.* betray, be disloyal to
traidor/a *nm./f.* traitor; conspirator *(conspirador/a)*
traje *nm.* costume, suit
trampa *nf.* trap, catch
trance *nm.* crisis; difficult *(dificultad)*
tranquilidad *nf.* peace, quiet; calm *(calma)*
tranquilizar *v.t.* tranquilize, sedate, reassure
tranquilo/a *adj.* tranquil, peaceful; serene *(sereno/a)*
transacción *nf.* transaction, deal
transeúnte *nm.* passerby

transferir *v.t.* transfer
tránsito *nm.* transit
transmisión *nf.* transmission, broadcast
transmitir *v.t.* transmit, broadcast
transpiración *nf.* perspiration
transpirar *v.i.* perspire
transportador/a *nm./f.* transporter, carrier
transportar *v.t.* transport
transporte *nm.* transport; transportation *(transportación)*
tranvía *nf.* tram, streetcar
trapeador *nm.* mop
trapo *nm.* rag
tráquea *nf.* trachea
trasbordador *nm.* ferry, ferry boat
trasero/a *nm.*; *adj.* rear, back
traslado *nm.* transfer, move; transport *(transportar)*
tratado *nm.* treaty; agreement *(acuerdo)*
tratamiento *nm.* treatment; cure *(cura)*
tratar *v.t.* treat, try
travesura *nf.* mischief, misbehavior
travieso/a *adj.* naughty; disobedient *(desobediente)*
trazar *v.t.* chart, trace
trazo *nm.* trace
trece *num.* thirteen
treinta *num.* thirty
tren *nm.* train

trepar *v.t.* climb; ascend *(ascender)*
tres *num.* three
triangular *adj.* triangular
triángulo *nm.* triangle
tribu *nf.* tribe
tributo *nm.* tribute; honor *(honor)*
triciclo *nm.* tricycle
trigo *nm.* wheat
trimestral *adj.; adv.* quarterly
trimestre *nm.* trimester
trineo *nm.* sled
triste *adj.* sad
tristeza *nf.* sadness, grief, sorrow
triunfar *v.i.* triumph, achievement; victory *(victoria)*
triunfo *nm.* triumph
trivia *nf.* trivia
trivial *adj.* trivial; unimportant *(sin importancia)*
tronco *nm.* log, trunk
trono *nm.* throne
tropezar *v.i.* stumble, trip
tropical *adj.* tropical
trópicos *nm./pl.* tropics
trozo *nm.* scrap, stroke, wedge, lump
trucha *nf.* trout
truco *nm.* trick
trueno *nm.* thunder
trufa *nf.* truffle
tú mismo *pron.* yourself
tubo *nm.* tube, pipe; cylinder *(cilindro)*
tubo para buceo *nm.* snorkel

tulipán *nm.* tulip
tumba *nf.* tomb
tumor *nm.* tumor
túnel *nm.* tunnel
turbina *nf.* turbine
turco/a *nm./f.* Turk; *adj.* Turkish
turismo *nm.* tourism
turista *nm./f.; adj.* tourist

U

u *conj.* or, otherwise
úlcera *nf.* ulcer
últimamente *adv.* lately, newly; recently *(recientemente)*
último/a *nm./f.; adj.* last, latter; final *(final)*
ultravioleta *adj.* ultraviolet
umbral *nm.* threshold, doorsill
un *art.* a, an
unánime *adj.* unanimous; common *(común)*
una vez *adv.* once, on one occasion, one time
ungüento *nm.* ointment, balm, cream
único/a *adj.* unique, sole
unidad de información (computadora) *f.* byte
unidad *nf.* unit, unity; harmony *(armonía)*
uniforme *nm.; adj.* uniform; consistent *(consistente)*
unión *nf.* union, junction
unión europea *nf.* European Union
unir *v.t.* unite, join
unisexo *adj.* unisex

universal *adj.* universal, worldwide
universidad *nf.* university, campus, college
universo *nm.* universe; cosmos *(cosmos)*; creation *(creación)*
uno *num.* one
uña *nf.* claw, nail
un pelo *nm.* strand
urbano/a *adj.* urban
urgencia *nf.* urgency
urgente *adj.* urgent
urinario/a *adj.* urinary
urna *nf.* urn, shrine, memorial
urólogo/a *nm./f.* urologist
uruguayo/a *nm./f.*; *adj.* Uruguayan
usado/a *adj.* used; second hand *(segunda mano)*
usar *v.t.* use; employ *(emplear)*; utilize *(utilizar)*
uso *nm.* usage, use
usted *pron.* you
usual *adj.* usual; typical *(típico/a)*
usualmente *adv.* usually; typically *(típicamente)*; frequently *(frecuentemente)*
usuario/a *nm./f.* user; consumer *(consumidor/a)*; customer *(cliente)*
utensilio *nm.* utensil, tool
útero *nm.* uterus, womb
útil *adj.* helpful, useful
utilidad *nf.* utility, usefulness; value *(valor)*
utilizar *v.t.* utilize, use
uva *nf.* grape

V

vaca *nf.* cow
vacación *nf.* vacation, holiday
vacante *nf.* vacancy; *adj.* vacant
vacilación *nf.* hesitation; indecision *(indecisión)*
vacilar *v.i.* hesitate, waver
vacío/a *adj.* vacant, empty
vacuna *nf.* vaccine
vacunación *nf.* vaccination, inoculation, immunization
vacunar *v.t.* vaccinate, inoculate
vagabundo/a *nm./f.* vagrant, tramp
vago/a *adj.* vague
vagón *nm.* wagon, railway wagon
vainilla *nf.* vanilla
vajilla de plata *nf.* silverware
vale *nm.* voucher; coupon *(cupón)*
validez *nf.* validity
válido/a *adj.* valid
valiente *adj.* brave, courageous, valiant
valija *nf.* suitcase
valioso/a *nm./f.*; *adj.* valuable
valle *nm.* valley
valor *nm.*; *adj.* courage; value, worth
valoración *nf.* appraisal; evaluation *(evaluación)*
valorar *v.t.* value
válvula *nf.* valve
vano/a *adj.* vain
vapor *nm.* steam, vapor
vara *nf.* staff, wand

variable *nf.*; *adj.* variable; changeable *(cambiable)*
variación *nf.* variation; difference *(diferencia)*
variar *v.t.*; *v.i.* vary
variedad *nf.* variety; diversity *(diversidad)*
varios *adj.* various, several
vaselina *nf.* ® Vaseline
vasija *nf.* vessel
vatio *nm.* watt
vecindario *nm.* neighborhood, vicinity
vecino/a *nm./f.*; *adj.* neighboring, next door, neighbor
vegetación *nf.* vegetation, foliage
vegetal *nm.* vegetable
vegetariano/a *nm./f.*; *adj.* vegetarian
vehemente *adj.* vehement; intense *(intenso/a)*
vehículo *nm.* vehicle
veinte *num.* twenty
vejiga *nf.* bladder
vela *nf.* candle
velcro *nm.* ® Velcro
velo *nm.* veil
velocidad *nf.* velocity, speed
velocímetro *nm.* speedometer
vena *nf.* vein
vencer *v.t.* beat, conquer
vencimiento *adj.* due
venda *nf.* bandage *n.*
vendedor/a *nm./f.* salesman, seller
vender *v.t.* sell

vendimia *nf.* vintage
veneno *nm.* poison, venom
venenoso/a *adj.* poisonous, venomous
venera *nf.* scallop
venerar *v.t.* venerate; adore *(adorar)*
venérea *adj.* venereal
venganza *nf.* vengeance, revenge
venta *nf.* sale
venta al por menor *nf.* retail
ventaja *nf.* advantage
ventana *nf.* window
ventana al cielo *nf.* sunroof
ventana de la nariz *nf.* nostril
ventas públicas *nf.* revenue
ventilación *nf.* ventilation
ventilador *nm.* ventilator, fan
ventilar *v.t.* ventilate
ventoso *adj.* windy, breezy
ventrículo *nm.* ventricle
ver *v.t.* spot
verano *nm.* summer
verbal *adj.* verbal, spoken; vocal *(vocal)*
verbo *nm.* verb
verdad *nf.*; *adj.* truth, true
verdaderamente *adv.* truly
verdadero/a *adj.*; *adv.* truthful, indeed
verde *nm.*; *adj.* green
vereda *nf.* sidewalk, path
veredicto *nm.* verdict, judgment; decision *(decisión)*
vergüenza *nf.* shame, embarrassment

verificación *nf.* verification; confirmation *(confirmación)*
verificar *v.t.* verify; confirm *(confirmar)*
vermouth *nm.* vermouth
verruga *nf.* wart
versátil *adj.* versatile; adaptable *(adaptable)*
versión *nf.* version; adaptation *(adaptación)*
verso *nm.* verse
vértebra *nf.* vertebra
vertical *adj.* vertical
vestíbulo *nm.* lobby, entrance hall; reception area *(área de recepción)*
vestido *nm.* dress
vestido sin mangas *nm.* jumper
vestir *v.t.*; *v.i.* clothe, wear, dress, suit
vestuario *nm.* clothing, locker
veterano/a *nm./f.*; *adj.* veteran
veterinario/a *nm./f.* veterinarian; *adj.* veterinary
vía *nf.* rail
vía de ferrocarril *nf.* railway
vía pública *nf.* thoroughfare
viajar *v.i.* journey, travel, voyage
viaje *nm.* journey, travel, voyage
viajero/a *nm./f.* traveler; explorer *(explorador/a)*
víbora *nf.* snake
vibración *nf.* vibration, shaking
vibrar *v.i.* vibrate, shake
vice presidente *nm.* vice president
vicio *nm.* vice; associate *(asociado/a)*

vicioso/a *adj.* depraved
víctima *nm./f.* victim
victoria *nf.* victory, win
vid *nf.* vine
vida *nf.* life
video *nm.* video
video casetera *nf.* VCR
videocasete *nm.* videocassette
vidrio *nm.* glass
viejo/a *adj.* old
viento *nm.* wind
vientre *nf.* belly
viernes *nm.* Friday
vigésimo/a *adj.* twentieth
vigilante *adj.* watchful
vigilar *v.t.* guard; protect *(proteger)*
vigor *nm.* vigor; energy *(energía)*
villa *nf.* villa
vinagre *nm.* vinegar
vino *nm.* wine
viña *nf.* vineyard
violación *nf.* violation
violar *v.t.* violate
violencia *nf.* violence
violento/a *adj.* violent
violeta *nf.*; *adj.* violet, purple
violín *nm.* fiddle, violin
violonchelo *nm.* cello, violoncello
viral *adj.* viral
virgen *nf.* virgin
virilidad *nf.* manhood
virtual *adj.* virtual; practical *(práctico/a)*
virtud *nf.* virtue
virus *nm.* virus

visa *nf.* visa
visibilidad *nf.* visibility
visible *adj.* visible; observable *(observable)*
visión *nf.* vision; hallucination *(alucinación)*; apparition *(aparición)*
visita *nf.* visit
visitante *nm.* visitor, guest
visitar *v.t.* visit
visor *nm.* viewfinder, visor
víspera *nf.* eve
vista *nf.* sight, view
vistazo *nm.* glimpse, glance
visual *adj.* visual
vital *adj.* vital
vitalidad *nf.* vitality; vivacity *(vivacidad)*
vitamina *nf.* vitamin
viuda *nf.* widow
viudo *nm.* widower
vívido/a *adj.* vivid, bright, glowing
vivienda *nf.* dwelling
vivir *v.i.* dwell, live; reside *(residir)*
vivo/a *adj.* lived
vocabulario *nm.* vocabulary; language *(lenguaje)*
vocal *adj.* vocal
volante *m.* steering wheel, shuttle
volar *v.i.* fly
volcánn *m.* volcano
voltaje *nm.* voltage, wattage
voltio *nm.* volt
volumen *nm.* volume
voluntariamente *adj.* voluntary
voluntario/a *nm./f.* volunteer
voluntarioso/a *adj.* wayward
volver *v.t.; v.i.* turn, come back
vomitar *v.i.* vomit
votación *nf.* poll; census *(censo)*
votante *nm./f.* voter; elector *(elector/a)*
voto *nm.* vow, vote
voz *nf.* voice
vuelo *nm.* flight, fly
vuelta *nf.* recurrence, ride, turn
vulgar *adj.* vulgar

W

wagneriano/a *adj.* Wagnerian
whisky *nm.* whiskey, whisky

X

xenofobia *nf.* xenophobia
xenófobo/a *adj.* xenophobic
xilofón *nm.* xylophone
xilografía *nf.* xylography

Y

y *conj.* and
ya *adv.* already
yate *nm.* yacht
yegua *nf.* mare
yema *nf.* yolk
yerno *nm.* son-in-law
yeso *nm.* plaster
yo *pron.* I
yo mismo *pron.* myself
yoga *nm.* yoga
yogur *nm.* yogurt

Z

zafiro *nm.* sapphire, azure
zanja *nf.* ditch, trench
zapallo *nm.* squash, pumpkin
zapatilla *nf.* slipper
zapato *nm.* shoe
zarzamora *nf.* blackberry
zigzag *nm.* zigzag
zigzaguear *v.t.* wind, zigzag
zodíaco *nm.* zodiac
zona *nf.* zone
zona de juego *nf.* playground;
 park *(parque)*
zoología *nf.* zoology
zoológico *nm.* zoo; *adj.* zoological
zorro/a *nm./f.* fox
zumbar *v.i.* zoom
zumbido *nm.* zoom
zurcir *v.t.* darn, sew
zurdo/a *adj.* left-handed

English-Spanish Dictionary

A
a *art.* un, una
abandon *v.t.* abandonar
abbreviate *v.t.* abreviar, resumir
abbreviation *n.* abreviación *f.*, abreviatura *f.*
abdomen *n.* abdomen. *m.*
ability *n.* habilidad *f.*, facultad *f.*, talento *m.*
able *adj.* disponible, hábil, competente
abnormal *adj.* anormal, irregular
aboard *adv.* abordo; *prep.* a bordo de
abortion *n.* aborto *m.*, fracaso *m.*, malogro *m.*
about *adv.* a punto de; alrededor *(around)*; a la redonda *(round about)*
above *adv.* sobre, encima, arriba; superior *(superior)*
above all *adv.* sobre todo/a
abroad *adv.*; *adj.* fuera del país *(foreign lands)*; fuera, afuera *(gone out)*
absence *n.* falta *f.*; alejamiento *m. (mind)*
absent *adj.* ausente, alejado/a de
absolute *adj.* absoluto/a, perfecto/a, puro/a; incondicional *(unconditional)*

absorb *v.t.* absorber, beber *(drink)*
abstract *adj.* abstracto/a
absurd *adj.* absurdo/a, ridículo/a, disparatado/a
abundance *n.* abundancia *f.*, riqueza *f.*, prosperidad *f.*
abundant *adj.* abundante
abuse *n.* abuso *m.*; insulto *m. (bad language)*; *v.t.* abusar
abusive *adj.* abusivo/a; insultante, ofensivo/a, injurioso/a *(scurrilous)*
academic *adj.* académico/a
academy *n.* academia *f.*, conservatorio *m.*; colegio *m. (school)*
accelerate *v.i.* acelerar, apresurar; abreviar *(shorten)*
accelerator *n.* acelerador *m.*
accent *n.* acento *m.*; *v.t.* acentuar
accept *v.t.* aceptar; creer *(believe)*; acoger *(welcome)*
acceptance *n.* aceptación *f.*; aprobación *f. (approval)*
access *n.* acceso *m.*, entrada *f.*; camino *m. (way)*
accessory *n.*; *adj.* accesorio *m.*
accident *n.* accidente *m.*; casualidad *f. (chance)*
accidental *adj.* accidental, casual

accommodate *v.t.* acomodar, adaptar, ajustar; reconciliar *(reconcile)*
accommodation *n.* ajuste *m.*; arreglo *m. (arrangement)*
accompany *v.t.* acompañar
accomplice *n.* cómplice *m./f.*
accomplish *v.t.* cumplir *(fulfill)*; conseguir, lograr *(achieve)*
accomplishment *n.* cumplimiento *m.*, logro *m.*
according *adv.* según, conforme, a medida que
according to *prep.* según
account *n.* cuenta *f.*
accountant *n.* contador/a *m./f*
accounting *n.* contabilidad *f.*
accumulate *v.t.* acumular, amontonar; *v.i.* acumularse, aumentarse
accurate *adj.* exacto/a, correcto/a
accusation *n.* acusación *f.*
accuse *v.t.* acusar
accustom *v.t.* acostumbrar
ace *n.* as *m.*
ache *n.* dolor *m.*, pena *f.*; *v.i.* doler
achieve *v.t.* conseguir, lograr; alcanzar *(reach)*; obtener *(obtain)*
achievement *n.* alcance *m.*, logro *m.*, éxito *(success)*; obra *(work)*
acid *n.*; *adj.* ácido/a *m./f.*
acidity *n.* acidez *f.*
acknowledge *v.t.* reconocer

acknowledgement *n.* reconocimiento *m.*
acne *n.* acné *m.*
acquaint *v.t.* dar a conocer, comunicar, informar
acquaintance *n.* conocimiento *m.*; conocido/a *m./f. (person)*
acquire *v.t.* adquirir, obtener; contraer *(diseases)*; ganar *(habits)*, aprender *(learn)*
acquisition *adj.* adquisición
acre *n.* acre *m.*
across *adv.* a través de, transversalmente; al otro lado *(other side)*
act *n.* acto *m.*
action *n.* acción *f.*, movimiento *m. (movement)*; efecto *m. (effect)*
active *adj.* activo/a, ágil, enérgico/a
activity *n.* actividad *f.*
actor *n.* actor *m.*, comediante *m./f. (comedy)*
actual *adj.* actual, existente, real, verdadero/a
acute *adj.* agudo/a, perspicaz *(shrewd)*; crítico *(situation)*
ad *n.* anuncio *m.*
A.D. (Anno Domini) *abb.* A.D. (Año Domínico)
adapt *v.t.* adaptar, ajustar, acomodar; corregir *(correct)*
adapter *n.* adaptador *m.*
add *v.t.* añadir, juntar, sumar *(up)*
addition *n.* añadidura *f.*; adición *f. (math)*
additional *adj.* adicional

address *n.* dirección *f.*; *v.t.* dirigir
adequate *adj.* adecuado/a, proporcionado/a, suficiente
adhere *v.i.* adherirse, pegarse, ser fiel a, persistir en
adhesive *adj.* adhesivo/a
adjacent *adj.* adyacente, próximo/a, contiguo/a, vecino/a
adjective *n.* adjetivo *m.*
adjoin *v.t.* estar contiguo a, lindar; *v.i.* colindar
adjust *v.t.* ajustar, regular, arreglar; adaptar, corregir *(correct)*
administer *v.t.* administrar; aplicar *(laws)*; regir *(govern)*
administration *n.* administración *f.*, gobierno *m. (government)*
administrative *adj.* administrativo/a; gubernamental *(government)*
admirable *adj.* admirable
admiral *n.* almirante *m.*
admire *v.t.* admirar; respetar *(respect)*
admission *n.* entrada *f.*, recepción *f.*
admit *v.t.* admitir, recibir, dejar
adolescent *n.*; *adj.* adolescente *m./f.*
adopt *v.t.* adoptar
adoption *n.* adopción *f.*, elección *f. (choice)*
adore *v.t.* adorar
adult *n.*; *adj.* adulto/a *m./f.*

adult education *n.* educación de adultos *f.*
advance *n.* avance *m.*, progreso *m.*; *v.t.*; *v.i.* avanzar, mejorar *(improve)*
advantage *n.* ventaja *f.*; provecho *m.*, beneficio *m. (benefit)*
adventure *n.* aventura *f.*, riesgo *m.*; *v.t.* aventurar, arriesgar
adverb *n.* adverbio *m.*
adversary *n.* adversario/a *m./f.*, enemigo/a *m./f.*
advertise *v.t.* anunciar; *v.i.* poner un anuncio
advertisement *n.* anuncio *m.*, cartel *m. (poster)*
advice *n.* consejo *m.*; advertencia *f. (warning)*; aviso *m.*, noticia *f. (news)*
advise *v.t.* aconsejar; avisar, informar *(inform)*
adviser *n.* consejero/a *m./f.*
aerial *n.*; *adj.* aéreo/a
affair *n.* asunto *m.*, episodio *m.*; aventura amorosa *f.*
affect *v.t.* afectar, influir; atacar *(medical)*; impresionar; perjudicar *(harm)*
affection *n.* cariño *m.*, afecto *m.*
affectionate *adj.* cariñoso/a, tierno/a *(tender)*
affirm *v.t.* afirmar, aseverar, declarar
affirmation *n.* afirmación *f.*, aserción *f.*, confirmación *f.*
afflict *v.t.* afligir, atormentar, quejar
affliction *n.* aflicción *f.*

afford *v.t.* dar, proporcionar, soportar *(bear)*
Afghan *n.*; *adj.* afgano/a *m./f.*
afraid *adj.* miedoso/a, temeroso/a
African *n.*; *adj.* africano/a *m./f.*
after *prep.* detrás de *(place)*; *adv.* después *(later)*
afternoon *n.* tarde *f.*
afterwards *adv.* después, más tarde
again *adv.* otra vez, de nuevo
against *prep.* contra; enfrente de *(facing)*; opuesto/a a *(opposed to)*
age *n.* edad *f.*; generación *f.* *(generation)*
agenda *n.* agenda *f.*
agent *n.* agente *m.*, representante *m.*
aggravate *v.t.* agravar; irritar, exasperar *(annoy)*
aggressive *adj.* agresivo/a
agile *adj.* ágil
agitate *v.t.* agitar
ago *adv.* hace
agony *n.* agonía *f.*, angustia *f.*
agree *v.t.* acordar, apoyar
agreeable *adj.* acordable; agradable *(pleasant)*
agreement *n.* contrato *m.*, acuerdo *m.*, pacto *m.*
agricultural *adj.* agrícola
agriculture *n.* agricultura *f.*
ahead *adj.*; *adv.* delante, enfrente, adelante, hacia adelante
aid *n.* ayuda *f.*; *v.t.* ayudar

AIDS *n.* SIDA *m.*
aim *n.* apunte *m.*; *v.t.* apuntar
air conditioner *n.* acondicionador de aire *m.*
air force *n.* fuerza aérea *f.*
air *n.* aire *m.*
air-condition *v.t.* acondicionar el aire
air-conditioning *n.* acondicionamiento del aire *m.*
airline *n.* aerolínea *f.*
airmail *n.* correo aéreo *m.*
airplane *n.* avión *m.*, aeroplano *m.*
airport *n.* aeropuerto *m.*
aisle *n.* ala *f.*
alarm *n.* alarma *f.*; *v.t.* alarmar
alarm clock *n.* despertador *m.*
Albanian *n.*; *adj.* albanés *m.*, albanesa *f.*
alcohol *n.* alcohol *m.*
alcoholic *adj.* alcohólico/a
alcove *n.* alcoba *f.*
ale *n.* cerveza *f.*
alert *n.* alerta *f.*; *v.t.* alertar
Algerian *n.*; *adj.* argelino/a
alien *n.*; *adj.* ajeno/a; extranjero/a *(foreign)*
align *v.t.* alinear
alike *adj.* parecido/a, semejante, igual
alive *adj.* viviente, vivo/a
all *adj.* todo/a
allergic *adj.* alérgico/a
allergy *n.* alergia *f.*
alley *n.* callejón *m.*
alliance *n.* alianza *f.*, parentesco *m.*

allow *v.t.* permitir, admitir; dar *(provide)*
ally *n.* aliado/a *m./f.*
almond *n.* almendra *f.*; almendro *m. (tree)*
almost *adv.* casi, por poco
aloft *adj.* de alto, de arriba
alone *adj.* solo/a, solitario/a
along *adv.* a lo largo, adelante, todo el tiempo
aloud *adv.* en voz alta
alphabet *n.* alfabeto *m.*, abecedario *m.*
already *adv.* ya
also *adv.* también, igualmente, además
altar *n.* altar *m.*
alter *v.t.* cambiar, alterar, modificar
alteration *n.* alteración *f.*
although *conj.* aunque, si bien, a pesar de
altitude *n.* altitud *f.*, elevación *f.*, altura *f.*
altogether *adv.* en conjunto, del todo, completamente
aluminum *n.* aluminio *m.*
always *adv.* siempre
a.m. *adv.* a.m.
amateur *n.* aficionado/a *m./f.*; no profesional *(sports)*
amaze *v.t.* asombrar, pasmar, confundir, sorprender
amazing *adj.* asombroso/a, sorprendente
ambassador *n.* embajador *m.*
ambassadress *n.* embajadora *f.*
ambiguous *adj.* ambiguo/a
ambition *n.* ambición *f.*
ambitious *adj.* ambicioso/a
ambulance *n.* ambulancia *f.*
amendment *n.* enmienda *f.*, modificación *f.*
American *n.*; *adj.* americano/a *m./f.*
amid *prep.* entre, en medio de, rodeado por
ammonia *n.* amoníaco *m.*
among *prep.* entre, en medio de, con
amphibian *n.*; *adj.* anfibio *m.*
ample *adj.* amplio/a, extenso/a
amplifier *n.* amplificador *m.*
amplify *v.t.* amplificar, aumentar, ampliar
amputate *v.t.* amputar
amputation *n.* amputación *f.*
amuse *v.t.* divertir, distraer, entretener
amusement *n.* diversión *f.*, entretenimiento *m.*; pasatiempo *m. (hobby)*
an *art.* un, una
analogy *n.* analogía *f.*
analysis *n.* análisis *m.*
analyze *v.t.* analizar
anarchy *n.* anarquía *f.*
anatomy *n.* anatomía *f.*
ancestor *n.* ancestro *m.*, antepasado *m.*
anchor *n.* ancla *f.*; *v.i.* anclar, fijar
ancient *adj.* anciano/a, antiguo/a
and *conj.* y, e
Andorran *n.*; *adj.* andorrano/a
anecdote *n.* anécdota *f.*

anemia *n.* anemia *f.*
anesthesia *n.* anestesia *f.*
angel *n.* ángel *m.*
anger *n.* cólera, ira; *v.i.* enojar, hacer rabiar
angle *n.* ángulo *m.*, rincón *m.*, esquina *f.*
Anglican *n.*; *adj.* anglicano/a *m./f.*
angry *adj.* enojado/a, furioso/a
anguish *n.* angustia *f.*, agonía *f.*; *v.t.* angustiar
animal *n.* animal *m.*
animal kingdom *n.* reino animal *m.*
ankle *n.* tobillo *m.*
annex *n.* anexo *m.*; *v.t.* unir, juntar
anniversary *n.* aniversario *m.*
announce *v.t.* anunciar, proclamar, declarar
announcement *n.* anuncio *m.*, proclama *f.*, declaración pública *f.*
annoy *v.t.* molestar, irritar, fastidiar, incomodar
annoyance *n.* molestia *f.*, disgusto *m.*, fastidio *m.*
annual *adj.* anual, anuario/a
annul *v.t.* anular
anonymous *adj.* anónimo/a
another *adj.* otro/a, distinto/a *(different)*
answer *n.* contestación *f.*, respuesta *f.*; *v.t.*; *v.i.* contestar, responder
ant *n.* hormiga *f.*
antenna *n.* antena *f.*

anti *pref.* anti
antibiotic *n.*; *adj.* antibiótico *m.*
anticipate *v.t.* anticipar
anticipation *n.* anticipación *f.*
antihistamine *n.* medicina para alergia
antique *n.*; *adj.* antiguo/a *m./f.*, antigüedad
antiseptic *adj.* antiséptico/a
anxiety *n.* ansiedad *f.*, inquietud *f.*, intranquilidad *f.*
anxious *adj.* ansioso/a, inquieto/a, intranquilo/a, impaciente
any *adj.* alguno/a
anybody *pron.* algo; *adj.* cualquiera
anyone *pron.* alguien
anything *n.* algo *m.*, alguna cosa *f.*
anytime *adv.* algún lugar
anywhere *adv.* cualquier lugar
apart *adv.* aparte, separado/a
apartment *n.* apartamento *m.*
apathetic *adj.* apático/a, indiferente
apologize *v.i.* disculpar, pedir disculpa; sentir *(regret)*
apology *n.* disculpa *f.*, excusa *f.*
apparatus *n.* aparato *m.*, máquina *f.*
apparel *n.* ropa *f.*, ornamento *m.*; *v.t.* vestir
apparent *adj.* aparente, visible, evidente
appeal *n.* súplica *f.*, *v.i.* apelar, suplicar

appear *v.i.* aparecer; parecer *(seem)*, comparecer *(court)*
appearance *n.* apariencia *f. (aspect)*; aparición *f. (show)*
appendicitis *n.* apendicitis *f.*
appendix *n.* apéndice *m.*
appetite *n.* apetito *m.*, hambre *m.*
appetizer *n.* aperitivo *m.*
applaud *v.t.* aplaudir, aclamar
applause *n.* aplauso *m.*, ovación *f.*
apple *n.* manzana *f.*
appliance *n.* artículo electrodoméstico *m.*, aparato *m.*
application *n.* solicitud *f.*, aplicación *f.*, petición *f.*
apply *v.t.; v.i.* solicitar, aplicar; poner *(place)*
appoint *v.t.* ordenar, señalar, prescribir *(prescribe)*; crear *(create)*
appointment *n.* cita *f.*
appraisal *n.* valoración *f.*, estimación *f.*
appreciate *v.t.* apreciar, comprender
appreciation *n.* apreciación *f.(understanding)*; aprecio *m. (recognition)*
approach *v.t.* acercarse, acercar
appropriate *adj.* apropiado/a, conveniente; *v.t.* apropiar, tomar posesión
approval *n.* aprobación *f.*, consentimiento *m.*
approve *v.t.* aprobar confirmar; autorizar
approximate *adj.* aproximado/a; *v.t.* aproximar
apricot *n.* albaricoque *m.*; albaricoquero *m. (tree)*
April *n.* abril *m.*
apron *n.* delantal *m.*, mandil *m.*
apt *adj.* apto/a, listo/a, propenso/a
aptitude *n.* aptitud *f.*, disposición *f.*, facilidad *f.*
aquatic *adj.* acuático/a
Arab *n.; adj.* árabe *m./f.*
Arabic *adj.* arábigo
arbitrary *adj.* arbitrario/a
arch *n.* arco *m.*
archaeological *adj.* arqueológico/a
archaeology *n.* arqueología *f.*
architect *n.* arquitecto/a *m./f.*
architectural *adj.* arquitectural
architecture *n.* arquitectura *f.*
archive *n.* archivo *m.*
arctic *adj.* ártico/a
area *n.* área *f.*, superficie *f.*; espacio *m.*, región *f.*; extensión *f. (extent)*
Argentinean *n.; adj.* argentino/a *m./f.*
argue *v.t.* discutir, persuadir
argument *n.* argumento *m.*
arise *v.i.* elevarse, subirse
arithmetic *n.* aritmético/a *m./f.*
arm *n.* brazo *m.*; palanca *f. (lever)*; *v.t.* armar, proveer; *v.i.* armarse
armchair *n.* sillón *m.*
armpit *n.* axila *f.*
army *n.* armada *f.*

aroma *n.* aroma *f.*
around *adv.*; *prep.* alrededor, por todas partes de, a la vuelta de
arrange *v.t.* arreglar, disponer, acomodar
arrangement *n.* arreglo *m.*, clasificación *f.*, disposición *f.*
arrest *n.* arresto *m.*, detención *m.*; *v.t.* arrestar, detener, impedir
arrival *n.* llegada *f.*, venida *f.*, advenimiento *m.*, entrada *f.*
arrive *v.i.* llegar, aparecer, entrar; suceder *(happen)*
arrogance *n.* arrogancia *f.*, altivez *f.*, soberbia *f.*
arrogant *adj.* arrogante, altivo/a, soberbio/a
arrow *n.* flecha *f.*
art *n.* arte *m.*; habilidad *f.* *(cleverness)*; artificio *m.* *(cunning)*
artery *n.* arteria *f.*
article *n.* artículo *m.*; objeto *m.* *(object)*
artifact *n.* artefacto *m.*
artificial *adj.* artificial; falso/a *(false)*
artisan *n.* artesano/a *m./f.*
artist *n.* artista *m./f.*, pintor/a *m./f. (painter)*
artistic *adj.* artístico/a
as *adv.*; *conj.* como, cuan, ya, que
ash *n.* ceniza *f.*
ashamed *adj.* avergonzado/a
ashtray *n.* cenicero *m.*
Asiatic *n.*; *adj.* asiático/a *m./f.*
aside *adv.* aparte, a un lado

ask *v.t.* preguntar *(question)*; pedir *(request)*; invitar *(invite)*
asleep *adj.*; *adv.* dormido/a
aspect *n.* aspecto *m.*
asphalt *n.* asfalto *m.*; *v.t.* asfaltar
aspirin *n.* aspirina *f.*
assault *n.* asalto *m.*; *v.t.* asaltar
assemble *v.t.*; *v.i.* reunir, convocar; juntar *(persons, things)*
assembly *n.* asamblea *f.*, reunión *m.*
assert *v.t.* mantener, defender
assertion *n.* afirmación *f.*, defensa *f.*, reclamación *f.*
assign *v.t.* asignar, ceder, señalar *(law)*; destinar, fijar *(appoint)*
assimilate *v.t.* asimilar, incorporarse; *v.i.* mezclarse
assist *v.t.* ayudar, auxiliar, socorrer; apoyar *(uphold)*; promover, fomentar *(further)*
assistance *n.* ayuda *f.*, socorro *m.*, auxilio *m.*
assistant *n.* asistente *m./f.*; ayudante *m./f.*, coloborador/a *m./f.*
associate *n.* asociado/a *m./f.*; *v.t.* asociar
association *n.* asociación *f.*, unión *f.*, sociedad *f.*
assume *v.t.* asumir, tomar, apropiarse; revestir *(wear)*; suponer *(suppose)*
assurance *n.* seguridad *f.*, garantía *f.*, promesa *f.*
assure *v.t.* asegurar, garantizar
asthma *n.* asma *f.*

asthmatic *adj.* asmático/a
astonish *v.t.* asombrar, asombrar
astray *adj.*; *adv.* desviado/a, extraviado/a, por el mal camino
astringent *n.*; *adj.* astringente *m.*
astronomy *n.* astronomía *f.*
astute *adj.* astuto/a, sagaz
asylum *n.* asilo *m.*; manicomio *m.* *(insane)*
at *prep.* a; en casa de; en; de; con; por
atheism *n.* ateísmo *m.*
atheist *n.* ateo/a *m./f.*
athlete *n.* atleta *m./f.*
athletic *adj.* atlético/a
athletics *n.* atletismo *m.*
ATM *n. abb.* cajero automático *m.*
atmosphere *n.* atmósfera *f.*
atom *n.* átomo *m.*
attach *v.t.* embargar *(law)*; fijar *(fix)*; atar *(tie)*; conectar *(connect)*
attack *n.* ataque *m.*; *v.t.* atacar
attempt *n.* atentado *m.*; *v.t.* intentar, tratar
attend *v.t.* escuchar *(look after)*; asistir *(be present)*; acarrear *(follow)*
attendance *n.* asistencia *f.*, concurrencia *f.*
attendant *n.* sirviente/a *m./f.*
attention *n.* atención *f.*
attentive *adj.* atento/a, cortés
attic *n.* ático *m.*, desván *m.*
attitude *n.* actitud *f.*, postura *f.*
attorney *n.* abogado/a *m./f.*

attract *v.t.* atraer; seducir *(charm)*
attraction *n.* atracción *f.*, encanto *m.*
attractive *adj.* atractivo/a, encantador/a
attribute *n.* atributo *m.*; *v.t.* atribuir
auction *n.* remate *m.*, subasta *f.*; *v.t.* rematar, subastar
audience *n.* audiencia *f.*, auditorio *m.*
auditory *adj.* auditorio, auditivo/a
augment *v.t.* aumentar; *v.i.* aumentarse
August *n.* agosto *m.*
aunt *n.* tía *f.*
Australian *n.*; *adj.* australiano/a *m./f.*
authentic *adj.* auténtico/a
author *n.* autor/a *m./f.*
authority *n.* autoridad *f.*, poder *m.*
authorization *n.* autorización *f.*
authorize *v.t.* autorizar
automatic *adj.* automático/a
automation *n.* automatización *f.*
automobile *n.* automóvil *m.*
autonomous *adj.* autónomo/a
autopsy *n.* autopsia *f.*
autumn *n.* otoño *m.*
availability *n.* utilidad *f.*, disponibilidad *f.*, provecho *m.*; validez *f. (validity)*
available *adj.* útil, disponible
avenue *n.* avenida *f.*

average *n.* promedio *m.*, término medio *m.*; *v.t.* proporcionar
aviation *n.* aviación *f.*
avoid *v.t.* evitar, evadir, excluir
awake *v.t.* despertar; *v.i.* despertarse
award *n.* adjudicación *f.*; *v.t.* adjudicar
aware *adj.* enterado/a, consciente
away *adj.* lejos, a lo lejos, distancia, ausente
awful *adj.* horrible, terrible, temible, atroz
awkward *adj.* difícil, peligroso/a, delicado/a, embarazoso/a
ax *n.* hacha *m.*
axis *n.* eje *m.*
axle *n.* eje *m.*, árbol *m.*

B

baby *n.* bebé *m./f.*
babysitter *n.* niñera *f.*
back *n.* espalda *f.*; lomo *m.*, espinazo *m. (of animal)*
backbone *n.* espina dorsal *f.*
backward *adj.*; *adv.* hacia atrás, atrasado/a
bacon *n.* tocino *m.*
bacteria *n.* bacteria *f.*
bacterial *adj.* bacterial, bacteriano/a
bad *adj.* malo/a; perverso/a *(wicked)*; enfermo/a *(ill)*; podrido/a *(rotten)*; errado/a *(mistaken)*
badge *n.* insignia *f.*, marca *f.*, emblema *f.*, condecoración *f.*

badly *adv.* mal
bag *n.* bolsa *f.*, bolsa de papel o plástico *f.*, cartera *f.*
baggage *n.* equipaje *m.*, bagaje *m.*
bail *n.* fianza *f.*; fiador/a *m./f. (person)*
bait *n.* carnada *f.*, cebo *m.*, anzuelo *m.*
bake *v.t.* hornear, cocer
baker *n.* panadero/a *m./f.*
bakery *n.* panadería *f.*
balance *n.* equilibrio *m.*, balance *m.*
balcony *n.* balcón *m.*, galería *f.*
bald *adj.*; *n.* calvo/a *m./f.*, pelado/a *m./f. (style)*; sencillo/a *m./f. (simple)*
ball *n.* pelota *f.*, globo *m.*, esfera *f.*
balloon *n.* globo *m.*
banana *n.* banana *f.*; plátano *(tree)*
band *n.* banda *f.*, grupo *m.*, orquesta *f.*, faja *f.*, tira *f.*, listón *m.*
bandage *n.* venda *f.*, vendaje *m.*; *v.t.* vendar, poner vendaje
banister *n.* baranda *f.*, pasamano *m.*
bank *n.* banco *m.*; ribera *f.*, orilla *f. (river)*
banker *n.* banquero *m.*
banner *n.* bandera *f.*, pancarta *f.*
banquet *n.* banquete *m.*; *v.t.*; *v.i.* banquetear
baptism *n.* bautismo *m.*, bautizo *m.*
baptize *v.t.* bautizar

English-Spanish Dictionary

bar *n.* bar *m.*; barra *f. (chocolate)*; tranca *f. (door)*; barrera *f. (barrier)*
barber *n.* barbero *m.*, peluquero *m.*
barbershop *n.* barbería *f.*, peluquería *f.*
bare *adj.* desnudo/a, descubierto/a; árido/a *(arid)*
bargain *n.* ganga *f.*, oferta *f.*; *v.i.* negociar
bark *n.* ladrido *m.*; *v.i.* ladrar
barley *n.* cebada *f.*
barometer *n.* barómetro *m.*
barrack *n.* cuartel *n.*; *v.t.* acuartelar
barrel *n.* barril *m.*
barren *adj.* árido/a, estéril
barrier *n.* barrera *f.*, impedimento *m.*
base *n.* base *f.*, fundamento *m.*
baseball *n.* béisbol *m.*
basement *n.* sótano *m.*
basic *adj.* básico; fundamental
basin *n.* vasija *f.*, palangana *f.*, cuenca *f.*
basis *n.* base *f.*, fundamento *m.*
basket *n.* canasta *f.*
basketball *n.* baloncesto *m.*
bat *n.* murciélago *m.*; paleta *f. (table tennis)*
batch *n.* hornada *f.*, lote *m. (of loaves, etc.)*; promoción *f.*
bath *n.* baño *m.*, cuarto de baño *m.*
bathe *v.t.* bañar, lavar; *v.i.* bañarse
bathroom *n.* cuarto de baño *m.*
bathtub *n.* bañera *f.*
batter *n.* batido *m.*, pasta *f.*; *v.t.* apalear, golpear, demoler
battery *n.* batería *f.*, pila *f.*
battle *n.* batalla *f.*; *v.t.* batallar
bay *n.* bahía *f.*
B.C. *abb.* A.C. (Antes de Cristo)
be *v.i.* ser, estar
beach *n.* playa *f.*, costa *f.*; *v.t.* encallar en la costa
beak *n.* punta *f.*
beam *n.* rayo *m.*, destello *m. (light)*; palanca *f. (balance)*
bean *n.* haba *f.*, guisante *m.*, fríjol *m.*, poroto *m.*
bear *n.* oso *m. (animal)*; *v.t.* soportar *(stand)*
beard *n.* barba *m.*; *v.t.* desafiar
bearing *n.* porte *m.*, postura *f.*, presencia *f.*
beast *n.* bestia *f.*, bruto *m.*, cuadrúpedo *m.*
beat *n.* latido *m.*; *v.t.* batir, derrotar, vencer
beautiful *adj.* hermoso/a, bello/a, precioso/a, lindo/a
beauty *n.* hermosura *f.*, belleza *f.*, elegancia *f.*, encanto *m.*
because *conj.* porque, debido a, a causa de
become *v.i.* convertirse, volverse, llegar a ser
bed *n.* cama *f.*, lecho *f.*
bedroom *n.* dormitorio *m.*, cuarto *m.*
bee *n.* abeja *f.*, abejuno *m.*
beef *n.* carne de vaca *f.*
beer *n.* cerveza *f.*

beet *n.* remolacha *f.*
beetle *n.* escarabajo *m.*
before *prep.* delante, al frente, antes, anterior, anteriormente
beg *v.i.* pedir, suplicar, mendigar
beggar *n.* mendigo/a *m./f.*, pordiosero/a *m./f.*
begin *v.t.; v.i.* comenzar, empezar
beginner *n.* principiante *m.*, novato/a *m./f.*, iniciador/a *m./f.*
behalf *adv.* en nombre de
behave *v.i.* comportarse, conducirse, portarse, obrar
behavior *n.* comportamiento *m.*, conducta *f.*, proceder *m.*
behind *prep.* atrás, detrás, por atrás, hacia atrás, detrás de
behold *v.i.* mirar, contemplar, ver, presenciar
being *n.* existencia *f.*; ser *m.*; alma *f.*, espíritu *(spirit)*
belief *n.* creencia *f.*, fe *f.*, opinión *f.*
believe *v.t.* creer, pensar, opinar
bell *n.* campana *f.*; timbre *m. (electric)*
belly *n.* barriga *f.*, panza *f.*, vientre *f.*
belong *v.i.* pertenecer; residir en *(to a place)*
belongings *n./pl.* pertenencias *f./pl.*, posesiones *f./pl.*
below *prep.* abajo, debajo, más abajo
belt *n.* cinturón *m.*, cinto *m.*, faja *f.*
bench *n.* banco/a *m./f.*

bend *v.t.* torcer, doblar, encorvar, doblegar
beneath *prep.* abajo, debajo
beneficial *adj.* beneficioso/a, ventajoso/a, provechoso/a, útil
benefit *n.* beneficio *m.*, provecho *m.*; *v.t.* beneficiar, aprovechar
benign *adj.* benigno/a
bent *adj.* torcido/a, encorvado/a
berry *n.* baya *f.*, grano *m.*
beside *prep.* junto a, cerca a
best *adj.; adv.* mejor
bet *n.* apuesta *f.*; *v.t.* apostar
betray *v.t.* traicionar, engañar
better *adj.; adv.* mejor, superior
between *prep.* entre, entre medio de
beverage *n.* bebida *f.*, brebaje *m.*
beware *v.t.* tener cuidado, desconfiar
beyond *prep.* más allá, más lejos
bib *n.* babero *m.*, pechera *f.*
Bible *n.* Biblia *f.*
bicycle *n.* bicicleta *f.*; *v.i.* andar en bicicleta
big *adj.* grande, grueso; mayor *(grown up)*; alto/a *(tall)*
bilingual *adj.* bilingüe
bill *n.* cuenta *f.*; proyecto de ley *m. (parliamentary)*
billiards *n.* billar *m.*
bin *n.* papelera *f.*, estante *m.*
bind *v.t.* atar, ligar, unir
biography *n.* biografía *f.*, vida *f.*
biological *adj.* biológico/a
biology *n.* biología *f.*
bird *n.* pájaro *m.*, ave *m.*

birth *n.* nacimiento *m.*; parto *m.* *(act of)*
birthday *n.* cumpleaños *m.*
biscuit *n.* bizcocho *m.*, galleta *f.*
bit *n.* pedazo *m.*, trozo *m.*; cantidad *f.* *(quantity)*; instante *m.* *(moment)*
bite *n.* mordida *f.*, mordisco *m.*; bocado *m.* *(snack)*; picadura *f.* *(sting, pain)*
bitter *adj.* amargo/a, agrio, ácido; intenso *(cold)*
black *adj.* negro/a
blackberry *n.* mora *f.*, zarzamora *f.*
blackboard *n.* pizarrón *m.*, pizarra *f.*
bladder *n.* vejiga *f.*, ampolla *f.*; vesícula *f.* *(of sea plants)*
blade *n.* hoja *f.* *(leaf and sharp instruments)*
blame *n.* culpa *f.*, responsabilidad *f.*, censura *f.*; *v.t.* culpar, censurar
blanket *n.* manta *f.*, frazada *f.*
blast *n.* explosión *m.*; ráfaga *f.* *(wind)*
blaze *n.* incendio *m.*, llamarada *f.*; *v.i.* llamear, encenderse, brillar, resplandecer
bleak *adj.* desierto/a, frío/a, expuesto/a; triste *(sad)*
bleed *v.t.*; *v.i.* sangrar
bless *v.t.* bendecir, consagrar; alabar *(praise)*
blessing *n.* bendición *f.*; gracia, merced *f.* *(mercy)*

blind *adj.* ciego/a; secreto/a *(secret)*; ignorante *(unaware)*
blindness *n.* ceguera *f.*, ofuscación; ignorancia *(unaware)*
blink *n.* parpadeo *m.*, guiñada *f.*; *v.i.* parpadear, pestañar
block *n.* bloque *m.*; *v.t.* bloquear, cerrar el paso
blond *adj.* rubio/a
blood *n.* sangre *f.*
bloom *n.* flor *f.*, florecimiento *m.*; *v.i.* florecer
blossom *n.* flor *m.*; *v.i.* florecer
blouse *n.* blusa *f.*
blow *n.* golpe, bofetada; *v.t.*; *v.i.* soplar, hacer viento, correr aire
blue *adj.* azul
blueberry *n.* mora *f.*
blunt *adj.* brusco/a, descortés
blush *n.* rubor *m.*, rojo *m.*; *v.i.* ruborizar, enrojecer
board *n.* tabla *f.*, tablero *m.*; entablar, enmendar, embarcar en
boarding school *n.* escuela de pupilos *f.*, pensionado *m.*
boat *n.* bote *m.*, barco *m.*; *v.i.* ir en barco
body *n.* cuerpo *m.*; cadáver *(corpse)*
boil *n.* grano *m.*, forúnculo *m.*; *v.t.* hervir
boiler *n.* sauna *m.*, caldera *f.*
bold *adj.* resaltado/a, intrépido/a, audaz

bolt *n.* cerradura *f.*, cerrojo *m.*, pasador *m.*
bomb *n.* bomba *f.*; *v.t.* bombardear
bone *n.* hueso *m.*; espina *(fish)*
bone marrow *n.* caracú *m.* médula *f.*
book *n.* libro *m.*, volumen *m.*, tomo *m.*
bookcase *n.* librero *m.*, armario de libros *m.*
bookmark *n.* marcador *m.*
bookstore *n.* librería *f.*
boot *n.* bota *f.*; compartimiento para equipaje *m.* *(car)*
border *n.* frontera *f.*, confín *m.*, margen *m.*
born *adj.* procedente, nacido/a, destinado/a
boss *n.* jefe/a *m./f.*, amo/a *m./f.*, patrón/patrona *m./f.*; *v.t.* mandar, dominar
bottle *n.* botella *f.*; *v.t.* embotellar
bottom *n.* fondo *m.*
bounce *n.* bote *f.*, rebote *f.*; *v.t.*; *v.i.* rebotar, saltar
box *n.* caja *f.*; *v.t.* encajonar, meter; *v.i.* boxear *(sport)*
boxing *n.* encajonamiento *m.*, envase *m.*; boxeo *m.* *(sport)*
boy *n.* niño *m.*, chico *m.*; muchacho *m.*, joven *m.* *(older)*
boyfriend *n.* novio *m.*
brake *n.* freno *m.*
brave *adj.* valiente, animoso/a, intrépido/a
Brazilian *n.*; *adj.* brasilero/a *m./f.*
bread *n.* pan *m.*

break *n.* recreo *m.*, descanso *m.*; abertura *f.* *(opening)*; *v.t.* romper, quebrar, partir
breakfast *n.* desayuno *m.*; *v.i.* desayunar, desayunarse
breeze *n.* brisa *f.*
bribe *n.* soborno *m.*; *v.t.* sobornar
brief *adj.* breve, corto/a, conciso/a, rápido/a
briefcase *n.* portafolio *m.*
bright *adj.* brillante, reluciente, claro/a, optimista, alegre
brilliant *adj.* brillante, inteligente
bring *v.t.* traer, llevar, transportar
British *n.*; *adj.* británico/a *m./f.*
Briton *n.* britano *m.*
broccoli *n.* brócoli *m.*
bronchitis *n.* bronquitis *f.*
bronze *n.* bronce *m.*; *v.t.* broncear
broth *n.* caldo *m.*
brother *n.* hermano *m.*, colega *m.*, compañero *m.*
brother-in-law *n.* cuñado *m.*
browser *n.* buscador *m.*
brush *n.* cepillo *m.*, escoba *f.*; *v.t.* cepillar, barrer
brutal *adj.* brutal, bestial, salvaje, inhumano/a
bubble *n.* burbuja *f.*; *v.i.* burbujear, hervir
bucket *n.* balde *m.*, cubo *m.*, cubeta *f.*
budget *n.* presupuesto *m.*; *v.i.* administrarse
bulb *n.* bombilla *f.*, bulbo *m.*

bullet *n.* bala *f.*
bundle *n.* fardo *m.*; *v.t.* atar
buoy *n.* boya *f.*; *v.t.* boyar
bureau *n.* escritorio *m.*
bureaucrat *n.* burócrata *m.*
bureaucratic *adj.* burocrático/a
bury *v.t.* enterrar, sepultar
bus *n.* ómnibus *m.*, autobús *m.*
business *n.* negocio *m.*
busy *adj.* ocupado/a, activo/a
but *conj.* pero
butter *n.* mantequilla *f.*; *v.t.* untar con mantequilla
butterfly *n.* mariposa *f.*
button *n.* botón *m.*
buttonhole *n.* ojal *m.*; *v.t.* hacer ojales
buy *v.t.* comprar, obtener, lograr
buyer *n.* comprador/a *m./f.*
by *prep.* por, de, en, a, con, cerca de, al lado de
byte *n.* unidad de información de computadora *f.*

C

cabbage *n.* repollo *m.*
cabin *n.* cabina *f.*, cabaña *f.*, choza *f.*; camarote *m.*
cabinet *n.* vitrina *f.*, gabinete *m.*, armario *m.*
cable *n.* cable *m.*
café *n.* café *m.*, restaurante *m.*
cafeteria *n.* cafetería *f.*
caffeine *n.* cafeína *f.*
cage *n.* jaula *f.*; *v.t.* enjaular, encerrar
cake *n.* torta *f.*, pastel *f.*; *v.t.*; *v.i.* cuajar

calcium *n.* calcio *m.*
calculate *v.t.* calcular, adaptar, contar con
calculation *n.* calculación *f.*, cálculo *m.*
calculator *n.* calculadora *f.*
calendar *n.* calendario *m.*, almanaque *m.*
calf *n.* becerro *m.*, ternero *m.*
call *n.* llamada *f.*; *v.t.* llamar
calm *adj.* calma; *v.t.*; *v.i.* calmar
camel *n.* camello/a *m./f.*
camera *n.* cámara *f.*
camp *n.* campamento *m.*, campo *m.*; *v.i.* acampar
campsite *n.* lugar para campamento *m.*
campus *n.* recinto *m.*, lugar universitario *m.*
can *n.* lata *m.*; *verbal aux.* poder
Canadian *n.*; *adj.* canadiense *m./f.*
canal *n.* canal *m.*
cancel *v.t.* cancelar, revocar, borrar, anular
cancellation *n.* cancelación *f.*, revocación *f.*, anulación *f.*
cancer *n.* cáncer *m.*; Cáncer *(astrology)*
candid *adj.* franco/a, sincero/a
candidate *n.* candidato/a *m./f.*, aspirante *m./f.*
candle *n.* vela *f.*, candela *f.*
candy *n.* caramelo *m.*, bombón *m.*; *v.t.* garrapiñar, almibarar
cane *n.* caña *f.*, bastón *m.*
cannon *n.* cañón *m.*
canoe *n.* canoa *f.*; *v.i.* ir en canoa

canteen *n.* cantina *f.*; cantimplora *f. (water bottle)*
canvas *n.* lona *f.*, lienzo *m.*
cap *n.* gorro/a *m./f.*
capable *adj.* capaz, hábil
capacity *n.* capacidad *f.*, aptitud *f.*
cape *n.* capa *f.*
capital *n.* capital *f.*; mayúscula *f. (letter)*
capsule *n.* cápsula *f.*
captain *n.* capitán *m.*; *v.t.* capitanear
car *n.* automóvil *m.*
carbohydrate *n.* carbohidrato *m.*
cardboard *n.* cartón *m.*
care *n.* cuidado *m.*; *v.i.* preocuparse
careful *adj.* cuidadoso/a
careless *adj.* descuidado/a, insensible, negligente
carnival *n.* carnaval *m.*
carry *v.t.* llevar, transportar, traer, conducir; tener consigo *(have with one)*
cart *n.* carro *m.*; *v.t.* acarrear
cartilage *n.* cartílago *m.*
carton *n.* cartón *m.*
cartoon *n.* dibujo animado *m.*, caricatura *f.*
cartridge *n.* cartucho *m.*
carve *v.t.* cortar, tallar
carving *n.* tallado *m.*
car seat *n.* asiento para el auto *m.*
case *n.* caso *m.*; proceso *m. (law)*; caja *f. (box)*
cash *n.* efectivo *m.*; *v.t.* pagar al contado

cashier *n.* cajero/a *m./f.*; *v.t.* degradar
cask *n.* pipa *f.*, tonel *m.*
cast *n.* reparto *m.*; *v.t.* echar, arrojar
castle *n.* castillo *m.*, torre *m.*
casual *adj.* casual, accidental
casualty *n.* víctima *f.*, herido *m.*
cat *n.* gato/a *m./f.*
catalog *n.* catálogo *m.*
catch *v.t.* agarrar, capturar
cathedral *n.* catedral *f.*
Catholic *n.*; *adj.* católico/a *m./f*
Catholicism *n.* catolicismo *m.*
CAT scan *n.* escáner del cerebro *m.*
cattle *n.* ganado *m.*
cauldron *n.* caldera *f.*
cauliflower *n.* coliflor *m.*
cause *n.* causa *f.*; *v.t.* causar
caution *n.* cuidado *m.*, prudencia *f.*, cautela *f.*; *v.t.* amonestar
cautious *adj.* cauteloso/a, precavido/a, cauto/a, prudente
cave *n.* cueva *f.*, caverna *f.*
cease *v.i.* cesar, dejar de, parar
cedar *n.* cedro *m.*
ceiling *n.* techo *m.*
celebrate *v.t.*; *v.i.* celebrar
celebration *n.* celebración *f.*
cell *n.* celda *f.*, célula *f.*
cellar *n.* sótano *m.*, bodega *f.*
cello *n.* violonchelo *m.*
cellular *adj.* celular, celuloso/a
cement *n.* cemento *m.*
cemetery *n.* cementerio *m.*

cent *n.* centavo *m.*
center *n.* centro *m.*, medio *m.*
centimeter *n.* centímetro *m.*
centipede *n.* ciempiés *m.*
central *adj.* central, céntrico/a
century *n.* siglo *m.*
ceramic *n.*; *adj.* cerámico/a *m./f.*
cereal *n.* cereal *f.*
ceremony *n.* ceremonia *f.*
certain *adj.* cierto/a, seguro/a
certificate *n.* certificado *m.*, fe *f.*, partida *f.*
certify *v.t.* certificar, atestiguar, declarar
chain *n.* cadena *f.*; *v.t.* encadenar
chair *n.* silla *f.*; cátedra *f.* *(university)*
chalk *n.* tiza *f.*; *v.t.* marcar con tiza
challenge *n.* reto *m.*, desafío *m.*; *v.t.* retar, desafiar
chamber *n.* cámara *f.*, cuarto *m.*, sala *f.*
champion *n.* campeón *m.*
chance *n.* oportunidad *f.*, casualidad *f.*, probabilidad *f.*, posibilidad *f.*
change *n.* cambio *m.*, suelto *m.*; *v.t.*; *v.i.* cambiar
changeable *adj.* cambiable
changing room *n.* probador *m.*
channel *n.* canal *m.*, cauce *m.*
chaotic *adj.* caótico/a, desordenado/a
chapel *n.* capilla *f.*
chapter *n.* capítulo *m.*
character *n.* carácter *m.*; personaje *m.* *(of a play)*

characteristic *n.*; *adj.* característico/a *m./f.*
charge *v.t.* cargar, encargar *(enjoin)*; acusar *(accuse)*; cobrar *(price)*
charity *n.* caridad *f.*, beneficencia *f.*
charm *n.* encanto *m.*; *v.t.* encantar, fascinar
chart *n.* tabla *f.*, gráfica *f.*; *v.t.* tabular, trazar
charter *n.* flete *m.*; *v.t.* alquilar
chase *n.* caza *f.*, seguimiento *m.*; *v.t.* perseguir, cazar
chassis *n.* chasis *m.*
chat *n.* charla *f.*; *v.i.* charlar
chatter *n.* paloteo *m.*; gorjeo *m.* *(birds)*; *v.i.* parlotear
cheap *adj.* barato/a
check *n.* cheque *m.*, inspección *m.*; *v.t.* inspeccionar
checkers *n.* juego de damas *m.*
checkmate *n.* jaque mate *m.*
cheek *n.* mejilla *f.*
cheese *n.* queso *f.*
chemical *n.*; *adj.* químico/a *m./f.*
chemistry *n.* química *f.*
cherish *v.t.* querer, amar; abrigar *(a hope)*
cherry *n.* cereza *f.*; cerezo *m.* *(tree)*
chess *n.* ajedrez *m.*
chest *n.* caja *f.*, cajón *m.*; pecho *m.* *(body)*
chew *v.t.* masticar, mascar
chick *n.* pollito *m.*
chicken *n.* pollo *m.*

chief *n.* jefe *m.*, primero *m.*, principal *m.*, mayor *m.*
child *n.* niño/a *m./f.*, hijo/a *m./f.*
childhood *n.* niñez *f.*
childish *adj.* infantil, de niño/a, aniñado/a
chill *n.* frío *m.*; estremecimiento *m. (fear)*; frialdad *f. (unfriendly)*; *v.t.* tiritar
chilly *adj.* frío/a; friolento/a *(cold)*; frígido/a *(politeness)*
chimney *n.* chimenea *f.*
chin *n.* barbilla *f.*, barba *f.*, mentón *m.*
china *n.* porcelana *f.*, loza *f.*; *adj.* de porcelana
Chinese *n.*; *adj.* chino/a *m./f.*
chip *n.* astilla *f.*; ficha *f. (counter)*; *v.t.* fragmentar, picar
chisel *n.* cincel *m.*; *v.t.* cincelar
chocolate *n.* chocolate *m.*; *adj.* de chocolate
choice *n.* elección *f.*, selección *f.*, preferencia *f.*, alternativa *f.*
choir *n.* coro *m.*
choke *v.t.* ahogar, estrangular; *v.i.* ahogarse; atragantarse
cholesterol *n.* colesterol *m.*
choose *v.t.*; *v.i.* elegir, seleccionar
chop *n.* chuleta *f. (meat)*; quijada *f. (jaw)*; *v.t.* cortar, picar *(mince)*; partir *(split)*
chorus *n.* coro *m.*; acompañamiento *m. (song)*
christen *v.t.* bautizar
Christian *n.*; *adj.* cristiano/a *m./f.*
Christianity *n.* cristianismo *m.*
Christmas *n.* Navidad *f.*

chronic *adj.* crónico/a
church *n.* iglesia *f.*; templo *m. (protestant)*
cider *n.* sidra *f.*
cigar *n.* cigarro *m.*
cigarette *n.* cigarrillo *m.*
cinder *n.* ceniza *f.*, carbonilla *f.*
cinema *n.* cine *m.*
cinnamon *n.* canela *f.*
circle *n.* círculo *m.*
circuit *n.* circuito *m.*; gira *f. (tour)*; vuelta *f. (revolution)*; radio *m. (radius)*
circulate *v.t.* circular; divulgar *(news)*
circulation *n.* circulación *f.*; tirada *f. (newspaper)*
circumference *n.* circunferencia *f.*
circumstance *n.* circunstancia *f.*, detalle *m.*
circus *n.* circo *m.*, plaza redonda *f.*
cite *v.t.* citar
citizen *n.* ciudadano/a *m./f.*
city *n.* ciudad *f.*; *adj.* municipal
civilization *n.* civilización *f.*
claim *n.* reclamación *f.*; demanda *f. (law)*; derecho *m. (claim)*; *v.t.* reclamar, exigir
clam *n.* almeja *f.*
clap *v.i.* aplaudir
class *n.* clase *f.*; especie *f. (kind)*; categoría *f. (exhibits)*; *v.t.* clasificar
classical *adj.* clásico/a
classify *v.t.* clasificar
classroom *n.* clase *f.*
claw *n.* uña *f.*, garra *f.*; tenaza *f. (of a lobster)*

clay *n.* arcilla *f.*, barro *m.*
clean *adj.* limpio/a, puro/a, casto/a; *adv.* completamente, exactamente; *v.t.* limpiar
cleaner *n.* sirviente/a *m./f.*; limpiador/a *m./f.*; sacamanchas *f. (stain remover)*
clear *adj.* claro/a, transparente; libre *(free)*; *v.t.* aclarar, despejar
clergy *n.* clero *m.*
clergyman *n.* clérigo *m.*
clerk *n.* clérigo *m. (clergyman)*; oficinista *m./f. (office)*
clever *adj.* listo/a, inteligente, ingenioso/a, hábil; diestro/a *(dexterous)*
client *n.* cliente/a *m./f.*
cliff *n.* acantilado *m.*, roca *f.*, escarpa *f.*
climate *n.* clima *m.*
climax *n.* punto culminante *m.*, clímax *m.*
climb *n.* subida *f.*; *v.i.*; *v.t.* subir, escalar
cling *v.i.* pegarse, agarrarse
clinic *n.* clínica *f.*
clip *n.* horquilla *f.*; *v.t.* agarrar *(grasp)*; esquilar *(sheep)*; recortar *(trim)*
clock *n.* reloj *m.*
close *adj.*; *adv.* cercado/a; *v.t.* cerrar
closed *adj.* cerrado/a
closet *n.* ropero *m.*, armario *m.*, camarín *m.*; alacena *(cupboard)*

cloth *n.* tela *f.*, paño *m.*
clothe *v.t.* vestir, cubrir
clothes *n./pl.* ropa *f.*
clothing *n.* vestuario *m.*
cloud *n.* nube *f.*; *v.t.* oscurecer, empañar
cloudy *adj.* nubloso, nublado
clown *n.* payaso/a *m./f.*
club *n.* club *m.*, asociación *f.*
clue *n.* pista *f.*, indicio *m.*, clave *f.*, idea *f.*
cluster *n.* grupo *m.*; racimo *m. (of currants)*; ramillete *m. (flowers)*; *v.i.* agrupar
clutch *n.* embrague *m.*; *v.t.* agarrar, sujetar, apretar
coach *n.* entrenador/a *m./f.*; profesor/a particular *m./f. (tutor)*
coal *n.* carbón *m.*; brasa *n. (burning)*; *v.t.* carbonear, proveer de carbón
coarse *adj.* basto/a, tosco/a *(texture)*; grosero/a, vulgar, poco fino/a *(person)*
coast *n.* costa *f.*, litoral *m.*; *v.i.* costear
coat *n.* abrigo *m.*, chaqueta *f.*, gabán *m.*
cobweb *n.* telaraña *f.*
cock *n.* gallo *m.*
cocktail *n.* cóctel *m.*
cocoa *n.* cocoa *f.*
cod *n.* bacalao *m.*
code *n.* código *m.*; clave *f. (secret)*; *v.t.* poner en código
coffee *n.* café *m.*
coffeemaker *n.* cafetera *f.*

coffeepot *n.* cafetera *f.*
coffee shop *n.* café *f.*
coffin *n.* ataúd *m.*, féretro *m.*, caja *f.*
coil *n.* rollo *m.*; *v.t.* arrollar; *v.i.* arrollarse
coin *n.* moneda *f.*, dinero *m.*; *v.t.* acuñar
coincide *v.i.* coincidir, estar de acuerdo
coincidence *n.* coincidencia *f.*; casualidad *f. (chance)*
coincidental *adj.* coincidente
cold *n.* frío *m.*; *adj.* resfriado/a, frío/a
collaborate *v.i.* colaborar
collaboration *n.* colaboración *f.*
collar *n.* collar *f.*
collect *v.t.* colectar, reunir, acumular
collection *n.* colección *f.*; recaudación *(taxes)*
college *n.* colegio *m.*, escuela *f.*, universidad *f.*
collide *v.i.* chocar, topar con
collision *n.* choque *m.*, colisión *f.*
colon *n.* colon *m.*; dos puntos *m./pl. (punctuation)*
colonel *n.* coronel *m.*
colony *n.* colonia *f.*
color *n.* color *m.*; *v.t.* pintar, colorear; *v.i.* ruborizarse
column *n.* columna *f.*
comb *n.* peine *m.*; *v.t.* peinar
combination *n.* combinación *f.*
combine *v.t.* combinar, juntar, reunir; *v.i.* combinarse, asociarse

come *v.i.* venir, llegar; suceder *(happen)*
comedy *n.* comedia *f.*
comfort *n.* alivio *m.*, confort *m.*; *v.t.* confortar, consolar
comfortable *adj.* confortable, cómodo
comic *n.*; *adj.* cómico *m.*
comma *n.* coma *f.*
command *n.* comando *m.*; *v.t.* comandar
commence *v.t.*; *v.i.* empezar, comenzar
comment *n.* comentario *m.*, observación *f.*; *v.t.* comentar
commentary *n.* comentario *m.*
commerce *n.* comercio *m.*; trato *m. (social)*
commercial *n.*; *adj.* comercial *m.*, mercantil *m.*
commission *n.* comisión *m.*; *v.t.* comisionar
committee *n.* comité *m.*, comisión *f.*
common *adj.* común
communicate *v.t.* comunicar
communication *n.* comunicación *f.*
communion *n.* comunión *f.*
communism *n.* comunismo *m.*
communist *n.*; *adj.* comunista *m./f.*
compact *n.*; *adj.* compacto/a *m./f.*, firme, sólido/a
compact disc *n.* disco compacto *m.*
companion *n.* compañero/a *m./f.*

companionship *n.* compañía *f.*, compañerismo *m.*
company *n.* compañía *f.*
compare *v.t.* comparar; *v.i.* compararse
comparison *n.* comparación *f.*
compartment *n.* compartimiento *m.*, departamento *m.*
compass *n.* compás *m.*
compatible *adj.* compatible
competence *n.* competencia *f.*
competent *adj.* competente, capaz
competition *n.* competición *f.*
competitive *adj.* competitivo/a
complain *v.i.* quejarse, lamentarse
complaint *n.* queja *f.*, lamento *m.*; demanda *f. (law)*
complete *adj.* completo/a; *v.t.* completar
complicate *v.t.* complicar
complicated *adj.* complicado/a
compliment *n.* cumplido *m.*, piropo *m.*; *v.t.* piropear
compose *v.t.* componer
composition *n.* composición *f.*
compound *n.*; *adj.* compuesto *m. (lugar cerrado)*; *v.t.* mezclar, componer
comprehensive *adj.* comprensivo/a
comprise *v.t.* comprender, abarcar, incluir
compromise *n.* compromiso *m.*; *v.i.* comprometerse
computer *n.* computadora *f.*

conceal *v.t.* ocultar, esconder, encubrir, callar, disimular
conceit *n.* presunción *f.*, vanidad *f.*
concentrate *v.t.* concentrar; *v.i.* concentrarse
concept *n.* concepto *m.*
concern *n.* asunto *m.*; inquietud *f. (anxiety)*; *v.t.* preocupar, inquietar
concert *n.* concierto *m.*, acuerdo *m.*; *v.t.* concertar, acordar
concession *n.* concesión *m.*, privilegio *m.*
concise *adj.* conciso/a, breve
concrete *n.* hormigón *m.*; *v.t.* concretar
condemn *v.t.* condenar, censurar
condition *n.* condición *f.*, estado *m.*
condolence *n.* condolencia *f.*
condom *n.* condón *m.*
condominium *n.* condominio *m.*
conduct *n.* conductor/a *m./f.*; *v.t.* conducir, dirigir
cone *n.* cono *m.*
confess *v.t.* confesar, reconocer
confession *n.* confesión *f.*, reconocimiento *m.*
confidence *n.* confianza *f.*; secreto *m.*; confidencia *f. (revelation)*
confirm *v.t.* confirmar, corroborar
confirmation *n.* confirmación *f.*
conflict *n.* conflicto *m.*
confuse *v.t.* confundir
confusion *n.* confusión *f.*

congratulate *v.t.* felicitar
congratulation *n.* felicitación *f.*
congress *n.* congreso *m.*
conjunction *n.* conjunción *f.*
connect *v.t.* conectar, juntar, unir
connection *n.* conexión *f.*, unión *f.*
conquer *v.t.* vencer, triunfar, conquistar
conscience *n.* conciencia *f.*
conscientious *adj.* concienzudo/a, diligente
conscious *adj.* consciente
consent *n.* consentimiento *m.*, permiso *m.*; *v.t.* consentir
consequence *n.* consecuencia *f.*
conservation *n.* conservación *f.*
conserve *v.t.* conservar
consider *v.t.* considerar, pensar, meditar
consideration *n.* consideración *f.*
consist *v.i.* consistir
consolation *n.* consuelo *m.*, consolación *f.*
console *n.* consola *f.*, mesa *f.*; *v.t.* consolar
consonant *n.* consonante *f.*
constant *n.*; *adj.* constante *f.*
constellation *n.* constelación *f.*
constipation *n.* estreñimiento *m.*
constitute *v.t.* constituir
constitution *n.* constitución *f.*
consul *n.* cónsul *m.*
consulate *n.* consulado *m.*
consult *v.t.*; *v.i.* consultar
consultant *n.* consultante *m./f.*, especialista *m./f.*

consume *v.t.* consumir; comerse *(eat)*; *v.i.* consumirse
consumer *n.* consumidor/a *m./f.*
consumption *n.* consumo *m.*, gasto *m.*
contact *n.* contacto *m.*; *v.t.* contactar
contagious *adj.* contagioso/a
contain *v.t.* contener
container *n.* contenedor *m.*, recipiente *m.*, envase *m.*
contaminate *v.t.* contaminar, corromper
contend *v.i.* contender, sostener, mantener
content *n.* contenido *m.*, capacidad *f.*; *adj.* contento/a
contest *n.* competencia *f.*; *v.t.* competir
continent *n.* continente *m.*
continue *v.t.* continuar, seguir, prolongarse
continuous *adj.* continuo/a
contraceptive *n.*; *adj.* anticonceptivo/a *m./f.*
contract *n.* contrato *m.*
contrary *adj.* contrario/a
contrast *n.* contraste *m.*
contribute *v.t.* contribuir
contribution *n.* contribución *f.*
control *n.* control *m.*, autoridad *f.*, dominio *m.*, gobierno *m.*; *v.t.* controlar, regular
controller *n.* controlador/a *m./f.*
convene *v.t.* convocar; citar *(person)*; *v.i.* reunirse
convenience *n.* conveniencia *f.*, comodidad *f.*

convent *n.* convento *m.*
convention *n.* convención *f.*
conversation *n.* conversación *f.*
convert *n.* conversión *f.*;
 v.t. convertir
convey *v.t.* llevar, transportar;
 comunicar *(a meaning)*;
 traspasar *(law)*
cook *n.* cocinero/a *m./f.*;
 v.t. cocinar
cooker *n.* cocina *f.*
cookie *n.* galleta *f.*
cooking *n.* cocina *f.*, arte de
 cocinar *m.*
cool *adj.* frío; *v.t.* enfriar;
 v.i. enfriarse
cooperate *v.i.* cooperar,
 colaborar
coordinate *v.t.* coordinar
cop *n.* policía *m./f.*
copier *n.* copiador/a *m./f.*
copper *n.* cobre *m.*
copy *n.* copia *f.*; ejemplar *(book)*;
 v.t. copiar
copyright *n.* propiedad literaria
 f., derechos de autor *m./pl.*;
 v.t. reservar derechos
coral *n.* coral *m.*, coralina *f.*
cordially *adv.* cordialmente
core *n.* corazón *m.*, núcleo *m.*,
 centro *m.*
cork *n.* corcho *m.*, tapón *m.*;
 v.t. tapar con corcho, taponar
corn *n.* maíz *m.*, choclo *m.*,
 grano *m.*, cereal *m.*
corner *n.* ángulo *m.*; esquina *f.*
 (street); *v.t.* arrinconar

corporation *n.* corporación *f.*,
 concejo *m.*, cabildo *m.*,
 sociedad anónima *f.*
corpse *n.* cadáver *m.*
correct *adj.* correcto/a, exacto/a,
 justo/a; *v.t.* corregir
correction *n.* corrección *f.*,
 rectificación *f.*
correspond *v.i.* corresponder;
 escribirse, corresponderse
 (by letter)
correspondence *n.*
 correspondencia *f.*
correspondent *n.*
 correspondiente *m./f.*
corridor *n.* corredor *m.*, pasillo *m.*
corrupt *n.* corrupto/a *m./f.*;
 v.t. corromper
corruption *n.* corrupción *f.*
cost *n.* costa *f.*, precio *m.*, costo
 m.; *v.t.* costar
Costa-Rican *n.*; *adj.*
 costarriqueño/a *m./f.*
costume *n.* traje *m.*, disfraz *m.*
cot *n.* cuna *f.*, choza *f.*, cabaña *f.*
cottage *n.* casa de campo *f.*,
 chalet *m.*
cotton *n.* algodón *m.*; *adj.* de
 algodón
couch *n.* sofá *m.*; *v.t.* acostar;
 v.i. acostarse
cough *n.* tos *f.*; *v.i.* toser
council *n.* consejo *m.*, junta *f.*,
 concilio *m.*
count *v.t.* contar, calcular; creer,
 considerar *(consider)*
counter *n.* mostrador *m. (shop)*;
 contador/a *m./f. (bank)*

counterfeit *n.* impostor/a *m./f.*;
　adj. falso/a, falsificado/a;
　v.t. falsificar
country *n.* país *m.*, patria *f.*
　(fatherland); región *f. (land)*
county *n.* condado *m.*,
　provincia *f.*
couple *n.* pareja *f.*; *v.t.* enganchar,
　acoplar
courage *n.* valor *m.*, valentía *f.*
courageous *adj.* valiente
course *n.* plan *m.*, curso *m.*;
　v.t. cazar, perseguir
court *n.* corte *f. (of justice)*; patio
　m. (yard); *v.t.* cortejar,
　pretender
courtesy *n.* cortesía *f.*, favor *m.*
courtyard *n.* patio *m.*
cousin *n.* primo/a *m./f.*
cover *n.* cubierta *f.*; *v.t.* cubrir,
　abrigar
cow *n.* vaca *f.*; *v.t.* intimidar,
　acobardar
coward *n.* cobarde *m.*
crab *n.* cangrejo *m.*
crack *n.* restallido *m.*; *v.t.* restallar
cracker *n.* galleta *f.*; petardo *m.*
　(firework)
cradle *n.* cuna *f.*
craft *n.* arte *m. (skill)*; oficio
　manual *m. (occupation)*;
　barco *m. (boat)*
craftsman *n.* artesano *m.*
cramp *n.* calambre *m.*;
　v.t. acalambrar
crane *n.* grúa *f. (machine)*; grulla
　f. (bird)
crash *n.* choque *m.*; *v.t.* chocar

crate *n.* cajón de embalar *m.*,
　canasto *m.*
crawl *v.i.* arrastrarse, gatear
crazy *adj.* loco/a, chiflado/a
cream *n.* crema *f.*
crease *n.* arruga *f. (wrinkle)*;
　pliegue *m. (fold)*
create *v.t.* crear
creation *n.* creación *f.*
creature *n.* criatura *f.*
credit *n.* crédito *m.*; *v.t.* acreditar
creditor *n.* acreedor/a *m./f.*
creep *v.i.* arrastrarse; trepar *(of
　plants)*
crescent *n.* media luna *f.*;
　adj. creciente
crest *n.* cresta *f.*, penacho *m.*
crew *n.* equipo *m.*, tripulación *f.*
cricket *n.* grillo *m.*
crime *n.* crimen *m.*, ofensa *f.*,
　delito *m.*
criminal *n.*; *adj.* criminal *m.*
crippled *adj.* estropeado/a
crisis *n.* crisis *f.*
criticism *n.* crítica *f.*
criticize *v.t.* criticar
crooked *adj.* curvado/a,
　torcido/a
crop *n.* cosecha *f.*
cross *n.* cruz *f.*; *v.t.* cruzar
crossroad *n.* cruce de vía *f.*
crossword *n.* crucigrama *m.*
crouch *v.i.* agacharse,
　acurrucarse
crow *n.* cuervo *m.*
crowd *n.* muchedumbre *f.*
crowded *adj.* lleno/a, atestado/a,
　apiñado/a

crown *n.* corona *f.*
crude *adj.* crudo/a
cruel *adj.* cruel
cruise *n.* crucero *m.*
crumb *n.* migaja *f.*, miga *f.*
crumble *v.t.* desmigajar; *v.i.* desmoronarse, desmigajarse
crunch *v.t.* crujir
crush *v.t.* aplastar, moler triturar
crust *n.* corteza *f.*
crutch *n.* muleta *f.*
cry *n.* llanto *m.*; *v.t.* llorar
crystal *n.* cristal *f.*
cub *n.* cachorro/a *m./f.*
cube *n.* cubo *m.*; *v.t.* cubicar
cubicle *n.* cubículo *m.*
cuff *n.* puño *m.*; *v.t.* abofetear
cultivate *v.t.* cultivar
cultivation *n.* cultivación *m.*
cultural *adj.* cultural
culture *n.* cultura *f.*
cup *n.* taza *f.*, cáliz *m.*, copa *f.*
cupboard *n.* armario *m.*
curb *n.* freno *m.*; *v.t.* frenar
cure *n.* cura *f.*; *v.t.* curar; salar *(salt)*
curious *adj.* curioso/a
curl *n.* rulo *m.*; *v.t.* enrular
curly *adj.* enrulado/a, rizado/a, crespo/a
currency *n.* moneda *f.*, uso corriente *m.*, dinero en circulación *m.*
current *adj.* al corriente
curse *n.* maldición; *v.t.* maldecir
curtain *n.* cortina *f.*, telón *m.*; *v.t.* poner cortinas
curve *n.* curva *f.*
cushion *n.* almohadón *m.*

custard *n.* nata *f.*
custom *n.* costumbre *f.*
customer *n.* cliente *m.*
customs *n.* aduana *f.*
cut *n.* corte *m.*; *adj.* cortado/a; *v.t.* cortar, tallar, destajar
cyber *pref.* ciber
cycle *n.* ciclo *m.*
cylinder *n.* cilindro *m.*
cynical *adj.* cínico/a

D

dad *n.* papá *m.*
daddy *n.* papi *m.*
daily *adj.* diario/a, cotidiano/a
dairy *n.* lechería *f.*
dam *n.* presa *f.*; dique *m.* *(dike)*; *v.t.* represar, embalsar, cerrar
damage *n.* daño *m.*, perjuicio *m.*; *v.t.* dañar, perjudicar
damn *v.t.* condenar, maldecir, vituperar
damp *adj.* húmedo/a; *v.t.* mojar, humedecer; deprimir *(depress)*
dampen *v.t.* humedecer
dance *n.* baile *m.*, danza *f.*; *v.i.* bailar, danzar
danger *n.* peligro *m.*, riesgo *m.*
dangerous *adj.* peligroso/a
dare *n.* desafío *m.*; *v.t.* arriesgar, desafiar, provocar; *v.i.* atreverse, osar
daring *adj.* aventuroso/a, intrépido/a, audaz, atrevido/a
dark *adj.* oscuro/a; moreno/a, negro/a *(complexion)*

darken *v.t.* oscurecer; sombrear *(color)*; *v.i.* obscurecerse
darkness *n.* oscuridad *f.*, tinieblas *f./pl.*; sombra *f. (color)*
darn *n.* zurcido *m.*, remiendo *m.*; *v.t.* zurcir, remendar
dash *n.* choque *m.*, golpe *m.*; *v.t.* quebrar, estrellar
data *n.* datos *m./pl.*
date *n.* fecha *f. (period)*; cita *f. (appointment)*
daughter *n.* hija *f.*
daughter-in-law *n.* nuera *f.*
dawn *n.* amanecer *m.*, alba *f.*, madrugada *f.*; *v.i.* amanecer, alborear
day *n.* día *m.*
dead *adj.* muerto/a; inanimado/a; marchito/a *(withered)*
deaf *adj.* sordo/a
deal *n.* trato *m.*, negocio *m.*; *v.t.*; *v.i.* negociar
dealer *n.* comerciante *m.*, traficante *m.*, mercader *m.*
dear *adj.* querido/a, amado/a; encantador/a *(charming)*
death *n.* muerte *f.*, fallecimiento *m.*, defunción *f.*
debate *n.* debate *m.*, discusión *f.*; *v.t.*; *v.i.* debatir, discutir, disputar
debit *n.* débito *m.*, deuda *f.*; *v.t.* adeudar
debt *n.* deuda *f.*
decaffeinated *adj.* descafeinado

decay *v.i.* pudrirse, degenerar, marchitarse *(rot)*; cariarse *(teeth)*; desmoronarse *(crumble)*
deceit *n.* engaño *m.*, fraude *m.*, duplicidad *f.*
deceive *v.t.* engañar, defraudar, decepcionar
December *n.* diciembre *m.*
decent *adj.* decente; decoroso/a, honesto/a, púdico/a
deception *n.* decepción *f.*, engaño *m.*, ilusión *f.*
decide *v.t.*; *v.i.* decidir, resolver, acordar
decimal *n.*; *adj.* decimal *m.*
decision *n.* decisión *f.*, determinación *f.*, sentencia *f.*, fallo *f.*; acuerdo *m. (agreement)*
decisive *adj.* decisivo/a, terminante, conclusivo/a
deck *n.* cubierta *f.*; baraja *f. (cards)*; *v.t.* adornar, ataviar, decorar
declaration *n.* declaración *f.*, manifiesto *m.*, proclamación *f.*
declare *v.t.* declarar, proclamar, afirmar; testificar *(law)*
decline *n.* declinación *f.*; *v.i.* declinar
decorate *v.t.* decorar, adornar
decoration *n.* decoración *f.*, decorado *m.*; condecoración *f. (honor)*
decrease *n.* disminución *f.*; *v.t.*; *v.i.* disminuir, reducir
dedicate *v.t.* dedicar, consagrar

dedication *n.* dedicación *f.*, consagración *f.*
deduction *n.* deducción *f.*, rebaja *f.*, descuento *m.*
deed *n.* acto *m.*, acción *f.*; realidad *f. (reality)*; escritura *f.*, contrato *m. (law)*
deem *v.t.* juzgar, creer, estimar
deep *adj.* profundo/a; ancho/a *(wide)*; bajo/a *(low)*; espeso/a *(thick)*
deer *n.* ciervo/a *m./f.*, venado *m.*
default *n.* falta *f.*, rebeldía *f.*
defeat *n.* derrota *f.*; *v.t.* derrotar
defect *n.* defecto *m.*, imperfección *f.*
defend *v.t.* defender, proteger
defendant *n.* acusado/a *m./f.*, procesado/a *m./f.*
defense *n.* defensa *f.*
defer *v.t.* diferir, aplazar, suspender *(postpone)*; deferir, ceder *(yield)*
define *v.t.* definir, caracterizar
definite *adj.* definido/a, exacto/a, concreto/a
definition *n.* definición *f.*
definitive *adj.* definitivo/a
deflate *v.t.* desinflar; *v.i.* desinflarse, deshincharse
defy *v.t.* desafiar
degree *n.* grado *m.*, categoría *f.*, punto *m.*, clase social *f.*
dehydrated *adj.* deshidratado/a
delay *n.* demora *f.*; *v.t.* demorar
delete *v.t.* borrar, suprimir
deliberate *adj.* deliberado/a, intencionado/a

delicacy *n.* delicadeza *f.*, fragilidad *f.*, suavidad *f.*
delicate *adj.* delicado/a, fino/a, suave
delight *n.* deleite *m.*, encanto *m.*, delicia *f.*; *v.t.* deleitar, encantar; *v.i.* deleitarse
deliver *v.t.* entregar *(hand over)*; repartir *(distribute)*
delivery *n.* entrega *f.*, distribución *f.*, reparto *m.*
demand *n.* demanda *f.*, petición; *v.t.* exigir, demandar
democracy *n.* democracia *f.*
democratic *adj.* democrático/a
demonstrate *v.t.* demostrar, probar; *v.i.* hacer una demostración
demonstration *n.* demostración *f.*
den *n.* habitación *f.*, cuarto *m.*
dense *adj.* denso/a, espeso/a, compacto/a, tupido/a
density *n.* densidad *f.*, espesor *m.*, consistencia *f.*
dent *n.* abolladura *f.*; *v.t.* abollar
dental *adj.* dental
dentist *n.* dentista *m./f.*
deny *v.t.* negar, desmentir, rehusar, rechazar; renunciar *(give up)*
deodorant *n.*; *adj.* desodorante *m.*
depart *v.i.* marcharse, irse, partir
department *n.* departamento *m.*, sección *f.*; ramo *m. (learning)*
departure *n.* partida *f.*, ida *f.*; salida *f. (going out)*
depend *v.i.* depender

dependent *n.*; *adj.* dependiente *m.*
depict *v.t.* pintar, representar, dibujar
deport *v.t.* deportar
depot *n.* almacén *m.*, depósito *m.*
depress *v.t.* deprimir; debilitar *(weaken)*; humillar *(humble)*
depressed *adj.* deprimido/a, desalentado/a., triste, melancólico/a
depression *n.* depresión *f.*, desaliento *m.*
deprive *v.t.* privar, despojar
depth *n.* profundidad *f.*, fondo *m.*; espesor *m. (thickness)*
deputy *n.* delegado/a *m./f.*, diputado/a *m./f.*, representante *m./f.*
derive *v.t.* derivar, obtener, extraer; *v.i.* derivar de, proceder de, remontar a
descend *v.i.* descender, bajar
descent *n.* descenso *m.*, bajada *f.*
describe *v.t.* describir
description *n.* descripción *f.*
desert *n.* desierto *m.*; *v.t.* abandonar; *v.i.* desertar
deserve *v.t.*; *v.i.* merecer
design *n.* proyecto *m.*, diseño *m.*, plan *m.*; *v.t.* diseñar, dibujar, delinear, planear
designate *v.t.* designar, señalar, nombrar
designer *n.* diseñador/a *m./f.*, inventor/a *m./f.*
desirable *adj.* deseable, agradable, ventajoso/a
desire *n.* deseo *m.*; *v.t.* desear

desk *n.* escritorio *m.*, pupitre *m.*, buró *m.*
despair *n.* desespero *m.*; *v.i.* desesperar
dessert *n.* postre *m.*
destiny *n.* destino *m.*
destroy *v.t.* destruir, demoler, deshacer
destruction *n.* destrucción *f.*, demolición *f.*, ruina *f.*
detach *v.t.* despegar, separar, desprender
detain *v.t.* detener, retener *(withhold)*; arrestar, prender *(arrest)*
detect *v.t.* detectar, descubrir, averiguar; discernir *(discern)*
detection *n.* descubrimiento *m.*, percepción *f.*, averiguación *f.*
detective *n.* detective *m./f.*
detergent *n.* detergente *m.*
determination *n.* determinación *f.*, definición *f.*
determine *v.t.* determinar, definir, decidir, resolver
determined *adj.* determinado/a
develop *v.t.*; *v.i.* desarrollar, fomentar, avanzar *(make progress)*; revelar *(photo)*
development *n.* desarrollo *m.*, evolución *f.*
deviation *n.* desviación *f.*
device *n.* mecanismo *m.*
devil *n.* diablo *m.*, Satanás *m.*, demonio *m.*
devout *adj.* devoto/a, practicante
dew *n.* rocío *m.*, sereno *m.*

diabetes *n.* diabetes *f.*
diabetic *adj.* diabético/a
diagnosis *n.* diagnóstico *m.*, diagnosis *f.*
diagonal *adj.* diagonal
dial *n.* disco *m.*, esfera *f.*; *v.t.* discar
dialect *n.* dialecto *m.*, habla *m.*
dialogue *n.* diálogo *m.*
diameter *n.* diámetro *m.*
diamond *n.* diamante *m.*, brillante *m.*
diaper *n.* pañal *m.*
diarrhea *n.* diarrea *f.*
diary *n.* diario *m.*
dictate *v.t.* dictar, mandar; *n.* dictamen *m.* *(order)*
dictation *n.* dictado *m.*
dictator *n.* dictador *m.*
dictionary *n.* diccionario *m.*
die *n.* dado *m.*, cubo *m.*; *v.i.* morir, fallecer
diesel *n.* gasoil *m.*, diesel *m.*
diet *n.* dieta *f.*; *v.i.* estar a dieta
differ *v.i.* diferenciarse; contradecir *(contradict)*; disentir *(disagree)*
difference *n.* diferencia *f.*, contraste *m.*
different *adj.* diferente, distinto/a, diverso/a
difficult *adj.* difícil
difficulty *n.* dificultad *f.*
dig *v.t.*; *v.i.* cavar, excavar
digest *v.t.* clasificar, codificar; digerir *(food)*
digestion *n.* digestión *f.*; asimilación *f.* *(ideas)*

dignified *adj.* digno/a, solemne
dignity *n.* dignidad *f.*
diligent *adj.* diligente, asiduo/a, aplicado/a
dim *adj.* oscuro; *v.t.* obscurecer
dimension *n.* dimensión *f.*, extensión *f.*
diminish *v.t.* disminuir, reducir; *v.i.* reducirse, debilitarse, atenuarse
dine *v.i.* cenar; comer
dining room *n.* comedor *m.*
dinner *n.* cena *f.*
dip *n.* inmersión *f.*, baño *n.*; *v.t.* mojar
diplomat *n.* diplomático *m.*
diplomatic *adj.* diplomático/a
direct *adj.*; *adv.* directo; *v.t.* dirigir
direction *n.* dirección *f.*, rumbo *m.*, instrucción *f.*
director *n.* director/a *m./f.*
directory *n.* directorio *m.*, guía *f.*
dirt *n.* suciedad *f.*, mugre *f.*
dirty *adj.* sucio/a
disagree *v.i.* discrepar, diferir
disagreement *n.* desacuerdo *m.*, diferencia *f.*
disappear *v.i.* desaparecer
disappoint *v.t.* decepcionar
disappointment *n.* decepción *f.*, desengaño *m.*
disaster *n.* desastre *m.*, catástrofe *f.*
discipline *n.* disciplina *f.*; *v.t.* disciplinar
discount *n.* descuento *m.*, rebaja *f.*

discover *v.t.* descubrir; darse cuenta *(realize)*
discovery *n.* descubrimiento *m.*, revelación *f.*
discreet *adj.* discreto/a, prudente
discriminate *v.i.* discriminar, distinguir
discuss *v.t.* discutir; tratar *(deal with)*
discussion *n.* discusión *f.*, debate *m.*
disease *n.* enfermedad *f.*, mal *m.*
disgrace *n.* vergüenza *f.*, deshonra *f.*; *v.t.* deshonrar
disguise *n.* disfraz *m.*, máscara *f.*; *v.t.* disfrazar, cubrir, tapar
disgust *n.* repugnancia *f.*; *v.t.* repugnar
disgusting *adj.* repugnante, odioso/a, horrible, asqueroso/a
dish *n.* plato *m.*(*food*); fuente *f.* *(for dish)*
dishonest *adj.* deshonesto/a, tramposo/a, desleal
dishonesty *n.* deshonestidad *f.*, falsedad *f.*; deslealtad *f.*
disinfect *v.t.* desinfectar
disinfectant *n.* desinfectante *m.*
disk *n.* disco *m.*
diskette *n.* disco flexible *m.*
dislike *n.* antipatía *f.*; *v.t.* aborrecer
dismiss *v.t.* despedir, abandonar
disobey *v.t.*; *v.i.* desobedecer
display *n.* exhibición *f.*, presentación *f.*; *v.t.* exhibir

displease *v.t.* desagradar, ofender, enojar
dispose *v.t.*; *v.i.* disponer, inclinar
dispute *n.* disputa *f.*, pelea *f.*; *v.t.*; *v.i.* disputar
disregard *n.* descuido *m.*, omisión *f.*; *v.t.* descuidar, omitir
distance *n.* distancia *f.*, lontananza *f.*, lejanía *f.*
distant *adj.* distante, lejano/a
distill *v.t.* destilar, extraer
distinct *adj.* distinto/a, diferente
distinction *n.* distinción *f.*
distinguish *v.t.*; *v.i.* distinguir, diferenciar
distort *v.t.* distorsionar, torcer, deformar, falsear, pervertir
distract *v.t.* distraer
distress *n.* aflicción *f.*, dolor *m.*, pena *f.*
distribute *v.t.* distribuir, administrar
distribution *n.* distribución *f.*
district *n.* distrito *m.*; barrio *m.* *(town)*; jurisdicción *f.*, región *f.*, zona *f.* *(judicial)*
distrust *n.* desconfianza *f.*, sospecha *f.*; *v.t.* desconfiar, sospechar
disturb *v.t.* perturbar, interrumpir, incomodar
ditch *n.* zanja *f.*, cuneta *f.*; *v.t.* zanjar, abarrancar
dive *n.* buceo *m.*; *v.i.* bucear, sumergirse
diverse *adj.* diverso/a
divide *v.t.* dividir, partir, separar

division *n.* división *f.*, separación *f.*
divorce *n.* divorcio *m.*; *v.t.* divorciar; *v.i.* divorciarse
divorced *adj.* divorciado/a
dizziness *n.* mareo *m.*, vértigo *m.*
dizzy *adj.* mareado/a, vertiginoso/a
do *v.t.*; *v.t.* hacer, ejecutar
dock *n.* muelle *m.*; *v.i.* atracar al muelle
doctor *n.* doctor/a *m./f.*
dog *n.* perro/a *m./f.*
doll *n.* muñeco/a *m./f.*
dollar *n.* dólar *m.*
dolphin *n.* delfín *m.*
domain *n.* territorio *m.*, propiedad *f.*; dominio *m. (empire)*
dome *n.* cúpula *f.*, bóveda *f.*; palacio *m. (palace)*
domestic *adj.* doméstico/a
dominate *v.t.* dominar
domination *n.* dominación *f.*
domino *n.* dominó *m.*
donate *v.t.* donar
donation *n.* donación *f.*
donkey *n.* burro/a *m./f.*
door *n.* puerta *f.*
doorbell *n.* timbre *m.*
doorman *n.* portero *m.*
dose *n.* dosis *f.*
dot *n.* punto *m.*; *v.t.* poner punto
double *adj.* doble
doubt *n.* duda *f.*, incertidumbre *f.*, sospecha *f.*; *v.t.* dudar
doubtful *adj.* dudoso/a, incierto/a

dough *n.* masa *f.*, pasta *f.*
dove *n.* paloma *f.*
down *n.*; *adv.* abajo, pendiente; plumón *m. (plumage)*
dozen *n.* docena *f.*
draft *n.* redacción *f.*, destacamento *m. (detachment)*
drag *n.* rastrillo *m.*; *v.t.* arrastrar
dragon *n.* dragón *m.*
drain *n.* desagüe *m.*; *v.t.* desaguar
drama *n.* drama *m.*
draw *v.t.*; *v.i.* tirar, arrastrar, traer; extraer *(extract)*
drawing *n.* dibujo *m.*
dread *n.* miedo *m.*; *v.t.* temer
dream *n.* sueño *m.*, ilusión *f.*, fantasía *f.*
dreary *adj.* aburrido/a, triste, melancólico/a
dress *n.* vestido *m.*; *v.t.*; *v.i.* vestir
drift *n.* arrastramiento *m.*; *v.i.* arrastrar
drill *n.* taladro *m.*; *v.t.* taladrar
drink *n.* bebida *f.*; *v.t.* beber, tomar
drive *n.* paseo *m.*; *v.t.* manejar, empujar, arrojar, conducir
driver *n.* chofer *m.*, conductor *m.*, maquinista *f.*
drizzle *n.* llovizna *f.*; *v.i.* lloviznar
drop *n.* gota *f.*; *v.t.* caer
drown *v.t.* ahogar, sumergir, inundar; *v.i.* ahogarse
drug *n.* droga *f.*, medicamento *m.*, narcótico *m.*; *v.t.* narcotizar; *v.i.* drogarse

drum *n.* tambor *m.*
drunk *adj.* borracho/a, ebrio/a
dry *adj.* seco/a, árido, estéril; *v.t.* secar; *v.i.* secarse
dry cleaner *n.* tintorero/a *m./f.*
dry cleaning *n.* tintorería *f.*
dryer *n.* secador/a *m./f.*
duck *n.* pato *m.*
due *adj.* debido/a; pagadero/a *(payable)*; vencido/a *(fallen due)*
dull *adj.* opaco/a; lerdo/a, estúpido/a *(stupid)*
dumb *adj.* mudo/a, callado/a; tonto/a, estúpido/a *(stupid)*
dung *n.* excremento *m.*, estiércol *m.*
during *prep.* durante
dusk *n.* crepúsculo *m.*, atardecer *m.*, anochecer *m.*
dust *n.* polvo *m.*; *v.t.* sacudir
duster *n.* plumero *m.*
dusty *adj.* polvoriento/a
duty *n.* obligación *f.*
dwell *v.i.* vivir, habitar
dwelling *n.* vivienda *f.*
dye *n.* tinte *m.*; *v.t.* teñir
dyeing *adj.* teñido/a
dynamic *adj.* dinámico/a

E

each *adj.* cada
eager *adj.* ansioso/a, impaciente
eagle *n.* águila *f.*
ear *n.* oreja *f.*
earache *n.* dolor de oídos *m.*
early *adj.*; *adv.* temprano/a, primitivo/a, adelantado/a

earn *v.i.* ganar, obtener, adquirir; merecer *(deserve)*
earnest *adj.* sincero/a, serio/a, diligente
earnings *n.* ganancias *f./pl.*, ingresos *m./pl.*
earphone *n.* audífono *m.*
earplug *n.* tapón de oídos *m.*
earring *n.* aro *m.*, caravana *f.*, pendiente *m.*
earth *n.* tierra *f.*
earthquake *n.* terremoto *m.*, temblor de tierra *m.*
east *n.*; *adj.*; *adv.* este *m.*, oriente *m.*
eastern *adj.* del este, del oriente, oriental
easy *adj.* fácil, sencillo/a
eat *v.t.*; *v.i.* comer
eccentric *adj.* excéntrico/a, raro/a, extravagante, original
echo *n.* eco *m.*, resonancia *f.*
economical *adj.* económico/a
economics *n.* economía *f.*, política *f.*
economist *n.* economista *m./f.*
economy *n.* economía *f.*
edge *n.* borde *m.*, filo *m.*
edible *adj.* comestible
edit *v.t.* editar, redactar
edition *n.* edición *f.*, tirada *f.*
educate *v.t.* educar, formar
education *n.* educación *f,* enseñanza *f.*
educational *adj.* educativo/a, instructivo/a
eel *n.* anguila *f.*
effect *n.* efecto *m.*, impresión *f.*

effective *adj.* efectivo/a, eficaz
effort *n.* esfuerzo *m.*
egg *n.* huevo *m.*
eggplant *n.* berenjena *f.*
Egyptian *n.; adj.* egipcio *m.*, egipcia *f.*
eight *num.* ocho
eighteen *num.* dieciocho
eighteenth *adj.* décimoctavo/a
eighth *adj.* octavo/a
eighty *num.* ochenta
either *adj.* cualquier/a, de los dos
elastic *n.; adj.* elástico *m.*, elástica *f.*
elbow *n.* codo *m.*, ángulo *m.*
elderly *adj.* mayor
elect *n.* electo/a *m.; v.t.* elegir
election *n.* elección *f.*, predestinación *f.*
electric *adj.* eléctrico/a
electricity *n.* electricidad *f.*
electronic *adj.* electrónico/a
elegant *adj.* elegante, bello/a
element *n.* elemento *m.*, ingrediente *m.*, factor *m.*
elementary *adj.* elemental, lo elemental, rudimentario/a
elephant *n.* elefante *m.*
elevator *n.* elevador *m.*, ascensor *m.*
eleven *num.* once
eleventh *adj.* undécimo/a
eliminate *v.t.* eliminar, quitar
else *adj.; adv.* más; otra cosa *(instead)*
e-mail *n.* correo electrónico *m.; v.t.* enviar correo electrónico

embargo *n.* prohibición *f.*, embargo *m.; v.t.* embargar
embark *v.t.* embarcar; *v.i.* embarcarse, lanzarse
embarrass *n.* desconcierto *m.; v.t.* desconcertar
embassy *n.* embajada *f.*
emblem *n.* emblema *m.*
embrace *n.* abrazo *m.; v.t.* abrazar
embroider *v.t.* bordar
embroidery *n.* bordado *m.*
emerge *v.i.* salir, emerger, surgir
emergency *n.* emergencia *f.*
emigrant *n.* emigrante *m./f.*
emigrate *v.i.* emigrar
emigration *n.* emigración *f.*
emit *v.t.* emitir, despedir, exhalar
emotion *n.* emoción *f.*
emperor *n.* emperador *m.*
emphasis *n.* énfasis *m.*, hincapié *m.*, acentuación *f.*
emphasize *v.t.* enfatizar, subrayar, acentuar
empire *n.* imperio *m.*
employ *n.* empleo *m.*, servicio *m.; v.t.* emplear
employee *n.* empleado/a *m./f.*
employer *n.* empresario/a *m./f.*
employment *n.* empleo *m.*, uso *m.*, ocupación *f.*
empty *adj.* vacío; *v.t.* vaciar
enable *v.t.* permitir, capacitar, autorizar
enamel *n.* esmalte *m.; v.t.* esmaltar
enclose *v.t.* adjuntar, encerrar, cercar

enclosure *n.* encierro *m.*, carta adjunta *f.*
encounter *n.* encuentro *m.*; *v.t.* encontrar
encourage *v.t.* animar, estimular, aprobar
encyclopedia *n.* enciclopedia *f.*
end *n.* fin *m.*, extremidad *f.*, extremo *m.*; *v.i.* terminar, finalizar
ending *n.* final *m.*, fin *m.*, conclusión *f.*
endorse *v.t.* endosar, garantizar, apoyar, confirmar
endurance *n.* aguante *f.*, resistencia *f.*, tolerancia *f.*
endure *v.t.* aguantar, soportar, tolerar
enemy *n.* enemigo/a *m./f.*
energetic *adj.* enérgico/a, energético/a
energy *n.* energía *f.*
engagement *n.* compromiso *m.*
engine *n.* motor *m.*, máquina *f.*
engineer *n.* ingeniero *m.*, mecánico *m.*; *v.t.* gestionar, arreglar
English *n.*; *adj.* inglés *m.*, inglesa *f.*
engrave *v.t.* grabar, esculpir, cincelar
engraving *n.* estampa *f.*, lámina *f.*, grabado *m.*
enjoy *v.t.* disfrutar
enjoyment *n.* goce *m.*, satisfacción *f.*
enlarge *v.t.* agrandar, aumentar, ensanchar, extender, ampliar

enormous *adj.* enorme, colosal
enough *adj.*; *adv.* suficiente, bastante
enquire *v.t.* inquirir
ensure *v.t.* asegurar, garantizar
enter *v.i.* entrar, ingresar, penetrar
enterprise *n.* empresa *f.*, aventura *f.*; iniciativa *f.*, empuje *m. (spirit)*
entertain *v.t.* entretener
entertainer *n.* artista *m./f.*
entertaining *adj.* entretenimiento
entertainment *n.* fiesta *f.*, reunión *f.*
enthusiasm *n.* entusiasmo *m.*
entire *adj.* entero/a, completo/a, intacto/a, absoluto/a
entrance *n.* entrada *f.*; *v.t.* encantar, fascinar
entrust *v.t.* confiar, encomendar
entry *n.* entrada *f.*, callejuela *f.*
envelop *v.t.* envolver
envelope *n.* sobre *m.*
envious *adj.* envidioso/a
environment *n.* medio ambiente *m.*
environs *n.* suburbio *m.*, inmediaciones *f./pl.*
envy *n.* envidia *f.*; *v.t.* envidiar
epidemic *n.*; *adj.* epidémico/a; epidemia *f.*, plaga *f.*
epilepsy *n.* epilepsia *f.*
equal *adj.* igual, uniforme, equitativo/a, justo/a; *v.t.* igualar

equality *n.* igualdad *f.*, uniformidad *f.*
equator *n.* ecuador *m.*
equip *v.t.* equipar, proveer
equipment *n.* equipo *m.*
equity *n.* justicia *f.*, equidad *f.*
equivalent *adj.* equivalente
era *n.* era *f.*, época *f.*
erase *v.t.* borrar, tachar
eraser *n.* borrador *m.*, goma de borrar *f.*
erect *adj.* parado/a; *v.t.* edificar, construir *(build)*; alzar, convertir
errand *n.* recado *m.*, mensaje *m.*
error *n.* error *m.*
escalator *n.* escalera *f.*
escape *n.* escape *m.*, huída *f.*, fuga *f.*; *v.t.* escapar
escort *n.* acompañante *m.*; *v.t.* acompañar
especially *adv.* especialmente, ante todo, en particular
essay *n.* ensayo *m.*, tentativa *f.*, composición *f.*
essence *n.* esencia *f.*
essential *adj.* esencial, indispensable, imprescindible
establish *v.t.* establecer, fundar, crear
estate *n.* estado *m.*, clase *f.*, condición *f.*
estimate *n.* presupuesto *m.*, estimado *m.*, tasa *f.*; *v.t.*; *v.i.* presupuestar, estimar, tasar
etcetera *n.* etcétera *f.*
eternal *adj.* eterno/a, incesante
ethical *adj.* ético/a, moral

euro *n.* euro *m.* (moneda Europea)
European *n.*; *adj.* europeo/a *m./f.*
European Union *n.* Unión Europea *f.*
evacuate *v.t.* evacuar
evacuation *n.* evacuación *f.*
evaluation *n.* evaluación *f.*, estimación *f.*
eve *n.* víspera *f.*, vigilia *f.*
even *adj.* justo/a ; *v.t.* ajustar
evening *n.* noche *f.*, tarde *f.*, atardecer *m.*
event *n.* evento *m.*
ever *adv.* siempre; nunca
every *adj.* todo; cada
everybody *pron.* todo el mundo, todos
everyone *pron.* todos
everything *pron.* todo
everywhere *adv.* todos lados
evidence *n.* evidencia *f.*, testimonio *m.*
evident *adj.* evidente, patente, claro
evil *n.* mal *m.*; *adj.* malo/a, malvado/a
exact *adj.* exacto/a, preciso/a
exaggerate *v.t.*; *v.i.* exagerar
exaggeration *n.* exageración *m.*
examination *n.* examen *m.*, inspección *f.*, investigación *f.*
examine *v.t.* examinar, inspeccionar, investigar
example *n.* ejemplo *m.*, ejemplar *m.*
excavation *n.* excavación *f.*

exceed *v.t.* exceder, superar, aventajar
excellent *adj.* excelente, superior, perfecto/a, magnífico/a
except *prep.* excepto; *v.t.* exceptuar
exception *n.* excepción *f.*
excess *n.* exceso *m.*, demasía *f.*, superabundancia *f.*
exchange *n.* cambio *m.*, trueque *m.*
excite *v.t.* excitar, emocionar, conmover
excitement *n.* conmoción *f.*, agitación *f.*, emoción *f.*
exclaim *v.t.*; *v.i.* exclamar
exclude *v.t.* excluir, exceptuar, evitar; rechazar *(refuse)*
excuse *n.* excusa *f.*, disculpa *f.*; *v.t.* disculpar
execute *v.t.* ejecutar
executive *n.* ejecutivo *m.*, administrativo *m.*, poder ejecutivo *m.*
exempt *v.t.* eximir, librar, dispensar
exemption *n.* exención *f.*, libertad *f.*, inmunidad *f.*
exhale *v.i.* exhalar, emitir, despedir, *v.i.* evaporarse, disiparse
exhaust *adj.* exhausto/a; *v.t.* agotar; vaciar *(empty)*; acabar *(end)*
exhibit *n.* objeto exhibido *m.*; *v.t.* exhibir, manifestar, ostentar
exile *n.* exilio *m.*, destierro *m.*; *v.t.* exiliar, desterrar

exist *v.i.* existir
existence *n.* existencia *f.*; ser *m.* *(being)*; vida *f.* *(life)*
expand *v.t.* expandir, extender, abrir; desplegar *(wings)*
expansion *n.* expansión *f.*, extensión *f.*, dilatación *f.*
expect *v.t.* esperar; aguardar *(await)*; suponer *(suppose)*
expectation *n.* expectación *f.*, esperanza *f.*, expectativa *f.*
expel *v.t.* expulsar, expeler, echar, arrojar, despedir
expense *n.* gasto *m.*, pérdida *f.*
expensive *adj.* caro/a, costoso/a
experience *n.* experiencia *f.*; *v.t.* experimentar
expert *adj.* experto/a, hábil, especialista
explain *v.t.* explicar, aclarar, demostrar, exponer; justificar *(justify)*
explanation *n.* explicación *f.*, aclaración *f.*
explode *v.t.* explotar, estallar, detonar, reventar; *v.i.* hacer estallar
explore *v.t.* explorar, examinar, averiguar, investigar
explosion *n.* explosión *f.*, estallido *m.*, detonación *f.*
export *n.* exportación *f.*; *v.t.* exportar
expose *v.t.* exponer, arriesgar; exhibir *(exhibit)*
exposure *n.* exposición *f.*; orientación *f.* *(aspect)*; revelación *f.*, escándalo *m.* *(scandal)*

express *adj.* expreso/a, exacto/a; *v.t.* expresar; mandar por expreso *(a letter)*
extend *v.t.* extender, prolongar
extension *n.* extensión *f.*, expansión *f.*
external *adj.* externo/a, exterior
extinguish *v.t.* extinguir, apagar
extra *n.*; *adj.* adicional, extra *m.*
extract *n.* extracto *m.*; *v.t.* extractar, sacar, extraer
extradite *v.t.* conceder, entregar por extradición
extraordinary *adj.* extraordinario/a
extreme *adj.* extremo/a
eye *n.* ojo *m.*; vista *f. (sight)*; mirada *f. (look)*
eyeball *n.* globo ocular *m.*
eyebrow *n.* ceja *f.*
eyelash *n.* pestaña *f.*
eyelid *n.* párpado *m.*

F

fabric *n.* obra *f.*, fábrica *f.*; manufactura *f. (making)*; tela *f.*, tejido *m.*, paño *m. (cloth)*
facade *n.* fachada *f.*, frente *m.*
face *n.* superficie *f.*; cara *f. (person)*
facial *adj.* facial
facilitate *v.t.* facilitar
facility *n.* facilidad *f.*, habilidad *f.*, destreza *f.*
fact *n.* hecho *m.*, realidad *f.*, suceso *m.*
factory *n.* fábrica *f.*, estructura *f.*, construcción *f.*

faculty *n.* facultad *f.*; habilidad *f. (talent)*; facultad *f. (university division)*
fad *n.* manía *f.*, novedad *f.*
fade *v.t.* descolorar; *v.i.* marchitarse, secarse, palidecer, descolorarse
fail *v.i.* fallar, faltar, fracasar; decaer, acabarse *(strength)*
failure *n.* fracaso *m.*, suspensión *f.*
faint *n.* mareo *m.*, desmayo *m.*; *v.i.* marear, desmayar; *adj.* mareado/a, desmayado/a
fair *n.* feria *f.*; *adj.* justo/a, bello/a, hermoso/a, rubio/a, blanco/a
fairy *n.* hada *f.*, duende *m.*
faith *n.* fe *f.*, confianza *f.*, creencia *f.*, religión *f. (doctrine)*
faithful *adj.* fiel, leal
fall *n.* caída *f.*, otoño *m.*; *v.i.* caer
false *adj.* falso/a, incorrecto/a, erróneo/a, equivocado/a
falsify *v.t.* falsificar, falsear; defraudar, frustrar *(disappoint)*
fame *n.* fama *f.*, reputación *f.*; celebridad *f.*, renombre *n. (renown)*
familiar *adj.* familiar, íntimo/a, afable, amistoso/a
family *n.* familia *f.*; linaje *m.*, abolengo *m. (lineage)*
famous *adj.* famoso/a, célebre, renombrado/a

fan *n.* aficionado *m.(amateur)*; ventilador *m. (windmill)*
fantasy *adj.* fantasía *f.*, imaginación *f.*; idea *f. (idea)*
far *adj.; adv.* lejos, lejano/a, distante
faraway *adj.* lejos de
fare *n.* precio *m.*, costo *m.*, pasaje *m.*
farm *n.* granja *f.*, hacienda *f.*, quinta *f.*, finca *f.*, chacra *f.*
farmer *n.* granjero/a *m./f.*, quintero/a *m./f.*, hacendado *m.*
farsighted *adj.* que puede ver de lejos
fascinate *v.t.* fascinar, encantar
fascination *n.* fascinación *f.*, encanto *m.*
fashion *n.* moda *f. (vogue)*; costumbre *f. (custom)*
fashionable *adj.* moderno/a, elegante, de moda
fast *adj.* rápido/a; firme *(firm)*; seguro/a *(secure)*
fasten *v.t.* abrochar, sujetar, atar
fat *n.* grasa *f.*, gordura *f.*; *adj.* gordo/a, grueso/a, mantecoso/a
fatal *adj.* fatal, mortal, funesto/a
father *n.* padre *m.*; *v.t.* prohijar, adoptar
fatherhood *n.* paternidad *f.*
father-in-law *n.* suegro *m.*
fatty *adj.* grasoso/a, grasiento/a, graso
faucet *n.* grifo *m.*, canilla *f.*, llave *f.*
fault *n.* culpa *f. (blame)*; falta *f. (mistake)*
faulty *adj.* erróneo/a, defectuoso/a
favor *n.* favoritismo *m.*, favor *m.*; *v.t.* favorecer
favorite *adj.* favorito/a, predilecto/a, preferido/a
fax *n.* envío de documentos electrónicamente *m.*; *v.t.* enviar un fax
fear *n.* miedo *m.*, temor *m.*; *v.t.* temer
feasible *adj.* factible
feast *n.* fiesta *f.*, banquete *m.*
feather *n.* pluma *f.*
February *n.* febrero *m.*
fee *n.* tarifa *f.*, honorario *m.*, cuota *f.*
feed *n.* alimento *m.*; *v.t.* alimentar
feel *n.* sensación *f.*; *v.t.*; *v.i.* tocar, mirar, sentir
feeling *n.* sentimiento *m.*; tacto *m. (touch)*
fellow *n.* hombre *m.*, compañero/a *m./f.*
female *n.*; *adj.* femenino, hembra *f.*
feminine *adj.* femenina
fence *n.* portón *m.*, cerca *f.*
fender *n.* guardafuegos *m.*, guardabarros *m.*
ferment *n.* fermento *m.*, fermentación *f.*; *v.t.* fermentar
fern *n.* helecho *m.*
ferry *n.* trasbordador *m.*
fertile *adj.* fértil, fecundo/a
festival *n.* festival *m.*, festividad *f.*, fiesta *f.*

fever *n.* fiebre *f.*
few *n.* poco/a *m./f.*
fiber *n.* fibra *f.*
fiction *n.* ficción *f.*, invención *f.*
fiddle *n.* violín *m.*; *v.t.* tocar
field *n.* campo *m.*, prado *m.*, pradera *f.*
fierce *adj.* feroz, salvaje, cruel
fifteen *num.* quince
fifteenth *adj.* décimoquinto/a
fifth *adj.* quinto/a
fiftieth *adj.* quincuagésimo/a
fifty *num.* cincuenta
fig *n.* higo *m.*
fight *n.* lucha *f.*, pelea *f.*; *v.t.*; *v.i.* pelear, luchar
figure *n.* figura *f.*, forma *f.*; *v.t.*; *v.i.* imaginar
file *n.* fila *f.*, hilera *f.*, línea *f.*; *v.t.* limar, archivar
fill *v.t.* llenar, rellenar
filling *n.* relleno *m.*
film *n.* película *f.*, filmación *f.*; *v.t.*; *v.i.* filmar
filter *n.* filtro *m.*; *v.t.* filtrar; *v.i.* infiltrarse
filthy *adj.* asqueroso/a, inmundo/a, obsceno/a
final *adj.* final, último/a
finally *adv.* finalmente, por fin
finance *n.* finanzas *f.*, hacienda pública *f.*
financial *adj.* financiero/a, monetario/a
find *v.t.* hallar, encontrar; descubrir *(discover)*
fine *n.* multa *f.*; *adj.* delicado/a *m./f.*, fino/a *m./f.*

finger *n.* dedo *m.*; *v.t.* manosear, tocar
fingerprint *n.* huella digital *f.*
finish *n.* conclusión *f.*; *v.t.*; *v.i.* terminar, acabar, concluir
fire *n.* fuego *m.* *(burn)*, despido *m.*; *v.t.* despedir *(dismiss)*, encender *(bricks)*
firm *adj.* firme; fuerte *(strong)*; seguro/a *(secure)*
first *adj.*; *adv.* primero/a, principio
fish *n.* pez *m.*; *v.t.*; *v.i.* pescar, sospechar
fisherman *n.* pescador *m.*
fist *n.* puño *m.*
fit *adj.* propio/a, adecuado/a, conveniente; *v.t.* ajustar, acomodar; *v.i.* ajustarse
fitness *n.* en buen estado físico *m.*
five *num.* cinco
fix *n.* aprieto *m*, apuro *m.*, callejón sin salida; *v.t.* fijar, sujetar, arreglar
flag *n.* bandera *f.*, pabellón *m.*; *v.i.* flaquear, debilitarse, languidecer
flame *n.* flama *f.*, llama *f.*, fuego *m.*; *v.i.* flamear, llamear, arder
flannel *n.* franela *f.*
flap *n.* golpe *m.*; *v.i.* sacudir, golpear, batir
flash *n.* destello *m.*, relámpago *m.*, centello *m.*; *v.i.* destellar
flat *adj.* plano/a, desinflado/a
flatter *v.t.* adular, lisonjear, halagar

flavor *n.* gusto *m.*, sabor *m.*, condimento *m.*; *v.t.* saborear, sazonar, condimentar
flaw *n.* defecto *m.*, desperfecto *m.*, imperfección *f.*
flea *n.* pulga *f.*
flee *v.i.* evitar, escapar, huir, fugarse
fleet *n.* flota *f.*, flete *m.*; armada *f. (navy)*
flesh *n.* carne *f.*, género humano *m. (mankind)*
flight *n.* vuelo *m.*
flirt *n.* coqueteo *m.*; *v.i.* coquetear
float *n.* balsa *f.*; *v.i.* flotar
flock *n.* rebaño *m.*, manada *f.*
flood *n.* inundación *f.*; diluvio *m. (Bible)*
floor *n.* piso *m.*, suelo *m.*
florist *n.* florista *m./f.*
flour *n.* harina *f.*; *v.t.* enharinar
flow *n.* corriente *f.*, flujo *m.*, chorro *m.*; *v.i.* fluir
flower *n.* flor *f.*; *v.i.* florecer
flower shop *n.* florería *f.*
flu *n.* gripe *f.*
fluent *adj.* fluyente, fluido/a, fácil
fluid *n.*; *adj.* fluido/a *m./f.*
fly *n.* mosca *f.*; *v.i.* volar
foam *n.* espuma *f.*; *v.t.* espumar
focus *n.* foco *m.*; *v.t.* enfocar
fog *n.* niebla *f.*, neblina *f.*; *v.t.* obscurecer
foggy *adj.* nebuloso, brumoso
fold *n.* pliegue *m.*; *v.t.* doblar
folder *n.* carpeta *f.*, sobre *m.*

follow *v.i.* seguir; perseguir *(persue)*
following *adj.* siguiente, próximo/a
fond *adj.* cariñoso/a, tierno/a, afectuoso/a
food *n.* comida *f.*, alimento *m.*
fool *n.* tontería *f.*; tonto/a *m./f. (person)*
foolish *adj.* insensato/a, tonto/a, imprudente, estúpido/a
foot *n.* pie *m.*; pata *f. (animal)*
football *n.* fútbol *m.*
for *prep.* por, para
forbid *v.t.* prohibir, impedir
forbidden *adj.* inhóspito/a, prohibido/a, ilícito/a
force *n.* fuerza *f.*, violencia *f.*; *v.t.* forzar, obligar
forearm *n.* antebrazo *m.*; *v.t.* armar de antemano, preparar
forecast *n.* predicción *f.*, pronóstico *m.*
forehead *n.* frente *m.*
foreign *adj.* extranjero/a, ajeno/a
foreigner *n.* extranjero/a *m./f.*
foresight *n.* previsión *f.*, presencia *f.*, prudencia *f.*
forest *n.* selva *f.*, bosque *m.*; *v.t.* arbolar
forever *adv.* para siempre, por siempre
foreword *n.* prefacio *m.*, prólogo *m.*, introducción *m.*
forget *v.t.* olvidar, descuidar; *v.i.* olvidarse

forgive *v.t.* perdonar, disculpar; remitir *(debts)*
fork *n.* tenedor *m.*
form *n.* forma *f.*, figura *f.*; *v.t.* formar
formal *adj.* formal, solemne, ceremonial
format *n.* formato *m.*
former *adj.* anterior, antiguo/a
formula *n.* fórmula *f.*
fort *n.* fortín *m.*, fortaleza *f.*, fuerte *m.*
fortieth *adj.* cuadragésimo/a
fortnight *n.* quincena *f.*
fortress *n.* fortaleza *f.*
fortunate *adj.* afortunado/a, dichoso/a, próspero/a
fortune *n.* fortuna *f.*, suerte *f.*
forty *num.* cuarenta
forward *adv.* avanzado/a, adelantado/a
fossil *n.* fósil *m.*
foster *adj.* adoptivo/a; *v.t.* provocar, promover, suscitar
found *v.t.* fundar *(create)*, fundir *(metal, glass)*
foundation *n.* fundación *f.*, construcción *f.*, fundamento *m.*, establecimiento *m.*
founder *n.* fundador/a *m./f.*; fundidor/a *m./f. (of metals)*
fountain *n.* fuente *f.*, manantial *(spring)*; chorro *(jet)*
four *num.* cuatro
fourteen *num.* catorce
fourteenth *adj.* décimocuarto/a
fourth *adj.* cuarto/a
fowl *n.* ave de corral *m.*

fox *n.* zorro/a *m./f.*; *v.i.* disimular
fraction *n.* fracción *f.*, fragmento *m.*
fragile *adj.* frágil, sensible
frame *n.* marco *m.*, armazón *m.*, cuadro *m.*; *v.t.* enmarcar
frantic *adj.* frenético/a, loco/a
fraud *n.* fraude *m.*, engaño *m.*, embuste *m.*; farsante *m./f.*, embustero/a *m./f. (person)*
free *adj.* libre, independiente, abierto/a, voluntario/a, gratis
freedom *n.* libertad *f.*, independencia *f.*
freeze *v.t.* congelar, helar; *v.i.* congelarse, helarse
freight *n.* flete *m*, vía de transportación *f.*
French *n.*; *adj.* francés *m.*, francesa *f.*
frequency *n.* frecuencia *f.*
frequent *adj.* frecuente
frequently *adv.* frecuentemente, con frecuencia, comúnmente
fresh *adj.* fresco/a
Friday *n.* viernes *m.*
fried *adj.* frito/a
friend *n.* amigo/a *m./f.*, conocido/a *m./f.*
friendly *adj.* amigable, simpático/a
friendship *n.* amistad *f.*
fright *n.* susto *m.*, miedo *m.*, terror *m.*, *v.t.* asustar
frighten *v.t.* espantar, alarmar, asustar
frightening *adj.* alarmante, horrible, que da miedo

frog *n.* rana *f.*
from *prep.* de, desde
front *n.; adj.* frente *m.*, cara *f.*
frontier *n.* frontera *f.*, límite *m.*; *adj.* fronterizo
frost *n.* escarcha *f.*, helada *f.*; *v.t.* helar, escarchar
frown *n.* ceño *m.; v.i.* ceñir
frozen *adj.* congelado/a, helado/a
fruit *n.* fruto/a *m./f.; v.i.* frutar, dar fruto
frustrate *v.t.* frustrar, defraudar, malograr, destruir, anular
frustrated *adj.* frustrado/a
frustration *n.* frustración *f.*
fry *n.* fritada *f.; v.t.* freír; *v.i.* freírse
frying pan *n.* sartén *f.*
fuel *n.* combustible *m.*, gasolina *f.; v.t.* llenar con combustible
fugitive *adj.* fugitivo/a
full *adj.* lleno/a, colmado/a
fun *n.* diversión *f.*, entretenimiento *m.*
function *n.* función *f.*; *v.i.* funcionar
fund *n.* fondo *m.*
fundamental *adj.* fundamental, básico/a, esencial
funeral *n.* funeral *m.*; *adj.* fúnebre, funerario/a
fungus *n.* hongo *m.*
funny *adj.* divertido/a, chistoso/a, cómico/a
fur *n.* pelo *m.*, piel *f.; v.t.* cubrir con pieles
furious *adj.* furioso/a
furnace *n.* horno *m.*, fogón *m.*

furnish *v.t.* amueblar, equipar, proveer; proporcionar, producir *(an opportunity)*
furniture *n.* mueble *m.*, mobiliario *m.*
further *adv.* otro/a, nuevo/a, adicional
fuselage *n.* fuselaje *m.*
future *n.; adj.* futuro/a *m./f.*

G

gain *n.* ganancia *n.; v.t.* ganar
gall *n.* matadura *f. (on horses)*; *v.t.* irritar
gallery *n.* galería *f.*, pasillo *m.*
gallon *n.* galón *m.*
gallop *n.* galope *m.; v.i.* galopar
gallstone *n.* cálculo biliar *m.*
game *n.* juego *m.*, partido *m.*; trampa *f. (trick)*
gang *n.* ganga *f.*, banda *f.*, cuadrilla *f.*, pandilla *f.*
gap *n.* hueco *m.*, brecha *f.*, abertura *f.*
garage *n.* garaje *m.*
garbage *n.* basura *f.*, inmundicia *f.*
garden *n.* jardín *m.; v.i.* trabajar en el jardín
gardener *n.* jardinero/a *m.*
gargle *n.* gargarismo *m.*, gárgaras *f./pl.; v.i.* gargarizar
garlic *n.* ajo *m.*
garment *n.* traje *m.*, prenda *f.*
gas *n.* gas *m.*
gasoline *n.* gasolina *f.*
gassy *adj.* gaseoso/a

gate *n.* puerta *f.*, barrera *f.*, entrada *f.*
gather *v.t.* reunir *(assemble)*; acumular *(amass)*; *v.i.* reunirse, congregarse
gauge *n.* medidor *m.*, calibre *m.*; *v.t.* medir; juzgar *(judge)*
gay *adj.* alegre; homosexual
gear *n.* engranaje *m.*; juego *m.*
gem *n.* gema *f.*, piedra preciosa *f.*, joya *f.*, alhaja *f.*; *v.t.* enjoyar
gender *n.* género *m.*, sexo *m.*
general *n.*; *adj.* general
generally *adv.* generalmente, comúnmente
generate *v.t.* generar, engendrar, procrear
generation *n.* generación *f.*
generous *adj.* generoso/a; abundante
genetic *adj.* genético
genital *adj.* genital
genitals *n.* genitales *m./pl.*
genius *n.* genio *m.*
gentle *adj.* lento/a, suave, despacio
gentleman *n.* caballero *m.*
geography *n.* geografía *f.*
geology *n.* geología *f.*
germ *n.* microbio *m.*, embrión *m.*, germen *m.*, bacilo *m.*
German *n.*; *adj.* alemán *m.*, alemana *f.*
gesture *n.* gesto *m.*; *v.i.* gesticular
get *v.t.* obtener *(obtain)*; adquirir *(acquire)*, comprar *(buy)*; tomar *(get)*; recibir *(receive)*
ghost *n.* fantasma *m.*, espectro *m.*

giant *n.*; *adj.* gigante *m.*
gift *n.* regalo *m.*; don *m.*, talento *m.(quality)*
gild *v.t.* enchapar, bañar en oro
gill *n.* agalla *f.*
gilt *n.*; *adj.* dorado/a *m./f.*
gin *n.* ginebra *f.*, trampa *f.*
girl *n.* niña *f.*, chica *f.*, muchacha *f.*
girlfriend *n.* amiga *f.*, novia *f.*
give *v.t.* dar; regalar *(a present)*; otorgar *(grant)*
glad *adj.* alegre
glamour *n.* encanto *m.*
glance *n.* vistazo *m.*, desviación *f. (proyectile)*; *v.i.* ojear
gland *n.* glándula *f.*
glare *n.* resplandor *m.*, brillo *m.*, fulgor *m.*; *v.i.* resplandecer
glass *n.* vidrio *m.*, cristal *m.*; vaso *m.*, copa *f. (for drinking)*
glimpse *n.* vistazo *m.*; *v.t.* entrever
global *adj.* global, mundial
globe *n.* globo *m.*
gloom *n.* oscuridad *f.*
gloomy *adj.* oscuro/a
glory *n.* gloria *f.*
glove *n.* guante *m.*
glow *n.* brillo *m.*, claridad *f.*; *v.i.* brillar
glue *n.* pegamento *m.*; *v.t.* pegar
go *n.* moda *f. (fashion)*; *v.i.* ir; irse, marcharse *(depart)*; dirigirse *(go toward)*
goal *n.* meta *f.*, portería *f.*; gol *m. (score)*; destinación *f. (destination)*; objeto *m. (objective)*

goat *n.* cabra *f.*
god *n.* dios *m.*
godchild *n.* ahijado *m.*
goddaughter *n.* ahijada *f.*
goddess *n.* diosa *f.*
godfather *n.* padrino *m.*
godmother *n.* madrina *f.*
godson *n.* ahijado *m.*
gold *n.* oro *m.*; *adj.* dorado/a
golden *adj.* dorado/a
golf *n.* golf *m.*
good *n.*; *adj.* bueno *m./f.*
good-bye *n.* adiós *m.*
goods *n.* artículos *m./pl.*, bienes *m./pl.*
goose *n.* ganso *m./f.*
gospel *n.* evangelio *m.*, doctrina *f.*
gossip *n.* charla *f.*; *v.i.* murmurar
govern *v.t.*; *v.i.* gobernar, administrar
government *n.* gobierno *m.*
governor *n.* gobernador/a *m./f.*
grace *n.* gracia *f.*, elegancia *f.*, encanto *m.*
graceful *adj.* elegante, gracioso/a
gracious *adj.* piadoso/a, clemente *(merciful)*; afable, condescendiente *(urbane)*
grade *n.* grado *m.*; calidad *f. (quality)*; clase *f. (in school)*; *v.t.* graduar
gradual *adj.* gradual
graduate *n.* graduado/a *m./f.*, licenciado/a *m./f.*; *v.i.* graduar
graft *n.* injerto *m.* soborno *m.*; *v.t.* injertar, sobornar
grain *n.* grano *m.*; *v.t.* granular
gram *n.* gramo *m.*

grammar *n.* gramática *f.*
grand *adj.* grande, magnífico/a, soberbio/a
grandchild *n.* nieto/a *m./f.*
granddaughter *n.* nieta *f.*
grandfather *n.* abuelo *m.*
grandmother *n.* abuela *f.*
grandparent *n.* abuelo/a *m./f.*
grandson *n.* nieto *m.*
granite *n.* granito *m.*
grant *n.* concesión *f.*; beca *f. (study)*; *v.t.* conceder, otorgar, dar
grape *n.* uva *f.*
grapefruit *n.* pomelo *m.*, toronja *f.*
graph *n.* gráfica *f.*, diagrama *f.*
graphic *adj.* gráfico/a
grasp *n.* alcance *m.*; *v.t.* agarrar
grass *n.* pasto *m.*, hierba *f.*, césped *m.*
grasshopper *n.* saltamontes *m.*
grateful *adj.* agradecido/a, reconocido/a
gratitude *n.* gratitud *f.*
grave *adj.* grave, serio/a, importante
gravity *n.* gravedad *f.*
gray *adj.* gris
grease *n.* grasa *f.*; mugre *f. (dirt)*; *v.t.* engrasar
great *adj.* gran, grande
great-grandfather *n.* bisabuelo *m.*
great-grandmother *n.* bisabuela *f.*
great-grandparent *n.* bisabuelo/a *m./f.*
greatness *adj.* excelencia, grandeza

Greek *n.; adj.* griego/a *m./f.*
green *n.; adj.* verde *m.*
greenhouse *n.* invernadero *m.*, invernáculo *m.*
greet *v.t.* saludar
greeting *n.* saludo *m.*
grief *n.* pena *f.*, dolor *m.*
grievance *n.* queja *f.*
grieve *v.t.; v.i.* entristecer, afligir, angustiar
grill *n.* parrilla *f.; v.t.* asar a la parrilla
grind *v.t.* moler
grip *n.* apretón *m.; v.t.* agarrar
groan *n.* gemido *m.; v.i.* gemir
grocer *n.* abacero *m.;* vendedor/a de comestibles *m./f.*
grocery *n.* tienda de comestibles *f.*
groin *n.* ingle *f.*
ground *n.; adj.* tierra *f.*
groundwork *n.* fundamento *m.*
group *n.* grupo *m.; v.t.* agrupar; *v.i.* agruparse
grow *v.t.* cultivar, dejar crecer; *v.i.* crecer; aumentar *(increase)*; hacerse *(become)*
growl *n.* gruñido *m.; v.i.* gruñir
grown-up *n.* adulto *m.*
growth *n.* crecimiento *m.*, aumento *m.*
guarantee *n.* garantía *f.; v.t.* garantizar
guard *n.* guardia *m. (in fencing)*; vigilancia *f. (watchfulness)*; *v.t.* vigilar
guerrilla fighter *n.; adj.* guerrillero/a *m./f.*

guess *n.* sospecha *f.; v.i.* sospechar
guest *n.* invitado/a *m./f.*
guide *n.* guía *m./f.; v.t.* guiar, conducir, encaminar, dirigir
guidebook *n.* guía turística *f.*
guilt *n.* culpabilidad *f.*, crimen *m.*; pecado *m. (sin)*
guilty *adj.* culpable, delincuente, criminal
guitar *n.* guitarra *f.*
gulf *n.* golfo *m.*, abismo *m.*
gum *n.* goma *f.*, encía *f.; v.t.* engomar
gun *n.* pistola *f.*, arma *f.*, fusil *m.*
gust *n.* ráfaga *f.*, bocanada *f.*
gutter *n.* canal *f.*, arroyo *m.*
guy *n.* viento *m.; v.t.* sujetar con vientos
gymnasium *n.* gimnasio *m.*
gynecologist *n.* ginecólogo/a *m./f.*
Gypsy *n.; adj.* gitano/a *m./f.*

H

habit *n.* costumbre *f.*, hábito *m.*
hair *n.* cabello *m.*, pelo *m.*
hairdresser *n.* peluquero/a *m./f.*
half *n.; adj.* mitad *f.*, medio *m.*
hall *n.* mansión *f.*, casa de campo *f.*, caserón *m.*; edificio *m. (public building)*
ham *n.* jamón *m.*, pernil *m.*
hammer *n.* martillo *m.*; *v.t.; v.i.* martillar, amartillar
hamper *n.* canasta *f.*; *v.t.* estorbar, dificultar
hand *n.* mano *f.; v.t.* dar la mano, ayudar *(to help)*

handbag *n.* bolso *m.*, cartera de mano *f.*
handbook *n.* manual *m.*, guía *f.*
handicap *n.* desventaja *f.*, incapacidad *f.*
handicapped *adj.* incapacitado/a
handicraft *n.* artesanía *f.*
handkerchief *n.* pañuelo *m.*
handle *n.* mango *m.*, palanca *f.*; *v.t.* tocar, manejar, manipular *(touch)*; tratar *(treat)*
handrail *n.* pasamano *m.*
handsome *adj.* guapo/a, hermoso/a, bello/a
handy *adj.* manuable, manejable
hang *v.t.*; *v.i.* colgar; ahorcar *(execute)*
hangar *n.* cobertizo *m.*
hanger *n.* percha *f.*
hangover *n.* resaca *f.*
happen *v.i.* suceder, acontecer, ocurrir, pasar
happiness *n.* felicidad *f.*, dicha *f.*, alegría *f.*
happy *adj.* feliz, alegre
harass *v.t.* hostigar, acosar, atormentar, preocupar
harassment *n.* hostigamiento *m.*
harbor *n.* puerto *m.*; bahía *f.* *(bay)*; *v.t.* albergar, acoger
hard *adj.* duro/a, difícil; firme *(firm)*
harden *v.i.* endurecer
hardly *adv.* duramente, difícilmente; apenas *(scarcely)*
hardness *n.* dureza *f.*, severidad *f.*, inhumanidad *f.*, insensibilidad *f.*

hardship *n.* pena *f.*, sufrimiento *m.*, desdicha *f.*
hardware *n.* ferretería *f.*; equipo físico *m.* *(computer)*
hardy *adj.* audaz, intrépido; fuerte *(strong)*
hare *n.* liebre *f.*
harm *n.* mal *m.*, daño *m.*; *v.t.* dañar
harmful *adj.* malo/a, dañino/a, perjudicial
harmless *adj.* inofensivo/a, inofensivo/a, inconsciente
harness *n.* guarniciones *f./pl.*; *v.t.* represar
harp *n.* arpa *f.*
harsh *adj.* duro/a, áspero/a; ronco/a *(voice)*
harvest *n.* cosecha *f.*, siega *f.*, recolección *f.*
haste *n.* prisa *f.*, rapidez *f.*; *v.t.* acelerar, precipitar
hasty *adj.* rápido/a, apurado/a, apresurado/a
hat *n.* sombrero *m.*, gorro *m.*
hatch *n.* compuerta *f.*; *v.t.*; *v.i.* maquinar
hate *n.* odio *m.*, aborrecimiento *m.*; *v.t.* odiar, aborrecer
haul *n.* tirón *m.*; *v.t.* acarrear; aflojar, soltar, arriar *(ropes)*
haunt *n.* nido *m.*, guarida *f.*; *v.t.* perseguir
have *v.t.* tener, poseer; padecer *(suffer)*; tomar *(drink)*; comer *(eat)*
hawk *n.* halcón *m.*, gavilán *m.*
hay *n.* heno *m.*

hazard *n.* peligro *m.*, azar *m.*, suerte *f.*, riesgo *m.*
haze *n.* bruma *f.*, confusión *f.*
hazy *adj.* brumoso/a, confuso/a
he *pron.* él
head *n.* cabeza *f.*; *v.t.* dirigir, conducir
heading *n.* título *m.*, cabecera *f.*
headlight *n.* faro *m.*
headline *n.* título *m.*; titular *m.* *(of newspaper)*
headquarters *n./pl.* cuartel general *m.*, oficina central *f.*, jefatura *f.*, centro *m.*
heal *v.t.* curar, sanar; *v.i.* cicatrizarse
health *n.* salud *f.*, higiene *f.*, sanidad *f.*
healthy *adj.* saludable
heap *n.* colección *m.*, montón *m.*
hear *v.t.* oír, escuchar *(listen)*; asistir *(attend)*
hearing *n.* audición *f.*; oído *m.* *(sense)*
heart *n.* corazón *m.*; entrañas *f./pl.* *(feelings)*
hearth *n.* hogar *m.*, chimenea *f.*
hearty *adj.* cordial, sincero/a, enérgico/a
heat *n.* calor *m.*; celo *m.* *(in animals)*
heater *n.* calentador *m.*, estufa *f.* *(stove)*
heating *n.* calefacción *f.*, calentador *m.*
heaven *n.* cielo *m.*, firmamento *m.*, paraíso *f.*

heavy *adj.* pesado/a; lento/a *(slow)*
hedge *n.* barrera *f.*; *v.t.* rodear; *v.i.* titubear, vacilar
heel *n.* talón *m.*; tacón *m.* *(of shoe)*
height *n.* altura *f.*, elevación *f.*, altitud *f.*; estatura *f.* *(stature)*; cerro *m.* *(high ground)*
heir *n.* heredero *m.*
helicopter *n.* helicóptero *m.*
hell *n.* infierno *m.*
hello *interj.* ¡hola!
helm *n.* caña del timón *f.*
helmet *n.* casco *m.*
help *n.* ayuda *f.*, auxilio *m.*, socorro *m.*; *v.t.* ayudar
helper *n.* ayudante *m.*, asistente *m.*
helpful *adj.* útil, provechoso/a, servicial, atento/a
hem *n.* dobladillo *m.*, bastilla *f.*
hemophilia *n.* hemofilia *f.*
hemophiliac *adj.* hemofílico/a
hen *n.* gallina *f.*
hepatitis *n.* hepatitis *f.*
her *adj.*; *pron.* ella
herd *n.* rebaño *m.*, manada *f.*
here *adv.* aquí, acá
hernia *n.* hernia *f.*
hero *n.* héroe *m.*
heroic *adj.* heroico/a
heron *n.* garza *f.*
herring *n.* arenque *m.*
hers *pron.* suya
herself *pron.* ella misma
hesitate *v.t.* vacilar, dudar, titubear

hesitation *n.* vacilación *f.*
heterosexual *n.; adj.* heterosexual *m.*
hiccup *n.* hipo *m.; v.i.* hipar
hidden *adj.* escondido/a
hide *v.t.* esconder, encubrir, ocultar
high *adj.* alto/a, elevado/a
highway *n.* carretera *f.*, camino real *m.*
hike *n.* caminata *f.; v.i.* caminar
hiker *n.* excursionista *m.*
hiking *n.* excursión *m.*, expedición *f.*
hill *n.* colina *f.*, elevación *f.*, cerro *m.*, monte *m.*
hilly *adj.* montañoso/a
him *pron.* de él, suyo
himself *pron.* él mismo
hinder *v.t.* impedir, interrumpir; *v.i.* ser un obstáculo
Hindi *n.* hindú *m./f.*
Hindu *n.; adj.* hindú *m./f.*
hinge *n.* bisagra *f.; v.t.* depender de
hint *n.* indirecta *f.*; consejo *m.*; *v.i.* sugerir, insinuar
hip *n.* cadera *f.*
hire *n.* alquiler *m.*, arriendo *m.*, salario *m.; v.t.* contratar
his *pron.* suyo, de él
historical *adj.* histórico/a
history *n.* historia *f.*
hit *n.* golpe *m.*, impacto *m.*; éxito *m. (success)*; buena suerte *f. (piece of luck)*
hitchhike *v.i.* hacer auto stop, parar
hitchhiker *n.* autostopista *m./f.*

hive *n.* colmena *f.*, enjambre *m.*
hoarse *adj.* ronco/a
hobby *n.* pasatiempo *f.*, manía *f.*, afición *f.*
hockey *n.* jockey *f.*
hoe *n.* azador *m.*
hoist *n.* levantamiento *m.*; montacargas *f. (lift); v.t.* levantar
hold *n.* asimiento *m.*, agarro *m.; v.t.* sostener
hole *n.* agujero *m.*, hoyo *m.*, boquete *m.*
holiday *n.* fiesta *f.*, día festivo *m.*
hollow *adj.* hueco/a; vacío/a *(empty)*
hologram *n.* holograma *m.*, documento escrito *m.*
holiday *n.* día santo *m.*, día feriado *m.*
holy *adj.* santo/a
home *n.* hogar *m.*, casa *f.*, domicilio *m.*
homeland *n.* país de procedencia *m.*
homesick *adj.* nostálgico/a
homesickness *n.* añoranza *f.*, nostalgia *f.*
hometown *n.* ciudad de procedencia *f.*
homework *n.* tarea *f.*
homosexual *n.; adj.* homosexual *m.*
honest *adj.* honesto/a
honesty *n.* honestidad *f.*, honradez *f.*, modestia *f.*
honey *n.* miel *f.*
honeymoon *n.* luna de miel *f.*
honor *n.* honor *m.; v.t.* honrar

hood *n.* capucha *f.*, capota *f.*
hook *n.* gancho *m.*, garfio *m.*
hoop *n.* aro *m.*
hope *n.* esperanza *f.*; confianza *f.* *(faith)*; *v.t.* esperar
hopeful *adj.* esperanzado/a, confiado/a, optimista
hopeless *adj.* desesperado/a, irremediable; imposible *(situation)*
horizon *n.* horizonte *m.*
horizontal *adj.* horizontal
horn *n.* cuerno *m.*; bocina *f.* *(motor)*
horrible *adj.* horrible, repugnante
horror *n.* horror *m.*
hors-d'oeuvre *n.* entremés *m.*, aperitivo *m.*
horse *n.* caballo *m.*
hose *n.* manguera *f.*
hospitable *adj.* hospitalario/a
hospital *n.* hospital *m.*
host *n.* huésped *m.*; *v.t.* hospedar
hostage *n.* rehén *m./f.*, prenda *f.*
hostel *n.* hostería *f.*, residencia de estudiantes *f.*
hostess *n.* anfitriona *f.*, mesonera *f.*
hostile *adj.* hostil, enemigo/a, contrario/a
hot *adj.* caliente, picante, ardiente
hotel *n.* hotel *m.*
hour *n.* hora *f.*
house *n.* casa *f.*; hogar *m. (home)*
household *n.* casa *f.*
housekeeper *n.* ama de llaves *f.*
housewife *n.* ama de casa *f.*

how *adv.* cómo
however *adv.* sin embargo, como quiera
hug *n.* abrazo *m.*; *v.t.* abrazar
huge *adj.* enorme, inmenso/a, gigante, vasto/a
human *adj.* humano/a
humane *adj.* humanitario/a, humano/a
humanity *n.* humanidad *f.*
humble *adj.* modesto/a, humilde, sencillo/a
humid *adj.* húmedo/a
humidity *n.* humedad *f.*
humor *n.* humor *m.*; disposición *f. (temperament)*
hump *n.* joroba *f.*
hundred *num.* ciento, cien, centena
hundredth *adj.* centésimo/a, céntimo
hunger *n.* hambre *m.*, apetito *m.*
hungry *adj.* hambriento/a; pobre *(of land)*
hunt *n.* caza *f.*, cacería *f.*
hunter *n.* cazador *m.*
hurray *interj.* ¡hurra!
hurry *n.* apuro *m.*
hurt *n.* dolor *m.*; *v.t.*; *v.i.* lastimar
husband *n.* esposo *m.*
hut *n.* cabaña *f.*
hymn *n.* himno *m.*
hyphen *n.* guión *m.*

I

I *pron.* Yo
ice *n.* hielo *m.*; *v.t.* helar
ice cream *n.* helado *m.*

icon *n.* icono *m.*
icy *adj.* helado/a, congelado/a
idea *n.* idea *f.*, concepto *m.*; juicio *m.*, opinión *f. (opinion)*
ideal *n.*; *adj.* ideal *m.*
identical *adj.* idéntico/a
identification *n. (abb.* ID) identificación *f.*
identify *v.t.* identificar
idiom *n.* idioma *m.*, habla *f.*, dialecto *m.*
idiot *n.* idiota *m./f.*, imbécil *m./f.*
idle *adj.* perezoso/a, desocupado/a, ocioso/a
if *conj.* si *(conditional)*
ignition *n.* ignición *f.*, arranque *m.*, encendido *m.*
ignorance *n.* ignorancia *f.*; desconocimiento *m. (unawareness)*
ignorant *adj.* ignorante, inculto/a
ignore *v.t.* ignorar, desatender, rechazar
ill *adj.* enfermo/a
illegal *adj.* ilegal, indebido/a, ilícito/a
illegible *adj.* ilegible
illiterate *adj.* analfabeto/a
illness *n.* enfermedad *f.*, dolencia *f.*, mal *m.*
illumination *n.* iluminación *f.*, alumbrado *m.*
illusion *n.* ilusión *f.*, engaño *m.*; esperanza *f. (dream)*
illustrate *v.t.* ilustrar, aclarar, explicar
illustration *n.* ilustración *f.*, ejemplo *m.*
image *n.* imagen *f.*, efigie *f.*; estatua *f. (religious)*
imagination *n.* imaginación *f.*, imaginativa *f.*, fantasía *f.*
imagine *v.t.* imaginar, concebir, idear, proyectar
imitate *v.t.* imitar, copiar
imitation *n.* imitación *f.*, copia *f.*
immense *adj.* inmenso/a, enorme
immoral *adj.* inmoral, impúdico/a, deshonesto/a
immortal *adj.* inmortal, eterno/a
impasse *n.* callejón sin salida *m.*
impatient *adj.* impaciente, inquieto/a, intolerante
imperfect *adj.* imperfecto/a
implement *n.* instrumento *m.*, utensilio *m.*, herramienta *f.*; *v.t.* implementar, cumplir
imply *v.t.* implicar, indicar, presuponer; querer *(mean)*; insinuar, sugerir *(hint)*
impolite *adj.* descortés, inculto/a
import *n.* importe *m.*, valor *m.*; *v.t.* importar
importance *n.* importancia *f.*, categoría *f.*
important *adj.* importante
impose *v.t.* imponer, asignar; *v.i.* engañar, embaucar *(deceive)*
impossible *adj.* imposible, improbable, absurdo/a
impotent *adj.* impotente

English-Spanish Dictionary

impress *n.* marca *f.*; *v.t.* imprimir; impresionar *(of the mind)*; imponer *(with respect)*
impressive *adj.* impresionante, extraordinario/a, sorprendente
imprint *n.* impresión *f.*; *v.t.* imprimir
imprison *v.t.* encarcelar, encerrar, aprisionar
improper *adj.* impropio/a, inadecuado/a, inoportuno/a
improve *v.t.*; *v.i.* mejorar, superar; embellecer *(beautify)*
improvement *n.* mejoramiento *m.*, perfeccionamiento *m.*
improvise *v.t.* improvisar
impulse *n.* impulso *m.*, ímpetu *m.*, arranque *m.*, arrebato *m.*
in *prep.* en, dentro; *adv.* adentro, dentro
inability *n.* inhabilidad *f.*
inaccessible *adj.* inaccesible
inactive *adj.* inactivo/a, pasivo/a
inaugurate *v.t.* inaugurar
inauguration *n.* inauguración *f.*; estreno *m.*, apertura *f.* *(opening)*
incentive *n.* incentivo *m.*, estímulo *m.*, motivo *m.*
inch *n.* pulgada *f.*
inclination *n.* inclinación *f.*; propensión *f.*, tendencia *f.* *(tendency)*
incline *n.* inclinado/a *m./f.*; *v.i.* inclinar
include *v.t.* incluir, contener, encerrar

income *n.* ingreso *m.*
incompetent *adj.* incompetente, incapaz, inepto/a, inhábil
incorrect *adj.* incorrecto/a
increase *n.* incremento *m.*; *v.i.* incrementar
indeed *adv.* realmente, en efecto, verdaderamente
independence *n.* independencia *f.*, libertad *f.*, autonomía *f.*
independent *adj.* independiente, libre, emancipado/a, autónomo/a
index *n.* índice *m.* *(of book and forefinger)*; *v.t.* finalizar
Indian *n.*; *adj.* indio/a *m./f.*
indicate *v.t.* indicar, señalar; denotar *(show)*
indicator *n.* indicador *m.*, señalador *m.*
indifferent *adj.* indiferente
indignation *n.* indignación *f.*
indirect *adj.* indirecto/a
individual *adj.* individual, propio/a, particular, sólo/a, único/a
Indonesian *n.*; *adj.* indonés/a *m./f.*
indoor *adj.* interior, interno/a
industrial *adj.* industrial
industrious *adj.* trabajador/a, aplicado/a, diligente
industry *n.* industria *f.*; trabajo *m.* *(work)*
inefficient *adj.* ineficiente, ineficaz, incapaz
inexpensive *adj.* económico/a, barato/a
infant *n.* infante *m.*; *adj.* infantil

infect *v.t.* infectar, contagiar, contaminar
infection *n.* infección *f.*
infectious *adj.* infeccioso/a
inferior *adj.* inferior
inflamed *adj.* inflamado/a
inflammable *adj.* inflamable, combustible
inflammation *n.* inflamación *f.*, hinchazón *f.*
inflatable *adj.* hinchado/a, inflamado/a
inflation *n.* inflación *f.*; hinchazón *f.*
influence *n.* influencia *f.*, autoridad *f.*, dominio *f.*
inform *v.t.* informar, comunicar, anunciar
information *n.* información *f.*
infringe *v.t.* infringir, violar
ingenious *adj.* ingenioso/a
ingredient *n.* ingrediente *m.*, componente *m.*
inhabit *v.t.* habitar, ocupar
inhabitant *n.* habitante *m.*, residente *m.*, vecino/a *m./f.*
inhale *v.t.* inhalar, aspirar
inherit *v.t.* heredar
inheritance *n.* herencia *f.*, patrimonio *m.*, abolengo *m.*
initial *n.* inicial *f.*; *v.t.* firmar con iniciales
initiate *adj.* iniciado/a; *v.t.* iniciar
initiative *n.* iniciativa *f.*
inject *v.t.* inyectar
injection *n.* inyección *f.*
injure *v.t.* lastimar, herir, perjudicar

injured *adj.* herido/a, lisiado/a *(physically)*; ofendido/a *(morally)*
injury *n.* herida *f.*, lesión *f.*, daño *m.*
ink *n.* tinta *f.*; *v.t.* entintar
inn *n.* posada *f.*, mesón *m.*, fonda *f.*, parador *m.*
inner *adj.* interior, íntimo/a
innocent *adj.* inocente, puro/a
inoculate *v.t.* inocular, contaminar
inoculation *n.* inoculación *f.*
inquire *v.i.* inquirir, preguntar, indagar, averiguar
inquiry *n.* indagación *f.*, investigación *f.*, interrogación *f.*, pregunta *f.*
insane *adj.* loco/a, demente; insensato/a *(senseless)*
insect *n.* insecto *m.*
insert *n.* hoja *f.*, inserción *f.*; *v.t.* insertar
inside *adj.* dentro; interior, interno/a
insight *n.* perspicacia *f.*, percepción *f.*
insist *v.i.* insistir, persistir
insistence *n.* insistencia *f.*
insomnia *n.* insomnio *m.*, desvelo *m.*
inspect *v.t.* inspeccionar, examinar, investigar
inspection *n.* inspección *f.*, investigación *f.*
inspector *n.* inspector *m.*
inspiration *n.* inspiración *f.*

inspire *v.t.* inspirar; animar
(*stimulate*); sugerir *(suggest)*
install *v.t.* instalar, colocar, situar
installation *n.* instalación *f.*
instance *n.* ejemplo *m.*, caso *m.*
instant *n.*; *adj.* instante *m.*
instead *adv.* en lugar de, en vez de
instep *n.* empeine *m.*
instinct *n.* instinto *m.*
institute *n.* instituto *m.*;
v.t. instituir, fundar, establecer
instruct *v.t.* instruir, enseñar
instruction *n.* instrucción *f.*,
enseñanza *f.*
instrument *n.* instrumento *m.*;
herramienta *f. (tool)*
insufficient *adj.* insuficiente,
escaso/a, poco/a
insulate *v.t.* aislar
insulation *n.* aislamiento *m.*
insult *n.* insulto *m.*, agravio *m.*,
ultraje *m.*; *v.t.* insultar,
ofender
insurance *n.* seguro *m.*
insure *v.t.* asegurar
intelligence *n.* inteligencia *f.*
intelligent *adj.* inteligente
intend *v.t.* intentar, proponerse,
destinar, dedicar; querer,
decir *(mean)*
intense *adj.* intenso/a, fuerte
intention *n.* intención *f.*,
voluntad *f.*, propósito *m.*
intercom *n.* intercomunicador
m., teléfono interior *m.*
interest *n.* interés *m.*;
v.t. interesar
interesting *adj.* interesante

interior *n.*; *adj.* interior *m.*
internal *adj.* interno/a, interior
international *adj.* internacional
internet *n.* internet *m.*,
ciberespacio *m.*, web *f.*
interpreter *n.* intérprete *m.*,
traductor/a *m./f.*
interrupt *v.t.*; *v.i.* interrumpir
interruption *n.* interrupción *f.*
interval *n.* intervalo *m.*,
momento *m.*, pausa *f.*
intervene *v.i.* intervenir
interview *n.* entrevista *f.*;
v.t. entrevistar
intestine *n.* intestino *m.*
intimate *adj.* íntimo/a
into *prep.* dentro
introduce *v.t.* presentar
introduction *n.* introducción *f.*,
prólogo *m.*, preámbulo *m.*
invade *v.t.* invadir
invasion *n.* invasión *f.*
invent *v.t.* inventar
invention *n.* invención *f.*,
invento *m.*
inventory *n.* inventario *m.*, lista *f.*
investigate *v.t.* investigar,
indagar
investigation *n.* investigación *f.*
invisible *adj.* invisible
invitation *n.* invitación *f.*
invite *v.t.* invitar
invoice *n.* factura *f.*, cuenta *f.*;
v.t. facturar
involve *v.t.* envolver
Irish *n.*; *adj.* irlandés/a *m./f.*
iron *n.* plancha *f.*; *v.t.* planchar
ironic *adj.* irónico/a

irony *n.* ironía *f.*
irrigate *v.t.* irrigar
irrigation *n.* irrigación *f.*
Islam *n.* Islam *m.*
Islamic *n.*; *adj.* islámico/a *m./f.*
island *n.* isla *f.*, islote *m.*
isolate *v.t.* aislar
Israeli *n.*; *adj.* israelita *m./f.*
issue *n.* salida *f.*, resultado *m.*;
  v.t. salir, fluir
it *pron.* esto
Italian *n.*; *adj.* italiano/a *m./f.*
italics *n.* itálico *m.*
itch *n.* picazón *f.*, comezón *f.*;
  v.i. rascar
item *n.* artículo *m.*
its *adj.* del, de ello/a
itself *pron.* eso/a mismo/a
ivory *n.* marfil *m.*
ivy *n.* hiedra *f.*

J

jacket *n.* chaqueta *f.*, gabán *m.*,
  casaca *f.*
jade *n.* jade *f.*
jail *n.* cárcel *f.*
jam *n.* dulce *m.*, mermelada *f.*;
  v.t.; apretar, apiñar, estrujar;
  atascar *(machine)*
janitor *n.* portero *m.*, conserje *m.*
January *n.* enero *m.*
Japanese *n.*; *adj.* japonés/a *m./f.*
jar *n.* frasco *m.*
jaw *n.* quijada *f.*, mandíbula *f.*,
  maxilar *m.*
jazz *n.* jazz *m.*; *v.i.* bailar el jazz
jealous *adj.* celoso/a,
  envidioso/a

jealousy *n.* celos *m./pl.*
jeans *n.* vaqueros *m./pl.*
jelly *n.* jalea *f.*, gelatina *f.*;
  v.i. solidificarse
jellyfish *n.* agua viva *f.*
jerk *n.* tirón *m.*, sacudida *f.*;
  v.t. sacudir
jersey *n.* tejido de punto *m.*,
  jersey *m.*; *adj.* de jersey
jet *n.* chorro *m. (water)*, avión *m.
  (plane)*
Jew *n.*; *adj.* judío/a *m./f.*
jewel *n.* joya *f.*, alhaja *f.*; *v.t.*
  enjoyar
jewelry *n.* joyería *f.*; joyas *f./pl.*
Jewish *adj.* judío/a *m./f.*
jigsaw puzzle *n.* rompecabezas
  para cortar y armar *m.*
job *n.* trabajo *m.*, empleo *m.*
jog *n.* sacudida *f.*, empujón *m.*;
  v.i. correr
join *v.t.* juntar, unir, añadir;
  v.i. juntarse, unirse
joint *n.* juntura *f.*, junta *f.*;
  coyuntura *f.*, articulación *f.
  (anatomy)*; *v.t.* juntar
joke *n.* chiste *m.*; *v.i.* bromear
joker *n.* bromista *m.*; comodín
  m. (playing cards)
journal *n.* periódico *m.*, diario *m.*
journalist *n.* periodista *m./f.*
journey *n.* viaje *m.*, expedición *f.*;
  v.i. viajar
joy *n.* alegría *f.*, felicidad *f.*
judge *n.* juez *m.*; *v.t.* juzgar
judgment *n.* juicio *m.*, sentencia
  f., fallo *m.*

English-Spanish Dictionary

jug *n.* jarro *m.*, cántaro *m.*
juggle *v.t.* jugar de manos
juice *n.* jugo *m.*, zumo *m.*
July *n.* julio *m.*
jumble *n.*; *v.t.* revoltura *f.*, revolver *v.t.*
jump *n.* salto *m.*; *v.i.* saltar, brincar
jumper *n.* vestido sin mangas *m.*, blusa *f.*; *adj.* saltador/a
jumper cables *n./pl.* cable de empalme *m.*
junction *n.* unión *f.*; conexión *f.* *(connection)*
June *n.* junio *m.*
jungle *n.* jungla *f.*, selva *f.*
junior *n.*; *adj.* menor *m.*, joven *m.* *(young)*
junk *n.* basura *f.*
jury *n.* jurado *m.*
just *adj.*; *adv.* justo/a
justice *n.* justicia *f.*
justification *n.* justificación *f.*
justify *v.t.* justificar; disculpar *(excuse)*
juvenile *n.*; *adj.* juvenil, joven *m.*

K

kangaroo *n.* canguro *m.*
keel *n.* quilla *f.*
keen *adj.* entusiasta
keep *v.t.* guardar, tener; dirigir; *v.i.* quedar; seguir *(continue)*
keeper *n.* guardia *m.*, guardián *m.*
kennel *n.* perrera *f.*
kernel *n.* grano *m.*, almendra *f.*, semilla *f.*, esencia *f.*
kerosene *n.* queroseno *m.*
kettle *n.* caldera *f.*, pava *f.*, hervidor *m.*
key *n.* llave *m.*; clave *f.*, tono *m.*, tecla *f.*
keyboard *n.* teclado *m.*
keyhole *n.* ojo de la cerradura *m.*
keypad *n.* teclado *m.*
khaki *n.* caqui *m.*
kick *n.* patada *f.*; *v.t.* patear
kid *n.* niño *m.*; *v.t.* bromear, tomar el pelo
kidnap *v.t.* secuestrar
kidney *n.* riñón *m.*
kill *v.t.* matar, destruir, suprimir
kilo(gram) *n.* kilo *m.*, kilogramo *m.*
kilometer *n.* kilómetro *m.*
kind *adj.* agradable, amable; *n.* tipo *m.*, clase *f.*
kindergarten *n.* jardín de infantes *m.*, guardería *f.*
kindle *v.t.* encender; *v.i.* prender, encenderse
kindness *n.* amabilidad *f.*, bondad *f.*, benevolencia *f.*
king *n.* rey *m.*
kingdom *n.* reino *m.*
kiosk *n.* quiosco *m.*
kiss *n.* beso *m.*; *v.t.* besar
kit *n.* juego *m.*, equipo *m.*
kitchen *n.* cocina *f.*
kite *n.* cometa *f.*
kitten *n.* gatito/a *m./f.*
knapsack *n.* mochila *f.*, alforja *f.*
knead *v.t.* amasar; sobar *(massage)*

knee *n.* rodilla *f.*
kneel *v.i.* arrodillarse
knife *n.* cuchillo *m.*
knight *n.* caballero *m.*
knit *v.t.*; *v.i.* tejer
knock *n.* golpe *m.*; *v.i.* golpear, chocar
knot *n.* nudo *m.*; *v.t.* anudar
know *v.t.*; *v.i.* saber, conocer; comprender *(understand)*
knowledge *n.* conocimiento *m.*
knuckle *n.* nudillo *m.*, articulación del dedo *m.*
Korean *n.*; *adj.* coreano/a *m./f.*
kosher *adj.* genuino/a

L

label *n.* etiqueta *f.*, marca *f.*; *v.t.* marcar, rotular
labor *n.* trabajo *m.*, labor *f.*; mano de obra *f. (manual workers)*
laboratory *n.* laboratorio *f.*
labyrinth *n.* laberinto *m.*
lace *n.* cordón *m.*, lazo *m.*; *v.t.* enlazar
lack *n.* falta *f.*; *v.t.* carecer, faltar
ladder *n.* escalera *f.*
ladle *n.* cucharón *m.*
lady *n.* señora *f.*, dama *f.*
lag *v.t.* recubrir, aislar; *v.i.* retrasarse
lake *n.* lago *m.*
lamb *n.* cordero *m.*
lame *adj.* cojo/a, rengo/a
lamp *n.* lámpara *f.*, farol *m.*
lamppost *n.* farol *m.*

land *n.* tierra *f.*; *v.t.*; *v.i.* aterrizar
landing *n.* pista de aterrizaje *f.*, desembarque *m.*, desembarcadero *m.*
landlord *n.* dueño/a *m./f.*, propietario/a *m./f.*
landmark *n.* punto de referencia *m.*, característica *f.*
landscape *n.* paisaje *m.*, perspectiva *f.*
lane *n.* camino *m.*, vereda *f.*, senda *f.*
language *n.* lenguaje *m.*, lengua *f.*, idioma *m.*
lantern *n.* linterna *f.*, farol *m.*
lap *n.* regazo *m.*, falda *f.*
lapel *n.* solapa *f.*
lapse *n.* lapso *m.*, desliz *m.*; *v.i.* distraer
laptop (computer) *n.* computadora portátil *f.*
lard *n.* manteca de cerdo *f.*, lardo *m.*; *v.t.* lardear, mechar
large *adj.* grande, grueso/a, amplio/a, vasto/a, extenso/a; ancho/a *(wide)*
laryngitis *n.* laringitis *f.*
laser *n.* láser *m.*
last *adj.* último/a; pasado/a *(with month, week)*; extremo/a *(extreme)*
latch *n.* pestillo *m.*; *v.i.* cerrar con pestillo
late *adj.*; *adv.* tarde, tardío/a; avanzado/a *(advanced)*; último/a *(last)*

lately *adv.* últimamente, recientemente
lathe *n.* torno *m.*
lather *n.* espuma *f.*; *v.t.* enjabonar; *v.i.* hacer espuma
Latin American *adj.* latinamericano/a
Latin *n.*; *adj.* latino/a *m./f.*
latitude *n.* latitud *f.*
latrine *n.* letrina *f.*
latter *adj.* último/a, posterior, más reciente
laugh *n.* risa *f.*, carcajada *f.*; *v.i.* reír, sonreír, reírse
laughter *n.* risas *f./pl.*
launch *n.* lancha *f.*; *v.t.* lanzar; iniciar *(begin)*
laundry *n.* lavandería *f.*, lavadero *m.*
lavatory *n.* retrete *m.*, baño *m.*
lavish *adj.* pródigo/a; *v.t.* prodigar
law *n.* ley *f.*; derecho *m.*
lawful *adj.* legal, legítmo/a, lícito/a, válido/a
lawn *n.* césped *m.*, prado *m.*
lawsuit *n.* pleito *m.*, litigio *m.*, causa *m.*, acción *f.*
lawyer *n.* abogado/a *m./f.*
laxative *n.* laxante *m.*, purga *f.*; *adj.* laxativo/a
lay *n.* poema *f.*, trova *f.*; *v.t.*; *v.i.* dejar, poner
layer *n.* estrato *m.*, capa *f.*
lazy *adj.* perezoso/a, holgazán/a
lead *n.* plomo *m.*; delantera *f.*; *v.t.*; *v.i.* conducir *(conduct)*; mover, persuadir *(induce)*

leader *n.* líder *m.*, conductor/a *m./f.*, jefe/a *m./f.*, director/a *m./f.*
leadership *n.* liderazgo *m.*, dirección *f.*, jefatura *f.*
leaf *n.* hoja *f.*; *v.i.* echar hojas
leak *n.* gotera *f.*; *v.t.*; *v.i.* gotear
lean *adj.* magro; *v.t.* inclinar, apoyar; *v.i.* inclinarse, apoyarse
leap *n.* salto *m.*; *v.t.* saltar
leap year *n.* año bisiesto *m.*
learn *v.t.*; *v.i.* aprender, instruirse, enterarse
learner *n.* estudiante *m./f.*, aprendiz *m./f.*
lease *n.* contrato *m.*, alquiler *m.*; *v.t.*; *v.i.* alquilar, arrendar
leash *n.* correa *f.*
least *adj.* mínimo/a, menor; *adv.* menos
leather *n.* cuero *m.*, piel de cuero *m.*
leave *n.* permiso *m.*; *v.t.*; *v.i.* dejar, irse
lecture *n.* conferencia *f.*; lección *f.*
ledge *n.* saliente *f.*, borde *m.*
left *adj.*; *adv.* izquierda; dejado/a *(past participle)*
left-handed *adj.* zurdo/a
leg *n.* pierna *f.*; pata *f.* *(of animals, birds, furniture)*
legal *adj.* legal, jurídico/a
legality *n.* legalidad *f.*
legation *n.* legación *f.*
legend *n.* leyenda *f.*
legible *adj.* legible

legislation *n.* legislación *f.*
legitimate *adj.* legítimo/a, justo/a
leisure *n.* ocio *m.*, desocupación *f.*
lemon *n.* lima *f.*
lend *v.t.* prestar
length *n.* longitud *f.*, largo *m.*; corte *m. (of fabric)*
lengthen *v.t.* alargar, prolongar, extender; *v.i.* alargarse, prolongarse, extenderse
lens *n.* lentes *m./pl.*
Lent *n.* Cuaresma *f.*
lentil *n.* lenteja *f.*
lesion *n.* lesión *f.*
less *adj.* menor, menos
lesson *n.* lección *f.*
let *v.t.* permitir, dejar; arrendar *(lease)*; *v.i.* alquilarse
letter *n.* letra *f. (alphabet)*; carta *f. (post)*
lettuce *n.* lechuga *f.*
level *adj.* nivel, ras; llanura *(plain)*
lever *n.* palanca *f.*
liability *n.* riesgo *m.*, responsabilidad *f.*
liable *adj.* obligado/a
liaison *n.* lío *m.*, coordinación *f.*
liar *adj.* mentiroso/a
libel *n.* calumnia *f.*, difamación *f.*; *v.t.* calumniar, difamar
liberal *adj.* liberal
liberty *n.* libertad *f.*; familiaridad *f. (familiarity)*; privilegio *m. (right)*
librarian *n.* bibliotecario/a *m./f.*
library *n.* biblioteca *f.*

license *n.* licencia *f.*, autorización *f.*, permiso *m.*
lid *n.* tapa *f.*; párpado *m. (eye)*
lie *n.* mentira *f.*; *v.i.* reposar; dormir *(sleep)*; depender *(depend)*
lieutenant *n.* teniente *m.*, lugarteniente *m.*; alférez *m. (naval)*
life *n.* vida *f.*
lifeboat *n.* bote salvavidas *m.*
lifeless *adj.* sin vida, muerto/a, inanimado/a
lifetime *n.* de por vida *m.*
lift *n.* elevador *m.*; *v.t.* levantar, alzar, elevar; *v.i.* disiparse *(mist)*
light *n.* luz *f.*, día *f. (day)*; *adj.* liviano/a; claro/a
lighten *v.t.* alumbrar, iluminar; aligerar *(weight)*; *v.i.* clarear *(grow light)*
lighthouse *n.* faro *m.*
lighting *n.* iluminación *f.*, alumbrado *m.*
lighthing *n.* relámpago *m.*, rayo *m.*
like *adj.*; *prep.* como, igual, parecido/a, semejante; *v.t.* gustar, agradar
likely *adv.* probable, creíble, posible
likewise *adv.* igualmente, asimismo, también
limb *n.* miembro *m.*; rama *f. (tree)*
lime *n.* limón *m.*; *v.t.* encalar *(whiten)*; abonar con cal *(agriculture)*
limit *n.* límite *m.*, confín *m.*

limp *n.* cojera *f.*, renguera *f.*; *adj.* flojo/a, débil, flácido/a; *v.i.* cojear, renguear
line *n.* línea *f.*; *v.t.* alinear; *v.i.* estar en línea, alinearse
linen *n.* lino *m.*; ropa blanca *f.*
lining *n.* revestimiento *m.* *(building)*; forro *m.* *(garment)*
link *n.* conexión *f.*, eslabón *m.*; *v.t.* conectar, enlazar, unir, encadenar
lion *n.* león *m.*
lip *n.* labio *m.*; pico *m.* *(vessel)*
liqueur *n.* licor *m.*
liquid *n.*; *adj.* líquido/a *m./f.*
liquor *n.* bebida alcohólica *f.*, licor *m.*
list *n.* lista *f.*, catálogo *m.*; *v.t.* listar, matricular, catalogar, inscribir; *v.i.* recalcar
listener *n.* oyente *m./f.*; radioyente *m.* *(radio)*
literary *adj.* literario/a
literature *n.* literatura *f.*
litter *n.* litera *f.*, camilla *f.* *(stretcher)*, desorden *m.*; *v.t.* poner en desorden
little *adj.* pequeño/a, poco/a; escaso/a *(scanty)*; *adv.* poco/a
live *adj.* vivo/a; *v.i.* vivir
lively *adj.* animado/a, vivo/a, brioso/a, enérgico/a, alegre
liver *n.* vividor/a *m./f.*; hígado *m.* *(anatomy)*
living room *n.* sala de estar *f.*
lizard *n.* lagarto *m.*; lagartija *f.*
load *n.* carga *f.*, peso *m.*; *v.t.* cargar

loaf *n.* rebanada *f.*, barra de pan *f.*; *v.i.* golfear, vagabundear
loan *n.* préstamo *m.*; *v.t.* prestar
lobby *n.* vestíbulo *m.*, lobby *m.*, entrada *f.*, pasillo *m.*
lobster *n.* langosta *f.*
lock *n.* candado *m.*, cerradura *f.*, cerrojo *m.*; *v.t.* cerrar, encerrar; *v.i.* cerrarse
locker *n.* vestuario *m.*; cajón *m.* *(drawer)*; armario *(cupboard)*
locomotive *n.* locomotor/a *m./f.*
locust *n.* langosta *f.*
lodge *n.* casita *f.*, garita *f.*; *v.i.* alojarse, hospedarse
lodging *n.* alojamiento *m.*
loft *n.* ático *m.*, desván *m.*, sótano *m.*
log *n.* tronco *m.*, madero *m.*, palo *m.*, leño *m.*
logic *n.* lógica *f.*
logical *adj.* lógico
lone *adj.* solo/a, solitario/a, aislado/a
lonely *adj.* solitario/a, aislado/a, desierto/a
long *adj.* largo/a, prolongado/a; extenso/a *(extensive)*
longitude *n.* longitud *f.*
look *n.* mirada *f.*; vistazo *(glance)*; *v.i.* mirar
loom *n.* aparición *f.*; *v.i.* asomar, aparecer
loop *n.* bucle *m.*; vuelta *f.* *(turn)*; pliegue *(fold)*
loose *adj.* flojo/a, suelto/a
loosen *v.t.* desatar, aflojar, soltar
lord *n.* señor *m.*

lose *v.t.* perder, quitar; *v.i.* perderse, abstraerse, entregarse
loss *n.* pérdida *f.*
lost *adj.* perdido/a
lot *n.* suerte *f.*, fortuna *f.*, lote *m.*
loud *adj.* fuerte; ruidoso/a *(noisy)*; *adv.* ruidosamente
loudspeaker *n.* altavoz *m.*, altoparlante *m.*
lounge *n.* salón *m.*, sala de estar *f.*; *v.i.* reclinarse, apoyarse
love *n.* amor *m.*; *v.t.*; *v.i.* amar, enamorar
lovely *adj.* amoroso/a, hermoso/a, bello/a
lover *n.* amante *f./m.*; aficionado/a *m./f.*
low *n.* berrido *m.*, mugido *m.*; *v.t.* berrear, mugir; *adj.* bajo/a; suave *(soft)*
loyal *adj.* fiel, leal
luck *n.* suerte *f.*, destino *m.*, azar *m.*
luckily *adv.* afortunadamente, felizmente
lucky *adj.* afortunado/a
luggage *n.* equipaje *m.*
lump *n.* trozo *m.*, pedazo *m.*
lunar *adj.* lunar
lunatic *adj.* lunático/a, loco/a, demente
lunch *n.* almuerzo *m.*
lung *n.* pulmón *m.*
luxurious *adj.* lujoso/a
luxury *n.* lujo *m.*
lye *n.* lejía *f.*

M

machine *n.* máquina *f.*
machinery *n.* maquinaria *f.*, mecanismo *m.*
madam *n.* señora *f.*
magazine *n.* revista *f.*
magic *n.* magia *f.*
magical *adj.* mágico/a
magician *n.* mago *m.*, mágico *m.*, brujo *m.*
magistrate *n.* magistrado *m.*, juez municipal *m.*
magnet *n.* magneto *m.*
magnetic *adj.* magnético/a
magnificent *adj.* magnífico/a
magnify *v.t.* magnificar, aumentar *(praise)*; exagerar *(by lens)*
maid *n.* doncella *f.*, criada *f.*
mail *n.* correo *m.*, correspondencia *f.*
mailbox *n.* apartado postal *m.*
mail-carrier *n.* cartero *m./f.*
main *adj.* principal, mayor, esencial
mainland *n.* continente *m.*, tierra firme *f.*
maintain *v.t.* mantener, sostener
maintenance *n.* mantenimiento *m.*, manutención *f.*
majestic *adj.* majestuoso/a
majesty *n.* majestad *f./m.*, majestuosidad *f.*
major *n.*; *adj.* mayor *m./f.*, principal
majority *n.* mayoría *f.*
make *n.* confección *f.*, forma *f.*; *v.t.* hacer, crear, formar

maker *n.* fabricante *m.*, creador/a *m./f.*, autor/a *m./f.*
make-up *n.* base *f.*
male *n.* macho *m.*
malignant *adj.* maligno/a, malévolo/a
mammal *n.* mamífero *m.*
man *n.* hombre *m.*, varón *m.*
manage *v.t.* manejar, dirigir, administrar
management *n.* administración *f.*, manejo *m.*, dirección *f.*
manager *n.* director/a *m./f.*, administrador/a *m./f.*
maneuver *n.* maniobra *f.*; *v.i.* maniobrar
manhood *n.* virilidad *f.*, masculinidad *f.*
manifold *adj.* múltiple, diverso/a, numeroso/a
manipulate *v.t.* manipular
mankind *n.* humanidad *f.*
mannequin *n.* manequí *m.*
manner *n.* modales *m.*, manera *f.*, modo *m.*
mansion *n.* mansión *f.*
manufacture *n.* manufactura *f.*; *v.t.* manufacturar
manure *n.* abono *m.*, estiércol *m.*; *v.t.* abonar
manuscript *n.*; manuscrito *m.*
many *adj.* muchos/as, numeroso/a, diversos/as, varios/as
map *n.* mapa *m.*, plano *m.*; *v.t.* hacer un mapa o plano
marathon *n.* maratón *f.*

marble *n.* mármol *m.*
March *n.* marzo *m.*
mare *n.* yegua *f.*
margarine *n.* margarina *f.*
margin *n.* margen *m.*, borde *m.*, lado *m.*, orilla *f.*
marine *n.* soldado de marina; *adj.* marino/a, naval
mark *n.* marca *f.*, señal *f.*, mancha *f.*
market *n.* mercado *m.*
marketing *n.* venta *f.*, mercado *m.*
marmalade *n.* mermelada *f.*
maroon *adj.* castaño/a
marriage *n.* matrimonio *m.*
married *adj.* casado/a, conyugal, matrimonial
marrow *n.* tuétano *m.*, médula *f.*
marry *v.t.* casar; *v.i.* casarse
marsh *n.* marjal *m.*, pantano *m.*
marshal *n.* mariscal *m.*
marvelous *adj.* maravilloso/a
masculine *adj.* masculino
mash *n.* mezcla *f.*, pasta *f.*; *v.t.* mezclar, amasar
mask *n.* máscara *f.*, antifaz *m.*
mass *n.* misa *f.*, masa, bulto *(shape)*
massage *n.* masaje *m.*
massive *adj.* masivo/a, macizo/a, sólido/a
mast *n.* mástil *m.*
master *n.* amo/a *m./f.*, maestro/a *m./f.*
mastery *n.* dominio *m.*, autoridad *f.*
mat *n.* esfera *f.*

match *n.* partido *m. (sport)*; fósforo *m. (for lighting)*; *v.t.* competir; *v.i.* armonizarse

mate *n.* pareja *f.*, compañero/a *m./f.*; ayudante *m. (assistant)*

material *n.* material *m.*, materia *f.*; *adj.* importante, esencial, considerable

mathematics *n.* matemáticas *f./pl.*

mattress *n.* colchón *m.*

mature *adj.* maduro/a; *v.t.* madurar; *v.i.* madurarse

maturity *n.* madurez *f.*

maximum *n.*; *adj.* máximo/a *m./f.*

May *n.* mayo *m.*

may *verbal aux.* poder, ser posible

maybe *adv.* quizás, tal vez

mayonnaise *n.* mayonesa *f.*

mayor *n.* alcalde *m.*

maze *n.* laberinto *m.*; *v.t.* aturdir, dejar perplejo

me *pron.* mí

meadow *n.* prado *m.*, pradera *f.*

meager *adj.* escaso/a, magro/a

meal *n.* comida *f.*

mean *adj.* malo/a

meaning *n.* significado *m.*, intención *f.*, voluntad *f.*

meantime *adv.* mientras tanto, entre tanto

measure *n.* medida *f.*, capacidad *f.*

meat *n.* carne *f.*

mechanic *n.* mecánico *m.*

medal *n.* medalla *f.*

medical *adj.* médico/a

medicine *n.* medicina *f.*

medium *n.* medio *m.*; término medio *m. (cooking)*; medio ambiente *m. (environment)*

meet *v.t.* encontrar, conocer; *v.i.* juntarse, encontrarse

meeting *n.* reunión *f.*, encuentro *m.*; entrevista *f. (interview)*

mellow *adj.* maduro, dulce, suave

melon *n.* melón *m.*

melt *v.i.* derretirse, deshacerse, disolverse, evaporarse

member *n.* miembro *m.*; socio/a *m./f. (club)*

membrane *n.* membrana *f.*

memoir *n.* memoria *f.*

memorize *v.t.* memorizar

memory *n.* memoria *f.*, recuerdo *m.*

men's room *n.* servicio de caballeros *m.*

menace *n.* amenaza *f.*; *v.t.* amenazar

mend *v.t.* reparar, remendar, componer; zurcir *(darn)*; remediar *(rectify)*

mental *adj.* mental, intelectual

mention *n.* mención *m.*; *v.t.* mencionar

menu *n.* menú *m.*

merchandise *n.* mercancía *f.*

merchant *n.* mercader *m.*

merciful *adj.* compasivo/a, misericordioso/a, piadoso/a

merciless *adj.* despiadado/a, inhumano/a

English-Spanish Dictionary

mercy *n.* clemencia *f.*, misericordia *f.*, compasión
merely *adv.* simplemente, solamente, meramente
merit *n.* mérito *m.*; *v.t.* merecer, ser digno de
merry *adj.* alegre, feliz, jovial
mesh *n.* malla *f.*
mess *n.* desorden *m. (disorder)*; mezcla *f. (mixture)*; *v.t.* ensuciar *(dirty)*
message *n.* mensaje *m.*, recado *m.*
messenger *n.* mensajero/a *m./f.*
metal *n.* metal *m.*
meter *n.* metro *m. (measure)*; contador *m. (gas)*
method *n.* método *m.*, técnica *f.*
methodical *adj.* metódico/a, ordenado/a
Mexican *n.*; *adj.* mexicano/a *m./f.*
microphone *n.* micrófono *m.*
microscope *n.* microscopio *m.*
midday *n.* mediodía *m.*
middle *adj.* medio/a, en medio de, intermedio; mediano *(average)*
middle-aged *adj.* edad mediana
midnight *n.* medianoche *f.*
midwife *n.* partera *f.*
might *n.* fuerza *f.*, poder *m.*; *v.i.* poder
migrate *v.i.* emigrar
mild *adj.* manso/a, apacible, suave
mile *n.* milla *f.*
milestone *n.* piedra miliaria *f.*, mojón kilométrico *m.*

militant *adj.* militante, combatiente
military *n.* militar *m.*
milk *n.* leche *f.*; *adj.* lácteo/a; *v.t.* ordeñar
mill *n.* molino *m.*; fábrica *f. (factory)*
miller *n.* molinero *m.*
millimeter *n.* milímetro *m.*
million *n.* millón *m.*
mind *n.* mente *f.*, inteligencia *f.*; *v.t.* recordar, importar
mindful *adj.* atento/a
mindless *adj.* tonto/a
mine *n.* mina *f.*; *v.t.* minar, extraer; *v.i.* hacer minería
mingle *v.t.* mezclar, confundir; *v.i.* mezclarse, confundirse
minimum *n.*; *adj.* mínimo *m.*
mining *n.* minería *f.*
minister *n.* ministro *m.*; *v.i.* servir, suministrar, proveer
ministry *n.* ministerio *m.*
minor *n.*; *adj.* menor *m.*
minority *n.* minoría *f.*; minoridad *f. (age)*
mint *n.* menta *f.*; *adj.* en estado nuevo; *v.t.* acuñar
minus *n.* signo de menos *m.*, cantidad negativa *f.*; *adj.* menos, negativo/a, desprovisto de
minute *n.* minuto *m.*
miracle *n.* milagro *m.*
miraculous *adj.* milagroso/a
mirage *n.* espejismo *m.*
mire *n.* pantano *m.*
mirror *n.* espejo *m.*; *v.t.* reflejar

misadventure *n.* desventura *f.*, desgracia *f.*
mischief *n.* travesura *f.*; diablillo/a *m./f. (person)*
misdeed *n.* fechoría *f.*, delito *m.*
misery *n.* miseria *f.*
misfortune *n.* infortunio *m.*, mala suerte *f.*, adversidad *f.*
mislay *v.t.* extraviar, perder
misplace *v.t.* extraviar, colocar mal, poner fuera de lugar
miss *n.* señorita *f.*; *v.t.*; *v.i.* errar; fracasar *(fail)*
missile *n.* misil *m.*
mission *n.* misión *f.*
mist *n.* niebla *f.*, neblina *f.*; llovizna *f. (drizzle)*; *v.t.* empañar; *v.i.* lloviznar
mistake *n.* error *m.*, equivocación *f.*; *v.t.* errar, equivocar
mistaken *adj.* equivocado/a, engañado/a
mister (Mr.) *n.* señor (Sr.) *m.*
mistress *n.* señora *f.*, maestra *f.*; prometida *f. (fiancée)*
mistrust *v.t.* desconfiar, dudar
misunderstanding *n.* malentendido *m.*
mix *n.* mezcla *f.*; *v.t.* mezclar; *v.i.* mezclarse
mixture *n.* mezcla *f.*
moan *n.* gemido *m.*, lamento *m.*; *v.t.* lamentar, llorar; *v.i.* gemir, quejarse, lamentarse
mode *n.* modo *m.*; moda *f. (fashion)*

model *n.* modelo *m./f.*; *v.t.* modelar, moldear, formar
modem *n.* modem *m.*
modification *n.* modificación *f.*
modify *v.t.* modificar
modular *adj.* modular
module *n.* módulo *m.*
moist *adj.* húmedo/a
moisten *v.t.* humedecer, mojar
moisture *n.* humedad *f.*
mold *n.* molde *m.*; moho *m. (fungus)*; *v.t.* moldear
mom(my) *n.* madre *f.*, mami *f.*
moment *n.* momento *m.*, instante *m.*
monarch *n.* monarca *m.*
monarchy *n.* monarquía *f.*
monastery *n.* monasterio *m.*
Monday *n.* lunes *m.*
money *n.* dinero *m.*; moneda *f. (coin)*
monitor *n.* monitor *m.*, controlador *m.*
monk *n.* monje *m.*
monkey *n.* mono/a *m./f.*
monopoly *n.* monopolio *m.*
monotonous *adj.* monótono/a
monster *n.* monstruo *m.*
monstrous *adj.* monstruoso/a
month *n.* mes *m.*
mood *n.* humor *m.*
moon *n.* luna *f.*
moonlight *n.* luz de la luna *f.*
mop *n.* trapeador *m.*; *v.t.* trapear, limpiar
moral *n.* moral *f.*
morale *n.* moral *f.*
more *adj.*; *adv.* más

English-Spanish Dictionary

moreover *adv.* además, también, por otra parte
morning *n.* mañana *f.*; *adj.* matutino/a
mortar *n.* mortero *m.*
mortgage *n.* hipoteca *f.* préstamo *m.*; *adj.* hipotecario/a; *v.t.* hipotecar
mosque *n.* mezquita *f.*
mosquito *n.* mosquito *m.*
most *adj.*; *adv.* más, la mayor parte, la mayoría
moth *n.* mariposa *f.*
mother *n.* madre *f.*; *v.t.* cuidar como madre; ahijar *(animals)*
mother-in-law *n.* suegra *f.*
motion *n.* movimiento *m.*, marcha *f.*, operación *f.*
motivate *v.t.* motivar
motivation *n.* motivación *f.*
motive *n.* motivo *m.*
motor *n.* motor *m.*
motorbike *n.* motocicleta *f.*
motorcycle *n.* motociclo *m.*
mount *n.* monte *m.*; *v.t.*; *v.i.* montar, subir; aumentar *(increase)*
mountain *n.* montaña *f.*
mourn *v.t.* llorar, lamentar; llevar luto por; *v.i.* afligirse, lamentarse, estar de luto
mourning *n.* luto *m.*, aflicción *f.*, lamentación *f.*
mouse *n.* ratón *m.*; *v.i.* cazar ratones
mouth *n.* boca *f.*; desembocadura *f. (river)*

mouthpiece *n.* instrumento bocal *m.*; portavoz *m.*, intérprete *(spokesman)*
move *n.* mudanza *f.*; *v.t.* mover, mudar; *v.i.* moverse, avanzar, andar *(walk)*
movie *n.* película *f.*; cine *m.*
moving *n.* movimiento *m.*, traslado *m.*; *adj.* móvil, motor
Mrs. *n.* señora *f.*, Sra. *f.*
much *adj.*; *adv.* mucho/a
mud *n.* barro *m.*
muffle *v.t.* envolver, encubrir, ocultar, tapar
muffler *n.* bufanda *f.*; silenciador *m. (silencer)*
mug *n.* jarro/a *m./f.*, vaso *m.*
multiplication *n.* multiplicación *f.*
multiply *v.t.* multiplicar; *v.i.* multiplicarse
municipality *n.* municipio *m.*
murder *n.* asesinato *m.*; *v.t.* asesinar
murderer *n.* asesino/a *m./f.*
muscle *n.* músculo *m.*
muscular *adj.* muscular, musculoso/a
museum *n.* museo *m.*
mushroom *n.* hongo *m.*
music *n.* música *f.*
musician *n.* músico *m.*
Muslim *n.*; *adj.* musulmán *m.*, musulmana *f.*
mussel *n.* mejillón *m.*
must *n.* zumo de uva *m.*; *v.i.* haber de, tener que, deber
mustache *n.* bigote *m.*
mustard *n.* mostaza *f.*

mute *adj.* mudo/a, silencioso/a
mutiny *n.* motín *m.*, sublevación *f.*; *v.i.* amotinarse, sublevarse
mutton *n.* carnero *m.*; *adj.* de carnero
mutual *adj.* mutuo/a, recíproco/a, común
muzzle *n.* hocico *m.*; bozal *m. (dog)*; *v.t.* amordazar
my *adj.* mío/a, mis
myself *pron.* yo mismo/a
mystery *n.* misterio *m.*
myth *n.* fábula *f.*, mito *m.*
mythology *n.* mitología *f.*

N

nail *n.* uña *f.*; *v.t.* clavar, enclavar
naive *adj.* ingenuo/a
naked *adj.* desnudo/a
name *n.* nombre *m.*, título *m.*, fama *f.*; *v.t.* nombrar, llamar
namely *adv.* a saber, es decir
nanny *n.* niñera *f.*
nap *n.* siesta *f.*; *v.i.* dormitar
napkin *n.* servilleta *f.*
narcotic *adj.* narcótico/a, calmante
narrate *v.t.* narrar, contar, relatar
narrator *n.* narrador/a *m./f.*
narrow *adj.* estrecho/a; *v.t.* estrechar, angostar, reducir; *v.i.* reducirse
nasty *adj.* nauseabundo/a, repugnante, asqueroso/a
nation *n.* nación *f.*, país *m.*, pueblo *m.*
national *n.*; *adj.* nacional *f.*
nationality *n.* nacionalidad *f.*

native *n.*; *adj.* nativo/a *m./f.*
natural *adj.* natural
naturally *adv.* naturalmente, normalmente
naughty *adj.* travieso/a, pícaro/a
nausea *n.* náusea *f.*
nauseous *adj.* nauseabundo/a
naval *adj.* naval, marítimo/a
navel *n.* ombligo *m.*
navigate *v.t.* navegar
navigation *n.* navegación *f.*
navy *n.* armada *f.*, marina *f.*; azul marino *m. (color)*
near *adj.*; *adv.* cerca; *v.i.* acercarse, aproximarse
nearby *adj.*; *adv.* cercano/a, inmediato/a
nearly *adv.* cerca, casi
nearsighted *adj.* corto/a de vista
neat *adj.* limpio/a, pulcro/a
necessarily *adv.* necesariamente, inevitablemente, sin duda
necessary *adj.* necesario/a, inevitable, imprescindible
necessity *n.* necesidad *f.*
neck *n.* cuello *m.*
necklace *n.* collar *m.*
necktie *n.* corbata *f.*
need *n.* necesidad *f.*; *v.t.* necesitar
needle *n.* aguja *f.*; brújula *f. (compass)*; obelisco *m. (monument)*
needless *adj.* innecesario/a, superfluo/a
negation *n.* negación *f.*
negative *n.* negativa *f.*, negación *f.*; *adj.* negativo/a; *v.t.* negar; denegar

neglect *v.t.* abandonar, descuidar, desatender
negotiate *v.t.* gestionar, tratar; *v.i.* negociar
negotiation *n.* negociación *f.*, gestión *f.*, transacción *f.*
neighbor *n.* vecino/a *m./f.*; prójimo *m. (biblical)*
neighborhood *n.* vecindario *m.*
neither *adj.* ninguno/a, tampoco
nephew *n.* sobrino *m.*
nerve *n.* nervio *m.*; *v.t.* animar, alentar
nervous *adj.* nervioso/a
nest *n.* nido *m.*; *v.i.* anidar
net *n.* red *f.*; *adj.* neto; *v.t.* obtener
network *n.* red *f.*; sistema *f. (communication)*
neuralgia *n.* neuralgia *f.*
neurologist *n.* neurólogo *m.*
neurotic *adj.* neurótico/a
neuter *adj.* neutro/a
neutral *adj.* neutral
neutrality *n.* neutralidad *f.*, imparcialidad *f.*
never *adv.* nunca, jamás, de ningún modo
nevertheless *adv.* sin embargo, no obstante
new *adj.* nuevo/a
newborn *n.*; *adj.* recién nacido *m.*
news *n.* noticias *f.*
newspaper *n.* periódico *m.*, diario *m.*
newsstand *n.* quiosco de periódicos *m.*
New Year *n.* Año Nuevo *m.*

next *adj.*; *adv.*; *prep.* próximo, siguiente, luego
next door *adj.*; *adv.* de al lado, vecino/a
nice *adj.* simpático/a, afable, amable, fino/a *(person)*; agradable, bonito/a *(thing)*
niche *n.* nicho *m.*
nickname *n.* sobrenombre *m.*, apodo *m.*; *v.t.* apodar, apellidar
niece *n.* sobrina *f.*
Nigerian *n.*; *adj.* nigeriano/a *m./f.*
night *n.* noche *f.*
nightclub *n.* club nocturno *m.*
nightmare *n.* pesadilla *f.*
nimble *adj.* ágil, activo/a
nine *num.* nueve
nineteen *num.* diecinueve
nineteenth *adj.* decimonoveno/a
ninety *num.* noventa
ninth *adj.* noveno/a
nitrogen *n.* nitrógeno *m.*
no *adj.*; *adv.* no ningún, ninguno/a
noble *n.*; *adj.* noble *m.*
nobody *pron.* nadie, ninguno/a
noise *n.* ruido *m.*, tumulto *m.*
noisy *adj.* ruidoso/a, estruendoso/a, estrepitoso/a
nomadic *adj.* nómada
nominate *v.t.* nominar, nombrar, designar
nomination *n.* nominación *f.*, nombramiento *m.*
nonabrasive *adj.* no abrasivo/a
none *n.* ninguno/a *m./f.*; *pron.* ninguno/a, nadie, nada; *adj.* nada

nonflammable *adj.* no flamable
nonsense *n.* tontería *f.*, disparate *m.*
noodle *n.* tallarín *m.*, fideo *m.*
noon *n.* mediodía *m.*
no one *pron.* nadie
nor *conj.* ni, no, tampoco
normal *adj.* normal, común, natural, corriente, regular
normality *n.* normalidad *f.*
normally *adv.* normalmente
north *n.*; *adj.* norte *m.*
northeast *n.*; *adj.* noreste *m.*
northern *adj.* norteño/a
northwest *adj.*; *n.* noroeste *m.*
nose *n.* nariz *f.*, hocico *m. (animals)*
nostril *n.* ventana de la nariz *f.*
not *adv.* no
notarize *v.t.* notarizar
notary public *n.* notario público *m.*
note *n.* nota *f.*, recado *m.*; *v.t.* notar, observar, anotar, apuntar
notebook *n.* cuaderno *m.*
nothing *n.* nada *f.*; *adv.* en nada
notice *n.* noticia *f.*, aviso *m.*; *v.t.* notificar, observar
noticeable *adj.* apreciable, evidente, perceptible
notification *n.* notificación *f.*, advertencia *f.*
notify *v.t.* notificar, comunicar, avisar
notion *n.* noción *f.*, idea *f.*, concepto *m.*

noun *n.* nombre *m.*, sustantivo *m.*
nourish *v.t.* alimentar, sustentar, nutrir
nourishing *adj.* nutritivo/a, alimenticio/a
nourishment *n.* alimento *m.*, sustento *m.*, nutrición *f.*
novel *n.* novela *f.*; *adj.* original, novedad
novelty *n.* novedad *f.*, innovación *f.*, cambio *m.*
November *n.* noviembre *m.*
now *adv.* ahora, actualmente, al presente
nowadays *adv.* hoy en día, actualmente
nowhere *adv.* en ningún lugar
noxious *adj.* nocivo/a, dañino/a
nozzle *n.* boquilla *f.*
nuance *n.* matiz *f.*, gradación *f.*, sombra *f.*
nuclear *adj.* nuclear
nucleus *n.* núcleo *m.*
nude *adj.* desnudo/a
nudity *n.* desnudez *f.*
nuisance *n.* molestia *f.*, incomodidad *f.*
null *adj.* nulo/a, inválido/a
nullify *v.t.* anular
numb *adj.* entumido/a, insensible; *v.t.* entumecer, entorpecer
number *n.* número *m.*; *v.t.* numerar, contar
numerous *adj.* numeroso/a
nun *n.* monja *f.*, religiosa *f.*
nurse *n.* enfermero/a *m./f.*; *v.t.* criar; *v.i.* trabajar como enfermera

nursery *n.* guardería *f.*
nursing *n.* lactancia *f.*, crianza *f.*; asistencia *f.*; cuido *m. (sick)*
nut *n.* nuez *f.*
nutrition *n.* nutrición *f.*
nutritious *adj.* nutritivo/a, alimenticio/a

O

oak *n.* roble *m.*; *adj.* de roble
oar *n.* remo *m.*
oat *n.* avena *f.*
oath *n.* juramento *m.*; blasfemia *f. (curse)*
oatmeal *n.* harina de avena *f.*
obedience *n.* obediencia *f.*, sumisión *f.*
obedient *adj.* obediente, sumiso/a, dócil
obey *v.t.* obedecer
object *n.* objeto *m.*; propósito *m. (purpose)*; *v.t.* objetar, oponer
objection *n.* objeción *f.*, protesta *f.*; dificultad *f.*, inconveniente *m. (obstacle)*
objective *n.* objeto *m.*; *adj.* objetivo
obligation *n.* obligación *f.*, deber *m.*
oblige *v.t.* obligar, forzar
oblong *n.*; *adj.* rectangular, rectángulo *m.*
obscene *adj.* obsceno/a
obscure *adj.* oscuro; *v.t.* oscurecer
observation *n.* observación *f.*, examen *m.*
observatory *n.* observatorio *m.*
observe *v.t.* observar, mirar *(notice)*; cumplir *(laws)*; guardar
obstacle *n.* obstáculo *m.*
obstetrician *n.* obstétrico/a *m./f.*, médico/a *m./f.*, partero/a *m./f.*
obstinate *adj.* obstinado/a
obstruct *v.t.* obstruir, impedir, cerrar; estorbar *(thwart)*; dificultar *(hinder)*
obstruction *n.* obstrucción *f.*, estorbo *m.*, obstáculo *m.*
obtain *v.t.* obtener, conseguir, lograr, recibir
obtainable *adj.* obtenible, alcanzable
obvious *adj.* obvio/a, evidente
occasion *n.* ocasión *f.*, oportunidad *f.*; *v.t.* ocasionar, causar, producir
occasional *adj.* ocasional, de vez en cuando
occult *adj.* oculto/a, escondido/a, misterioso/a
occupancy *n.* cupo *m.*, capacidad *f.*
occupation *n.* ocupación *f.*; tenencia *f. (tenancy)*
occupy *v.t.* ocupar
occur *v.i.* ocurrir; suceder *(happen)*; encontrarse, existir *(exist)*
occurrence *n.* ocurrencia *f.*, incidente *m.*, suceso *m.*
ocean *n.* océano *m.*, mar *m.*
o'clock *adv.* en punto
October *n.* octubre *m.*

octopus *n.* pulpo *m.*
odd *adj.* impar *(of numbers)*; suelto *(volumes)*; raro/a *(strange)*; casual *(casual)*
oddity *n.* peculiaridad *f.*
odor *n.* olor *m.*
odorless *adj.* inodoro/a
of *prep.* de
off *adj.*; *adv.* fuera, cancelado/a, apagado/a
offend *v.t.*; *v.i.* ofender, agraviar, insultar, herir
offense *n.* ofensa *f.*; agravio *m.* *(insult)*
offensive *adj.* ofensivo/a, desagradable
offer *n.* oferta *f.*, ofrecimiento *m.*; *v.t.* ofrecer; *v.i.* ofrecerse
office *n.* oficina *f.*
officer *n.* oficial *m.*, funcionario/a *m./f.*; agente *m.* *(police)*
official *n.*; *adj.* oficial *m.*
offset *n.* compensación *f.*; *v.t.* compensar
often *adv.* muchas veces, frecuentemente
oil *n.* aceite *m.*, petróleo *m.*, óleo *m.*; *v.t.* aceitar, engrasar, ungir, untar
oily *adj.* aceitoso/a, grasiento/a
ointment *n.* pomada *f.*, ungüento *m.*
OK *adv.* de acuerdo, bien
old *adj.* viejo/a, antiguo/a, anciano/a; añejo/a *(wine)*
old-fashioned *adj.* pasado de moda

olive *n.* olivo *m. (tree)*; aceituna *f.*, oliva *f. (fruit)*
Olympic *adj.* Olímpico/a
omelet *n.* omelet *m.*
omission *n.* omisión *f.*, olvido *m.*, descuido *m.*
omit *v.t.* omitir, olvidar, descuidar; suprimir *(supress)*
on *prep.* sobre, encima de *(upon)*; acerca de *(concerning)*
once *adv.* una vez; en otro tiempo, antiguamente *(formerly)*
one *num.* un, uno/a; primero/a *(first)*; único/a, solo/a *(single)*
onion *n.* cebolla *f.*
on-line *adj.*; *adv.* en línea
only *adj.* sólo/a, único/a; *adv.* únicamente, solamente
opaque *adj.* opaco/a
open *adj.* abierto; *v.t.*; *v.i.* abrir
opening *n.* inauguración *f.*; abertura *f.*
opera *n.* ópera *f.*
operate *v.t.* funcionar, trabajar, obrar; *v.i.* funcionar, trabajar, obrar
operation *n.* maniobra *f.*; operación *f. (surgery)*
operator *n.* operador/a *m./f.*, telefonista *m./f.*
opinion *n.* opinión *f.*, concepto *m.*
opponent *n.* oponente *m.*, antagonista *m./f.*, enemigo/a *m./f.*, adversario/a *m./f.*
opportunity *n.* oportunidad *f.*, posibilidad *f.*

oppose *v.t.* oponer, contrarrestar, contrariar
opposite *adj.* opuesto/a, contrario/a
opposition *n.* oposición *f.*
oppress *v.t.* oprimir
oppression *n.* opresión *f.*
oppressive *adj.* opresivo/a
optical *adj.* óptico/a
optician *n.* oculista *m.*, óptico *m.*
optimist *n.* optimista *m./f.*
optimistic *adj.* optimista
option *n.* opción *f.*
optional *adj.* opcional
optometrist *n.* optometrista *m.*
or *conj.* o, u
oral *adj.* oral, verbal, hablado/a
orange *n.* naranja *f. (fruit)*; naranjo *m. (tree)*
orchard *n.* huerto *m.*
orchestra *n.* orquesta *f.*
order *n.* orden *f.*; *v.t.* ordenar
orderly *adj.* ordenadamente
ordinary *adj.* ordinario/a
ore *n.* mena *f.*
organ *n.* órgano *m.*
organic *adj.* orgánico/a
organization *n.* organización *f.*, grupo *m.*, asociación *f.*
organize *v.t.* organizar, arreglar; *v.i.* organizarse, asociarse
origin *n.* origen *m.*, génesis *m.*, raíz *f.*
original *n.*; *adj.* original *m.*
originally *adv.* originalmente, al principio, antiguamente
ornament *n.* ornamento *m.*, adorno *m.*, decoración *f.*

orphan *n.* huérfano/a *m./f.*
oscillate *v.t.* hacer, oscilar; *v.i.* oscilar
ostracism *n.* ostracismo *m.*
other *adj.* otro/a
otherwise *adv.* de otra manera, de otro modo
ounce *n.* onza *f.*
our *adj.* nuestro/a
ours *pron.* nuestros/as
ourselves *pron.* nosotros/as, mismos/as
out *adv.* fuera
outcast *n.* proscrito *m.*, paria *f.*
outcome *n.* resultado *m.*, consecuencia *f.*
outdoor *adj.*; *adv.* fuera, al aire libre
outer *adj.* externo/a, exterior
outline *n.* contorno *m.*, perfil *m.*; *v.t.* esbozar
outside *adv.* afuera, fuera; *prep.* fuera de; *adj.* externo/a, exterior
outskirts *n.* afueras *f./pl.*, cercanías *f./pl.*, alrededores *m./pl.*
outstanding *adj.* destacado/a, notable, excelente, sobresaliente
oval *n.*; *adj.* ovalado *m./f.*
oven *n.* horno *m.*
over *prep.* sobre, encima de *(above, upon, over)*; al otro lado de *(on the other side)*
overall *n.* bata *f.*, guardapolvo *m.*; *adj.* en conjunto
overalls *n.* guardapolvo *m.*

overcast *adj.* nublado/a, cerrado/a, encapotado/a; *v.t.* sobrehilar
overdue *adj.* atrasado/a
overlook *v.t.* dar a, mirar a *(face)*; vigilar, examinar, inspeccionar *(supervise)*
overnight *adv.* durante la noche; *adj.* nocturno/a
overseas *adj.* ultramarino/a; *adv.* en ultramar
overtake *v.t.* adelantar; sorprender *(surprise)*; vencer, dominar *(overwhelm)*
overtime *n.* tiempo extra *m.*
overweight *n.* sobrepeso *m.*; *adj.* pasado/a de peso
owe *v.t.* deber, tener deudas; *v.i.* estar en deuda
owl *n.* lechuza *f.*, búho *m.*
own *adj.* propio/a; *v.t.* tener, poseer, ser dueño de; reconocer *(recognize)*; *v.i.* confesar
owner *n.* dueño/a *m./f.*
ox *n.* buey *m./pl.*
oxygen *n.* oxígeno *m.*
oyster *n.* ostra *m.*
ozone *n.* ozono *m.*

P

pace *n.* paso *m.*, marcha *f.*; *v.t.* pasear; *v.i.* pasearse
pacemaker *n.* marcapasos *m.*
pack *n.* paquete *m.*; carga *f.* *(load)*; *v.t.* empacar, embalar; *v.i.* llenar
package *n.* paquete *m.*

packing *n.* embalaje *m.*, envoltura *f.*
pad *n.* almohadilla *f.*; *v.t.* acolchar, rellenar
pagan *n.*; *adj.* pagano/a *m./f.*
page *n.* página *f.(book)*; paje *m.* *(boy)*; *v.t.* compaginar; vocear *(a person)*
pail *n.* cubo *m.*, cubeta *f.*
pain *n.* dolor *m.*, sufrimiento *m.*; *v.t.* doler
painful *adj.* doloroso/a, angustioso/a, fatigoso/a
painless *adj.* sin dolor, indoloro/a
paint *n.* pintura *f.*; *v.t.*; *v.i.* pintar
painter *n.* pintor/a *m./f.*
painting *n.* pintura *f.*; cuadro *m.* *(picture)*
pair *n.* par *m.*; pareja *f. (people)*
pajamas *n./pl.* pijamas *m./pl.*
pal *n.* compinche *m./f.*, camarada *m./f.*
palace *n.* palacio *m.*
pale *adj.* pálido/a, claro, tenue *(light)*
palette *n.* paleta *f.*
pall *n.* paño mortuorio *m.*, cortina de humo *f.*, capa de nieve *f.*
pallet *n.* plataforma *f.*
palm *n.* palma *f.*
palm tree *n.* palmera *f.*
palpitation *n.* palpitación *f.*
pamphlet *n.* panfleto *m.*, folleto *m.*
pan *n.* cacerola *f.*, cazuela *f.* *(vessel)*; cráneo *m. (brain)*

English-Spanish Dictionary 217

panel *n.* panel *m.*, lienzo *m.*, paño *m.*
panic *n.* pánico *m.*
pant *v.i.* jadear
panties *n./pl.* calzones *m./pl.*, bombachas *f./pl.*
pantry *n.* despensa *f.*
pants *n./pl.* pantalones *m./pl.*
paper *n.* papel *m.*
paperback *n.* libro en rústica *m.*
parachute *n.* paracaídas *m.*; *v.t.*; *v.i.* lanzarse en paracaídas
parade *n.* parada *f.*, desfile *m.*; *v.t.* recorrer; *v.i.* desfilar
paradise *n.* paraíso *m.*, edén *m.*
paragraph *n.* párrafo *m.*; *v.t.* dividir en párrafos
parallel *adj.* paralelo/a; *v.t.* poner en paralelo, comparar
paralysis *n.* parálisis *f.*
paralyze *v.t.* paralizar
parasite *n.* parásito *m.*
parasitic *adj.* parásito/a, parasitario/a; parasítico/a *(medical)*
parcel *n.* paquete *m.*; parcela *f. (land)*
parchment *n.* pergamino *m.*; parche *m. (drum)*
pardon *n.* perdón *m.*; *v.t.* perdonar
parent *n.* padre *m.*, madre *f.*; antepasado/a *m./f. (ancestor)*
parish *n.* parroquia *f.*; *adj.* parroquial
park *n.* parque *m.*; *v.t.* estacionar *(vehicles)*; depositar *(dump)*
parking lot *n.* estacionamiento *m.*

parliament *n.* parlamento *m.*
parliamentary *adj.* parlamentario/a
parrot *n.* loro/a *m./f.*, papagayo *m.*
parsley *n.* perejil *m.*
part *n.* parte *f.*; *v.t.* partir, dividir; *v.i.* marcharse, despedirse
partial *adj.* parcial
participate *v.i.* participar
particle *n.* partícula *f.*
particular *adj.* particular
partition *n.* partición *f.*, división *f.*; pared *f. (wall)*
partner *n.* asociado/a *m./f.*; pareja *f. (dancing)*; codelincuente *m./f. (crime)*
party *n.* fiesta *f.*; parte *f. (law)*; interesado/a *m./f. (person)*
pass *n.* pase *m.*, aprobación; *v.t.* pasar; ocurrir *(happen)*; cesar *(end)*
passage *n.* pasaje *m.*; viaje *m. (voyage)*
passenger *n.* pasajero/a *m./f.*, viajero/a *m./f.*
passerby *n.* transeúnte *m.*, paseante *m.*
passion *n.* pasión *f.*; Pasión *f. (Christ)*
passionate *adj.* apasionado/a
passive *adj.* pasivo/a
passport *n.* pasaporte *m.*
password *n.* palabra clave *f.*, contraseña *f.*
past *n.*; *adj.* pasado/a *m./f.*
paste *n.* pasta *f.*; *v.t.* pegar *(affix)*; engomar, engrudar *(glue)*
pasteurized *adj.* pasteurizado/a

pastime *n.* pasatiempo *m.*
pastry *n.* pastel *m.*, torta *f.*; pasta *f. (dough)*
patch *n.* parche *m. (plaster)*; remiendo *m. (mend)*; *v.t.* remendar
patent *n.* patente *f.*; *adj.* evidente, patente; *v.t.* patentar
path *n.* camino *m.*, senda *f.*, vereda *f.*; pista *f. (track)*
pathetic *adj.* patético/a
patience *n.* paciencia *m.*
patient *n.*; *adj.* paciente *m.*
patriot *n.* patriota *m./f.*
patriotic *adj.* patriótico/a
patrol *n.* patrulla *f.*; *v.t.*; *v.i.* patrullar, rondar, recorrer
patron *n.* patrono *m.*, protector *m.*
pattern *n.* dibujo *m.*, patrón *m.*, muestra *f.*
paunch *n.* panza *f.*
pause *n.* pausa *f.*; *v.t.*; *v.i.* pausar
pave *v.t.* pavimentar, empedrar, enlosar
pavement *n.* pavimento *m.*; acera *f.*, vereda *f. (sidewalk)*
pavilion *n.* pabellón *m.*
paw *n.* pata *f.*, garra *f.*; *v.t.* arañar *(scratch)*; manosear *(handle)*; *v.i.* piafar *(of a horse)*
pawn *n.* empeño *m.*; peón de ajedrez *m. (chess)*; *v.t.* empeñar
pay *n.* paga *f.*; jornal *m. (work)*; *v.t.* pagar, poner; *v.i.* producir ganancia

payment *n.* pago/a *m./f.*, remuneración *f.*
pea *n.* arveja *f.*, guisante *m.*
peace *n.* paz *f.*, tranquilidad *f.*
peaceful *adj.* pacífico/a, tranquilo/a, silencioso/a
peach *n.* durazno *m.*, melocotón *m. (fruit)*; duraznero *m.*, melocotonero *m. (tree)*
peacock *n.* pavo real *m.*; *v.i.* pavonearse
peak *n.* punta *f.*, cumbre *f.*, cima *f.*; *v.i.* consumirse, enflaquecer
peanut *n.* maní *m.*
pear *n.* pera *f.*
pearl *n.* perla *f.*; *v.t.* rociar *(dew)*; *v.i.* pescar perlas
peasant *n.* campesino/a *m./f.*, labrador/a *m./f.*
pebble *n.* guijarro *m.*, cristal de roca *m.*
pedal *n.* pedal *m.*; *v.i.* pedalear
pedestrian *n.* peatón *m.*
pediatrician *n.* pediatra *m./f.*
peel *n.* cáscara *f.*; *v.t.* pelar
peg *n.* clavija *f.*; percha *f.*; *v.t.* clavar, enclavijar
pelvis *n.* pelvis *f.*
pen *n.* lapicera *f.*, birome *f.*, pluma *f.*
penalty *n.* penal *m.*; penalidad *f. (law)*
pencil *n.* lápiz *m.*; *v.t.* escribir con lápiz
penetrate *v.t.*; *v.i.* penetrar
penicillin *n.* penicilina *f.*
penis *n.* pene *m.*

penknife *n.* cortaplumas *m.*
penny *n.* centavo *m.*, penique *m.*
people *n.* gente *f.*; pueblo *m.*
pepper *n.* pimienta *f.*; pimiento *m. (plant)*; *v.t.* salpimentar
peppermint *n.* menta *f.*
perceive *v.t.* percibir
perception *n.* percepción *f.*, sensibilidad *f.*
perch *n.* percha *f.*; *v.t.* posar; *v.i.* posarse
perfect *n.*; *adj.* perfecto/a; *v.t.* perfeccionar; perfeccionarse *(oneself)*
perform *v.t.* efectuar, actuar, representar; *v.i.* representar un papel; cantar *(sing)*
performance *n.* actuación *f.*, representación *f.*
perfume *n.* perfume *m.*, fragancia *f.*, aroma *m.*; *v.t.* perfumar
perhaps *adv.* quizás
peril *n.* peligro *m.*
period *n.* período *m.*, época *f.*, edad *f.*
periodic *adj.* periódico/a
periodical *n.* publicación periódica *f.*
perishable *adj.* perecedero/a
permanence *n.* permanencia *f.*
permanent *adj.* permanente, estable, fijo/a
permission *n.* permiso *m.*, licencia *f.*
permit *n.* licencia *f.*; *v.t.* permitir
perpendicular *adj.* perpendicular

persist *v.i.* persistir
person *n.* persona *f.*
personal *adj.* personal, íntimo/a, particular
personality *n.* personalidad *f.*
personnel *n.* personal *m.*
perspective *n.* perspectiva *f.*; *adj.* en perspectiva
perspiration *n.* transpiración *f.*, sudor *m.*
perspire *v.i.* sudar, transpirar
persuade *v.t.* persuadir, inducir
persuasion *n.* persuasión *f.*
pessimist *n.* pesimista *m./f.*
pessimistic *adj.* pesimista
pester *v.t.* acosar, importunar, incomodar
pet *n.* mascota *f.*; *v.t.* acariciar; mimar *(spoil)*
petal *n.* pétalo *m.*, hoja *f.*
petrol *n.* gasolina *f.*, nafta *f.*
petroleum *n.* petróleo *m.*; *adj.* petrolero
petty *adj.* mezquino/a, inferior, ruin, bajo
phantom *n.* fantasma *m.*, espectro *m.*
pharmaceutical *n.* producto farmacéutico *m.*; *adj.* farmacéutico/a
pharmacist *n.* farmacéutico *m.*
pharmacology *n.* farmacología *f.*
pharmacy *n.* farmacia *f.*
phase *n.* fase *f.*, aspecto *m.*
pheasant *n.* faisán *m.*
phenomenon *n.* fenómeno *m.*
philosophy *n.* filosofía *f.*
phlegm *n.* flema *f.*

phone *n.* teléfono *m.*
phone book *n.* guía telefónica *f.*
phonetic *adj.* fonético/a
phonetics *n./pl.* fonética *f.*
photo *n.* foto *f.*, fotografía *f.*
photocopier *n.* fotocopiadora *f.*
photocopy *n.* fotocopia *f.*; *v.t.* fotocopiar
photograph *v.t.* fotografiar, retratar
photographer *n.* fotógrafo/a *m./f.*
photography *n.* fotografía *f.*
phrase *n.* frase *f.*; *v.t.* expresar, frasear, redactar
physical *adj.* físico
physician *n.* médico *m.*
physicist *n.* físico *m./f.*
physics *n.* física *f.*
piano *n.* piano *m.*
pick *n.* elección *f.*, selección *f.*; pico *m. (tool)*; *v.t.* elegir, seleccionar
picket *n.* huelguista *m.*
pickle *n.* encurtido *m.*; *v.t.* encurtir
pickpocket *n.* carterista *m./f.*, ratero/a *m./f.*
picnic *n.* picnic *m.*; *v.i.* hacer un picnic
picture *n.* cuadro *m.*; *v.t.* pintar; describir; imaginar
picturesque *adj.* pintoresco/a
pie *n.* pastel *m. (sweet)*; empanada *f. (savory)*
piece *n.* pieza *f.*, fragmento *m.*; *v.t.* despedazar; despedazarse, romperse

pierce *v.t.* perforar, agujerear; *v.i.* penetrar
pig *n.* cerdo/a *m./f.*, puerco/a *m./f.*; cochino/a *m./f.*
pigeon *n.* palomo *m.*
pile *n.* pila *f.*, montón *m.*; *v.t.*; *v.i.* apilar, amontonar
pilgrim *n.* peregrino/a *m./f.*
pilgrimage *n.* peregrinación *f.*
pill *n.* píldora *f.*
pillar *n.* pilar *m.*, columna *f.*; sostén *m.*, soporte *m. (person)*
pillow *n.* almohada *f.*; *v.t.* apoyar, reposar
pillowcase *n.* funda *f.*
pilot *n.* piloto *m.*; *v.t.* pilotar, pilotear, guiar, conducir
pimple *n.* grano *m.*
PIN *abb.* número de identificación personal
pin *n.* alfiler *m.*, prendedor *m.*; *v.t.* prender con alfileres, fijar, sujetar
pincers *n./pl.* pinzas *f./pl.*
pinch *n.* pellizco *m.*; *v.t.* pellizcar
pine *n.* pino *m.*; *v.i.* languidecer, marchitarse, consumirse
pineapple *n.* piña *f.*, ananá *f.*
pink *adj.* rosado/a
pint *n.* medida líquida *f. (0,473 litros)*, pinta *f.*
pioneer *n.* pionero/a *m.*, explorador/a *m./f.*
pious *adj.* piadoso/a, devoto/a
pipe *n.* pipa *f.*, tubo *m.*, cañería *f.*
piper *n.* flautista *m./f.*, gaitero/a *m./f.*
pirate *n.* pirata *m.*; *v.t.* piratear

pistol *n.* pistola *f.*
piston *n.* pistón *m.*
pit *n.* pozo *m.*, hoyo *m.*, mina *f.*
pitcher *n.* jarra *f.*
pity *n.* compasión *f.*, lástima *f.*;
   v.i. compadecer
place *n.* lugar *m.*, sitio *m*
plagiarize *v.t.* plagiar, hurtar
plague *n.* plaga *f.*, peste *f.*;
   v.t. importunar, atormentar;
   plagar
plain *adj.* simple, claro/a
plan *n.* plan *m.*, plano *m.*,
   proyecto *m.*; *v.t.*; *v.i.* planear
plane *n.* avión *m.*, plano *m.*;
   v.t. alisar; *v.i.* planear
planet *n.* planeta *m.*
plank *n.* tablón *m.*, punto *m.*
plant *n.* planta *f.*; *v.t.*; *v.i.* plantar
plasma *n.* plasma *m.*
plaster *n.* yeso *m.*
plastic *n.*; *adj.* plástico/a *m./f.*
plate *n.* plato *m.*; placa *f.*
   (engraving)
platform *n.* plataforma *f.*
platinum *n.* platino *m.*
play *n.* obra *f.*; *v.t.*; *v.i.* jugar, tocar
player *n.* jugador/a *m./f.*;
   músico/a *m./f.*
playground *n.* zona de juegos *f.*
playing field *n.* campo de
   deportes *m.*
plea *n.* súplica *f.*, informe *m.*,
   declaración *f.*
plead *v.i.* declarar, pleitear
pleasant *adj.* placentero/a,
   agradable, ameno/a

please *v.t.* deleitar, agradar,
   gustar; *v.i.* servirse
pleasure *n.* placer *m.*, gusto *m.*,
   satisfacción *f.*
plenty *n.* abundancia *f.*;
   adv. bastante
pliers *n./pl.* alicates *m./pl.*
plot *n.* argumento *m.*; parcela *f.*
   (land), conspiración *f.*;
   v.t. conspirar
plow *n.* arado *m.*; *v.t.* arar
plug *n.* enchufe *m.*; *v.t.* enchufar
plum *n.* ciruela *f.* *(fruit)*; ciruelo
   m. *(tree)*
plumber *n.* plomero *m.*
plume *n.* pluma *f.*, penacho *m.*;
   v.t. adornar con plumas;
   desplumar
plump *adj.* gordo/a; *v.i.* engordar;
   hincharse *(swell)*
plunge *v.t.* hundir, sumergir;
   v.i. sumergirse, zambullirse
plural *n.*; *adj.* plural *m.*
plus *prep.* más
P.M. *adv.*; *abb.* P.M. (pasado
   meridiano)
pneumonia *n.* pulmonía *f.*
pocket *n.* bolsillo *m.*; *v.t.* meter
   en el bolsillo, ganar,
   apropiarse
pod *n.* cápsula *f.*; capullo *m.*
   (silkworm); *v.i.* hincharse
poem *n.* poema *m.*
poet *n.* poeta *m.*
poetry *n.* poesía *f.*
point *n.* punto *m.*;
   v.t.; *v.i.* apuntar, señalar

poison *n.* veneno *m.*;
v.t. envenenar, intoxicar
poisonous *adj.* venenoso/a, tóxico/a
pole *n.* asta *m.*, polo *m.*
police *n.* policía *f.*;
v.t. administrar, regular
policy *n.* póliza *f.*
polish *n.* cera *f.*, brillo *m.*;
v.t. encerar
Polish *n.*; *adj.* polaco/a *m./f.*
polite *adj.* refinado/a, cortés, bien educado/a
political *adj.* político/a
politician *n.* político/a *m./f.*
politics *n./pl.* política *f.*
poll *n.* votación *f.*; *v.t.* votar, escrutar
pollute *v.t.* contaminar, ensuciar, profanar; corromper *(corrupt morally)*
polluted *adj.* impurificado/a
pollution *n.* contaminación *f.*, profanación *f.*, corrupción *f.*
pond *n.* estanque *m.*, charca *f.*
pony *n.* poney *m.*
pool *n.* billar *m.*
poor *adj.* pobre; infeliz, desgraciado/a *(insignificant, unfortunate)*
pop music *n.* música pop *f.*
popcorn *n.* rosetas de maíz *f.*, pororó *m.*, pochoclo *m.*, palomitas *f.*
pope *n.* Papa *m.*
population *n.* población *f.*
porcelain *n.* porcelana *f.*

porch *n.* porche *m.*
pore *n.* poro *m.*
pork *n.* puerco/a *m.*, cerdo *m.*
port *n.* puerto *m.*
portable *adj.* portátil, móvil
porter *n.* portero *m.*, conserje *m.*
portfolio *n.* portafolio *m.*
portrait *n.* portarretrato *m.*
Portuguese *n.*; *adj.* portugués *m.*, portuguesa *f.*
position *n.* posición *f.*, situación *f.*; puesto *m.*, empleo *m. (post)*
positive *adj.* positivo/a; convencido/a *(convinced)*
possess *v.t.* poseer
possession *n.* posesión *f.*
possessive *adj.* posesivo/a
possible *adj.* posible
post *n.* poste *m.*, empleo *m.* *(employment)*; *v.t.* fijar *(a notice)*; *v.i.* viajar en posta
post office *n.* correo *m.*
postage *n.* sello postal *m.*
postcard *n.* tarjeta postal *f.*
posterity *n.* posteridad *f.*
postmark *n.* matasello *m.*;
v.t. sellar
postpone *v.t.* posponer, postergar, aplazar
pot *n.* pote *m.*; olla *f.*; *v.t.* conservar en potes
potato *n.* papa *f.*
pottery *n.* ollería *f.*, alfarería *f.*
pouch *n.* cartuchera *f.*; tabaquera *f. (tobacco)*
poultry *n.* carne de ave *f.*
pound *n.* libra *f.*; *v.t.*; *v.i.* machacar

pour *v.t.* vaciar, verter, derramar; *v.i.* derramarse
powder *n.* polvo *m.*; *v.i.* polvorear; *v.i.* polvorearse
power *n.* poder *m.*; fuerza *f.*, potencia *f.*
powerful *adj.* poderoso/a, fuerte, potente; convincente *(arguments, etc.)*
practical *adj.* práctico/a
practically *adv.* prácticamente; en efecto *(in fact)*
practice *n.* práctica *f.*; costumbre *(custom)*; *v.t.* practicar
praise *n.* elogio *m.*, alabanza *f.*; *v.t.* alabar, ensalzar, glorificar
praiseworthy *adj.* elogiable, digno de alabanza
pram *n.* cochecito de niño *m.*
prawn *n.* gamba *f.*
pray *v.t.*; *v.i.* rezar, orar
prayer *n.* oración *f.*
preach *v.t.*; *v.i.* predicar
precarious *adj.* precario/a, inseguro/a, incierto/a, arriesgado/a
precede *v.t.* preceder, anteceder; *v.i.* ir delante, tener la precedencia
precise *adj.* preciso/a, exacto/a, justo/a, puntual
predict *v.t.* predecir, pronosticar, profetizar
prefer *v.t.* preferir
preference *n.* preferencia *f.*, privilegio *m.*
prefix *n.* prefijo *m.*; *v.t.* anteponer, fijar

pregnant *adj.* embarazada
prejudice *n.* prejuicio *m.*; *v.t.* influir, predisponer; perjudicar *(damage)*
preparation *n.* preparación *f.*, preparativo *m.*
prepare *v.t.* preparar; *v.i.* prepararse
preposition *n.* preposición *f.*
prescribe *v.t.* prescribir, recetar
prescription *n.* prescripción *f.*, receta *f.*
present *n.* presente *m.*, regalo *m.*; *v.t.* presentar; regalar *(gift)*
presently *adv.* pronto, en seguida, dentro de poco
preserve *n.* conserva *f.*, compota *f.* *(fruit)*; *v.t.* preservar, guardar
president *n.* presidente/a *m./f.*
press *n.* prensa *f.*, imprenta *f.*; *v.t.* apretar, planchar
pressure *n.* presión *f.*; *v.t.* presionar
prestige *n.* prestigio *m.*
pretty *adj.* lindo/a; *adv.* mucho/a
prevailing *adj.* predominante, prevaleciente
prevent *v.t.* prevenir, evitar; impedir *(hinder)*
prevention *n.* prevención *m.*
preventive *adj.* preventivo/a
previous *adj.* previo/a, anterior
price *n.* precio *m.*, valor *m.*; *v.t.* evaluar, tasar
priceless *adj.* sin precio; divertidísimo/a *(amusing)*
pride *n.* orgullo *m.*, arrogancia *f.*
priest *n.* sacerdote *m.*, cura *m.*

primary *adj.* primario/a, principal
prime *adj.* primordial
prince *n.* príncipe *m.*
princess *n.* princesa *f.*
principal *n.*; *adj.* principal *m.*
principle *n.* principio *m.*
print *n.* impresión *f.*, marca *f.*; *v.t.* imprimir, marcar
printer *n.* impresor *m.*
printing *n.* imprenta *f.*
priority *n.* prioridad *f.*
prison *n.* prisión *f.*, cárcel *f.*
prisoner *n.* prisionero/a *m./f.*, preso/a *m./f.*
privacy *n.* privacía *f.*
private *adj.* privado/a
privilege *n.* privilegio *m.*; *v.t.* privilegiar
prize *n.* premio *m.*, recompensa *f.*
probable *adj.* probable
problem *n.* problema *m.*
procedure *n.* procedimiento *m.*
proceed *v.i.* proceder
process *n.* proceso *m.*; *v.t.* procesar
produce *n.* producto *m.*; *v.t.* producir; mostrar *(show)*
product *n.* producto *m.*; resultado *m. (result)*
profession *n.* profesión *f.*, carrera *f.*
professional *adj.* profesional
professor *n.* profesor/a *m./f.*, catedrático/a *m./f.*
profile *n.* perfil *m.*, reseña *f.*; *v.t.* perfilar

profit *n.* ganancia *f.*, provecho *m.*; *v.i.* ganar, aprovechar
profound *adj.* profundo/a
program *n.* programa *m.*
programmer *n.* programador/a *m./f.*
progress *n.* progreso *m.*; *v.i.* progresar
progressive *adj.* progresivo/a
prohibit *v.t.* prohibir; impedir *(prevent)*
prohibition *n.* prohibición *f.*
project *n.* proyecto *m.*; *v.t.* proyectar; *v.i.* sobresalir
projector *n.* proyector *m.*, proyectista *m./f.*
promenade *n.* paseo *m.*, bulevar *m.*, avenida *f.*; *v.t.* recorrer; *v.i.* pasearse
promise *n.* promesa *f.*; *v.t.*; *v.i.* prometer
pronoun *n.* pronombre *m.*
pronounce *v.t.* pronunciar, declarar, articular
pronunciation *n.* pronunciación *f.*
proof *n.* prueba *f.*, demostración *f.*
propaganda *n.* propaganda *f.*
propel *v.t.* propulsar, empujar, mover
propeller *n.* propulsor *m.*; hélice *f. (mechanical)*
proper *adj.* propio/a, apropiado/a, correcto/a, decente
property *n.* propiedad *f.*; bienes *m./pl (belongings)*
prophecy *n.* profecía *f.*, predicción *f.*

proposal *n.* propuesta *f.*, proposición *f.*, oferta *f.*; propósito *m.* *(plan)*
propose *v.t.* proponer, ofrecer; dar, brindar *(a toast)*; *v.i.* pretender, intentar
proprietor *n.* propietario/a *m./f.*, dueño/a *m./f.*
prose *n.* prosa *f.*
prospective *adj.* próspero/a
prosper *v.t.; v.i.* prosperar
prosperity *n.* prosperidad *f.*
prosperous *adj.* próspero/a
prostate *n.* próstata *f.*
prostitute *n.* prostituta *f.*; *v.t.* prostituir
protect *v.t.* proteger
protection *n.* protección *f.*, defensa *f.*
protein *n.* proteína *f.*
protest *n.* protesta *f.*; *v.t.; v.i.* protestar
Protestant *n.; adj.* protestante *m./f.*
Protestantism *n.* protestantismo *m.*
proud *adj.* orgulloso/a
prove *v.t.* probar, demostrar; experimentar *(experience)*; verificar *(a will)*
proverb *n.* proverbio *m.*, refrán *m.*
provide *v.t.* proveer, proporcionar
province *n.* provincia *f.*
prudent *adj.* prudente
prune *n.* ciruela *f.*
psychiatrist *n.* psiquiatra *m./f.*
psychological *adj.* psicológico/a
psychologist *n.* psicólogo *m.*

psychology *n.* psicología *f.*
pub *n.* bar *m.*
public *adj.* público/a
publication *n.* publicación *f.*
publicity *n.* publicidad *f.*
publish *v.t.* publicar, divulgar, difundir
publisher *n.* editorial *f.*
pudding *n.* pudín *m.*, budín *m.*
Puerto Rican *n.; adj.* puertorriqueño/a *m./f.*
puff *n.* soplo *m.*; *v.t.; v.i.* soplar
pull *v.t.; v.i.* tirar, arrastrar
pulley *n.* polea *f.*
pulse *n.* pulso *m.*, pulsación *f.*, latido *m.*
pump *n.* bomba *f.*; *v.t.* bombear
pumpkin *n.* calabaza *f.*, zapallo *m.*
punch *n.* puñetazo *m.*; *v.t.* golpear, taladrar
punctuate *v.t.* puntuar
punctuation *n.* puntuación *f.*
puncture *n.* pinchazo *m.*, perforación *f.*; *v.t.* pinchar, perforar
punish *v.t.* castigar, maltratar
punishment *n.* castigo *m.*, pena *f.*, maltrato *m.*
pupil *n.* estudiante *m./f.*, alumno/a *m./f.*, discípulo/a *m./f.*
puppet *n.* marioneta *f.*, títere *m.*; maniquí *m.* *(person)*
puppy *n.* cachorro/a *m./f.*, perrito/a *m./f.*
purchase *n.* compra *f.*, adquisición *f.*; *v.t.* comprar, adquirir

pure *adj.* puro/a
purification *n.* purificación *f.*
purify *v.t.* purificar
purple *n.* púrpura *f.*; *adj.* purpúreo/a; *v.t.* purpurar; *v.i.* purpurear
purpose *n.* propósito *m.*, objeto *m.*; *v.t.*; *v.i.* proponerse, intentar
purse *n.* monedero *m.*
pursue *v.t.* perseguir, seguir; buscar *(search)*
pus *n.* pus *m.*
push *n.* empuje *m.*; *v.t.*; *v.i.* empujar
puzzle *n.* rompecabezas *m.*; *v.t.* desconcertar
pyramid *n.* pirámide *f.*

Q

quack *n.* graznido *m.*; *v.i.* graznar
quail *n.* codorniz *f.*; *v.i.* retroceder, acobardarse
quaint *adj.* pintoresco/a, curioso/a, raro/a; excéntrico/a, extravagante *(eccentric)*
qualified *adj.* calificado/a, apto/a, competente; universitario/a *(profession)*
qualify *v.t.* calificar, habilitar; *v.i.* habilitarse; prepararse
quality *n.* calidad *f.*, calidad *f.*
qualm *n.* náusea *f.*, mareo *m.*
quantity *n.* cantidad *f.*
quarantine *n.* cuarentena *f.*; *v.t.* someter a cuarentena

quarrel *n.* pelea *f.*; *v.i.* pelear, disputar
quarry *n.* presa *f.*, mina *f.*
quart *n.* cuarto *m.*
quarter *n.* cuarta parte *f.*
quarterly *adj.* trimestral, trimestre; *adv.* trimestralmente
quartz *n.* cuarzo *m.*
queasy *adj.* nauseabundo/a, delicado/a
queen *n.* reina *f.*
queer *adj.* raro/a, extraño/a
query *n.* pregunta *f.*, duda *f.*; *v.t.*; *v.i.* preguntar, dudar
question *n.* pregunta *f.*, problema *m.*; *v.t.*; *v.i.* preguntar, interrogar, examinar
queue *n.* cola *f.*; *v.t.* formar cola, hacer cola
quick *adj.* rápido/a; *adv.* rápidamente
quiet *adj.* quieto/a, tranquilo/a, silencioso/a
quilt *n.* colcha *f.*; *v.t.* acolchar
quit *v.t.* renunciar, dejar, abandonar; *v.i.* marcharse
quite *adv.* completamente, exactamente
quiz *n.* examen parcial *m.*; *v.t.* tomar el pelo, burlarse
quota *n.* cuota *f.*
quotation *n.* citación *f.*, cita *f.*
quote *n.* cita *f.*; *v.t.* citar; cotizar *(commercial)*

R

rabbit *n.* conejo/a *m./f.*; *v.i.* cazar conejos
rabies *n.* rabia *f.*, hidrofobia *f.*
race *n.* carrera *f.*; raza *f. (breed)*; *v.t.* correr, competir; *v.i.* dispararse *(machine)*
racial *adj.* racial
rack *n.* red *f.*
racket *n.* raqueta *f.*
radiator *n.* radiador *m.*
radical *adj.* radical
radio *n.* radio *m.*
radioactive *adj.* radioactivo/a
radius *n.* radio *m.*; rayo *m. (of a wheel)*
raffle *n.* rifa *f.*, sorteo *m.*; *v.t.* rifar, sortear
raft *n.* balsa *f.*; *v.t.* ir en balsa
rag *n.* trapo *m.*
rage *n.* rabia *f.*, ira *f.*, cólera *f.*; *v.i.* rabiar; bramar
ragged *adj.* roto/a, harapiento/a, andrajoso/a; incompleto/a *(unfinished)*
raid *n.* redada *f.*; *v.t.* asaltar, invadir
rail *n.* vía *f.*, riel *m.*
railing *n.* barrera *f.*
railroad *n.* vía férrea *f.*
railway *n.* vía férrea *f.*; *adj.* ferroviario/a
rain *n.* lluvia *f.*; *v.t.*; *v.i.* llover
rainbow *n.* arco iris *m.*
rainy *adj.* lluvioso/a
raise *v.t.* levantar, obtener, cultivar
raisin *n.* pasa *f.*

rake *n.* rastrillo *m.*; *v.t.* rastrillar; *v.i.* inclinarse *(slope)*
rally *n.* concentración *f.*; *v.t.* reunir; *v.i.* reunirse
ramble *v.t.* errar por; *v.i.* vagar, vagabundear
ramification *n.* ramificación *f.*
ramp *n.* rampa *f.*; estafa *f. (swindle)*; tormenta *f. (storm)*
rancid *adj.* rancio/a
random *n.* azar *m.*; *adj.* acceso casual, al azar
range *n.* alcance *m.*, registro *m.*; *v.t.* arreglar, alinear; apuntar *(gun)*; *v.i.* extenderse
rank *n.* rango *m.*, categoría *f.*; *v.t.* clasificar; estimar *(estimate)*
ransack *v.t.* registrar *(search)*; saquear *(pillage)*
ransom *n.* rescate *m.*, redención *f.*, liberación; *v.t.* rescatar, redimir
rape *n.* violación *f.*, rapto *m. (carring of)*; *v.t.* violar, raptar, robar
rapid *adj.* rápido/a
rare *adj.* raro/a, infrecuente
rash *n.* erupción *f.*; *adj.* precipitado/a, imprudente
rat *n.* rata *f.*; *v.t.* cazar ratas
rate *n.* tipo *m.*, tarifa *f.*; *v.t.* tasar, estimar
rather *adv.* mas bien; algo, un poco *(somewhat)*
ratification *n.* ratificación *f.*; aprobación *f. (of a bill)*
ratify *v.t.* ratificar
ration *n.* ración *f.*; *v.t.* racionar

rational *adj.* racional, razonable
rattan *n.* mimbre *m.*
ravine *n.* cañada *f.*, barranca *f.*
raw *adj.* crudo/a, bruto/a
ray *n.* rayo *m.*; raya *f. (line)*
razor *n.* navaja *f.*
reach *n.* alcance *m.*; *v.t.* alcanzar; *v.i.* extenderse
react *v.t.* rehacer; *v.i.* reaccionar
reaction *n.* reacción *f.*
read *v.t.* leer
reader *n.* lector/a *m./f.*
reading *n.* lectura *f.*; conferencia *f. (lecture)*
ready *adj.* listo/a, preparado/a, dispuesto/a, pronto/a
real *adj.* real, verdadero/a, efectivo/a
reality *n.* realidad *f.*, verdad *f.*
realize *v.t.* realizar *(make real)*; darse cuenta *(understand)*
ream *n.* 500 hojas de papel para oficina *f.*, resma *f.*
reap *v.t.* cosechar, segar, recoger
reappear *v.i.* reaparecer
rear *n.*; *adj.* trasero/a *m./f.*
reason *n.* razón *f.*; *v.i.* razonar
reasonable *adj.* razonable
reassure *v.t.* tranquilizar, confortar
rebate *n.* reembolso *m.*, descuento *m.*, rebaja *f.*; *v.t.* rebajar, descontar, reducir
rebel *n.* rebelde *m.*; *v.i.* rebelarse; sublevarse
rebellion *n.* rebelión *f.*

rebuff *n.* desaire *m.*; *v.t.* rechazar, contrariar
recall *v.t.* llamar, hacer, volver; destruir *(dismiss)*
receipt *n.* recibo *m.*; receta *f. (recipe)*
receive *v.t.*; *v.i.* recibir, admitir, aceptar
receiver *n.* receptor/a *m./f.*
recent *adj.* reciente, nuevo/a
reception *n.* recepción *f.*; acogida *f. (welcome)*; recepción *(of evidence)*
receptionist *n.* recepcionista *m./f.*
recipe *n.* receta *f.*
reciprocity *n.* reciprocidad *f.*
recite *v.t.* recitar, repetir
reckon *v.t.* calcular, computar
reclamation *n.* reclamación *f.*
recognition *n.* reconocimiento *m.*
recognize *v.t.* reconocer, confesar
recommend *v.t.* recomendar, aconsejar
recommendation *n.* recomendación *f.*
recompense *n.* recompensa *f.*; *v.t.* recompensar
reconcile *v.t.* reconciliar
reconciliation *n.* reconciliación *f.*
record *n.* disco *m.*, registro *m.*; *v.t.* apuntar, registrar
recover *v.t.* recuperar, recobrar; *v.i.* reponerse, curarse
recreation *n.* recreación *f.*; recreo *m. (break in schools)*
recruit *n.* recluta *m./f.*; *v.t.* reclutar; reponer *(restore)*

rectangle *n.* rectángulo *m.*
rectangular *adj.* rectangular
recuperate *v.t.* recuperar, recobrar; *v.i.* restablecerse, reponerse, recuperarse
recurrence *n.* vuelta *f.*, reaparición *f.*, repetición *f.*
recycle *v.t.* reciclar
recycling *n.* reciclaje *m.*
red *adj.* rojo/a
Red Cross *n.* Cruz Roja *f.*
reddish *adj.* rojizo/a
redness *n.* irritación *f.*
reduce *v.t.* reducir, disminuir; rebajar *(price)*
reduction *n.* reducción *f.*; rebaja *(price)*
reed *n.* caña *f.*; *v.t.* bardar con cañas
reef *n.* arrecife *m.*
reel *n.* bobina *f.*, carrete *m.*; *v.t.* devanar; *v.i.* tambalear, titubear
refer *v.t.* referir; atribuir
reference *n.* referencia *f.*
refill *v.t.* rellenar
refine *v.t.* refinar
refinery *n.* refinería *f.*
refit *v.t.* reparar
reflect *v.i.*; *v.t.* reflejar, reflexionar
reflector *n.* reflector *m.*; pantalla *f. (shade)*
reform *n.* reforma *f.*; *adj.* reformista; *v.t.* reformar; *v.i.* reformarse
refresh *v.t.* refrescar
refreshment *n.* refresco *m.*

refrigerate *v.t.* refrigerar, enfriar, refrescar
refrigerator *n.* refrigerador *m.*
refuge *n.* refugio *m.*, asilo *m.*
refugee *n.* refugiado/a *m./f.*
refund *n.* reembolso *m.*; *v.t.* reembolsar, devolver
refusal *n.* negativa *f.*; rechazo *m. (rejection)*
refuse *n.* rechazo *m.*; *v.t.* rechazar
regard *n.* estimación *f.*, aprecio *m.*
regarding *prep.* con respecto a, tocante a, en cuanto a
regime *n.* régimen *m.*
region *n.* región *f.*
regional *adj.* regional
register *n.* registro *m.*; *v.t.* registrar, matricular
regret *n.* lamento *m.*; *v.t.* lamentar, sentir
regular *adj.* regular, corriente, común
regulation *n.* regulación *f.*; arreglo *m.*; reglamento *m. (rule)*
rehabilitation *n.* rehabilitación *f.*
rehearsal *n.* ensayo *m.*, recitación *f.*
rehearse *v.t.* ensayar, recitar; narrar *(narrate)*
reimburse *v.t.* reembolsar
rein *n.* rienda *f.*; *v.t.* llevar las riendas
reinforce *v.t.* reforzar; armar, fortalecer *(concrete)*
reject *v.t.* rechazar, rehusar, repudiar
rejection *n.* rechazo *m.*

relapse *n.* recaída *f.*; *v.i.* reincidir
relate *v.t.* relatar, narrar; *v.i.* ajustarse, referirse
relation *n.* relación *f.*, narración *f. (narrative)*; parentesco *m. (kinship)*
relationship *n.* relación *f.*, conexión *f.*
relative *n.* pariente *m.*; *adj.* relativo/a
relax *v.t.* relajar, aflojar, soltar; *v.i.* relajarse
relaxation *n.* relajación *f.*; descanso *m.*, reposo *m. (rest)*
release *n.* liberación *f.*; *v.t.* liberar
reliable *adj.* fiable, seguro, formal
relief *n.* alivio *m.*; desahogo *m.*
relieve *v.t.* aliviar, aligerar, suavizar; desahogar *(feelings)*
religion *n.* religión *f.*
religious *adj.* religioso/a, piadoso/a
rely *v.i.* depender, contar con
remain *v.i.* quedar, permanecer
remaining *adj.* restante, sobrante
remark *n.* comentario *m.*, observación *f.*, nota *f.*; *v.i.* comentar
remedy *n.* remedio *m.*, recurso *m.*; *v.t.* remediar, curar
remember *v.t.* recordar; *v.i.* acordarse
remind *v.t.* recordar
reminder *n.* recuerdo *m.*; advertencia *f. (warning)*

remit *v.t.* remitir; enviar; *v.i.* pagar *(pay)*
remittance *n.* remesa *f.*, envío *m.*
remorse *n.* remordimiento *m.*
remote *adj.* remoto/a, distante; *adv.* remotamente
remove *n.* grado *m.*, distancia *f.*; *v.t.* remover, quitar, retirar; *v.i.* trasladarse
renew *v.t.* renovar; reanudar *(resume)*
renewal *n.* renovación *f.*
renounce *v.t.* renunciar
renovate *v.t.* renovar, limpiar, restaurar
renovation *n.* renovación *f.*
rent *n.* renta *f.*, alquiler *m.*; *v.t.*; *v.i.* rentar, alquilar
reorganize *v.t.* reorganizar
repair *n.* reparación *f.*; *v.t.* reparar, arreglar
repeat *n.* repetición *f.*; *v.i.* repetir, reiterar; renovar *(renew)*
repel *v.t.* repeler, rechazar
repetition *n.* repetición *f.*
replace *v.t.* reemplazar, reponer; renovar *(renew)*
reply *n.* respuesta; *v.i.* responder, contestar
report *n.* reporte *m.*; noticia *f. (news)*; *v.t.*; *v.i.* reportar
reporter *n.* reportero *m.*, periodista *m./f.*
reporting *n.* reportaje *m.*, reporterismo *m.*
represent *v.t.* representar, significar

representative *n.* representante *m.*; *adj.* representativo/a
repression *n.* represión *f.*
reprimand *n.* reprimenda *f.*; *v.t.* reprender
reprisal *n.* represalia *f.*
reproduce *v.t.* reproducir; *v.i.* reproducirse
reproduction *n.* reproducción *f.*
reptile *n.*; *adj.* reptil *m.*
republic *n.* república *f.*
republican *n.*; *adj.* republicano/a *m./f.*
reputation *n.* reputación *f.*, fama *f.*, renombre *m.*
request *n.* ruego *m.*, solicitud *f.*, demanda *f.*; *v.t.* rogar, demandar
require *v.t.* requerir, exigir, necesitar; *v.i.* ser necesario/a
requirement *n.* requisito *m.*, estipulación *f.*
rescue *n.* rescate *m.*; *v.t.* rescatar, salvar, librar
research *n.* investigación *f.*; *v.t.* investigar
resemblance *n.* parecido *m.*, semejanza *f.*
resemble *v.t.* perecerse a
resent *v.t.* malentender, tomar a mal, resentirse
reservation *n.* reservación *f.*, reserva *f.*
reserve *n.* reserva *f.*; *v.t.* reservar
reserved *adj.* reservado/a, callado/a, taciturno/a
reservoir *n.* represa *f.*; aljibe *m.*, tanque *m.*, depósito *m.*
reside *v.i.* residir, habitar, vivir
residence *n.* residencia *f.*, permanencia *f.*, domicilio *m.*
resident *n.*; *adj.* residente *m.*
residue *n.* residuo *m.*, resto *m.*
resign *v.t.* renunciar a, ceder, resignar; *v.i.* dimitir, resignarse
resignation *n.* resignación *f.*
resin *n.* resina *f.*
resist *v.t.*; *v.i.* resistir, aguantar; oponerse a, negarse a *(repel)*
resistance *n.* resistencia *f.*, aguante *m.*
resistant *adj.* resistente
resort *n.* recurso *m.*, punto de reunión *m.*; *v.i.* acudir, concurrir
respect *n.* respeto *m.*; *v.t.* respetar
respirator *n.* respirador *m.*
respond *v.i.* responder, contestar; obedecer, reaccionar *(obey)*
response *n.* respuesta *f.*
responsible *adj.* responsable
rest *n.* descanso *m.*; *v.i.* descansar
restaurant *n.* restaurante *m.*, restorán *m.*
restless *adj.* inquieto/a, agitado/a
restore *v.t.* restaurar, restituir, restablecer; reformar *(repair)*
restrain *v.t.* refrenar, reprimir; limitar, restringir *(restrict)*; prevenir *(prevent)*
restrict *v.t.* restringir, limitar

restriction *n.* restricción *f.*, limitación *f.*
result *n.* resultado *m.*; *v.i.* resultar
résumé *n.* resumen *m.*, currículum *m.*
resume *v.t.* resumir; reanudar, continuar *(continue)*
retail *n.* venta al por menor *f.*, reventa *f.*; *adj.* minorista
retailer *n.* minorista *m./f.*; narrador/a *m./f. (story)*
retain *v.t.* retener, conservar, guardar; contratar *(hire)*
retina *n.* retina *f.*
retire *v.t.* retirar, jubilar; *v.i.* retirarse; acostarse *(bed)*; jubilarse *(from a post)*
retired *adj.* retirado/a; apartado/a *(remote)*; aislado/a *(hidden)*
retribution *n.* retribución *f.*, castigo justo *m.*, pena merecida *f.*
return *n.* regreso *m.*, vuelta *f.*; *v.t.*; *v.i.* regresar, volver reaparecer
reunite *v.t.* reunir; *v.i.* reunirse
reveal *v.t.* revelar, descubrir
revelation *n.* revelación *f.*, descubrimiento *m.*, Apocalipsis *m. (Bible)*
revenge *n.* revancha *f.*, venganza *f.*; *v.t.* vengarse de, desquitarse
revenue *n.* entradas *f.*, rentas públicas *f.*

reverse *n.* reverso marcha atras *m. (gear)*; *adj.* inverso/a; *v.t.* invertir
review *n.* examen *m.*, repaso *m.*; *v.t.* examinar, repasar
revise *v.t.* revisar, corregir; cambiar *(change)*
revive *v.t.* revivir, resucitar; restablecer; *v.i.* reponerse, restablecerse, renovarse
revocation *n.* revocación *f.*
revoke *n.* renuncia *f.*; *v.t.* revocar, anular, derogar; *v.i.* renunciar
revolt *n.* rebelión *f.*; *v.t.* repugnar, indignar; *v.i.* rebelarse, sublevarse
revolution *n.* revolución *f.*; vuelta *f.*, giro *m. (turn)*
revolve *v.t.*; *v.i.* girar; revolver discurrir *(ponder)*
reward *n.* recompensa *f.*; *v.t.* recompensar, premiar
rhyme *n.* rima *f.*, verso *m.*; *v.t.*; *v.i.* rimar
rhythm *n.* ritmo *m.*
rib *n.* costilla *f.*; varilla *f. (of an umbrella or fan)*
ribbon *n.* cinta *f.*, tira *f.*
rice *n.* arroz *m.*
rich *adj.* rico/a
rickety *adj.* raquítico/a *(medical)*; tambaleante *(unsteady)*
riddle *n.* enigma *m.*, acertijo *m.*; *v.t.* adivinar
ride *n.* vuelta *f.*; *v.t.* montar
rider *n.* jinete *m./f. (horse)*, ciclista *m./f. (bicycle)*; motociclista *m./f. (motorcycle)*

ridge *n.* cumbre *f.*, cima *f.* *(mountains)*; arruga *f.* *(wrinkle)*; *v.t.* arrugar
ridiculous *adj.* ridículo/a, absurdo/a
rifle *n.* rifle *m.*, fusil *m.*; *v.t.* robar
right *n.* autoridad *f.*, privilegio *m.*; *adj.* derecho/a *(direction)*; correcto/a; *v.t.* enderezar
right-handed *adj.* derecho/a
rigid *adj.* rígido/a, inflexible, severo/a, riguroso/a
rim *n.* borde *m.*, orilla *f.*; llanta *f.*, aro *m.* *(wheel)*
rind *n.* cáscara *f.*, corteza *f.*
ring *n.* anillo *m.*; *v.t.*; *v.i.* sonar, llamar
rinse *n.* enjuague *m.*; *v.t.* enjuagar; aclarar, lavar *(clothes)*
riot *n.* revuelta *f.*, motín *m.*, tumulto *m.*; *v.i.* alborotar
rip *n.* rasgón *m.*; *v.t.* rasgar, arrancar
ripe *adj.* maduro/a
rise *n.* elevación *f.*; *v.t.* salir, crecer, desarrollar
risk *n.* riesgo *m.*; *v.t.* arriesgar
rival *n.*; *adj.* rival *m./f.*
rivalry *n.* rivalidad *f.*
river *n.* río *m.*; *adj.* fluvial
road *n.* ruta *f.*, camino *m.*, carretera *f.*
roar *n.* rugido *m.*; *v.i.* rugir
roast *n.*; *adj.* asado/a *m.*; *v.t.* asar
rob *v.t.* robar, hurtar
robber *n.* ladrón *m.*

robbery *n.* robo *m.*
robe *n.* traje *m.*, hábito *m.*
robin *n.* petirrojo *m.*
robot *n.* robot *m.*
rock *n.* roca *f.*; *v.t.* balancear
rocket *n.* cohete volador *m.*; *v.i.* lanzarse
rock music *n.* música rock *f.*
rocky *adj.* rocoso/a
rod *n.* caña *f.*, varilla *f.*
role *n.* papel *m.*
roll *n.* rollo *m.*; *v.t.*; *v.i.* rodar
Roman Catholic *n.*; *adj.* católico/a romano/a *m./f.*
romance *n.* romance *m.*, aventura *f.*, romanticismo *m.*; *v.t.* exagerar
romantic *adj.* romántico/a
roof *n.* techo *m.*
room *n.* habitación *f.*, cuarto *m.*, sala *f.*
roommate *n.* compañero/a de habitación *m./f.*
rooster *n.* gallo *m.*
root *n.* raíz *f.*; *v.t.*; *v.i.* arraigarse
rope *n.* cuerda *f.*, soga *f.*; *v.t.* encerrar, enganchar
rosary *n.* rosario *m.*
rose *n.* rosa *f.*; *adj.* rosado/a
rosebush *n.* rosal *m.*
rot *n.* putrefacción *f.*; carie *f.* *(teeth)*; *v.t.* pudrir; *v.i.* pudrirse
rotten *adj.* podrido/a, putrefacto; cariado/a *(teeth)*
rouge *n.* colorete *m.*; *v.t.*; *v.i.* pintar en rojo, ponerse colorete

rough *adj.* áspero/a, duro/a; fragoso/a, escabroso/a *(of country)*
round *adj.* redondo/a
routine *n.* rutina *f.*; *adj.* rutinario/a
row *n.* fila *f.*; *v.t.*; *v.i.* remar
royal *adj.* real, regio/a
rub *v.t.* frotar, fregar, rozar friccionar, raspar
rubber *n.*; *adj.* goma *f.*, caucho *m.*
ruby *n.* rubí *m.*; *adj.* de rubíes
rucksack *n.* mochila *f.*
rudder *n.* timón *m.*
rude *adj.* rudo/a, grosero/a, tosco/a, descortés
rug *n.* alfombra *f.*
ruin *n.* ruina *f.*; *v.t.* arruinar
rule *n.* regla *f.*; *v.t.* mandar
ruler *n.* gobernador/a *m./f.*; amo/a *m./f. (master)*; regla *f.(ruling lines)*
rum *n.* ron *m.*
rumble *n.* retumbo *m.*, trueno *m.*; retumbar, tronar, rugir, crujir
rumor *n.* rumor *m.*
run *n.* carrera *f.*; *v.i.* correr, funcionar
runaway *adj.* fugitivo/a; desbocado *(horse)*
runner *n.* corredor *m.*
rush *n.* prisa *f.*; torrente *m. (water)*; *v.t.* apresurar
Russian *n.*; *adj.* ruso/a *m./f.*
rust *n.* óxido *m.*, herrumbre *m.*; *v.t.* oxidar, aherrumbrar
rustic *adj.* rústico/a, campesino/a, aldeano/a; patán *m. (scornful)*
rusty *adj.* oxidado/a, herrumbroso
rye *n.* centeno *m.*

S

saccharin *n.* sacarina *f.*
sack *n.* saco *m.*; *v.t.* meter en sacos; dar pasaporte, despedir *(dismiss)*
sacred *adj.* sagrado/a, sacro/a, santo/a
sacrifice *n.* sacrificio *m.*; *v.t.*; *v.i.* sacrificar
sad *adj.* triste
sadden *v.i.* entristecer, acongojar
saddle *n.* silla de montar *f.*; *v.t.* ensillar
sadness *n.* tristeza *f.*, melancolía *f.*
safe *n.*; *adj.* seguro/a *m./f.*
safeguard *n.* salvaguardia *f.*, protección *f.*; *v.t.* proteger, guardar
safety *n.* seguridad *f.*; *adj.* de seguridad
safety pin *n.* imperdible *m.*
sail *n.* vela *f.*; *v.t.*; *v.i.* navegar
sailboat *n.* barco de vela *m.*
sailor *n.* marinero *m.*
saint *adj.* santo/a
salable *adj.* negociable, vendible
salad *n.* ensalada *f.*
salary *n.* salario *m.*
sale *n.* venta *f.*
salesman *n.* vendedor/a *m./f.*
salmon *n.* salmón *m.*

English-Spanish Dictionary

salt *n.* sal *m.*; *v.t.* salar
salty *adj.* salado/a, salobre
salute *n.* saludo *m.*; *v.t.*; *v.i.* saludar
salvation *n.* salvación *f.*
salve *n.* pomada *f.*, bálsamo; *v.t.* curar; vencer *(overcome)*; tranquilizar *(soothe)*
same *adj.* mismo/a, igual, parecido/a
sample *n.* muestra *f.*; *v.t.* probar
sanctuary *n.* santuario *m.*
sand *n.* arena *f.*; *v.t.* arenar
sandal *n.* sandalia *f.*; alpargata *f.* *(rope-soled)*
sandpaper *n.* papel de lija *m.*
sandwich *n.* sándwich *m.*
sane *adj.* sano/a, razonable, prudente
sanitary *adj.* sanitario/a, higiénico/a
sanitary napkin *n.* servilleta sanitaria *f.*
sanity *n.* juicio sano *m.*; prudencia *f.*; sentido común *m.* *(common sense)*
sap *n.* savia *f.*
sapphire *n.* zafiro *m.*
sardine *n.* sardina *f.*
satellite *n.* satélite *m.*
satisfaction *n.* satisfacción *f.*
satisfactory *adj.* satisfactorio/a
satisfied *adj.* satisfecho/a
satisfy *v.t.* satisfacer
Saturday *n.* sábado *m.*
sauce *n.* salsa *f.*
saucepan *n.* sartén *m.*
saucer *n.* platillo *m.*

sausage *n.* salchicha *f.*, chorizo *m.*
savage *n.*; *adj.* salvaje *m./f.*
save *prep.* salvo, excepto, menos; *v.t.* salvar, ahorrar
saving *n.* ahorro *m.*; *adj.* económico/a
savior *n.* salvador/a *m./f.*
savor *n.* sabor *m.*, gusto *m.*; *v.t.* saborear
savory *n.* entremés salado *m.*; *adj.* sabroso/a, apetitoso/a
saw *n.* sierra *f.*; *v.t.* aserrar, cortar; *v.i.* usar una sierra
sawdust *n.* aserrín *m.*
say *v.t.*; *v.i.* decir, recitar
saying *n.* dicho *m.*; refrán *m.* *(proverb)*
scab *n.* costra *f.*
scaffold *n.* andamio *m.*
scald *n.* quemadura *f.*; *v.t.* escaldar, esterilizar
scale *n.* escala *f.*; *v.t.* escalar
scallop *n.* venera *f.*, concha *f.*; *v.t.* guisar con conchas; festonear *(sew)*
scan *v.t.* ojear, explorar
scandal *n.* escándalo *m.*
scandalous *adj.* escandaloso/a, infame, calumnioso/a
Scandinavian *n.*; *adj.* escandinavo/a *m./f.*
scanner *n.* explorador/a *m./f.*
scar *n.* cicatriz *f.*, señal *f.*; *v.t.* cicatrizar
scarce *adj.* escaso/a, insuficiente; *adv.* apenas
scare *n.* susto *m.*, pánico *m.*; *v.t.* asustar, espantar

scarf *n.* bufanda *f.*
scarlet *adj.* escarlata
scatter *v.t.; v.i.* esparcir; derrotar *(fight)*
scene *n.* escena *f.*
scenery *n.* escenario *m.*
scent *n.* fragancia *f.*, perfume *m.; v.t.* perfumar; oler *(smell)*
schedule *n.* programa *m.; v.t.* programar
scheme *n.* plan *m.*, proyecto *m.; v.t.* proyectar; *v.i.* planear
scholar *n.* escolar *m.*, colegial *m.*
scholarship *n.* beca *f.*
school *n.* escuela *f.*, colegio *m.*, academia *f.*
schoolchild *n.* compañero/a de escuela *m./f.*
schoolmate *n.* escolar *m.*
school teacher *n.* maestro/a *m./f.*
science *n.* ciencia *f.*
scientific *adj.* científico/a
scientist *n.* científico/a *m./f.*
scissors *n./pl.* tijeras *f./pl.*
scold *n.* virago *m.; v.t.* reñir, reprender
scope *n.* alcance *m.*, esfera *f.*
score *n.* resultado *m.*, clasificación *f.; v.t.; v.i.* marcar
scorn *n.* desdén *m.*, desprecio *m.; v.t.* despreciar
scorpion *n.* escorpión *m.*, alacrán *m.*
scour *v.t.* trepar, recorrer, batir
scout *n.* explorador/a *m./f.; v.t.* explorar

scrap *n.* trozo *m.*, pedazo *m.*, fragmento *m.*
scrape *v.t.* rascar, raspar
scratch *v.t.; v.i.* arañar, raspar, arrastrar
scream *v.t.; v.i.* gritar
screen *n.* pantalla *f.; v.t.* proteger
screw *n.* tornillo *m.*, hélice *f.* *(propeller); v.t.* atornillar
screwdriver *n.* destornillador *m.*
scribble *v.t.; v.i.* garabatear
scrub *n.* limpieza *f.; v.t.* fregar, limpiar
scruple *n.* escrúpulo *m.*
scrupulous *adj.* escrupuloso/a
scrutiny *n.* escrutinio *m.*
sculpt *v.i.* esculpir
sculptor *n.* escultor *m.*
sculpture *n.* escultura *f.*
scum *n.* espuma *f.; v.t.* espumar
scythe *n.* guadaña *f.*
sea *n.* mar *m./f.*
seacoast *n.* costa *f.*
seafood *n.* mariscos *m./pl.*
seagull *n.* gaviota *f.*
seal *n.* foca *f.*, lobo marino *m.; v.t.* sellar
sealant *n.* silicón *m.*
seam *n.* costura *f.; v.t.* coser; arrugar *(face)*
seaport *n.* puerto *m.*
search *n.* búsqueda *f.; v.t.; v.i.* investigar, buscar
seasick *adj.* mareado/a
seasickness *n.* mareo *m.*
season *n.* estación *f.*, temporada *f.; v.t.* sazonar; madurar *(wine)*

seasonal *adj.* estacional, de temporada
seat *n.* asiento *m.*; banco *m.* *(bench)*
seatbelt *n.* cinturón de seguridad *m.*
seawater *n.* agua de mar *f.*
seaweed *n.* alga *f.*
seclusion *n.* reclusión *f.*, soledad *f.*
second *n.*; *adj.* segundo/a *m./f.*; *adv.* en segundo lugar
secret *adj.* secreto/a
secretary *n.* secretario/a *m./f.*
section *n.* sección *f.*
secular *adj.* profano/a, secular
secure *adj.* seguro/a, asegurado/a; *v.t.* asegurar
security *n.* seguridad *f.*, protección *f.*, defensa *f.*
sedate *adj.* tranquilo/a, sosegado/a; *v.t.* tranquilizar, sosegar
sedately *adj.* sosegadamente, seriamente
sedative *n.* sedante *m.*
seduce *v.t.* seducir
seduction *n.* seducción *f.*
see *v.t.*; *v.i.* mirar, ver; comprender *(understand)*; visitar, atender *(visit)*
seed *n.* semilla *f.*; pepita *f.*
seek *v.t.* buscar
seem *v.i.* parecer
seesaw *n.* subibaja *m.*, columpio *m.*; *v.i.* columpiarse, balancearse
segment *n.* segmento *m.*

seize *v.t.* tomar, agarrar, embargar, apoderarse de; comprender *(meaning)*
seizure *n.* embargo *m.*; captura *f.* *(person)*
seldom *adv.* raramente
select *v.t.* seleccionar; *adj.* selecto/a
selection *n.* selección *f.*
self *adj.* si mismo/a
self-service *n.*; *adj.* auto servicio *m.*
sell *v.t.* vender; *v.i.* venderse
seller *n.* vendedor/a *m./f.*; comerciante *m./f.*
semicolon *n.* punto y coma *m.*
senate *n.* senado *m.*
senator *n.* senador/a *m./f.*
send *v.t.* enviar, mandar; lanzar *(a ball)*; remitir *(commercial)*; conceder *(grant)*
sender *n.* remitente *m.*
senior *adj.* mayor, de mayor edad, más antiguo/a
sensation *n.* sensación *f.*, sentimiento *m.*, impresión *f.*
sense *n.* sentido *m.*; *v.t.* sentir
senseless *adj.* insensible, desmayado/a; necio/a, estúpido/a *(silly)*
sensitive *adj.* sensitivo/a, susceptible
sentence *n.* oración *f.*, sentencia *f.*; *v.t.* sentenciar, condenar
separate *adj.* separado/a; *v.t.* separar, dividir; *v.i.* separarse
separation *n.* separación *f.*
September *n.* septiembre *m.*
septic *adj.* séptico/a

sequel *n.* resultado *m.*; consecuencia *f.*, continuación *f. (story)*
sergeant *n.* sargento *m.*
series *n./pl.* series *f./pl.*
serious *adj.* serio/a
sermon *n.* sermón *m.*
serum *n.* suero *m.*
servant *n.* sirviente/a *m./f.*
serve *v.t.* servir; despachar *(shop)*
service *n.* servicio *m.*, oficio *m.*
session *n.* sesión *f.*, junta *f.*
set *n.*; *adj.*; juego *m.*; *v.t.*; *v.i.* poner, fijar
settle *v.t.* colocar, asegurar, afirmar; *v.i.* instalarse; decidirse *(decide)*
settlement *n.* colonización *f. (country)*; arreglo *m.*, ajuste *m. (of a dispute)*
seven *num.* siete
seventeen *num.* diecisiete
seventeenth *adj.* decimoséptimo/a
seventh *adj.* séptimo/a
seventieth *adj.* septuagésimo/a
seventy *num.* setenta
several *n.* varios/as *m./f./pl.*, algunos/as *m./f./pl.*; *adj.* distinto/a, diferente
severe *adj.* severo/a, riguroso/a; agudo/a *(of pain)*
sew *v.t.*; *v.i.* coser
sewer *n.* alcantarilla *f.*, cloaca *f.*
sewing machine *n.* máquina de coser *f.*
sewing *n.* costura *f.*
sex *n.* sexo *m.*

sexual *adj.* sexual
sexuality *n.* sexualidad *f.*
shabby *adj.* andrajoso/a; mezquino/a *(mean)*
shade *n.* sombra *f.*; pantalla *f. (lamp)*; matiz *m. (color)*; *v.t.* sombrear
shadow *n.* sombra *f.*, obscuridad *f.*; *v.t.* sombrear, obscurecer
shady *adj.* sombreado/a, sombrío/a; sospechoso/a *(person)*
shaft *n.* flecha *f. (arrow)*; mango *m. (golf)*; pozo *m. (mine)*
shaggy *adj.* peludo/a, lanudo/a
shake *v.t.* batir, sacudir, agitar; *v.i.* estremecerse, temblar; trinar *(trill)*
shallow *adj.* llano/a, poco/a profundo/a; superficial, frívolo/a *(persons)*
sham *n.* simulacro de combate *m.*
shame *n.* vergüenza *f.*, deshonra *f.*; *v.t.* avergonzar, deshonrar
shampoo *n.* champú *m.*; *v.t.* dar un champú
shape *n.* forma *f.*; *v.t.* formar; *v.i.* desarrollarse
share *n.* parte *f.*; *v.t.* compartir; *v.i.* participar
shareholder *n.* accionista *m./f.*
shark *n.* tiburón *m.*
sharp *adj.* afilado/a, cortante *(edges)*; punzante *m. (points)*
sharpen *v.t.* afilar *(knives)*; sacar punta *(pencils)*

shave *n.* afeitada *f.*; *v.t.* afeitar, rasurar; *v.i.* afeitarse
shaving brush *n.* brocha de afeitar *f.*
shaving cream *n.* crema de afeitar *f.*
shawl *n.* chal *m.*, rebozo *m.*
she *pron.* ella
sheaf *n.* gavilla *f.*, fajo *m.*
shear *n./pl.* tijeras *f.*; *v.t.* esquilar, trasquilar
shed *n.* cobertizo *m.*, barranca *f.*; *v.t.* derramar
sheep *n.* oveja *f.*, carnero *m.*
sheer *adj.* completo/a, total
sheet *n.* sábana *f.*; mortaja *f.* *(shroud)*; hoja *f.* *(paper)*; *v.t.* poner sábana, amortajar
shelf *n.* estante *m.*
shell *n.* concha *f.*; cascarón *m.* *(egg)*
shellfish *n.* crustáceo *m.*; marisco *m.* *(food)*
shelter *n.* asilo *m.*, refugio *m.*; *v.t.* amparar, proteger, dar refugio
shepherd *n.* pastor/a *m./f.*; *v.t.* guardar, guiar, conducir
shield *n.* escudo *m.*; *v.t.* proteger, amparar
shift *n.* cambio *m.*, turno *m.* *(work)*; *v.t.*; *v.i.* cambiar
shine *n.* brillo *m.*, lustre *m.*; *v.t.* lustrar; *v.i.* brillar, resplandecer
ship *n.* barco *m.*, buque *m.*; *v.t.* embarcar; *v.i.* embarcarse
shirt *n.* camisa *f.*

shiver *n.* temblor *m.*, escalofrío *m.*, estremecimiento *m.*; *v.i.* temblar, tiritar
shock *n.* descarga *f.*, choque *m.*; *v.t.* descargar, chocar; *v.i.* sacudir
shoe *n.* zapato *m.*; herradura *f.* *(horse)*; *v.t.* herrar *(horses)*
shoehorn *n.* calzador *m.*
shoelace *n.* cordón *m.*
shoot *v.t.* lanzar, tirar, disparar; *v.i.* lanzarse, precipitarse
shop *n.* tienda *f.*, taller *m.* *(workshop)*; *v.i.* comprar
shopkeeper *n.* comerciante *m.*
shopping *n.* compra *f.*
shore *n.* playa *f.*, orilla *f.*, costa *f.*
short *adj.* corto/a; bajo/a *(person)*; breve *(temper)*
short circuit *n.* corto circuito *m.*
shortage *n.* falta *f.*, escasez *f.*, carestía *f.*
shorten *v.t.* acortar, disminuir, reducir; *v.i.* acortarse
shortening *n.* manteca pastelera *f.*
shortly *adv.* pronto, dentro de poco
shorts *n./pl.* pantalones cortos *m./pl.*
shoulder *n.* hombro *m.*; falda *f.* *(hill)*; *v.t.* echar al hombro, hacerse responsable
shove *n.* empujón *m.*; *v.t.*; *v.i.* empujón, empujar.
shovel *n.* pala *f.*; *v.t.* trasladar
show *n.* espectáculo *m.*; *v.t.* mostrar; exhibir *(exhibit)*; indicar *(indicate)*

shower *n.* chaparrón *m.* ducha *f.*; *v.t.* derramar, rociar; *v.i.* llover, ducharse
shrewd *adj.* sagaz, perspicaz; punzante *(pain)*
shrimp *n.* camarón *m.*; *v.i.* pescar camarones
shrine *n.* urna *f.*
shrink *v.t.* encoger, reducir, disminuir; *v.i.* encogerse, reducirse, disiparse
shuffle *n.* embuste *m.*; *v.t.* barajar *(cards)*; arrastrar *(the feet)*; *v.i.* arrastrarse
shut *v.t.* cerrar; parar *(machine)*; *v.i.* encerrar *(surround)*
shutter *n.* contraventana *f.*, postigo *m.*; *v.t.* poner contraventana/s, cerrar el/los postigo/s
shuttle *n.* volante *m.*; *v.t.*; *v.i.* cerrar
shy *adj.* tímido/a
sick *adj.* enfermo/a, mareado/a
sickness *n.* enfermedad *f.*, náusea *f.*, mareo *m.*
side *n.* lado *m.*
sidewalk *n.* vereda *f.*, acera *f.*
sideways *adj.*; *adv.* oblicuamente, de lado
sieve *n.* tamiz *m.*; *v.t.* tamizar
sift *v.t.* cerner *(sieve)*; salpicar con *(sugar)*
sigh *n.* suspiro *m.*; *v.i.* suspirar
sight *n.* vista *f.*, visión *f.*; *v.t.* ver, divisar; apuntar *(aim)*
sign *n.* señal *f.*, signo *m.*, símbolo *m.*; *v.i.* firmar, indicar, señalar

sign language *n.* lenguaje en señas *m.*
signal *n.* señal *f.*; *adj.* insigne; *v.t.* señalar; *v.i.* hacer señales
signature *n.* firma *f.*
significance *n.* significación *f.*, significado *m.*, importancia *f.*
signify *v.t.* significar, importar
silence *n.* silencio *m.*; *v.t.* callar; *v.i.* callarse
silent *adj.* silencioso/a
silk *n.* seda *f.*
sill *n.* antepecho *m.*; umbral *(door)*
silly *adj.* tonto/a, bobo/a
silver *n.* plata *f.*; *adj.* plateado/a; *v.t.* platear; blanquear *(hair)*
silverware *n.* vajilla de plata *f.*
similar *adj.* similar, parecido/a
similarity *n.* semejanza *f.*, similitud *f.*
simmer *v.i.* cocer a fuego lento
simple *adj.* simple, sencillo/a, ingenuo/a; humilde *(humble)*
simplify *v.t.* simplificar
simply *adv.* simplemente, sencillamente
simulate *v.t.* simular, fingir, aparentar
simulation *n.* simulación *f.*, fingimiento *m.*
sin *n.* pecado *m.*; *v.i.* pecar
since *adv.* desde entonces; *conj.* desde que; *prep.* desde
sincere *adj.* sincero/a
sincerity *n.* sinceridad *f.*
sinew *n.* tendón *m.*

sing *v.t.*; *v.i.* cantar; zumbar *(ears)*; murmurar *(wind)*; ronronear *(cat)*
singer *n.* cantor/a; cantante *m./f.* *(professional)*
singing *n.* canto *m.*; zumbido *m.* *(ears)*
single *adj.* único/a; soltero/a *(unmarried)*; particular *(individual)*
sinister *adj.* siniestro/a
sink *n.* pileta *f.*; *v.i.* hundirse, bajar; sumergirse, naufragar *(ships)*
sip *n.* sorbo *m.*; *v.t.* sorber; saborear *(wine)*
sir *n.* señor *m.*, caballero *m.*
sister *n.* hermana *f.*
sister-in-law *n.* cuñada *f.*
sit *v.t.* sentar
site *n.* sitio *m.*, local *m.*; solar *m.* *(building)*
situation *n.* situación *f.*
six *num.* seis
sixteen *num.* dieciséis
sixteenth *adj.* decimosexto/a
sixth *adj.* sexto/a
sixty *num.* sesenta
size *n.* talle *m.*, tamaño *m.*; *v.t.* clasificar por tamaño
skate *n.* patín *m.*; *v.i.* patinar
skeleton *n.* esqueleto *m.*
sketch *n.* dibujo *m.*, croquis *m.*; *v.t.*; *v.i.* dibujar
ski *n.* esquí *m.*; *v.i.* esquiar
skid *n.* patinazo *m.* *(of a vehicle)*; *v.i.* patinar
skill *n.* habilidad *f.*

skillful *adj.* hábil, experto/a
skim *v.t.* desnatar
skin *n.* tez *f.*, cutis *m.*, piel *f.*; pellejo *m.* *(fruit)*; *v.t.* despellejar, pelar
skinny *adj.* flaco/a
skip *v.t.*; *v.i.* saltar, brincar
skirt *n.* falda *f.*, pollera *f.*; *v.t.* ladear
skull *n.* cráneo *m.*, calavera *f.*
sky *n.* cielo *m.*
slack *adj.* perezoso/a, lento/a; *v.i.* ser perezoso/a
slam *n.* portazo *m.*, golpe *m.*; *v.t.* golpear
slang *n.* jerga *f.*; *v.t.* insultar
slant *n.* inclinación *f.*; *v.t.* inclinar; *v.i.* inclinarse
slap *n.* palmada *f.*; *v.t.* bofetear
slash *v.t.* acuchillar, sacrificar
slate *n.* pizarra *f.*; *v.t.* criticar
slave *n.* esclavo/a *m./f.*; *v.t.* trabajar como esclavo/a
slavery *n.* esclavitud *f.*
sled *n.* trineo *m.*
sleep *n.* sueño *m.*; *v.t.*; *v.i.* dormir
sleeping bag *n.* saco de dormir *m.*
sleeping car *n.* coche cama *m.*
sleeping pill *n.* pastilla de dormir *f.*
sleepy *adj.* somnoliento/a
sleeve *n.* manga *f.*; manguera *f.* *(hose, pipe)*
slender *adj.* delgado/a, esbelto/a
slice *n.* rebanada *f.*; *v.t.* rebanar
slide *n.* tobogán *m.*; *v.i.* deslizar
slight *adj.* pequeño/a, delgado/a, débil

slim *adj.* delgado/a; *v.i.* adelgazarse
sling *n.* honda *f.*; *v.t.* arrojar, lanzar, tirar con honda
slip *n.* falta *f.*, error *m.*; *v.i.* resbalar, deslizar
slipper *n.* zapatilla *f.*, chinela *f.*, chancleta *f.*
slippery *adj.* resbaladizo/a
slogan *n.* slogan *m.*; frase hecha *f.*
slope *n.* inclinación *f.*; *v.i.* inclinarse
sloppy *n.* descuidado/a *m./f.*; lodoso *m. (muddy)*
slot *n.* ranura *f.*
slow *adj.* lento/a, despacio; *adv.* lentamente
slug *n.* babosa *f.*
sluggish *adj.* perezoso/a, lento/a
sluice *n.* esclusa *f.*
slum *n.* barrio bajo *m.*
small *adj.* chico/a, pequeño/a
smart *adj.* inteligente
smash *v.t.* quebrar, romper; *v.i.* romperse
smell *n.* olor *m.*; *v.t.* oler; *v.i.* tener mal olor; apestar *(stink)*
smile *n.* sonrisa *f.*; *v.i.* sonreír
smith *n.* herrero *m.*
smog *n.* niebla contaminada *f.*
smoggy *adj.* con niebla
smoke *n.* humo *m.*; *v.t.* ahumar; fumar *(tobacco)*; *v.i.* humear
smoky *adj.* humeante; ahumado/a
smooth *adj.* liso/a, suave, llano/a
smuggle goods *v.t.* contrabandear

smuggler *n.* contrabandista *m.*
smuggling *n.* contrabando *m.*
snack *n.* bocado *m.*
snail *n.* caracol *m.*
snake *n.* víbora *f.*, serpiente *f.*
snapshot *n.* fotografía *f.*
snarl *n.* gruñido *m.*, regañamiento *m.*; *v.i.* gruñir, regañar
sneakers *n.* calzado deportivo *m.*
sneeze *n.* estornudo *m.*; *v.i.* estornudar
snob *n.* francotirador/a *m./f.*
snobbish *adj.* creído/a, presuntuoso/a
snore *n.* ronquido *m.*; *v.i.* roncar
snorkel *n.* tubo para buceo *m.*
snort *n.* bufido *m.*, resoplido *m.*; *v.i.* bufar, resoplar
snout *n.* hocico *m.*; trompa *f. (pig)*
snow *n.* nieve *f.*; *v.t.*; *v.i.* nevar
snowflake *n.* copo de nieve *m.*
snowstorm *n.* tormenta de nieve *f.*, ventisca *f.*
snub *n.* desaire *m.*; *v.t.* desairar
so *adv.* así, de ese modo, de esta manera
soak *n.* remojo *m.*; *v.t.*; *v.i.* remojar
soaking *n.* remojo *m.*, empapamiento *m.*
soap *n.* jabón *m.*; *v.t.* enjabonar
soar *v.i.* remontarse, elevarse
sob *n.* sollozo *m.*; *v.i.* sollozar
social *n.* reunión *f.*, velada *f.*; *adj.* social, sociable
socialism *n.* socialismo *m.*
socialist *n.*; *adj.* socialista *m./f.*

sock *n.* media *f.*, calcetín *m.*
socket *n.* encaje *m.*; enchufe *m.* *(lamp)*
soda *n.* soda *f.*
sodium *n.* sodio *m.*
sofa *n.* sofá *m.*
soft *adj.* blando/a, suave
software *n.* soporte lógico *m.*
soil *n.* tierra *f.*; país *m. (country)*; *v.t.* ensuciar
solar *adj.* solar
soldier *n.* soldado *m./f.*, militar *m.*
sole *n.* planta *f. (foot)*; suela *f. (shoe)*; *adj.* solo, único/a; *v.t.* poner suela
solid *n.*; *adj.* sólido/a *m./f.*
solution *n.* solución *f.*
solve *v.t.* resolver
solvent *n.* solvente *m.*; disolvente *m. (chemistry)*
somber *adj.* sombrío/a
some *adj.* algún, alguno/a, algunos/as
somebody *pron.* alguien, algunos/as
somehow *adv.* de algún modo
someone *pron.* alguien
someplace *adv.* algún lugar
something *pron.* algo, alguna cosa; *adv.* algún poco
sometime *adv.* alguna vez, algún día
somewhat *adv.* algo
somewhere *adv.* en algún lugar, en alguna parte
son *n.* hijo *m.*
song *n.* canto *m.*, canción *f.*
son-in-law *n.* yerno *m.*

soon *adv.* pronto, dentro de poco, luego
sore *n.*; *adj.* adolorido/a; dolor *m.*
sorrow *n.* tristeza *f.*, pesar *m.*, aflicción *f.*; *v.i.* afligirse, entristecerse
sorry *adj.* triste, afligido/a
sort *n.* clase *f.*, especie *f.*, tipo *m.*; *v.t.* apartar, separar, clasificar
soul *n.* alma *f.*, espíritu *m.*
sound *n.*; sonido *m.*; *adj.* sonoro; *v.i.* sonar
soup *n.* sopa *f.*
sour *adj.* agrio/a, ácido/a
source *n.* fuente *f.*, origen *m.*
South African *n.*; *adj.* sudafricano/a *m./f.*
South American *n.*; *adj.* sudamericano/a *m./f.*
south *n.*; *adj.*; *adv.* sur *m.*
southeast *n.*; *adj.* sudeste *m.*
southeastern *adj.* sudeste
southern *adj.* del sur
southwest *n.*; *adj.* sudoeste *m.*
southwestern *adj.* sudoeste
souvenir *n.* recuerdo *m.*
sovereign *adj.* soberano/a
sow *n.* cerda *f.*, puerca *f.*
soy *n.* soja *f.*
soybean *n.* semilla de soja *f.*
space *n.* espacio *m.*; temporada *f.*, intervalo *m.*; *v.t.* espaciar
spade *n.* espada *f.*
Spaniard *n.* español/a *m./f.*
Spanish *n.*; *adj.* español/a *m./f.*
spare part *n.* repuesto *m.*, pieza de repuesto *f.*

spark *n.* bujía *f.*, chispa *f.*; *v.t.* chispear
sparkle *v.i.* destellar, brillar
sparrow *n.* gorrión *m.*
spatial *adj.* espacial
speak *v.t.*; *v.i.* hablar, decir
speaker *n.* conferenciante *m./f.*, orador/a *m./f.*
special *adj.* especial, particular, extraordinario/a
specialist *n.* especialista *m./f.*
specify *v.t.* especificar
specimen *n.* espécimen *m.*
spectator *n.* espectador/a *m./f.*
speech *n.* discurso *m.*, lenguaje *m.*
speed *n.* velocidad *f.*; *v.i.* acelerar
speedometer *n.* velocímetro *m.*
spell *n.* hechizo *m.*, encanto *m.*; *v.t.* deletrear
spend *v.t.* gastar, pasar
sphere *n.* esfera *f.*
spice *n.* especia *f.*
spicy *adj.* sazonado/a, aromático/a
spider *n.* araña *f.*
spider web *n.* telaraña *f.*
spill *n.* derrame *m.*; *v.t.* derramar
spin *n.* vuelta *f.*, paseo *m.*; *v.t.*; *v.i.* hilar, tejer; bailar *(a top)*
spinach *n.* espinaca *f.*
spine *n.* espina *f.*; espina *(botanical)*; púa *f.* *(porcupine, etc)*
spiral *adj.* espiral
spire *n.* aguja *f.*
spirit *n.* espíritu *m.*, alma *f.*
spiritual *adj.* espiritual
spit *v.t.*; *v.i.* escupir

spite *n.* malevolencia *f.*, hostilidad *f.*, rencor *m.*
splash *n.* mancha *f.*; *v.t.* salpicar; *v.i.* derramarse
splint *n.* astilla *f.*
splinter *n.* astilla *f.*; *v.t.* astillar; *v.i.* hacerse astillas
spoil *n.* botín *m.*; trofeo *m.* *(war)*; *v.t.*; *v.i.* estropear, arruinar
spoke *n.* rayo *m.*
sponge *n.* esponja *f.*; *v.t.* limpiar con esponja
sponsor *n.* patrocinador/a *m./f.*, auspiciador/a *m./f.*
spontaneous *adj.* espontáneo/a
spool *n.* carrete *m.*, bobina *f.*
spoon *n.* cuchara *f.*; *v.t.* sacar con cuchara
sport *n.* deporte *m.*; *v.t.* llevar, ostentar, lucir; *v.i.* jugar, recrearse
sports car *n.* auto deportivo *m.*
sportsman *n.* deportista *m.*
spot *n.* mancha *f.*, peca *f.* *(face)*; sitio *m.* *(place)*; *v.t.* ver
spout *n.* pico *m.*
sprain *n.* dislocación *f.*, esguince *f.*, torcedura *f.*; *v.t.* torcer, dislocar
spray *n.* rocío *m.*; pulverizador *m.* *(mechanical device)*; *v.t.* rociar, pulverizar
spread *n.* funda *f.*; *v.t.*; *v.i.* extender, exponer
spring *n.* primavera *f.*; *v.i.* brotar
sprinkle *v.t.* rociar, salpicar, esparcir
sprinkler *n.* regadera *f.*

sprint *v.i.* correr rápido
sprout *n.* brote *m.*, retoño *m.*;
v.i. brotar, despuntar, retoñar, germinar
spur *n.* espuela *f.*, incentivo *m.*;
v.t. espolear
spy *n.* espía *m./f.*; *v.i.* espiar
square *n.*; *adj.* cuadrado/a *m./f.*;
v.t. cuadrar; arreglar *(arrange)*;
v.i. conformarse con
squash *n.* zapallo *m.*, calabaza *f.*;
v.t. aplastar; *v.i.* aplastarse, apretarse
squint *n.* estrabismo *m.*;
v.i. ser bizco/a
squirrel *n.* ardilla *f.*
stable *n.* establo *m.*; *adj.* estable
stadium *n.* estadio *m.*
staff *n.* vara *f.*, palo *m.*, personal *m.*; *v.t.* proveer de personal
stage *n.* escenario *m.*; andamio *(workmen)*; *v.t.* escenificar
stain *n.* mancha *f.*; *v.t.*; *v.i.* manchar
stainless *adj.* sin mancha, inmaculado/a, puro/a
stair *n.* escalera *f.*, escalón *m.*
staircase *n.* escalera *f.*
stake *n.* estaca *f.*; *v.t.* estacar
stale *adj.* rancio/a
stalk *n.* tallo *m.*; *v.t.* seguir, acechar
stall *n.* puesto *m.*, casilla *f.*
stammer *n.* tartamudeo *m.*;
v.i. tartamudear
stamp *n.* estampa *f.*, sello *m.*;
v.t. estampar, sellar

stand *n.* puesto *m.*, soporte *m.*;
v.t.; *v.i.* subir
standard *adj.* normal, oficial, legal
standing *adj.* parado/a
staple *n.* grapa *f.*; *adj.* básico/a, principal; *v.t.* engrapar
stapler *n.* grapadora *f.*
star *n.* estrella *f.*
starboard *n.* estribor *m.*
starch *n.* almidón *m.*;
v.t. almidonar
stare *v.i.* mirar fijamente
starfish *n.* estrella de mar *f.*
start *n.* inicio *m.*; *v.t.* empezar; provocar *(cause)*;
v.i. estremecerse, asustarse
starter *n.* iniciador/a *m./f.*, arranque *m.*
starvation *n.* hambre *m.*
state *n.* estado *m.*, condición *f.*;
v.i. declarar
statement *n.* declaración *f.*
statesman *n.* hombre de estado *m.*
station *n.* puesto *m.*, sitio *m.*, estación *f.*; *v.t.* estacionar
stationary *adj.* estacionario/a
stationery *n.* papelería *f.*; artículos de escritorio *m./pl.*
statistic *n.* estadístico/a *m./f.*
statistical *adj.* estadístico/a
statue *n.* estatua *f.*
status *n.* estado *m.*, posición *f.*, rango *m.*
status quo *n.* estatus quo, posición *m.*

statutory *adj.* establecido/a, reglamentario/a
stay *n.* estancia *f.*; *v.i.* quedar
steady *adj.* constante, firme
steak *n.* bistec *m.*, filete *m.*, churrasco *m.*
steal *v.t.*; *v.i.* robar
steam *n.* vapor *m.*; *v.t.* cocer a vapor; *v.i.* echar vapor
steamship *n.* barco a vapor *m.*
steel *n.* acero *m.*
steer *v.t.* gobernar; conducir *(a car)*; *v.i.* timonear, navegar
steering wheel *n.* volante *m.*
stem *n.* tallo *m. (plant)*, tronco *m. (tree)*; *v.t.* contener
step *n.* paso *m.*; *v.i.* dar un paso, pisar
stepbrother *n.* hermanastro *m.*
stepdaughter *n.* hijastra *f.*
stepfather *n.* padrastro *m.*
stepmother *n.* madrastra *f.*
stepparent *n.* padre adoptivo *m.*
stepsister *n.* hermanastra *f.*
stepson *n.* hijastro *m.*
stereo *n.* estéreo *m.*
stereotype *n.* estereotipo *m.*
sterile *adj.* estéril, árido/a
sterilize *v.t.* esterilizar
stern *adj.* severo/a
stethoscope *n.* estetoscopio *m.*
stew *n.* estofado *m.*; *v.t.* guisar
steward *n.* camarero *m.*, administrador *m.*, mayordomo *m.*
stewardess *n.* camarera *f.*
stick *n.* madera *f.*, estaca *f.*; *v.t.* clavar, fijar

sticky *adj.* pegajoso/a
stiffen *v.t.* reforzar; *v.i.* endurecerse
still *n.* alambique *m.*; *adj.* tranquilo/a, inmóvil; *adv.* todavía, aún; *v.t.* acallar, calmar
stimulant *n.*; *adj.* estimulante *m.*
stimulate *v.t.* estimular
sting *n.* aguijón *m.*; *v.t.*; *v.i.* picar, herir
stir *n.* bullicio *m.*, sensación *f.*; *v.t.* agitar, revolver
stirrup *n.* estribo *m.*
stitch *n.* puntada *f.*; *v.t.* coser; suturar *(surgery)*
stock *n.* reserva *f.*; *v.t.* reservar
stockbroker *n.* corredor de bolsa *m.*
stocking *n.* media *f.*
stomach *n.* estómago *m.*
stomachache *n.* dolor de estómago *m.*
stone *n.* piedra *f.*
stool *n.* taburete *m.*
stop *n.* parada *m.*; *v.t.* parar; *v.i.* detenerse
storage *n.* almacenaje *m.*
store *n.* almacén *m.*; *v.t.* almacenar
storeroom *n.* almacén *m.*
stork *n.* cigüeña *f.*
storm *n.* tormenta *f.*, tempestad *f.*
stormy *adj.* tormentoso, tempestuoso
story *n.* historia *f.*, cuento *m.*
stout *n.*; *adj.* corpulento/a *m./f.*
stove *n.* cocina *f.*, horno *m.*

straight *adj.* derecho/a, recto/a; lacio/a *(hair)*
strain *v.t.* forzar, crear presión, estirar
strainer *n.* colador *m.*, filtro *m.*
strand *n.* playa *f. (shore)*; ribera *f. (river)*; hebra *f. (thread)*; *v.t.; v.i.* encallar
strange *adj.* extraño/a, raro/a
stranger *n.* desconocido/a; extranjero/a *m./f. (foreing country)*
strangle *v.t.* estrangular
strap *n.* correa *f.*; *v.t.* atar con correas
straw *n.* paja *f.*
strawberry *n.* frutilla *f.*, fresa *f.*
streak *n.* raya *f.*; *v.i.* rayar
stream *n.* riachuelo *m.*, arroyo *m.*; *v.t.* manar, echar; *v.i.* correr, fluir
street *n.* calle *f.*
strength *n.* fuerza *f.*; resolución *f. (will)*
strengthen *v.t.* fortificar, reforzar, consolidar; *v.i.* fortificarse, consolidarse, reforzarse
stress *n.* énfasis *m.*, estrés *m.*, tensión *f.*; *v.t.* estresar
stretch *n.* estirón *m.*; alcance *m. (slope)*; *v.t.* estirar *(pull)*; ensanchar *(make bigger)*
stretcher *n.* camilla *f. (for wounded)*; ensanchador *m. (gloves)*
strict *adj.* estricto/a
strike *n.* huelga *f.*; *v.t.* golpear, pegar; *v.i.* declararse en guerra

striking *adj.* sorprendente, llamativo/a, notable
string *n.* cuerda *f.*; cinta *f. (ribbon)*; *v.t.* encordar, ensartar
strip *n.* pedazo *m.*; *v.t.* desnudar, despojar; *v.i.* desprenderse, despojarse
stripe *n.* raya *f.*; *v.t.* rayar
striped *adj.* rayado/a
stroke *n.* golpe *m.*; pincelada *f. (brush)*; *v.t.* acariciar con la mano
strong *adj.* fuerte, vigoroso/a, robusto/a, enérgico/a, firme
structure *n.* estructura *f.*
struggle *n.* lucha *f.*, conflicto *m.*; *v.i.* luchar, pelear, disputarse
stub *n.* resguardo *m.*
stubborn *adj.* testarudo/a, inquebrantable
student *n.* estudiante *m.*; *adj.* estudiantil
study *n.* estudio *m.*, solicitud *f.*; *v.t.* considerar, examinar; *v.i.* estudiar
stuff *n.* cosas *f./pl.*; *v.t.* rellenar
stumble *n.* tropezón *m.*; *v.i.* tropezar
stun *v.t.* dejar sin sentido, aturdir de un golpe; pasmar *(astound)*
stupid *adj.* estúpido/a
style *n.* estilo *m.*, moda *f. (fashion)*; *v.t.* llamar, nombrar
stylish *adj.* elegante

subdue *v.t.* someter, contener
subject *n.* tema *m.*, sujeto *m.*
subjective *adj.* subjetivo/a
submarine *n.*; *adj.* submarino *m.*
submit *v.t.*; *v.i.* someterse, presentarse
subscribe *v.i.* subscribir
subscription *n.* subscripción *f.*
subsidy *n.* subvención *f.*, subsidio *m.*
substance *n.* sustancia *f.*
substantial *adj.* sustancioso/a
substitute *adj.* sustituto/a; *v.t.* sustituir, reemplazar
substitution *n.* sustitución *f.*, reemplazo *m.*
subtitle *n.* subtítulo *m.*; guión *m.* *(films)*
subtle *adj.* sutil, delicado/a
subtract *v.t.* restar, substraer
suburb *n.* suburbio *m.*
subway *n.* subterráneo *m.*, metro *m.*, subte *m.*
succeed *v.t.* seguir, suceder; *v.i.* progresar
success *n.* éxito *m.*, triunfo *m.*
such *adj.* tal, parecido/a, semejante
suck *n.* succión *f.*; *v.t.* chupar
sudden *adj.* repentino/a, súbito/a, inesperado/a
suede *n.* gamuza *f.*
suffer *v.t.*; *v.i.* sufrir, padecer, pasar, experimentar
suffice *v.t.* bastar; *v.i.* satisfacer
sufficient *adj.* suficiente, bastante

suffix *n.* sufijo *m.*
sugar *n.* azúcar *m./f.*; *v.t.* azucarar
suggest *v.t.* sugerir; aconsejar *(advice)*
suggestion *n.* sugerencia *f.*, insinuación *f.*
suicide *n.* suicidio *m.* *(act)*; suicida *f.* *(person)*
suit *n.* petición *m.*, súplica *f.* *(request)*; traje *m.* *(clothes)*; *v.t.* convenir, sentar
suitable *adj.* conveniente, apropiado/a
suitcase *n.* valija *f.*
suite *n.* suite *f.*
suitor *n.* demandante *m.*, pretendiente *m.*
sullen *adj.* malhumorado/a, huraño/a
sum *n.* suma *f.*, total *m.*; *v.t.* sumar, calcular
summary *n.* sumario *m.*; *adj.* somero
summer *n.* verano *m.*, estío *m.*
summit *n.* cima *f.*, cumbre *f.*
sun *n.* sol *m.*
sunbathe *v.i.* broncear
sunburn *n.* quemadura *f.*; bronceado *m.*
Sunday *n.* domingo *m.*
sunflower *n.* girasol *m.*
sunglasses *n./pl.* anteojos de sol *m./pl.*
sunny *adj.* soleado/a; risueño/a *(face)*
sunrise *n.* amanecer *m.*
sunroof *n.* ventana al cielo *f.*
sunscreen *n.* bronceador *m.*

sunset *n.* atardecer *m.*, puesta del sol *f.*
sunshine *n.* resplandor *m.*
sunstroke *n.* insolación *f.*
suntan lotion *n.* loción bronceadora *f.*
superficial *adj.* superficial
superior *adj.* superior; mayor *(numbers)*
supermarket *n.* supermercado *m.*
superstitious *adj.* supersticioso/a
supervise *v.t.* supervisar, vigilar, dirigir
supervisor *n.* supervisor/a *m./f.*
supper *n.* cena *f.*
supplement *n.* suplemento *m.*, apéndice *m. (book)*; *v.t.* suplementar
supply *n.* suministro *m.*; *v.t.* suministrar, proveer
support *n.* apoyo *m.*; *v.t.* apoyar, sostener, mantener; soportar *(endure)*
supporter *n.* seguidor/a *m./f.*
suppose *v.i.* suponer, imaginarse, creer
suppository *n.* supositorio *m.*
suppress *v.t.* suprimir, reprimir
surcharge *n.* sobrecargo *m.*
sure *adj.* seguro/a, cierto/a
surety *n.* fianza *f.*, depósito *m.*
surf *n.* surf *m.*; *v.i.* navegar por Internet
surface *n.* superficie *f.*; *adj.* superficial; *v.i.* salir a la superficie *(submarine)*
surfboard *n.* tabla de surf *f.*
surgeon *n.* cirujano *m./f.*
surgery *n.* cirugía *f.*
surly *adj.* arisco/a, huraño/a, malhumorado/a
surname *n.* apellido *m.*; *v.t.* denominar, nombrar
surpass *v.t.* superar, exceder
surplus *n.* exceso *m.*
surprise *n.* sorpresa *f.*, asombro *m.*; *v.t.* sorprender, asombrar
surrender *n.* rendición *f.*, entrega *f.*; *v.t.* rendir, entregar, ceder; *v.i.* rendirse, entregarse
surround *n.* borde; *v.t.* rodear, cercar
surrounding *adj.* circundante, vecino/a
surroundings *n./pl.* alrededores *m./pl.*
survive *v.t.*; *v.i.* sobrevivir
survivor *n.* sobreviviente *m./f.*
suspect *n.*; *adj.* sospechoso/a *m./f.*; *v.t.* sospechar, dudar; *v.i.* tener sospechas
suspend *v.t.* suspender
suspenders *n./pl.* tiradores *m./pl.*
suspense *n.* suspenso *m.*, incertidumbre *f.*
suspicion *n.* sospecha *f.*
suspicious *adj.* sospechoso/a
sustain *v.t.* sostener, mantener, sustentar
swallow *n.* trago *m.*; *v.t.* tragar
swamp *n.* pantano *m.*; *v.t.* sumergir; inundar *(inundate)*
swan *n.* cisne *m.*

swarm *n.* enjambre *m.*; muchedumbre *f. (people)*; *v.t.* trepar; *v.i.* enjambrar
swear *v.t.*; *v.i.* jurar
sweat *n.* sudor *m.*; *v.t.*; *v.i.* sudar
sweater *n.* suéter *m.*
sweatshirt *n.* sudadera *f.*
Swede *n.* sueco/a *m./f.*
Swedish *adj.* sueco/a
sweep *n.* barrida *f.*; *v.t.* barrer; *v.i.* extenderse
sweet *n.*; *adj.* dulce *m.*
sweeten *v.t.* endulzar, azucarar
swelling *n.* hinchazón *f.*
swift *adj.* rápido/a, veloz; *adv.* rápidamente, velozmente
swim *n.* natación *f.*; *v.t.*; *v.i.* nadar
swimmer *n.* nadador/a *m./f.*
swimming *n.* natación *f.*; vértigo *m. (of the head)*
swindle *n.* estafa *f.*, engaño *m.*; *v.t.* estafar, engañar
swindler *n.* estafador/a *m./f.*
swing *n.* hamaca *f.*, columpio *m.*; *v.t.*; *v.i.* hamacar
Swiss *n.*; *adj.* suizo/a *m./f.*
switch *n.* interruptor *m.*; *v.t.* azotar; desviar *(train)*
sword *n.* espada *f.*, sable *m.*
syllable *n.* sílaba *f.*
symbol *n.* símbolo *m.*, emblema *f.*
symbolic *adj.* simbólico/a
sympathetic *adj.* simpático/a; compasivo/a, comprensivo/a *(understand)*
sympathize *v.i.* simpatizar, comprender, compadecerse
sympathy *n.* simpatía *f.*
symphony *n.* sinfonía *f.*
symptom *n.* síntoma *f.*, señal *f.*, indicio *m.*
synagogue *n.* sinagoga *f.*
synonym *n.* sinónimo *m.*
syntax *n.* sintaxis *f.*
synthetic *adj.* sintético/a
syringe *n.* jeringa *f.*
syrup *n.* almíbar *m.*; jarabe *m.*
system *n.* sistema *m.*
systematic *adj.* sistemático/a

T

table *n.* mesa *f.*; tabla *f. (measures)*; *v.t.* poner sobre la mesa, enumerar, apuntar
tablecloth *n.* mantel *m.*
tablespoon *n.* cuchara *f.*
tablet *n.* pastilla *f.*
table tennis *n.* tenis de mesa *f.*
tack *n.* tachuela *f.*, hilván *m.*; *v.t.* clavar con tachuelas
tact *n.* tacto *m.*
tactful *adj.* diplomático/a, discreto/a
tactic *n.* táctica *f.*
tag *n.* etiqueta *f.*
tail *n.* cola *f.*, rabo *m.*
taillight *n.* luz trasera *m.*
tailor *n.* sastre *m.*; *v.t.* entallar
take *v.t.* tomar, llevar *(carry)*; aceptar *(receive)*; agarrar *(grab)*
talc *n.* talco *m.*
talent *n.* talento *m.*, habilidad *f.*
talented *adj.* talentoso/a
talk *n.* charla *f.*; *v.t.*; *v.i.* charlar, hablar

English-Spanish Dictionary

talkative *adj.* hablador/a, locuaz
tall *adj.* alto/a; exagerado/a *(of stories)*
tame *adj.* manso/a, domesticado/a; *v.t.* amansar, domesticar
tamper *v.i.* descomponer, estropear; sobornar *(witness)*
tampon *n.* tapón *m.*, tampón *m.*; *v.t.* taponar
tan *adj.* bronceado/a; *v.t.* curtir, adobar; tostar, quemar *(sun)*; *v.i.* broncearse
tangerine *n.* tangerina *f. (fruit)*; tangerino *m. (tree)*
tangle *n.* enredo *m.*, nudo *m.*; *v.t.* enredar; *v.i.* enredarse
tank *n.* tanque *m.*; aljibe *m.*, estanque *m. (reservoir)*
tanker *n.* camión tanque *m.*, petrolero *m.*
tap *n.* toque ligero *m.*; palmadita *f.*; canilla *f. (water)*; *v.t.*; *v.i.* sacar
tape *n.* cinta *f.*; *v.t.* grabar
tape recorder *n.* grabadora *f.*
tapered *adj.* ahusado
tapestry *n.* tapiz *m.*, tapicería *f.*
tar *n.* alquitrán *m.*, brea *f.*; *v.t.* alquitranar
target *n.* blanco *m.*; *v.t.* tirar al blanco
tariff *n.* tarifa *f.*
tart *adj.* agrio/a, ácido/a
task *n.* tarea *f.*, labor *f.*, misión *f.*
taste *n.* gusto *m.*; sabor *m. (flavor)*; *v.t.* probar, gustar; *v.i.* tener gusto, tener sabor

tasty *adj.* sabroso/a, apetitoso/a
tavern *n.* taberna *f.*, mesón *m. (inn)*
tax *n.* impuesto *m.*, contribución *f.*; *v.t.* imponer contribuciones
taxi *n.* taxi *m.*; *v.i.* ir en taxi
tea *n.* té *m.*
teach *v.t.*; *v.i.* enseñar
teacher *n.* maestro/a *m./f.*, profesor/a *m./f.*
teakettle *n.* tetera *f.*
team *n.* equipo *m.*; *v.t.* enganchar
teapot *n.* tetera *f.*
tear *n.* lágrima *f.*; *v.t.* desgarrar, arrancar
tease *n.* provocación *f.*; *v.t.* provocar, bromear
teaspoon *n.* cucharita *f.*; cucharilla *f. (utensil)*
technical *adj.* técnico/a
teenager *n.* adolescente *m.*
telegram *n.* telegrama *m.*
telephone *n.* teléfono *m.*; *v.t.*; *v.i.* telefonear
telescope *n.* telescopio *m.*; *v.t.* enchufar; *v.i.* enchufarse, meterse
television *n.* televisión *f.*
tell *v.t.*; *v.i.* contar, narrar, decir
temper *n.* temple *m.*; naturaleza *f. (nature)*; carácter, espíritu *(mood)*
temperate *adj.* templado/a
temperature *n.* temperatura *f.*
temple *n.* templo *m.*, sien *f.*
temporary *adj.* provisional
tempt *v.t.* tentar, atraer, seducir

temptation *n.* tentación *f.*
ten *num.* diez
tenacious *adj.* tenaz, terco/a
tenant *n.* inquilino/a *m./f.*
tend *v.t.* cuidar, atender; *v.i.* tender, inclinarse
tendency *n.* tendencia *f.*, inclinación *f.*
tender *n.* guardián *m.*; oferta *f.*, propuesta *f. (commercial); adj.* tierno/a, delicado/a
tendon *n.* tendón *m.*
tennis *n.* tenis *m.*
tenor *n.* tenor *m.*
tense *n.* tiempo *m.*; *adj.* tenso/a
tension *n.* tensión *f.*; voltaje *m. (electrical)*
tent *n.* carpa *f.*
tentacle *n.* tentáculo *m.*
tentative *n.* tentativa *f.*, ensayo *m.*; *adj.* tentativo/a
tenth *adj.* décimo/a
tenuous *adj.* tenue, sutil
tepid *adj.* tibio/a
term *n.* período *m.*, término *m.*; límite *m. (limit)*
terminate *v.t.* terminar, limitar, concluir; *v.i.* terminarse, concluirse
termite *n.* termita *f.*
terrace *n.* terraza *f.*
terrestrial *adj.* terrestre, terrestrial
terrible *adj.* terrible
terribly *adv.* terriblemente
terrific *adj.* estupendo/a
territory *n.* territorio *m.*, región *f.*

terror *n.* terror *m.*, pavor *m.*, espanto *m.*
test *n.* prueba *f.*, examen *m.*, investigación *f.*; *v.t.* examinar, ensayar
testify *v.i.* testificar
testimony *n.* testimonio *m.*, declaración *f.*
text *n.* texto *m.*; tema *m. (subject)*
textbook *n.* libro de texto *m.*
textile *n.*; *adj.* textil *m.*
than *conj.* que, más
thank *n.* gracias *f./pl.*; *v.t.* agradecer
thankful *adj.* agradecido/a
thankfulness *n.* desagradecimiento *m.*, gratitud *f.*
that *adj.*; *pron.* ése/a *m./f.*, aquel *m.*, aquello/a *m./f.*
thaw *n.* deshielo *m.*; *v.t.* deshelar, derretir; *v.i.* deshelarse, derretirse
the *art.* el *m.*, la *f.*, los *m./pl.*, las *f./pl.*
theater *n.* teatro *m.*
their *pron.* sus *m./f.*, de ellos *m./pl.*, de ellas *f./pl.*
them *pron.* ellos *m./pl.*, ellas *f./pl.*
theme *n.* tema *m.*, motivo *m.*
themselves *pron.* ellos/as mismos/as
then *adv.* luego, entonces, después
theology *n.* teología *f.*
theoretical *adj.* teórico/a
theory *n.* teoría *f.*
therapeutic *adj.* terapéutico/a

English-Spanish Dictionary

therapist *n.* terapeuta *m./f.*
therapy *n.* terapia *f.*
therefore *adv.* por lo tanto
thermometer *n.* termómetro *m.*
thermos *n.* termo *m.*
thermostat *n.* termostato *m.*
these *pron.* éstos/as *m./f.*
thesis *n.* tesis *f.*
they *pron.* ellos/as *m./f.*
thick *adj.* grueso/a, espeso/a
thicken *v.t.* espesar; aumentar *(increase); v.i.* espesarse, aumentarse
thickness *n.* espesor *m.*, grueso *m.*; consistencia *f. (fluids)*
thief *n.* ladrón/a *m./f.*
thigh *n.* muslo *m.*
thimble *n.* dedal *m.*
thin *adj.* flaco/a, delgado/a
thing *n.* cosa *f.*; asunto *m. (affair);* ser *m. (creature)*
think *v.t.; v.i.* pensar, creer *(believe)*
third *adj.* tercero/a, tercio/a
thirst *n.* sed *f.*
thirsty *adj.* sediento/a
thirteen *num.* trece
thirteenth *adj.* décimotercero/a
thirtieth *adj.* trigésimo/a
thirty *num.* treinta
this *adj.; pron.* este *m.*, esto/a *m./f.*
thorn *n.* espina *f.*; espino *m. (tree)*
thorough *adj.* completo/a
thoroughfare *n.* vía pública *f.*
those *pron.* esos/as *m./f.*, aquellos/as *f./pl.*
though *conj.* aunque; sin embargo *(nevertheless)*
thought *n.* pensamiento *m.*, meditación *f.*
thoughtful *adj.* pensativo/a, meditabundo/a
thousand *num.* mil, millar
thousandth *n.; adj.* milésimo/a *m./f.*
thread *n.* hilo *m.*, hebra *f.*
threat *n.* amenaza *f.*
threaten *v.t.; v.i.* amenazar
three *num.* tres
threshold *n.* umbral *m.*; entrada *f. (entrance)*
thrift *n.* economía *f.*
thrifty *adj.* económico/a
thrive *v.i.* crecer, prosperar; desarrollar *(grow)*
throat *n.* garganta *f.*
throb *n.* latido *m.*, pulsación *f.*; *v.i.* latir, palpitar
throne *n.* trono *m.*; corona *f. (royal power)*
throttle *n.* regulador *m.*, acelerador *m.*
through *adj.* continuo/a; *prep.* por, a través de
throughout *prep.* por todo, durante todo; *adv.* completamente, hasta el fin
throw *n.* tiro *m.*, lanzamiento *m.*; *v.t.; v.i.* tirar, lanzar
thumb *n.* pulgar *m.*; *v.t.* hojear
thunder *n.* trueno *m.*; *v.t.* rugir; *v.i.* tronar, retumbar
thunderstorm *n.* tormenta de rayos *f.*
Thursday *n.* jueves *m.*
thyme *n.* tomillo *m.*

ticket *n.* entrada *f.*; etiqueta *f.* *(label)*
tickle *v.t.* hacer cosquillas, cosquillar, irritar; *v.i.* tener cosquillas, hacer cosquillas
tide *n.* marea *f.*; tiempo *m.* *(season)*; *v.t.* vencer, superar
tidy *adj.* ordenado/a, aseado/a, metódico/a
tie *n.* corbata *f.*, nudo *m.*
tiger *n.* tigre *m.*
tight *n.* tirante *m.*; *adj.* apretado/a
tighten *v.t.* apretar, estrechar; *v.i.* estrecharse, estirarse
tile *n.* teja *f.*, baldosa *f.*; *v.t.* tejar, embaldosar
tilt *n.* inclinación *f.*; torneo *m.* *(fight)*; *v.i.* inclinar
timber *n.* madera *f.*; *v.t.* enmaderar
time *n.* tiempo *m.*; época *f.*; *v.t.* ajustar el tiempo
timetable *n.* horario *m.*, guía *f.*
tin *n.* lata *f.* *(container)*; estaño *m.* *(metal)*; *v.t.* estañar
tingle *n.* picazón *f.*, comezón *f.*; *v.i.* estremecer, picar, zumbar, vibrar
tint *n.* tinta *f.*, tinte *m.*, color *m.*, matiz *m.*; *v.t.* colorar, teñir, matizar
tiny *adj.* chiquito/a, diminuto/a
tip *n.* propina *f.*; *v.t.*; *v.i.* inclinar, voltear
tiptoe *n.* punta de pie *f.*; *v.i.* estar en punta de pie

tire *n.* rueda *f.*, neumático *m.*; *v.t.* cansar, fatigar; *v.i.* cansarse, fatigarse, aburrirse
tired *adj.* cansado/a, fatigado/a
tiredness *n.* cansancio *m.*, fatiga *f.*, aburrimiento *m.*
tireless *adj.* incansable, infatigable
tiresome *adj.* aburrido/a, fastidioso/a, molesto/a
tissue *n.* tisú *m.*, pañuelo *m.*
title *n.* título *m.*; documento *m.*, derecho *m.* *(right)*
to *prep.* hacia, menos, para
toad *n.* sapo *m.*
tobacco *n.* tabaco *m.*; *adj.* tabacalero/a
today *n.* día *m.*, el día de hoy *m.*; *adv.* hoy, ahora, actualmente
toe *n.* dedo del pie *m.*
together *adv.* juntos
toil *n.* labor *m.*, trabajo *m.*; *v.i.* trabajar
toilet *n.* baño *m.*
token *n.* señal *f.*, muestra *f.*, prueba *f.*
tolerance *n.* tolerancia *f.*, paciencia *f.*, indulgencia *f.*
tolerate *v.t.* tolerar, soportar
toll *n.* peaje *m.*; *v.t.* doblar
tomato *n.* tomate *m.*
tomb *n.* tumba *f.*, sepulcro *m.*
tomorrow *adv.* mañana
ton *n.* tonelada *f.*
tone *n.* tono *m.*, acento *m.* *(voice)*; *v.t.* amortiguar; *v.i.* suavizarse, modificarse
tongs *n./pl.* tenazas *f./pl.*

tongue *n.* lengua *f.*; idioma *f.* (*language*)
tonnage *n.* tonelaje *m.*
tonsils *n./pl.* amígdalas *f./pl.*
too *adv.* demasiado; muy (*very*)
tool *n.* herramienta *f.*
tooth *n.* diente *m.*, muela *f.*
toothache *n.* dolor de dientes *m.*
toothbrush *n.* cepillo de dientes *m.*
toothpaste *n.* pasta dental *f.*
top *n.* cima. *f.*, cumbre *f.*; *adj.* máximo/a; *adv.* arriba
topic *n.* tópico *m.*, asunto *m.*, tema *m.*
topical *adj.* actual
torch *n.* linterna *f.*, antorcha *f.*
torment *n.* tormento *m.*; *v.t.* atormentar
torrent *n.* torrente *m.*
torture *n.* tortura *f.*; *v.t.* torturar
toss *n.* sacudida *f.*; *v.t.* lanzar, sacudir; *v.i.* agitarse
total *n.*; *adj.* total *m.*; *v.t.* totalizar, sumar
totalitarian *adj.* totalitario/a
totally *n.* totalidad *f.*; *adv.* totalmente
touch *n.* toque *m.*; *v.t.* tocar
touching *n.* tocamiento *m.*; *adj.* conmovedor/a; *prep.* tocante a
touchy *adj.* susceptible
tough *adj.* resistente, fuerte, duro/a
toughen *v.t.* fortalecer, endurecer; *v.i.* fortalecerse, endurecerse

toughness *n.* dureza *f.*, resistencia *f.*
tour *n.* excursión *m.*; *v.t.*; *v.i.* viajar
tourism *n.* turismo *m.*
tourist *n.*; *adj.* turista *m./f.*
tournament *n.* torneo *m.*; concurso *m.* (*games*)
tow *n.* remolque *m.*; *v.t.* remolcar
towards *prep.* hacia, en dirección a
tower *n.* torre *m.*; *v.i.* elevarse, sobresalir
town *n.* ciudad *f.*, población *f.*, pueblo *m.*
toy *n.* juguete *m.*
trace *n.* huella *f.*, pista *f.*, indicio *m.*; *v.t.* trazar
trachea *n.* tráquea *f.*
track *n.* vía *f.*; *v.t.* rastrear, seguir
traction *n.* tracción *f.*
tractor *n.* tractor *m.*
trade *n.* comercio *m.*; *v.t.*; *v.i.* cambiar
trader *n.* comerciante *m.*
tradition *n.* tradición *f.*
traditional *adj.* tradicional
traffic *n.* tráfico *m.*; *v.i.* transportar, traficar
tragedy *n.* tragedia *f.*
tragic *adj.* trágico/a
trail *n.* camino *m.*, sendero *m.*; *v.i.* dejar huellas, perseguir
trailer *n.* remolque *m.*
train *n.* tren *m.*
trainer *n.* entrenador *m.*
training *n.* entrenamiento *m.*, educación *f.*, enseñanza *f.*

trait *n.* rasgo *m.*, característica *f.*
traitor *n.* traidor *m.*
tram *n.* tranvía *f.*; *adj.* tranviario
tramp *n.* vagabundo/a *m./f.*; *v.i.* ir a pie
trance *n.* rapto *m.*, arrobamiento *m.*, catalepsia *f.*
transaction *n.* transacción *f.*, desempeño *m.*, negocio *m.*
transfer *n.* traslado *m.*, transferencia *f.*; *v.t.* transferir
transit *n.* tránsito *m.*
translate *v.t.* traducir, interpretar
translation *n.* traducción *f.*
translator *n.* traductor/a *m./f.*
transmission *n.* transmisión *f.*
transmit *v.t.* transmitir
transport *n.* transporte *m.*; *v.t.* transportar
transporter *n.* transportador *m.*
trap *n.* trampa *f.*; *v.t.* rodear, bloquear
trash *n.* basura *f.*
travel *n.* viaje *m.*; *v.i.* viajar
traveler *n.* viajero/a *m./f.*
tray *n.* bandeja *f.*
treason *n.* traición *f.*
treasure *n.* tesoro *m.*, riqueza *f.*; *v.t.* atesorar
treasurer *n.* tesorero/a *m./f.*
treasury *n.* tesorería *f.*
treat *n.* gusto *m. (pleasure)*; *v.t.* tratar
treatise *n.* tratado *m.*, tesis *f.*
treatment *n.* tratamiento *m.*; conducta *f. (person)*

treaty *n.* tratado *m.*, acuerdo *m.*
tree *n.* árbol *m.*
tremble *v.i.* temblar, estremecerse, vibrar
trench *n.* zanja *f.*; *v.t.* zanjar
trend *n.* curso *m.*, rumbo *m.*; *v.t.* tender
trespass *n.* violación a la propiedad *f.*, ofensa *f.*; *v.i.* entrar sin derecho o permiso
trial *n.* prueba *f.*, ensayo *m.*; experimento *m. (experiment)*
triangle *n.* triángulo *m.*
triangular *adj.* triangular
tribe *n.* tribu *f.*
tribute *n.* tributo *m.*
trick *n.* truco *m.*, estafa *f. (swindle)*; *v.t.* bromear, engañar, estafar
trickle *n.* chorrito *m.*; *v.i.* gotear
tricycle *n.* triciclo *m.*
trifle *n.* baratija *f.*; *adj.* insignificante; *v.t.* malgastar; *v.i.* entretenerse, jugar
trigger *n.* gatillo *m.*
trimester *n.* trimestre *m.*
triumph *n.* triunfo *m.*; *v.i.* triunfar
trivial *n.* trivial *f.*
trivial *adj.* trivial, frívolo/a, insignificante
troop *n.* banda *f.*, grupo *m.*, muchedumbre *f.*; *v.i.* congregarse
tropic *n.*; *adj.* trópico *m.*

tropical *adj.* tropical
trouble *n.* problema *m.*; dificultad *f. (difficulty)*; *v.t.* turbar, agitar; molestar *(annoy)*
troublesome *adj.* molesto/a, inconveniente
trout *n.* trucha *f.*
trowel *n.* palustre *m.*; paleta *f. (mason's)*
truant *n.* novillero/a *m./f.*; *adj.* haragán/ana, perezoso/a
truck *n.* camión *m.*
true *adj.* verdadero/a, real; leal, sincero/a *(person)*; *adv.* realmente
truffle *n.* trufa *f.*
truly *adv.* verdaderamente, lealmente
trump *n.* triunfo *m.*; *v.t.* triunfar
trunk *n.* tronco *m.*; trompa *f. (elephant)*; baúl *m.*, cofre *m.*
trust *n.* fe *f.*, confianza *f.*; *v.t.* confiar
trustworthy *adj.* digno/a de confianza, honrado/a
truth *n.* verdad *f.*, realidad *f.*
truthful *adj.* verdadero/a, veraz, exacto/a
try *n.* prueba *f.*; *v.t.*; *v.i.* procurar, tratar; probar *(test)*
tube *n.* tubo *m.*
Tuesday *n.* martes *m.*
tug *n.* remolcador/a *m./f.*; *v.i.* remolcar, tirar
tugboat *n.* bote remolcador *m.*

tulip *n.* tulipán *m.*
tumor *n.* tumor *m.*
tune *n.* melodía *f.*; *v.t.* afinar *(instrument)*; sintonizar *(radio)*
tunnel *n.* túnel *m.*; *v.t.*; *v.i.* hacer un túnel
turbine *n.* turbina *f.*
turkey *n.* pavo/a *m./f.*
Turkish *n.*; *adj.* turco/a *m./f.*
turmoil *n.* desorden *m.*, alboroto *m.*, tumulto *m.*
turn *n.* vuelta *f.*; *v.t.*; *v.i.* volver, doblar
turtle *n.* tortuga *f.*
tweezers *n./pl.* pinzas *f./pl.*
twelfth *adj.* duodécimo/a
twelve *num.* doce
twentieth *adj.* vigésimo/a
twenty *num.* veinte
twice *adv.* dos veces, doble
twig *n.* ramita *f.*
twilight *n.* crepúsculo *m.*, media luz *f.*; *adj.* crepuscular
twin *n.* gemelo/a *m./f.*, mellizo/a *m./f.*
twinge *n.* punzada *f.*; *v.t.* punzar
twinkle *v.i.* parpadear, centellar
twist *n.* giro *m.*; *v.t.* girar, torcer
two *num.* dos
type *n.* tipo *m.*, clase *f.*; *v.t.*; *v.i.* escribir a máquina
typewriter *n.* máquina de escribir *f.*
typical *adj.* típico/a, característico/a, simbólico/a
typist *n.* mecanógrafo/a *m.*, mecanografista *m./f.*

U

ugly *adj.* feo/a
UHF *abb.* alta frecuencia
ulcer *n.* úlcera *f.*
ultraviolet *adj.* ultravioleta
umbrella *n.* paraguas *m.*
unable *adj.* incapaz, impotente; imposibilitado/a *(physical)*
unacceptable *adj.* inaceptable
unaccountable *adj.* incontable, inexplicable
unanimous *adj.* unánime
unarmed *adj.* desarmado/a, indefenso/a
unauthorized *adj.* no autorizado/a
unavoidable *adj.* inevitable, preciso/a, necesario/a
unaware *adj.* inconsciente, ignorante
unbearable *adj.* insoportable, insufrible
uncertain *adj.* incierto/a
uncle *n.* tío *m.*
uncomfortable *adj.* incómodo/a; intranquilo/a *(anxious)*
unconscious *adj.* inconsciente; insensible *(senseless)*
uncover *v.t.* descubrir; remover *(remove)*
undamaged *adj.* intacto/a
undecided *adj.* indeciso/a, pendiente
under *prep.* bajo, debajo de; *adv.* debajo
undergo *v.i.* sufrir, padecer
underground *n.* sótano *m.*, metro *m.*; *adj.* subterráneo/a; *adv.* bajo tierra
underline *v.t.* subrayar
underneath *prep.* debajo de
underpants *n./pl.* calzoncillos *m./pl.*
undershirt *n.* camiseta *f.*
undersigned *n.* infrascrito *m.*
understand *v.t.*; *v.i.* comprender, entender
understanding *n.* entendimiento *m.*; acuerdo *m. (agreement)*
undertake *v.t.* comprometerse a, encargarse de
underwater *adj.* submarino/a, subacuático/a
underwear *n.* ropa interior *f.*
undo *v.i.* abrir, desatar, deshacer, anular
uneasiness *n.* malestar *m.*; incomodidad *f. (discomfort)*; inquietud *f. (anxiety)*
uneasy *adj.* inquieto/a, incómodo/a, inseguro/a
uneducated *adj.* ignorante
unemployed *adj.* desempleado/a, desocupado/a
unemployment *n.* desempleo *m.*
unending *adj.* interminable, perpetuo/a, eterno/a
unequal *adj.* desigual, inferior
unfair *adj.* injusto/a, vil, bajo/a
unfamiliar *adj.* desconocido/a, poco familiar
unfasten *v.t.* desabrochar, desatar, desenganchar
unfortunate *adj.* desafortunado/a, desdichado/a

unfriendly *adj.* antipático/a, hostil, insociable
unhappy *adj.* infeliz, triste
unhealthy *adj.* insano/a, enfermizo/a, insalubre
uniform *n.* uniforme *m.*; *adj.* igual, constante, invariable
unimportant *adj.* sin importancia, insignificante
unintentional *adj.* sin intención, involuntario/a
union *n.* unión *f.*
unique *adj.* único/a, sin igual, sin par
unisex *adj.* unisexo
unit *n.* unidad *f.*
unite *v.t.* unir, juntar, incorporar; *v.i.* unirse, juntarse, reunirse
unity *n.* unidad *f.*, unión *f.*
universal *adj.* universal, general, común
universe *n.* universo *m.*, creación *f.*, mundo *m.*
university *n.* universidad *f.*; *adj.* universitario/a
unknown *n.* misterio *m.*; *adj.* desconocido/a
unless *conj.* a no ser que, a menos que
unlike *adj.* diferente, distinto/a, diferente
unlikely *adj.* improbable, arriesgado/a
unload *v.t.*; *v.i.* descargar, aligerar
unlucky *adj.* desgraciado/a
unnecessary *adj.* innecesario/a
unofficial *adj.* no oficial
unpack *v.i.*; *v.t.* desempacar

unpleasant *adj.* desagradable
unpopular *adj.* impopular
unrest *n.* desasosiego *m.*, agitación *f.*
unsafe *adj.* inseguro/a, peligroso/a, arriesgado/a
unsatisfactory *adj.* insatisfactorio/a
unskilled *adj.* no calificado/a
unstable *adj.* inestable
unsuccessful *adj.* fracasado/a
untie *v.t.* desatar, desanudar; deshacer *(knots)*
until *prep.* hasta; *conj.* hasta que
untrue *adj.* falso/a, mentiroso/a
unwell *adj.* indispuesto/a, enfermo/a
unwrap *v.t.* desenvolver
up *adj.*; *adv.* arriba, de pie
upkeep *n.* mantenimiento *m.*, conservación *f.*
upon *prep.* sobre, encima de
upper *adj.* alto/a, superior
uproar *n.* alboroto *m.*, tumulto *m.*
upset *n.* desconcierto *m.*; *v.t.* desconcertar
upsetting *adj.* desconcertado/a, inquietante
upside down *adv.* al revés
upstairs *adj.*; *adv.* arriba
upstream *adj.*; *adv.* río arriba, contracorriente
up-to-date *adj.* moderno/a
upward *adv.* ascendente
urban *adj.* urbano/a, ciudadano/a
urge *n.* impulso *m.*; *v.t.* impulsar
urgency *n.* urgencia *f.*

urgent *adj.* urgente
urinary *adj.* urinario/a
urinate *v.t.* orinar
urine *n.* orina *f.*
urn *n.* urna *f.*
urologist *n.* urólogo/a *m./f.*
Uruguayan *n.* uruguayo/a *m./f.*
us *pron.* nosotros
usage *n.* uso *m.*
use *n.* uso *m.*; *v.t.* usar
used *adj.* acostumbrado/a, usado/a *(clothes)*
useful *adj.* útil, provechoso, servicial
useless *adj.* inútil, vano/a
user *n.* usuario/a *m./f.*
usher *n.* acomodador/a *m./f.*
usual *adj.* usual
usually *adv.* usualmente, por lo general, ordinariamente
utensil *n.* utensilio *m.*, instrumento *m.*
uterus *n.* útero *m.*
utility *n.* utilidad *f.*, ventaja *f.*, beneficio *m.*
utilize *v.t.* utilizar
utmost *adj.* extremo/a; mas remoto/a *(farthest)*; mayor *(greatest)*
utter *adj.* absoluto/a, completo/a; *v.t.* decir; manifestar *(express)*

V

vacancy *n.* vacante *f.*, vacío *m.*
vacant *adj.* vacío/a, deshabitado/a
vacation *n.* vacación *f.* *(holiday)*; vacante *m.* *(office)*
vaccinate *v.t.* vacunar
vaccination *n.* vacunación *f.*
vaccine *n.* vacuna *f.*
vacuum *n.* aspiradora *f.*; *v.t.* aspirar
vague *adj.* vago/a
vain *adj.* vano/a, infructuoso/a; inútil *(useless)*
valet *n.* camarero/a *m./f.*
valiant *adj.* valiente
valid *adj.* válido/a, valedero/a; vigente *(law)*
validity *n.* validez *f.*
valley *n.* valle *m.*
valuable *n.*; *adj.* valioso/a *m./f.*
value *n.* valor *m.*, precio *m.*, estimación *f.*; *v.t.* valorar, tasar estimar
valve *n.* válvula *f.*
van *n.* camioneta *f.*
vanilla *n.* vainilla *f.*
vanish *v.i.* desaparecer, desvanecerse; disiparse
vapor *n.* vapor *m.*
variable *n.*; *adj.* variable *f.*
variation *n.* variación *f.*, cambio *m.*
variety *n.* variedad *f.*
various *adj.* varios/as
varnish *n.* barniz *m.*; *v.t.* barnizar
vary *v.t.*; *v.i.* variar, cambiar
vase *n.* vaso *f.*, jarrón *m.*, urna *f.*
Vaseline ® *n.* Vaselina *f.*
vault *n.* sótano *m.*, bóveda *f.*; *v.t.*; *v.i.* saltar
VCR *n.*; *abb.* video casetera *f.*

English-Spanish Dictionary

veal *n.* ternera *f.*
vegetable *n.* vegetal *m.*, legumbre *f.*
vegetarian *n.*; *adj.* vegetariano/a *m./f.*
vegetation *n.* vegetación *f.*
vehement *adj.* vehemente, violento/a
vehicle *n.* vehículo *m.*
veil *n.* velo *m.*, cortina *f. (curtain)*
vein *n.* vena *f.*
Velcro ® *n.* Velcro *m.*
velvet *n.* terciopelo *m.*; *adj.* aterciopelado/a
venerate *v.t.* venerar, reverenciar
venereal *adj.* venérea
vengeance *n.* venganza *f.*
venom *n.* veneno *m.*
vent *n.* agujero *m.*, abertura *f.*; *v.t.* desahogar
ventilate *v.t.* ventilar
ventilation *n.* ventilación *f.*
ventilator *n.* ventilador *m.*
ventricle *n.* ventrículo *m.*
venture *n.* aventura *f.*, riesgo *m.*; *v.t.* arriesgar, aventurar
verb *n.* verbo *m.*
verbal *adj.* verbal
verdict *n.* veredicto *m.*, fallo *m.*, sentencia *f.*, juicio *m.*
verge *n.* margen *m.*, borde *m.*, vara *f. (wand)*
verification *n.* verificación *f.*
verify *v.t.* verificar, confirmar, probar
vermouth *n.* vermouth *m.*
versatile *adj.* versátil, inconstante
verse *n.* verso *m.*; estrofa *f. (stanza)*; versículo *m. (Bible)*
version *n.* versión *f.*, traducción *f.*, interpretación *f.*
versus *prep.* contra
vertebra *n.* vértebra *f.*
vertical *adj.* vertical
very *adv.* muy, mucho/a; *adj.* mismo/a, verdadero/a
vessel *n.* vasija *f.*, recipiente *m.*
vest *n.* chaleco *m.*; *v.t.* vestir; *v.i.* tener validez, vestirse
veteran *n.*; *adj.* veterano/a *m./f.*, anciano/a *m./f.*
veterinarian *n.* veterinario/a *m./f.*
veterinary *adj.* veterinaria
VHF *abb.* alta frecuencia
via *prep.* vía
vial *n.* frasco *m.*, ampolleta *f.*
víbrate *v.t.*; *v.i.* vibrar
vibration *n.* vibración *f.*
vice *n.* vicio *m.*
vice president *n.* vice-presidente *m.*
vicinity *n.* vecindario *m.*, vecindad *f.*
vicious *adj.* vicioso/a
victim *n.* víctima *f.*
victory *n.* victoria *f.*
video *n.* video *m.*
videocassette *n.* videocasete *m.*
videotape *n.* cinta magnética *f.*
view *n.* vista *f.*, panorama *m.*; *v.t.* mirar, examinar, inspeccionar
viewfinder *n.* visor *m.*
vigor *n.* vigor *m.*, fuerza *f.*
villa *n.* villa *f.*
village *n.* aldea *f.*, pueblo *m.*

vine *n.* vid *f.*, parra *f.*
vinegar *n.* vinagre *m.*
vineyard *n.* viña *f.*, viñedo *m.*
vintage *n.* vendimia *f.*
violate *v.t.* violar; profanar *(desecrate)*; romper *(brake)*
violation *n.* violación *f.*, profanación *f.*
violence *n.* violencia *f.*
violent *adj.* violento/a
violet *n.*; *adj.* violeta *f.*
violin *n.* violín *m.*
violoncello *n.* violoncelo *m.*
viral *adj.* viral
virgin *n.* virgen *f.*
virtual *adj.* virtual
virtue *n.* virtud *f.*
virus *n.* virus *m.*
visa *n.* visa *f.*
visibility *n.* visibilidad *f.*
visible *adj.* visible, aparente, evidente
vision *n.* visión *f.*
visit *n.* visita *f.*; *v.t.* visitar
visitor *n.* visitante *m.*
visor *n.* visera *f.*
visual *adj.* visual
vital *adj.* vital, esencial, trascendental
vitality *n.* vitalidad *f.*
vitamin *n.* vitamina *f.*
vivid *adj.* vívido/a, brillante, intenso/a
vocabulary *n.* vocabulario *m.*
vocal *adj.* vocal
voice *n.* voz *f.*; *v.t.* expresar
voice mail *n.* correo de voz *m.*
void *adj.* vacío/a, carente, anulado/a
volcano *n.* volcán *m.*
volt *n.* voltio *m.*
voltage *n.* voltaje *m.*
volume *n.* volumen *m. (amount)*; tomo *m. (book)*
voluntary *adj.* voluntario/a; espontáneo/a; *adv.* voluntariamente
volunteer *n.* voluntario/a *m./f.*; *v.t.* ofrecer, contribuir; *v.i.* ofrecerse
vomit *n.* vómito *m.*; *v.i.* vomitar
vote *n.* voto *m.*, votación *f.*; *v.i.* votar
voter *n.* votante *m.*
voucher *n.* fiador/a *m./f.*; garantía *f.*, prueba *f.*
vow *n.* voto *m.*; *v.t.* prometer
vowel *n.* vocal *f.*
voyage *n.* viaje *m.*; *v.i.* viajar por mar
vulgar *adj.* vulgar, ordinario/a, cursi

W

wade *v.i.* caminar en el agua
wag *n.* movimiento *m.*; meneo *m.*; *v.t.*; *v.i.* agitar, menear
wage *n.* salario *m.*, premio *m.*, galardón *m.*
wagon *n.* carro *m.*, carreta *f.*; vagón *m. (train)*
waist *n.* cintura *f.*
wait *n.* espera *f.*, pausa *f.*, intervalo *m.*; *v.i.* esperar, aguardar

English-Spanish Dictionary

waiter *n.* mozo *m.*, camarero *m.*
waiting room *n.* sala de espera *f.*
waitress *n.* moza *f.*, camarera *f.*
waiver *n.* renuncia *f.*
wake *n.* vigilia *f.*; vela *f. (ship)*; *v.t.* despertar; *v.i.* despertarse
walk *n.* paseo *m.*; *v.t.*; *v.i.* caminar
walker *n.* caminante *m./f.*, peatón *m./f.*
wall *n.* pared *f.*, muro *m.*; *v.t.* amurallar
wallet *n.* billetera *f.*
walnut *n.* nogal *m.*
wand *n.* vara *f.*; batuta *f. (conductor)*
wander *v.t.*; *v.i.* vagar por, recorrer
want *n.* falta *f.*, necesidad *f.*; *v.t.* querer
war *n.* guerra *f.*; *adj.* guerrero/a; *v.t.* guerrear
wardrobe *n.* ropero *m.*, guardarropa *m.*
ware *n.* mercadería *f.*, loza *f. (pottery)*
warehouse *n.* almacén *m.*; *v.t.* almacenar
warlock *n.* brujo *m.*
warm *adj.* tibio/a, caluroso/a
warmth *n.* calor *m.*
warn *v.t.* advertir, prevenir, avisar *(inform)*
warning *n.* aviso *m.*
warrant *n.* orden judicial *f.*, autorización *f.*; *v.t.* justificar, autorizar
warranty *n.* garantía *f.*
wart *n.* verruga *f.*

wary *adj.* cauto/a, cauteloso/a, prudente
wash *v.t.* lavar
washable *adj.* lavable
washer *n.* lavador/a *m./f.*
washing machine *n.* máquina lavadora *f.*
wasp *n.* avispa *f.*
waste *n.* basura *f.*; *v.t.* desperdiciar, derrochar
wasteful *adj.* despilfarrador/a, derrochador/a
wastepaper basket *n.* papelera *f.*
watch *n.* reloj *m.*; *v.t.*; *v.i.* mirar, velar
watchband *n.* correa *f.*
watchful *adj.* vigilante, alerto/a, observador/a
watchman *n.* guardián *m.*, vigilante *m.*, sereno *m.*
water *n.* agua *f.*; *v.t.* regar; mojar *(moisten)*
watercolor *n.*; *adj.* acuarela *f.*
waterfall *n.* cascada *f.*, catarata *f.*
waterfront *n.* costera *f.*
watermelon *n.* sandía *f.*
waterproof *adj.* impermeable
water-ski *n.* esquí acuático *m.*; *v.i.* hacer esquí acuático
watery *adj.* aguado/a, húmedo/a; lagrimoso *(eye)*
watt *n.* vatio *m.*
wattage *n.* voltaje *m.*
wave *n.* ola *f.*; *v.t.* ondular
wavelength *n.* longitud de onda *f.*
waver *v.i.* ondear, oscilar; vacilar titubear *(hesitate)*; tambalearse *(totter)*

wax *n.* cera *f.*; *v.t.* encerar
way *n.* camino *m.*, modo *m.*
wayward *adj.* caprichoso/a, desobediente, travieso/a, rebelde
we *pron.* nosotros/as
weak *adj.* débil, flojo/a, frágil, delicado/a
weaken *v.t.* debilitar; *v.i.* debilitarse
weakness *n.* debilidad *f.*, imperfección *f.*
wealth *n.* riqueza *f.*, abundancia *f.*
wealthy *adj.* rico/a, adinerado/a, acumulado/a
weapon *n.* arma *f.*
wear *v.t.* vestir, llenar, poner; *v.i.* quitarse, borrarse
weary *adj.* fatigado/a, cansado/a; *v.t.* cansar, fatigar; *v.i.* cansarse, fatigarse
weather *n.* tiempo *m.*, intemperie *f.*; *v.t.* desgastar, curtir; *v.i.* curtirse
weave *v.t.*; *v.i.* tejer, entrelazar
weaver *n.* tejedor/a *m./f.*
web *n.* tejido *m.*
website *n.* sitio web *m.*
wedding *n.* boda *f.*
wedge *n.* trozo *m*
Wednesday *n.* miércoles *m.*
weed *n.* pasto *m.*; *v.t.* escardar
week *n.* semana *f.*
weekday *n.* día de semana *m.*
weekend *n.* fin de semana *m.*
weep *v.i.* llorar
weigh *v.t.* pesar
weight *n.* peso *m.*; *v.t.* cargar

weird *n.*; *adj.* raro/a *m.*, extraño/a *m.*
welcome *n.* bienvenido/a *m./f.*, de nada; *v.t.* dar la bienvenida
weld *v.t.* soldar
welding *n.* soldadura *f.*
welfare *n.* bienestar *m.*
well *n.* pozo *m.*; *adj.* bien, bueno/a, conveniente
west *n.*; *adj.*; *adv.* oeste *m.*
western *adj.* occidental
wet *n.* humedad *f.*; *adj.* mojado/a, húmedo/a *(place)*, lluvioso *(weather)*; *v.t.* mojar
whale *n.* ballena *f.*
wharf *n.* muelle *m.*, embarcadero *m.*; *v.t.* amarrar al muelle
what *n.* el que *m.*, la que *f.*; *adj.*; *pron.* qué, cómo
whatever *adv.*; *pron.* lo que sea, cualquier cosa
wheat *n.* trigo *m.*; *adj.* de trigo
wheel *n.* rueda *f.*; rueca *f. (for spinning)*; *v.t.* hacer rodar
wheelbarrow *n.* carretilla *f.*
wheeze *n.* resoplido *m.*; *v.i.* resoplar
when *adv.* cuando; tan pronto como *(as soon as)*
where *adv.* donde *(interrogative: dónde)*, en donde, en que
wherever *adv.*; *conj.* donde sea, dondequiera, adondequiera
which *adj.*; *pron.* cuál
whichever *adj.*; *pron.* el que sea, cualquiera, cualesquiera

while *n.* rato *m.*, momento *m.*, tiempo *m.*; *conj.* mientras
whip *n.* azote *m.*, látigo *m.*; *v.t.* batir, agitar, azotar
whirl *n.* vuelta *f.*, giro *m.*; *v.i.* girar; danzar *(dance)*
whirlpool *n.* remolino *m.*
whisk *n.* batidor *m.*, movimiento rápido *m. (movement)*; *v.t.* batir; *v.i.* moverse
whisker *n.* bigote *m.*
whiskey *n.* whiskey *m.*
whisper *n.* susurro *m.*, cuchicheo *m.*; *v.t.*; *v.i.* susurrar, cuchichear
whistle *n.* chifle *m.*, silbato *m.*; *v.i.* chiflar, silbar
white *n.* blanco *m.*, blancura *f.*; pálido/a *m./f. (face)*; *adj.* blanco/a, pálido/a, puro/a
whiten *v.t.* blanquear; *v.i.* blanquearse
who *n.* el que *m.*, la que *f.*; *pron.* quién *(interrogative)*
whoever *pron.* quien sea, quienquiera
whole *n.* totalidad *f.*, conjunto *m.*; *adj.* entero/a; sano/a *(healthy)*
wholesale *adv.* venta al por mayor; *adj.* al por mayor
wholesome *adj.* saludable, sano/a; edificante *(edifying)*
whom *n.* a el que *m.*, a la que *f.*; *pron.* quien
whose *adj.* cuyo/a; de quién *(interrogative)*

why *n.* por el cual, por la cual; *adv.* porqué *(interrogative)*
wick *n.* mecha *f.*
wicked *adj.* malvado/a, perverso/a; travieso/a *(mischievous)*
wicker *n.* mimbre *m.*; *adj.* de mimbre
wide *adj.* ancho/a, extenso/a, grande, amplio/a; *adv.* lejos
widen *v.t.* ensanchar, extender; *v.i.* ensancharse, extenderse
widespread *adj.* extendido/a, universal, generalizado/a
widow *n.* viuda *f.*; *v.t.* dejar viudo/a
widower *n.* viudo *m.*
width *n.* anchura *f.*; ancho *m. (clothe)*; liberalismo *m. (mind)*
wield *v.t.* empuñar, ejercer *(power)*
wife *n.* esposa *f.*, mujer *f.*
wig *n.* peluca *f.*; cabellera *f. (hair)*
wild *adj.* salvaje; desierto/a, *(barren)*; rocoso/a, montañoso/a *(mountainous)*
wilderness *n.* desierto/a *m./f.*, despoblado/a *m./f.*
wildlife *n.* flora y fauna *f.*, vida salvaje *f.*
will *n.* testamento *m.*, voluntad *f.*; *v.t.* querer, disponer
willing *adj.* dispuesto/a, inclinado/a; servicial *(serviceable)*
willow *n.* sauce *m.*

win *n.* victoria *f.*, triunfo *m.*; *v.t.*; *v.i.* ganar, triunfar
wind *n.* viento *m.*
windmill *n.* molino de viento *m.*
window *n.* ventana *f.*
windowsill *n.* repisa de la ventana *f.*
windshield *n.* parabrisas *f.*
windy *adj.* ventoso/a; hinchado/a, pomposo/a *(style)*
wine *n.* vino *m.*; *adj.* de vino
wing *n.* ala *f.*; vuelo *m. (flight)*; *v.t.* dar alas, volar por; *v.i.* volar
wink *n.* guiño *m.*, pestañeo *m.*; *v.i.* guiñar, pestañar
winner *n.* ganador/a *m./f.*, vencedor/a *m./f.*
winter *n.* invierno *m.*; *adj.* invernal; *v.t.*; *v.i.* invernar
wipe *v.t.* limpiar; frotar *(rub)*
wire *n.* alambre *m.*, telégrafo *m.*; *v.t.* atar con alambre; *v.i.* telegrafiar
wireless *n.* radiotelegrafista *m./f.*; *adj.* inalámbrico/a; *v.t.* radiotelegrafiar
wisdom *n.* sabiduría *f.*; saber *m. (learning)*; juicio *m. (judgment)*
wise *adj.* sabio/a, juicioso/a, prudente; enterado/a, informado/a *(informed)*
wish *n.* deseo *m.*; *v.t.* desear
wit *n.* inteligencia *f.*, talento *m.*
witch *n.* bruja *f.*
with *prep.* junto, con, en compañía de
withdraw *v.t.* quitar, apartar, retirar; *v.i.* retirarse, retroceder, apartarse, irse
withdrawal *n.* retirada *f.*; retiro *m. (retirement)*
withhold *v.t.* retener, detener; refrenar *(restrain)*; negar *(refuse)*
within *adv.*; *prep.* entre, dentro
without *adv.*; *prep.* sin; fuera de *(outside)*; más allá *(beyond)*
withstand *v.t.* resistir, aguantar, soportar
witness *n.* testigo *m.*; *v.t.* atestiguar; mostrar *(show)*; *v.i.* dar testimonio
witty *adj.* chistoso/a, gracioso/a
wolf *n.* lobo/a *m./f.*
woman *n.* mujer *f.*
womb *n.* matriz *f.*, útero *m.*
wonder *n.* maravilla *f.*; prodigio *m.*; *v.i.* extrañar, asombrar
wonderful *adj.* maravilloso/a, asombroso/a, magnífico/a
wood *n.* bosque *m.*, madera *f.*; leña *f. (for the fire)*
wool *n.* lana *f.*; *adj.* de lana
woolen *n.* paño de lana *m.*; *adj.* de lana
word *n.* palabra *f.*; *v.t.* expresar, formular
word processing *n.* procesamiento de datos *m.*
word processor *n.* procesador/a de datos *m./f.*
work *n.* trabajo *m.*; obra *f. (artistic)*; *v.i.* trabajar

worker *n.* trabajador/a *m./f.*; obrero/a *(manual)*; operario/a *(machine)*
workshop *n.* taller *m.*
world *n.* mundo *m.*
World Bank, the *n.* Banco Mundial *m.*
World Health Organization, the *n.* Organización Mundial de la Salud *f.*
worldwide *adj.* mundial
worm *n.* gusano *m.*, lombriz *f.*
worn out *adj.* acabado/a; agotado/a *(exhausted)*
worried *adj.* preocupado/a
worry *n.* preocupación *f.*, inquietud *f.*; *v.i.* preocupar
worse *adj.*; *adv.* peor
worship *n.* culto *m.*, adoración *f.*; *v.t.*; *v.i.* adorar, rezar
worst *adj.*; *adv.* peor; *v.t.* vencer, derrotar, triunfar
worth *n.* valor *m.*, precio *m.*
worthless *adj.* inútil, sin valor
worthwhile *adj.* que vale la pena
wound *n.* herida *f.*; *v.t.* herir
wrap *n.* envoltorio *m.*; *v.t.* envolver, arrollar, cubrir, abrigar
wrath *n.* ira *f.*
wreath *n.* corona de flores *f.*, guirnalda *f.*
wreck *n.* naufragio *m.*, destrucción *f.*; *v.t.* hacer naufragar, destruir
wrench *n.* llave inglesa *f.*; arranque *m. (jerk)*; *v.t.* arrancar, forzar
wrestle *n.* lucha *f.*; *v.t.* luchar
wrestler *n.* luchador *m.*
wrinkle *n.* arruga *f.*; *v.t.* arrugar; *v.i.* arrugarse
wrist *n.* muñeca *f.*
wristwatch *n.* reloj pulsera *m.*
write *v.t.*; *v.i.* escribir
writer *n.* escritor/a *m./f.*, autor/a *m./f.*
writing *n.* escritura *f.*
wrong *adj.* equivocado/a, injusto/a, mal

X

xenophobia *n.* xenofobia *f.*
xenophobic *adj.* xenofóbico/a
Xmas *n.*; *abb.* Navidad *f.*
X-ray radiografía *f.*; *v.t.* radiografiar
xylophone *n.* xilófono *m.*

Y

yacht *n.* yate *m.*
yank *n.* tirón *m.*; *v.t.* tirar de, dar un tirón
yard *n.* yarda *f. (measure)*; patio *m. (courtyard)*; *v.t.* acorralar
yarn *n.* hilo *m.*; historia *f. (story)*
yawn *n.* bostezo *m.*; *v.i.* bostezar
year *n.* año *m.*
yearly *adj.* anual; *adv.* anualmente
yearn *v.i.* anhelar, suspirar por
yeast *n.* levadura *f.*
yell *n.* grito *m.*; *v.i.* gritar
yellow *adj.* amarillo/a; *v.t.* volver amarillo/a; *v.i.* ponerse amarillo/a
yes *adv.* sí

yesterday *n.; adv.* ayer *m.*
yet *adv.* todavía, aún; *conj.* sin embargo
yield *n.* rendimiento *m.*, cosecha *f.; v.t.* producir, dar, otorgar; *v.i.* rendirse, someterse
yoga *n.* yoga *f.*
yogurt *n.* yogur *m.*
yoke *n.* yugo *m.*; yunta *f. (of oxen); v.t.* uncir, acoplar
yolk *n.* yema *f.*
yonder *n.; adj.* aquel *m.*, aquella *f.; adv.* allí, allá, a lo lejos
you *pron.* tú, usted
young *n.* cría *f.; adj.* joven, nuevo/a, reciente
your *pron.* sus, tus, de usted, tuyos
yourself *pron.* tú mismo/a; usted mismo/a *(polite)*
youth *n.* juventud *f.*; joven *m. (man)*
youthful *adj.* joven, juvenil

Z

zany *adj.* estrafalario/a
zeal *n.* celo *m.*, entusiasmo *m.*
zealous *adj.* celoso/a, entusiasta
zebra *n.* cebra *f.*
zenith *n.* cenit *m.*
zero *num.* cero
zest *n.* entusiasmo *m.*
zigzag *n.* zigzag *m.*; *v.t.* zigzaguear
zinc *n.* pileta *m.*
zip *n.* silbido *m. (of a bullet); v.t.* abrochar
zip code *n.* código postal *m.*
zipper *n.* cierre *m.*
zodiac *n.* zodíaco *m.*
zone *n.* zona *f.*
zoo *n.* zoológico *m.*
zoological *adj.* zoológico
zoology *n.* zoología *f.*
zoom *n.* zumbido *m.; v.i.* zumbar

INDICES

Common Spanish Verbs

Note: **tu** familiar form, **usted** respectful form.

INFINITIVE: abandonar   PAST PART.: abandonado

	PRESENT	FUTURE	PRETERIT
yo *I*	abandono abandon	abandonaré will abandon	abandoné abandoned
tu *you*	abandonas abandon	abandonarás will abandon	abandonaste abandoned
usted *you*	abandona abandon	abandonará will abandon	abandonó abandoned
el/ella/eso *he/she/it*	abandona abandons	abandonará will abandon	abandonó abandoned
nosotros *we*	abandonamos abandon	abandonaremos will abandon	abandonamos abandoned
ustedes *you*	abandonan abandon	abandonarán will abandon	abandonaron abandoned
ellos *they*	abandonan abandon	abandonarán will abandon	abandonaron abandoned

INFINITIVE: aborrecer PAST PART.: aborrecido

	PRESENT	FUTURE	PRETERIT
yo *I*	aborrezco hate	aborreceré will hate	aborrecí hated
tu *you*	aborreces hate	aborrecerás will hate	aborreciste hated
usted *you*	aborrece hate	aborrecerá will hate	aborreció hated
el/ella/eso *he/she/it*	aborrece hates	aborrecerá will hate	aborreció hated
nosotros *we*	aborrecemos hate	aborreceremos will hate	aborrecimos hated
ustedes *you*	aborrecen hate	aborrecerán will hate	aborrecieron hated
ellos *they*	aborrecen hate	aborrecerán will hate	aborrecieron hated

INFINITIVE: abrazar PAST PART.: abrazado

	PRESENT	FUTURE	PRETERIT
yo *I*	abrazo hug	abrazaré will hug	abracé hugged
tu *you*	abrazas hug	abrazarás will hug	abrazaste hugged
usted *you*	abraza hug	abrazará will hug	abrazó hugged
el/ella/eso *he/she/it*	abraza hugs	abrazará will hug	abrazó hugged
nosotros *we*	abrazamos hug	abrazaremos will hug	abrazamos hugged
ustedes *you*	abrazan hug	abrazarán will hug	abrazaron hugged
ellos *they*	abrazan hug	abrazarán will hug	abrazaron hugged

INFINITIVE: abreviar   PAST PART.: abreviado

	PRESENT	FUTURE	PRETERIT
yo *I*	abrevio abbreviate	abreviaré will abbreviate	abrevié abbreviated
tu *you*	abrevias abbreviate	abreviarás will abbreviate	abreviaste abbreviated
usted *you*	abrevia abbreviate	abreviará will abbreviate	abrevió abbreviated
el/ella/eso *he/she/it*	abrevia abbreviates	abreviará will abbreviate	abrevió abbreviated
nosotros *we*	abreviamos abbreviate	abreviaremos will abbreviate	abreviamos abbreviated
ustedes *you*	abrevian abbreviate	abreviarán will abbreviate	abreviaron abbreviated
ellos *they*	abrevian abbreviate	abreviarán will abbreviate	abreviaron abbreviated

INFINITIVE: abrigar   PAST PART.: abrigado

	PRESENT	FUTURE	PRETERIT
yo *I*	abrigo cover up	abrigaré will cover up	abrigué covered up
tu *you*	abrigas cover up	abrigarás will cover up	abrigaste covered up
usted *you*	abriga cover up	abrigará will cover up	abrigó covered up
el/ella/eso *he/she/it*	abriga covers up	abrigará will cover up	abrigó covered up
nosotros *we*	abrigamos cover up	abrigaremos will cover up	abrigamos covered up
ustedes *you*	abrigan cover up	abrigarán will cover up	abrigaron covered up
ellos *they*	abrigan cover up	abrigarán will cover up	abrigaron covered up

Other translations for this verb: to shelter, protect, keep warm, to aid, assist.

INFINITIVE: absorber PAST PART.: absorbido

	PRESENT	FUTURE	PRETERIT
yo *I*	absorbo absorb	absorberé will absorb	absorbí absorbed
tu *you*	absorbes absorb	absorberás will absorb	absorbiste absorbed
usted *you*	absorbe absorb	absorberá will absorb	absorbió absorbed
el/ella/eso *he/she/it*	absorbe absorbs	absorberá will absorb	absorbió absorbed
nosotros *we*	absorbemos absorb	absorberemos will absorb	absorbimos absorbed
ustedes *you*	absorben absorb	absorberán will absorb	absorbieron absorbed
ellos *they*	absorben absorb	absorberán will absorb	absorbieron absorbed

INFINITIVE: abusar PAST PART.: abusado

	PRESENT	FUTURE	PRETERIT
yo *I*	abuso abuse	abusaré will abuse	abusé abused
tu *you*	abusas abuse	abusarás will abuse	abusaste abused
usted *you*	abusa abuse	abusará will abuse	abusó abused
el/ella/eso *he/she/it*	abusa abuses	abusará will abuse	abusó abused
nosotros *we*	abusamos abuse	abusaremos will abuse	abusamos abused
ustedes *you*	abusan abuse	abusarán will abuse	abusaron abused
ellos *they*	abusan abuse	abusarán will abuse	abusaron abused

Indices — Common Spanish Verbs

INFINITIVE: aceitar   **PAST PART.: aceitado**

	PRESENT	FUTURE	PRETERIT
yo *I*	aceito oil	aceitaré will oil	aceité oiled
tu *you*	aceitas oil	aceitarás will oil	aceitaste oiled
usted *you*	aceita oil	aceitará will oil	aceitó oiled
el/ella/eso *he/she/it*	aceita oils	aceitará will oil	aceitó oiled
nosotros *we*	aceitamos oil	aceitaremos will oil	aceitamos oiled
ustedes *you*	aceitan oil	aceitarán will oil	aceitaron oiled
ellos *they*	aceitan oil	aceitarán will oil	aceitaron oiled

INFINITIVE: acelerar   **PAST PART.: acelerado**

	PRESENT	FUTURE	PRETERIT
yo *I*	acelero accelerate	aceleraré will accelerate	aceleré accelerated
tu *you*	aceleras accelerate	acelerarás will accelerate	aceleraste accelerated
usted *you*	acelera accelerate	acelerará will accelerate	aceleró accelerated
el/ella/eso *he/she/it*	acelera accelerates	acelerará will accelerate	aceleró accelerated
nosotros *we*	aceleramos accelerate	aceleraremos will accelerate	aceleramos accelerated
ustedes *you*	aceleran accelerate	acelerarán will accelerate	aceleraron accelerated
ellos *they*	aceleran accelerate	acelerarán will accelerate	aceleraron accelerated

INFINITIVE: aceptar   PAST PART.: aceptado

	PRESENT	FUTURE	PRETERIT
yo *I*	acepto accept	aceptaré will accept	acepté accepted
tu *you*	aceptas accept	aceptarás will accept	aceptaste accepted
usted *you*	acepta accept	aceptará will accept	aceptó accepted
el/ella/eso *he/she/it*	acepta accepts	aceptará will accept	aceptó accepted
nosotros *we*	aceptamos accept	aceptaremos will accept	aceptamos accepted
ustedes *you*	aceptan accept	aceptarán will accept	aceptaron accepted
ellos *they*	aceptan accept	aceptarán will accept	aceptaron accepted

INFINITIVE: acertar   PAST PART.: acertado

	PRESENT	FUTURE	PRETERIT
yo *I*	acierto succeed	acertaré will succeed	acerté succeeded
tu *you*	aciertas succeed	acertarás will succeed	acertaste succeeded
usted *you*	acierta succeed	acertará will succeed	acertó succeeded
el/ella/eso *he/she/it*	acierta succeeds	acertará will succeed	acertó succeeded
nosotros *we*	acertamos succeed	acertaremos will succeed	acertamos succeeded
ustedes *you*	aciertan succeed	acertarán will succeed	acertaron succeeded
ellos *they*	aciertan succeed	acertarán will succeed	acertaron succeeded

Indices — Common Spanish Verbs

INFINITIVE: acomodar **PAST PART.: acomodado**

	PRESENT	FUTURE	PRETERIT
yo *I*	acomodo accommodate	acomodaré will accommodate	acomodé accommodated
tu *you*	acomodas accommodate	acomodarás will accommodate	acomodaste accommodated
usted *you*	acomoda accommodate	acomodará will accommodate	acomodó accommodated
el/ella/eso *he/she/it*	acomoda accommodates	acomodará will accommodate	acomodó accommodated
nosotros *we*	acomodamos accommodate	acomodaremos will accommodate	acomodamos accommodated
ustedes *you*	acomodan accommodate	acomodarán will accommodate	acomodaron accommodated
ellos *they*	acomodan accommodate	acomodarán will accommodate	acomodaron accommodated

INFINITIVE: acompañar **PAST PART.: acompañado**

	PRESENT	FUTURE	PRETERIT
yo *I*	acompaño accompany	acompañaré will accompany	acompañé accompanied
tu *you*	acompañas accompany	acompañarás will accompany	acompañaste accompanied
usted *you*	acompaña accompany	acompañará will accompany	acompañó accompanied
el/ella/eso *he/she/it*	acompaña accompanies	acompañará will accompany	acompañó accompanied
nosotros *we*	acompañamos accompany	acompañaremos will accompany	acompañamos accompanied
ustedes *you*	acompañan accompany	acompañarán will accompany	acompañaron accompanied
ellos *they*	acompañan accompany	acompañarán will accompany	acompañaron accompanied

INFINITIVE: aconsejar   PAST PART.: aconsejado

	PRESENT	FUTURE	PRETERIT
yo *I*	aconsejo advise	aconsejaré will advise	aconsejé advised
tu *you*	aconsejas advise	aconsejarás will advise	aconsejaste advised
usted *you*	aconseja advise	aconsejará will advise	aconsejó advised
el/ella/eso *he/she/it*	aconseja advises	aconsejará will advise	aconsejó advised
nosotros *we*	aconsejamos advise	aconsejaremos will advise	aconsejamos advised
ustedes *you*	aconsejan advise	aconsejarán will advise	aconsejaron advised
ellos *they*	aconsejan advise	aconsejarán will advise	aconsejaron advised

INFINITIVE: amar   PAST PART: amado

	PRESENT	FUTURE	PRETERIT
yo *I*	amo love	amaré will love	amé loved
tu *you*	amas love	amarás will love	amaste loved
usted *you*	ama love	amará will love	amó loved
el/ella/eso *he/she/it*	ama loves	amará will love	amó loved
nosotros *we*	amamos love	amaremos will love	amamos loved
ustedes *you*	aman love	amarán will love	amaron loved
ellos *they*	aman love	amarán will love	amaron loved

Indices — Common Spanish Verbs

INFINITIVE: andar **PAST PART.: andado**

	PRESENT	FUTURE	PRETERIT
yo *I*	ando walk	andaré will walk	anduve walked
tu *you*	anda walk	andarás will walk	anduviste walked
usted *you*	anda walk	andará will walk	anduvo walked
el/ella/eso *he/she/it*	anda walks	andará will walk	anduvo walked
nosotros *we*	andamos walk	andaremos will walk	anduvimos walked
ustedes *you*	andan walk	andarán will walk	anduvieron walked
ellos *they*	andan walk	andarán will walk	anduvieron walked

INFINITIVE: añorar **PAST PART.: añorado**

	PRESENT	FUTURE	PRETERIT
yo *I*	añoro long for	añoraré will long for	añoré longed for
tu *you*	añoras long for	añorarás will long for	añoraste longed for
usted *you*	añora long for	añorará will long for	añoró longed for
el/ella/eso *he/she/it*	añora longs for	añorará will long for	añoró longed for
nosotros *we*	añoramos long for	añoraremos will long for	añoramos longed for
ustedes *you*	añoran long for	añorarán will long for	añoraron longed for
ellos *they*	añoran long for	añorarán will long for	añoraron longed for

INFINITIVE: buscar   PAST PART: buscado

	PRESENT	FUTURE	PRETERIT
yo *I*	busco search	buscaré will search	busqué searched
tu *you*	buscas search	buscarás will search	buscaste searched
usted *you*	busca search	buscará will search	buscó searched
el/ella/eso *he/she/it*	busca searches	buscará will search	buscó searched
nosotros *we*	buscamos search	buscaremos will search	buscamos searched
ustedes *you*	buscan search	buscarán will search	buscaron searched
ellos *they*	buscan search	buscarán will search	buscaron searched

INFINITIVE: caer   PAST PART: caído

	PRESENT	FUTURE	PRETERIT
yo *I*	caigo fall	caeré will fall	caí fell
tu *you*	cae fall	caerás will fall	caíste fell
usted *you*	cae fall	caerá will fall	cayó fell
el/ella/eso *he/she/it*	cae falls	caerá will fall	cayó fell
nosotros *we*	caemos fall	caeremos will fall	caímos fell
ustedes *you*	caen fall	caerán will fall	cayeron fell
ellos *they*	caen fall	caerán will fall	cayeron fell

Indices — Common Spanish Verbs

INFINITIVE: comenzar   **PAST PART: comenzado**

	PRESENT	FUTURE	PRETERIT
yo *I*	comienzo start	comenzaré will start	comencé started
tu *you*	comienzas start	comenzarás will start	comenzaste started
usted *you*	comienza start	comenzará will start	comenzó started
el/ella/eso *he/she/it*	comienza starts	comenzará will start	comenzó started
nosotros *we*	comenzamos start	comenzaremos will start	comenzamos started
ustedes *you*	comienzan start	comenzarán will start	comenzaron started
ellos *they*	comienzan start	comenzarán will start	comenzaron started

INFINITIVE: comer   **PAST PART: comido**

	PRESENT	FUTURE	PRETERIT
yo *I*	como eat	comeré will eat	comí ate
tu *you*	comes eat	comerás will eat	comiste ate
usted *you*	come eat	comerá will eat	comió ate
el/ella/eso *he/she/it*	come eats	comerá will eat	comió ate
nosotros *we*	comemos eat	comeremos will eat	comimos ate
ustedes *you*	comen eat	comerán will eat	comieron ate
ellos *they*	comen eat	comerán will eat	comieron ate

INFINITIVE: conducir   PAST PART: conducido

	PRESENT	FUTURE	PRETERIT
yo *I*	conduzco drive	conduciré will drive	conduje drove
tu *you*	conduces drive	conducirás will drive	condujiste drove
usted *you*	conduce drive	conducirá will drive	condujo drove
el/ella/eso *he/she/it*	conduce drives	conducirá will drive	condujo drove
nosotros *we*	conducimos drive	conduciremos will drive	condujimos drove
ustedes *you*	conducen drive	conducirán will drive	condujeron drove
ellos *they*	conducen drive	conducirán will drive	condujeron drove

INFINITIVE: conocer   PAST PART: conocido

	PRESENT	FUTURE	PRETERIT
yo *I*	conozco know	conoceré will know	conocí knew
tu *you*	conoces know	conocerás will know	conociste knew
usted *you*	conoce know	conocerá will know	conoció knew
el/ella/eso *he/she/it*	conoce knows	conocerá will know	conoció knew
nosotros *we*	conocemos know	conoceremos will know	conocimos knew
ustedes *you*	conocen know	conocerán will know	conocieron knew
ellos *they*	conocen know	conocerán will know	conocieron knew

Indices — Common Spanish Verbs

INFINITIVE: conseguir   PAST PART: conseguido

	PRESENT	FUTURE	PRETERIT
yo *I*	consigo get	conseguiré will get	conseguí got
tu *you*	consigues get	conseguirás will get	conseguiste got
usted *you*	consigue get	conseguirá will get	consiguió got
el/ella/eso *he/she/it*	consigue gets	conseguirá will get	consiguió got
nosotros *we*	conseguimos get	conseguiremos will get	conseguimos got
ustedes *you*	consiguen get	conseguirán will get	consiguieron got
ellos *they*	consiguen get	conseguirán will get	consiguieron got

INFINITIVE: construir   PAST PART: construido

	PRESENT	FUTURE	PRETERIT
yo *I*	construyo build	construiré will build	construí built
tu *you*	construyes build	construirás will build	construiste built
usted *you*	construye build	construirá will build	construyó built
el/ella/eso *he/she/it*	construye builds	construirá will build	construyó built
nosotros *we*	construimos build	construiremos will build	construimos built
ustedes *you*	construyen build	construirán will build	construyeron built
ellos *they*	construyen build	construirán will build	construyeron built

INFINITIVE: creer   PAST PART: creído

	PRESENT	FUTURE	PRETERIT
yo *I*	creo believe	creeré will believe	creí believed
tu *you*	crees believe	creerás will believe	creíste believed
usted *you*	cree believe	creerá will believe	creyó believed
el/ella/eso *he/she/it*	cree believes	creerá will believe	creyó believed
nosotros *we*	creemos believe	creeremos will believe	creímos believed
ustedes *you*	creen believe	creerán will believe	creyeron believed
ellos *they*	creen believe	creerán will believe	creyeron believed

INFINITIVE: dar   PAST PART: dado

	PRESENT	FUTURE	PRETERIT
yo *I*	doy give	daré will give	di gave
tu *you*	das give	darás will give	diste gave
usted *you*	da give	dará will give	dio gave
el/ella/eso *he/she/it*	da gives	dará will give	dio gave
nosotros *we*	damos give	daremos will give	dimos gave
ustedes *you*	dan give	darán will give	dieron gave
ellos *they*	dan give	darán will give	dieron gave

Indices — Common Spanish Verbs

INFINITIVE: devolver **PAST PART: devuelto**

	PRESENT	FUTURE	PRETERIT
yo *I*	devuelvo give back	devolveré will give back	devolví gave back
tu *you*	devuelves give back	devolverás will give back	devolviste gave back
usted *you*	devuelve give back	devolverá will give back	devolvió gave back
el/ella/eso *he/she/it*	devuelve gives back	devolverá will give back	devolvió gave back
nosotros *we*	devolvemos give back	devolveremos will give back	devolvimos gave back
ustedes *you*	devuelven give back	devolverán will give back	devolvieron gave back
ellos *they*	devuelven give back	devolverán will give back	devolvieron gave back

INFINITIVE: decir **PAST PART: dicho**

	PRESENT	FUTURE	PRETERIT
yo *I*	digo say	diré will say	dije said
tu *you*	dices say	dirás will say	dijiste said
usted *you*	dice say	dirá will say	dijo said
el/ella/eso *he/she/it*	dice says	dirá will say	dijo said
nosotros *we*	decimos say	diremos will say	dijimos said
ustedes *you*	dicen say	dirán will say	dijeron said
ellos *they*	dicen say	dirán will say	dijeron said

INFINITIVE: divertir PAST PART: divertido

	PRESENT	FUTURE	PRETERIT
yo *I*	me divierto have fun	me divertiré will have fun	me divertí had fun
tu *you*	te diviertes have fun	te divertirás will have fun	te divertiste had fun
usted *you*	se divierte have fun	se divertirá will have fun	se divirtió had fun
el/ella/eso *he/she/it*	se divierte has fun	se divertirá will have fun	se divirtió had fun
nosotros *we*	nos divertimos have fun	nos divertiremos will have fun	nos divertimos had fun
ustedes *you*	se divierten have fun	se divertirán will have fun	se divirtieron had fun
ellos *they*	se divierten have fun	se divertirán will have fun	se divirtieron had fun

INFINITIVE: encontrar PAST PART: encontrado

	PRESENT	FUTURE	PRETERIT
yo *I*	encuentro find	encontraré will find	encontré found
tu *you*	encuentras find	encontrarás will find	encontraste found
usted *you*	encuentra find	encontrará will find	encontró found
el/ella/eso *he/she/it*	encuentra finds	encontrará will find	encontró found
nosotros *we*	encontramos find	encontraremos will find	encontramos found
ustedes *you*	encuentran find	encontrarán will find	encontraron found
ellos *they*	encuentran find	encontrarán will find	encontraron found

Indices — Common Spanish Verbs

INFINITIVE: estar **PAST PART: estado**

	PRESENT	FUTURE	PRETERIT
yo *I*	estoy am	estaré will be	estuve was
tu *you*	estás are	estarás will be	estuviste were
usted *you*	está are	estará will be	estuvo were
el/ella/eso *he/she/it*	está is	estará will be	estuvo was
nosotros *we*	estamos are	estaremos will be	estuvimos were
ustedes *you*	están are	estarán will be	estuvieron were
ellos *they*	están are	estarán will be	estuvieron were

INFINITIVE: haber **PAST PART: habido**

	PRESENT	FUTURE	PRETERIT
yo *I*	he have	habré will have	hube had
tu *you*	has have	habrás will have	hubiste had
usted *you*	ha have	habrá will have	hubo had
el/ella/eso *he/she/it*	ha has	habrá will have	hubo had
nosotros *we*	hemos have	habremos will have	hubimos had
ustedes *you*	han have	habrán will have	hubieron had
ellos *they*	han have	habrán will have	hubieron had

INFINITIVE: hacer   PAST PART: hecho

	PRESENT	FUTURE	PRETERIT
yo *I*	hago do	haré will do	hice did
tu *you*	haces do	harás will do	hiciste did
usted *you*	hace do	hará will do	hizo did
el/ella/eso *he/she/it*	hace does	hará will do	hizo did
nosotros *we*	hacemos do	haremos will do	hicimos did
ustedes *you*	hacen do	harán will do	hicieron did
ellos *they*	hacen do	harán will do	hicieron did

INFINITIVE: ir   PAST PART: ido

	PRESENT	FUTURE	PRETERIT
yo *I*	voy go	iré will go	fui went
tu *you*	vas go	irás will go	fuiste went
usted *you*	va go	irá will go	fue went
el/ella/eso *he/she/it*	va goes	irá will go	fue went
nosotros *we*	vamos go	iremos will go	fuimos went
ustedes *you*	van go	irán will go	fueron went
ellos *they*	van go	irán will go	fueron went

INFINITIVE: jugar   PAST PART: jugado

	PRESENT	FUTURE	PRETERIT
yo *I*	juego play	jugaré will play	jugué played
tu *you*	juegas play	jugarás will play	jugaste played
usted *you*	juega play	jugará will play	jugó played
el/ella/eso *he/she/it*	juega plays	jugará will play	jugó played
nosotros *we*	jugamos play	jugaremos will play	jugamos played
ustedes *you*	juegan play	jugarán will play	jugaron played
ellos *they*	juegan play	jugarán will play	jugaron played

INFINITIVE: morir   PAST PART: muerto

	PRESENT	FUTURE	PRETERIT
yo *I*	muero die	moriré will die	morí died
tu *you*	mueres die	morirás will die	moriste died
usted *you*	muere die	morirá will die	murió died
el/ella/eso *he/she/it*	muere dies	morirá will die	murió died
nosotros *we*	morimos die	moriremos will die	morimos died
ustedes *you*	mueren die	morirán will die	murieron died
ellos they	mueren die	morirán will die	murieron died

INFINITIVE: oír   PAST PART: oído

	PRESENT	FUTURE	PRETERIT
yo *I*	oigo hear	oiré will hear	oí heard
tu *you*	oyes hear	oirás will hear	oíste heard
usted *you*	oye hear	oirá will hear	oyó heard
el/ella/eso *he/she/it*	oye hears	oirá will hear	oyó heard
nosotros *we*	oímos hear	oiremos will hear	oímos heard
ustedes *you*	oyen hear	oirán will hear	oyeron heard
ellos *they*	oyen hear	oirán will hear	oyeron heard

INFINITIVE: poder   PAST PART: podido

	PRESENT	FUTURE	PRETERIT
yo *I*	puedo can	podré will	pude could
tu *you*	puedes can	podrás will	pudiste could
usted *you*	puede can	podrá will	pudo could
el/ella/eso *he/she/it*	puede can	podrá will	pudo could
nosotros *we*	podemos can	podremos will	pudimos could
ustedes *you*	pueden can	podrán will	pudieron could
ellos *they*	pueden can	podrán will	pudieron could

INFINITIVE: poner   PAST PART: puesto

	PRESENT	FUTURE	PRETERIT
yo *I*	pongo put	pondré will put	puse put
tu *you*	pones put	pondrás will put	pusiste put
usted *you*	pone put	pondrá will put	puso put
el/ella/eso *he/she/it*	pone puts	pondrá will put	puso put
nosotros *we*	ponemos put	pondremos will put	pusimos put
ustedes *you*	ponen put	pondrán will put	pusieron put
ellos *they*	ponen put	pondrán will put	pusieron put

INFINITIVE: querer   PAST PART: querido

	PRESENT	FUTURE	PRETERIT
yo *I*	quiero want	querré will want	quise wanted
tu *you*	quieres want	querrás will want	quisiste wanted
usted *you*	quiere want	querrá will want	quiso wanted
el/ella/eso *he/she/it*	quiere wants	querrá will want	quiso wanted
nosotros *we*	queremos want	querremos will want	quisimos wanted
ustedes *you*	quieren want	querrán will want	quisieron wanted
ellos *they*	quieren want	querrán will want	quisieron wanted

INFINITIVE: saber   PAST PART: sabido

	PRESENT	FUTURE	PRETERIT
yo *I*	sé know	sabré will know	supe knew
tu *you*	sabes know	sabrás will know	supiste knew
usted *you*	sabe know	sabrá will know	supo knew
el/ella/eso *he/she/it*	sabe knows	sabrá will know	supo knew
nosotros *we*	sabemos know	sabremos will know	supimos knew
ustedes *you*	saben know	sabrán will know	supieron knew
ellos *they*	saben know	sabrán will know	supieron knew

INFINITIVE: salir   PAST PART: salido

	PRESENT	FUTURE	PRETERIT
yo *I*	salgo go out	saldré will go out	salí went out
tu *you*	sales go out	saldrás will go out	saliste went out
usted *you*	sale go out	saldrá will go out	salió went out
el/ella/eso *he/she/it*	sale goes out	saldrá will go out	salió went out
nosotros *we*	salimos go out	saldremos will go out	salimos went out
ustedes *you*	salen go out	saldrán will go out	salieron went out
ellos *they*	salen go out	saldrán will go out	salieron went out

Indices — Common Spanish Verbs

INFINITIVE: ser   **PAST PART: sido**

	PRESENT	FUTURE	PRETERIT
yo *I*	soy am	seré will be	fui was
tu *you*	eres are	serás will be	fuiste were
usted *you*	es are	será will be	fue were
el/ella/eso *he/she/it*	es is	será will be	fue was
nosotros *we*	somos are	seremos will be	fuimos were
ustedes	son are	serán will be	fueron were
ellos *they*	son are	serán will be	fueron were

INFINITIVE: tener   **PAST PART: tenido**

	PRESENT	FUTURE	PRETERIT
yo *I*	tengo have	tendré will have	tuve had
tu *you*	tienes have	tendré will have	tuviste had
usted *you*	tiene have	tendrá will have	tuvo had
el/ella/eso *he/she/it*	tiene has	tendrá will have	tuvo had
nosotros *we*	tenemos have	tendremos will have	tuvimos had
ustedes *you*	tienen have	tendrán will have	tuvieron had
ellos *they*	tienen have	tendrán will have	tuvieron had

INFINITIVE: tocar   PAST PART: tocado

	PRESENT	FUTURE	PRETERIT
yo *I*	toco touch	tocaré will touch	toqué touched
tu *you*	tocas touch	tocarás will touch	tocaste touched
usted *you*	toca touch	tocará will touch	tocó touched
el/ella/eso *he/she/it*	toca touches	tocará will touch	tocó touched
nosotros *we*	tocamos touch	tocaremos will touch	tocamos touched
ustedes *you*	tocan touch	tocarán will touch	tocaron touched
ellos *they*	tocan touch	tocarán will touch	tocaron touched

INFINITIVE: tomar   PAST PART: tomado

	PRESENT	FUTURE	PRETERIT
yo *I*	tomo take	tomaré will take	tomé took
tu *you*	tomas take	tomarás will take	tomaste took
usted *you*	toma take	tomará will take	tomó took
el/ella/eso *he/she/it*	toma takes	tomará will take	tomó took
nosotros *we*	tomamos take	tomaremos will take	tomamos took
ustedes *you*	toman take	tomarán will take	tomaron took
ellos *they*	toman take	tomarán will take	tomaron took

Indices — Common Spanish Verbs

INFINITIVE: torcer **PAST PART: torcido**

	PRESENT	FUTURE	PRETERIT
yo *I*	tuerzo twist	torceré will twist	torcí twisted
tu *you*	tuerces twist	torcerá will twist	torciste twisted
usted *you*	tuerce twist	torcerá will twist	torció twisted
el/ella/eso *he/she/it*	tuerce twists	torcerá will twist	torció twisted
nosotros *we*	torcemos twist	torceremos will twist	torcimos twisted
ustedes *you*	tuercen twist	torcerán will twist	torcieron twisted
ellos *they*	tuercen twist	torcerán will twist	torcieron twisted

INFINITIVE: traer **PAST PART: traído**

	PRESENT	FUTURE	PRETERIT
yo *I*	traigo bring	traeré will bring	traje brought
tu *you*	traes bring	traerás will bring	trajiste brought
usted *you*	trae bring	traerá will bring	trajo brought
el/ella/eso *he/she/it*	trae brings	traerá will bring	trajo brought
nosotros *we*	traemos bring	traeremos will bring	trajimos brought
ustedes *you*	traen bring	traerán will bring	trajeron brought
ellos *they*	traen bring	traerán will bring	trajeron brought

INFINITIVE: valer — PAST PART: valido

	PRESENT	FUTURE	PRETERIT
yo *I*	valgo am worth	valdré will be worth	valí was worth
tu *you*	vales are worth	valdrás will be worth	valiste were worth
usted *you*	vale are worth	valdrá will be worth	valió were worth
el/ella/eso *he/she/it*	vale is worth	valdrá will be worth	valió was worth
nosotros *we*	valemos are worth	valdremos will be worth	valimos were worth
ustedes *you*	valen are worth	valdrán will be worth	valieron were worth
ellos *they*	valen are worth	valdrán will be worth	valieron were worth

INFINITIVE: venir — PAST PART: venido

	PRESENT	FUTURE	PRETERIT
yo *I*	vengo come	vendré will come	vine came
tu *you*	vienes come	vendrás will come	viniste came
usted *you*	viene come	vendrá will come	vino came
el/ella/eso *he/she/it*	viene comes	vendrá will come	vino came
nosotros *we*	venimos come	vendremos will come	vinimos came
ustedes *you*	vienen come	vendrán will come	vinieron came
ellos *they*	vienen come	vendrán will come	vinieron came

Indices — Common Spanish Verbs

INFINITIVE: ver **PAST PART: visto**

	PRESENT	FUTURE	PRETERIT
yo *I*	veo see	veré will see	vi saw
tu *you*	ves see	verás will see	viste saw
usted *you*	ve see	verá will see	vio saw
el/ella/eso *he/she/it*	ve sees	verá will see	vio saw
nosotros *we*	vemos see	veremos will see	vimos saw
ustedes *you*	ven see	verán will see	vieron saw
ellos *they*	ven see	verán will see	vieron saw

INFINITIVE: volver **PAST PART: vuelto**

	PRESENT	FUTURE	PRETERIT
yo *I*	vuelvo go back	volveré will go back	volví went back
tu *you*	vuelves go back	volverás will go back	volviste went back
usted *you*	vuelve go back	volverá will go back	volvió went back
el/ella/eso *he/she/it*	vuelve goes back	volverá will go back	volvió went back
nosotros *we*	volvemos go back	volveremos will go back	volvimos went back
ustedes *you*	vuelven go back	volverán will go back	volvieron went back
ellos *they*	vuelven go back	volverán will go back	volvieron went back

Spanish Holidays

Latin American countries celebrate all Catholic holidays.

New Year's Day:	January 1st
Christmas Eve:	December 24th
Christmas Day:	December 25th
Labor Day:	May 1st

Independence days:

Argentina:	July 9th
Chile:	September 18th
Colombia:	July 20th
Costa Rica:	September 15th
Dominican Republic:	February 27th
Ecuador:	August 10th
El Salvador:	September 15th
Guatemala:	September 15th
Honduras:	September 15th
Mexico:	September 16th
Panama:	November 28th
Paraguay:	May 14th
Peru:	July 28th
Puerto Rico:	July 4th
Uruguay:	August 25th
Venezuela:	April 19th

50 Spanish Proverbs

1. **Quien mucho abarca, poco aprieta.**
   He who begins many things, finishes but few. Grasp all, lose all.

2. **Quien mal anda mal acaba.**
   An ill life, an ill end.

3. **Ojos que no ven, corazón que no siente.**
   What the eye doesn't see, the heart doesn't grieve for.

4. **Del árbol caído todos hacen leña.**
   When the tree is fallen, everyone runs to it with an axe.

5. **Ayúdate que te ayudaré.**
   God helps those who help themselves.

6. **Aunque la mona se vista de seda, mona se queda.**
   An ape is an ape, a varlet is a varlet, though they be clad silk or scarlet.

7. **En boca cerrada no entran moscas**
   A closed mouth catches no flies.

8. **Quien busca encuentra.**
   Seek and you shall find.

9. Muerto el perro, se acabó la rabia.
   A dead dog cannot bite.

10. No toda pregunta merece respuesta.
    Not every question deserves an answer.

11. Querer es poder.
    Where there's a will, there's a way.

12. Donde manda capitán, no manda marinero.
    Some must follow and some command.

13. Cada cual es rey en su casa.
    Every man is king in his home.

14. El que ríe al ultimo ríe mejor.
    He who laughs last laughs best.

15. Por la casa se conoce el dueño.
    The house shows the owner.

16. Quitando la causa, cesa el efecto.
    Take away the cause and the effect must cease.

17. Acuéstate sin cena y amanecerás sin deudas.
    Better to go to bed with no supper than rise in debt.

18. No hay peor sordo que el que no quiere oír.
    There is none so deaf as those who will not hear.

19. El que al cielo escupe, le cae en la cara.
    He who spits against the wind, spits in his own face.

Indices — 50 Spanish Proverbs 303

20. Un clavo saca a otro clavo.
    One nail drives out another.

21. Comer para vivir, no vivir para comer.
    One should eat to live, not live to eat.

22. Mas vale tarde que nunca.
    Better late than never.

23. Vivir y dejar vivir.
    Live and let live.

24. De la abundancia del corazón habla la boca.
    What the heart thinks, the tongue speaks.

25. Cada cosa a su tiempo.
    There is a time for everything.

26. Cosa hallada no es hurtada.
    Finding is keeping.

27. Cada quien lleva su cruz.
    Every man has his cross to bear.

28. Cuentas claras conservan la amistad.
    Crystal clear accounts make long friends.

29. El que siembra vientos recoge tempestades.
    He who sows the wind reaps the whirlwind.

30. Del dicho al hecho hay mucho trecho.
    From word to deed is a great space.

31. **Dime con quien andas y te diré quien eres.**
    Tell me with whom you travel and I'll tell you who you are.

32. **El dinero gobierna al mundo.**
    Money makes the world go round. Money runs the world.

33. **Cada uno sabe dónde le aprieta el zapato.**
    Everyone knows where his shoe pinches.

34. **Dios aprieta pero no ahorca.**
    God grips but does not choke.

35. **A buen entendedor, pocas palabras bastan.**
    A word to the wise is sufficient.

36. **El que espera desespera.**
    Too much hope deceives.

37. **Gato con guantes no caza ratones.**
    A cat in gloves catches no mice.

38. **El que guarda siempre tiene.**
    Hiders make the best finders. Of saving comes having.

39. **Sobre gustos no hay nada escrito.**
    There is no disputing (accounting) for taste.

40. **El hábito no hace al monje.**
    The habit (cowl) does not make the monk.

Indices — 50 Spanish Proverbs

41. Quien mucho abarca poco aprieta.
    Talk much, and err much.

42. El hombre propone y Dios dispone.
    Man proposes, God disposes.

43. Hombre prevenido vale por dos.
    Forewarned is forearmed.

44. Afortunado en el juego, desafortunado en el amor.
    Lucky at cards, unlucky in love.

45. Cada loco con su tema.
    Every man is mad at some point.

46. No hay mal que dure cien años.
    It will all be the same a hundred years hence.

47. Mas vale malo conocido, que bueno por conocer.
    Better to bear the ills we have than fly to others that we know not of.

48. Una manzana podrida pudre a las otras.
    One bad apple spoils the lot.

49. La mentira tiene patas cortas.
    A lie has no legs.

50. Camarón que se duerme se lo lleva la corriente.
    You snooze you loose.

Spanish Menu Terms

BASICS

a la mexicana Mexican-style: mixed with peppers, tomatoes, onions and chiles.

caldo thick broth with solid ingredients.

cilantro fresh coriander; if you don't like the taste, ask for your food *sin* (without) *cilantro*.

chalupas small tortillas filled with meat or other toppings, served as hors d'oeuvre.

chilaquiles fried strips of stale tortillas, combined with meat or chicken sauces, and meat and then baked; green *chilaquiles* feature chicken and green *tomatillo* sauce while red *chilaquiles* usually have beef and red tomato *jitomate* sauce; both topped with cheese.

enchiladas tortillas stuffed with different fillings, dipped in chile sauce.

mole a spicy sauce with many variations, some quite *picante* (hot), others mild; the famous dish is *guajolote con mole poblano*, turkey in dark chocolate-flavored sauce cooked Puebla style.

nachos similar to *chalupas*.

quesadillas small raw tortillas, stuffed with cheese or other savory fillings, sealed, and baked or fried on a grill.

rellenos stuffed: often vegetables with stuffing.

salsa sauce; some common ones are *salsa mexicana* (see above), *salsa verde* (made with green tomatoes called *tomatillos*), and *salsa ranchera* quite hot, used for *huevos rancheros*.

sofrito common tomato sauce base, contains vegetables, onions and garlic, then it is lightly fried in olive oil.

tamales soft corn dumplings stuffed with various fillings, wrapped in cornhusk and cooked with steam.

tortillas flat pancake made from *masa harina*, flour made of maize and water. Tortillas are baked on an un-greased griddle and are consumed the same way bread is with many meals. It is also combined with other ingredients to make several Mexican menu items. A tortilla in Spain is an omelet. Spanish tortillas are of two kinds: *French*, or rolled and *Spanish*, or round.

tostado crisp tortilla taco

APPETIZERS (Entremés)

aceitunas olives are an essential garnish for drinks and meals in Spain.
bocaditos de queso cheese bites.
buñuelitos de camarones small shrimp fritters.
carnitas fried pork, beef.
ceviche seafood cocktail made of raw fish or shellfish and "cooked" by marinating in lime juice and mixed with spices; many different varieties exist.
champiñones al ajillo garlic mushrooms
champiñones al jerez mushrooms in sherry sauce.
cóctel de camarones shrimp cocktail.
cóctel de ostiones oyster-like cocktail; shellfish is served out of the shell in cocktail sauce.
croquetas de camarones shrimp croquettes.
ensalada rusa Russian salad; often served with a stuffed egg, or a tiny portion of roasted red peppers in vinaigrette.
huevos rellenos stuffed eggs.
pescado Santo Domingo cold sea bass served as hors d'oeuvre.
pimientos asados con vinagreta vinaigrette baked peppers.
pimientos fritos fried green peppers.
pinchos a *pincho* is a kebob, usually meat or mushrooms, cooked and served on a short metal skewer. Cubes of meat are sometimes alternated with caps of mushrooms or bits of onion or red pepper.

SALADS (Ensaladas)

Salad is sometimes only lettuce and tomato; sometimes it includes several vegetables. In Spain they rarely make a tossed salad. Instead, they arrange the vegetables decoratively on a large shallow platter and sprinkle salt, olive oil, and sometimes wine vinegar.

ensalada de aguacate avocado salad.
ensalada de arroz valenciana Valencia rice salad; a refreshing, tangy rice salad from the Levante region of eastern Spain. It makes an excellent first course for dinner.
ensalada de arroz y atún rice and tuna salad
ensalada de frijoles bean salad
ensalada de garbanzos chick-pea salad
ensalada de langosta lobster salad
ensalada de legumbres vegetable salad
ensalada de pescado fish salad
pebre tomato-onion salad

SOUPS (Sopas)

mariscada de mejillones y almejas shellfish soup of mussels and clams. There are as many kinds of *mariscadas*, or shellfish soups as there are mollusks and crustaceans in the sea.
menudo tripe soup, very hearty and filling.
olla podrida *puchero* with *morcilla* sausages.
pozole soup made of pork, hominy, and chiles, often very hot, always very filling.
puchero *chorizo* gives this particular Argentinean and Uruguayan dish its distinctive flavor.
sancocho a dish from Ecuador and Colombia (in Venezuela *hervido*). This *sancocho* is made with a brisket of beef, but you can also use other cuts, such as shank, rump, eye of round, short ribs, or flank steak. A good *sancocho* can also be made with chicken, pork or veal. Seafood is often used too.
sopa criolla de pollo thick Argentine chicken-and vegetable soup.
sopa de ajo garlic soup is one of the most characteristic foods of Spain. It is one of Spain's two contributions to soup making. In this simplest form made with garlic, bread, olive oil, and water.
sopa de cebolla onion soup, often served with cheese.
sopa de frijol negro black bean soup.
sopa de judías coloradas black bean soup with ham and hard cooked egg.
sopa de tortillas delicious soup made with chicken broth, tortilla strips, and many other garnishes.

PASTRIES AND NOODLES (Empanadas y Pastas)

empanadas and the smaller *empanadillas* (pastries with fillings made with fish, meat, vegetables, or a combination of these) are popular over Spain.
empanada gallega Galician stuffed pastry is a hearty pastry made with chorizo, ham, veal, peppers and eggs.
empanadas de carne the Brazilians call their empanadas *empadas*, or, when they are little, *empanadinhas*. They have several kinds of fillings, including beef, shrimp, and chicken. Sizes range from small to large.
empanadas de queso cheese pastries.
emparedados calientes basically hot sandwiches with ham and eggs.
cacerola de tortillas tortilla casserole.
caldudas is considered the Chilean empanada. The meat is slowly cooked in a *caldo* or stock. The stock evaporates to almost nothing, while the meat becomes soft and very moist. The filling is sweetened with raisins.
pastel de pescado a pastel is a sort of pie, and it comes in different shapes, usually round or rectangular. The filling can be made with vegetables, meat, fish, cheese, or a combinations of these ingredients.
pastelitos de puerco pork pastries.
tallarines noodles in sauce.
tallarines chalacos baked spaghetti with fish sauce.

MAIN DISHES (Platos Principales)

Carnes (Red Meats)

ají de puerco Bolivian pork casserole.
albóndigas meatballs; often very hot and spicy, sometimes served as an appetizer as well.
albóndigas en salsa jerez meatballs in sherry sauce.
albóndigas con arroz meatballs with rice.
bife a la criolla Creole beef.
bistec al horno baked steak.

Indices — Spanish Menu Terms

bistec con cebollas steak and onions.

brochetas de cordero lamb brochettes.

carapulcra Peruvian meat-and-potato dish. The pepper used in this dish is *aji amarillo*, or *mirasol*, a hot yellow pepper that gives its distinctive golden color, in addition to its special flavor.

carne asada literally grilled meat; this is almost always fillet of beef sliced fairly thin,cooked medium well, and served with any combination of side dishes; a safe dish to order almost anywhere.

chorizos pork sausages.

churrasco rebosado batter-fried fillet of beef commonly eaten in Buenos Aires.

cocido popular stew with many variations, but usually including meat, chicken, bacon, chickpeas, and vegetables.

cocido de riñones kidney stew in a *sofrito* tomato base.

cochinillo asado roast suckling pig.

cochinillo pibil Yucatan-style barbecued pork, Mexico.

chiles rellenos stuffed *chile poblanos*. The stuffing is usually ground pork, but can be cheese, and is a specialty in Mexico.

chorizo popular red sauce.

chuletas al limón veal chops seasoned with lemon rind, ground coriander and cracked white pepper.

costillas de cerdo fried, marinated spareribs.

costillas de cordero a la brasa broiled rack of lamb.

empanada Galician hot turnover usually filled with a meat mixture.

fabada pork stew with beans and spices.

feijoada a rich concoction of beans (usually black) cooked with an assortment of pork cuts, is the ceremonial dish of Brazil.

guisado stew, usually of meat and other vegetables.

hígado liver.

jamón en dulce ham preserved in sugar.

lechón asado roast sucking pig.

lengua de res ox tongue.

lomo de cerdo pork loin.

lomo relleno rolled and stuffed steak.

lomo de ternera al horno veal roast loin

matambre flank steak filled with spinach and pistachios. *Matambre* is a stuffed piece of meat, usually flank steak, sometimes breast of veal. The filling might consist of one or more well-seasoned meats combined with vegetables, eggs, and nuts. Typical dish of Argentina and Uruguay.

olla podrida same as *cocido*.

piononos deep-fried plantain rings with tasty ground beef filling.

pote same as *cocido*.

puchero same as *cocido*.

puchero criollo Argentinean assorted meat dinner.

puerco en mole verde pork in green mole sauce; also called *pipían verde* groundnuts or seeds, in this case, with green pumpkin seeds, *pepitas*.

riñones de ternera con romero veal kidneys with fennel on rosemary skewers.

ropa vieja beef and cabbage salad.

so-e yosó py Paraguayan beef-and-rice hash.

Poultry (Aves)

ahicaco de gallina chicken soup/stew.

arroz con pollo rice with chicken; including saffron, peas and other vegetables and seasonings in endless variations, always a good and safe bet.

cacerola de pavo marinated turkey casserole.

canja chicken and rice cream.

cazuela de ave chicken in the pot.

gallina a la colombiana chicken in rice pudding.

gallina con naranjas chicken with oranges.

guisado de pollo chicken stew with potatoes, peas, and wine sauce.

mole poblano one of the national dishes of Mexico, traditionally made with turkey, though chicken is often used.

palomas con vino rojo pigeons in red wine.

pastel de pollo chicken pie.

pato duck.

pato con aceitunas duck with olives.

pato con papas duck with potatoes.

pato en salsa de nueces duck in nut sauce.

pavo relleno stuffed turkey.

pechuga de pollo chicken breast
pichones con guisantes squabs with peas.
piquete Colombian chicken pork and vegetables.
pollitos salteados en maíz Bolivian fried chicken in cornmeal batter.
pollo asado roast stuffed chicken.
pollo al cazador chicken in red wine.
pollo al jugo de uva chicken in grape juice.
pollo a la chilindrón chicken sautéed with peppers, tomatoes and olives.
pollo con garbanzos chicken with chick-peas.
pollo en pipían rojo chicken in red sauce flavored with sesame seeds; may be referred to as en *pipían colorado* (red *pipían*).
pollo en salsa mostaza chicken in mustard sauce.
pollo piña chicken in pineapple sauce.
pollo relleno pork-stuffed chicken.

Eggs (Huevos)

huevos a la flamenca fried eggs on a *sofrito* base.
huevos fritos fried eggs are delicious served with fried rice and tomato sauce.
huevos motuleños as they are made in the town of *Motul* in Yucatán, Mexico incorporating chopped ham and peas.
huevos nevados al plato con queso y jamón baked eggs with grated cheese and ham.
huevos rancheros soft fried eggs on tortillas covered with hot sauce *(salsa ranchera)* served with refried beans.
huevos revueltos a la mexicana eggs scrambled with chopped tomatoes, onions and chiles.
piperrada scrambled eggs, peppers and tomatoes.
plato manchego mixed vegetables, mixes easily with the eggs, there are many variations from region to region.
tortilla (in Spain, Uruguay and Argentina only) a sturdy omelet containing many combinations of ingredients other than eggs.
tortilla de arroz puffy rice omelet.
tortilla de papas potato tortilla.

Fish and Shellfish (Pescados y Mariscos)

adobo de pescado spicy fish casserole with tomatoes.
aguacates rellenos literally stuffed avocados; often the stuffing is a seafood salad or a vegetable mixture sometimes served as an appetizer or first course.
almejas fritas fried clams.
arenques en escabeche soused herrings.
asopao Puerto Rican rice stew with seafood.
bacalao a la vizcaína salt cod and tomatoes, of Basque origin.
blanco de Pátzcuaro white fish from Lake Pátzcauro in Mexico.
calamares en su tinta squid in a sauce made with their ink; much tastier than it sounds.
camarones shrimp.
camarones en salsa de tomate shrimp in tomato sauce.
camarones fritos batter-fried shrimp.
camarones saltados sautéed shrimp.
escabeche de pescado pickled fish.
huachinango a la veracruzana red snapper in the style of *Veracruz;* baked with tomatoes, onions and *chiles.*
merluza en salsa picante fish in piquant sauce.
paella famous rice-based casserole that usually contains shellfish, chicken, peas, sausages, spices and saffron.
pescado guisado fish stew.
zarzuela de pescado fish stew mixed with seafood stew in a sauce of wine and brandy.

SNACKS, SIDE DISHES, ETC.

bocadillo literally sandwich, it is also the standard hard roll, very soft inside, a real staple.
bolillo the Mexican standard roll.
bombas de camarones deep-fried potato cakes with shrimp in the dough.
burritos wheat-flour tortillas rolled around a variety of filling similar to those used for the corn tortillas; if then fried, usually called *chimichangas.*

Indices — Spanish Menu Terms

churros long deep-fried pastry made from a doughnut-like dough and dipped in granulated sugar, served for breakfast in Spain and also for late-night supper, *merienda* with coffee or chocolate in Mexico.
frijoles refritos refried beans; the beans are cooked tender, they are mashed and then fried only once. These are served with almost everything in Mexico.
guacamole avocado purée with onions, peppers, cilantro and chopped tomatoes. Usually mild, it is sometimes made with hot *chiles*, so taste cautiously.
migas bread bits fried in olive oil and flavored with garlic, a distinctively Spanish crouton.
pan dulce sweet bread; this term covers a huge variety of pastries and sweet breads made in bakeries that seem to be on every corner.
torta Mexico City only: a carved out *bolillo* filled with meat, avocado, tomato.
ajíes rellenos hot peppers filled with ham and cheese.

SAUCES (Salsas)

ali oli garlic mayonnaise.
condimento de ají pepper relish.
mayonesa verde green mayonnaise. This is delicious with salmon, trout or cold white fish.
romescu pepper and almond sauce.
salsa bechamel white sauce.
salsa de aguacate para pescado avocado sauce for fish.
salsa de almendras almond sauce popular throughout Spain as an accompaniment to hard-boiled eggs, boiled chicken, cold meats and fish.
salsa de champiñones mushroom sauce is a good general-purpose sauce, particularly popular with white fish, vegetable and chicken dishes.
salsa de mangos mango sauce.
salsa de tomate tomato sauce.
salsa mayonesa mayonnaise sauce.

salsa verde green sauce is delicious with hard-broiled eggs, poached fish, or chicken dishes.
salsa vinagreta vinaigrette sauce is very good for freshly cooked vegetables, salads and fish dishes.

VEGETABLE DISHES

ajíes rellenos hot peppers filled with ham and cheese.
berenjenas con tomates baked eggplant with tomatoes.
berenjenas rellenas stuffed eggplant.
calabaza con maíz squash and corn.
calabaza y queso baked squash and cheese.
capirotada de papas potato casserole.
cebollas en salsa de tomate baked onions in tomato sauce.
chauchas green beans and potatoes.
chiles fritos fried green peppers.
espinaca al horno baked spinach.
flan de maíz corn custard.
frijoles negros black beans.
garbanzos al horno baked chick peas.
guisantes con cebollas peas and onions.
guiso de ejotes green beans in tomato sauce.
humitas sautéed corn.
humitas con leche baked corn casserole.
humitas de choclo corn tamales.
lentejas con bananas lentils and bananas.
olla gitana gypsy vegetable stew.
pan de maíz corn bread pudding.
papas a la huancaina potatoes in cheese sauce, Peruvian style.
pastel de choclo meat-corn pie.
pastel de espinaca baked spinach roll.
patatas coloradas potatoes in red sauce.
patatas rellenas con queso potato-cheese croquettes.
pepián de chocho corn *pepian*. This delicious corn dish is native to Peru. For a variety of textures some of the corn is grated, some is pureed and some is left whole. Sometimes pork or chicken is added.

picante de maiz boliviano baked potato and corn casserole.
pimientos rellenos roasted sweet peppers with goat cheese.
tomates rellenos tomatoes filled with tomatoes and almonds.

DESSERTS AND PIES (Postres y Pasteles)

Spanish desserts are relatively simple and not difficult to understand. Fruits are popular, sometimes *con crema* (with cream) or with *nata* (whipped cream). One can order a variety of *pasteles* or in Spain *tortas* or *helado* (ice cream).

alfajores *manjar blanco*, or milk pudding (also called *dulce de leche*) is eaten by itself or used as a filling for a variety of sweets. *Dulce de leche* is an essential part of many pastries, especially *alfajores*.
alfajores de almendra almond cookies, Argentina.
arroz con leche rice pudding.
brazo de Gitano Swiss roll with cream filling. The Spanish version goes by the colorful name of *brazo de Gitano*, which literally means "gypsy's arm." Both the vanilla and chocolate flavored versions of this light sponge cake are popular in Spain.
buñuelos de plátanos banana fritters are often served at *merienda* time (tea time).
chongos a cross between custard and cheese they are made by letting gently heated milk separate into curds and whey, these are served with a sweet syrup.
crema española Spanish cream.
crema frita con salsa de melocotón o ciruela cream fritters with peach or plum sauce.
crema pastelera cream filling is the Spanish version of the French *crème patisserie*. It is extremely versatile as it can be used as a filling for cakes and pies and as a dessert in its own right; either served separately or fried in batter or breadcrumbs.
dulce de almendras almond crisps.
dulce de camote sweet-potato dessert.
empanaditas de crema fried cream pastries.
flan sometimes called crème caramel this custard baked with caramel syrup on the bottom is probably the best known distinctly Spanish dessert; usually on every menu.

galletas de nueces nut cookies.
hinchares cream puffs.
hojuelas de naranja orange puffs.
mousse de chocolate chocolate mousse.
natillas universally available soft custard, served cold.
pan dulce sweet bread.
pastel de castañas y albaricoques chestnut and apricot cream. This rich sweet makes an ideal dinner party dessert.
pastel de manzana apple crumble. It can be served with *crema pastelera* or whipped cream.
pastel venezolano almond pie.
pastelitos de coco coconut pastries.
pestiños fried honeyed pastries.
pudín de café coffee pudding, it consists of a soft coffee meringue base covered with a rich custard cream sauce.
torta de banana banana pie.
torta de chocolate chocolate pie.
torta de pasas raisin-filled cake.
torta paste de almendras almond-paste pie.
tocino del cielo sweet egg yolk delight. *Tocino* is the white part of bacon and this curious name *tocino del cielo* literally means "heavenly fatty bacon." It is an extremely sweet and rich dessert made with a thick syrup and egg yolks and topped with a light caramel. Understandably, it is usually served in very small portions.

BEVERAGES (Bebidas)

atole a hot drink made with *masa harina*, a thin cornmeal mush sweetened and flavored in various ways; not everybody's cup, but interesting to try–perhaps the chocolate version called *champurrado*.
café coffee; be careful how you order:
café americano American-style coffee.
café con crema American-style coffee with cream (in small or rural places, the cream may be evaporated milk, so be advised).
café con leche coffee made with warm milk (café late*).*

café de olla coffee made in a clay pot served black flavored with stick cinnamon and sweetened with raw brown sugar.

café solo espresso-style black coffee.

chocolate spelled the same way but pronounced "choco-laht-tay," this popular beverage in Mexico comes in many styles among which are *mexicana* (made with water) and Francesca (made with milk and, possibly, an egg).

cerveza beer; light is *clara*, dark is *negra;* Mexican beer is labeled *oscura* and the very dark, once a year treat around Christmas is *nochebuena.*

coñac brandy (no particular brand).

jerez sherry, our corruption of the name of the city that gave rise to the wine, Jerez, Spain, pronounced (both city and drink) "hereth."

jugo de naranja orange juice.

kalúa the coffee-flavored, chocolaty liqueur of Mexico.

maté cocido hot maté. Similar to a strong tea. In South America maté is made in a gourd. It may also be made in a small teapot. Contains *yerba*, sugar, and water.

maté tetre iced maté.

refresco any soft drink, usually ordered by brand.

tequila Mexican liquor distilled from the *agave* plant; other forms of *agave* products, including *mescal* and *pulque*; ask local advice.

vino wine; red *tinto*, rose *rosado*, or white *blanco;* local table wine is *vino corriente, vino de mesa* or *vino del país; vino fino* is very pale topaz, very dry. *Vino amontillado*, amber in color, light and dry with a pungent aroma and an almond-like flavor. *Vino oloroso* has a strong bouquet, a nutlike flavor, more body than *amontillado*, and is a dark gold sometimes reddish color. *Pedro Jiménez* and *moscatel:* sweet dessert wines named after the sweet grapes that are exposed to the sun for fifteen to twenty days after harvest to increase their sugar content. *Manzanilla* is a new wine that appeared at the beginning of the nineteenth century. It is produced in the white chalk soils near Sanlúcar de Barrameda and is aged in dark humid sites aired by Atlantic breezes (some bodegas have windows openings directly to the sea). *Sangría* is listed on menus and wine cards throughout Spain. A kind of punch, it is a popular Spanish drink often served with appetizers and even throughout a meal.

Cooking A-Z (Spanish)

a la brasa *adj.* grilled
aceite de oliva *f.* olive oil
aceite *m.* oil
aceituna *f.* olive
aceitunas *f./pl.* olives
acelga *f.* swiss chard
achiote *m.* achiote (a blend of spices)
agua *f.* water
ajíes *m./pl.* hot peppers
ajo *m.* garlic
al vapor *adj.* steamed
albahaca *f.* basil
alcachofa *f.* artichoke
almeja *f.* clam
almendra *f.* almond
almíbar *m.* syrup
ananá *f.* pineapple
anchoas *f./pl.* anchovies
apio *m.* celery
arroz *m.* rice
arroz con leche *m.* rice pudding
asado *adj.* roasted
áspero *adj.* sharp, sour
atún *m.* tuna
avellana *f.* hazelnut
azafrán *m.* saffron
azúcar *m.* sugar

bacalao *m.* cod
bagre *m.* catfish
berenjena *f.* eggplant
berza *f.* cabbage
bistec *m.* steak
boniatos *m./pl.* sweet potatoes
brochetas *f./pl.* kababs
budín *m.* terrine
buñuelos *m./pl.* crullers, fritters

cacao *m.* cocoa
café *m.* coffee; cafe
calamar *m.* squid
caldo *m.* broth; soup
caliente *adj.* hot
camarones *m./pl.* shrimp
canela *f.* cinnamon
cangrejo *m.* crab; crayfish
castaña *f.* chestnut
cazuela *f.* casserole; pot
cebolla *f.* onion
cena *f.* dinner
cerdo *m.* pork
cerveza *f.* beer
champána *m.* champagne
chocolate *m.* chocolate
chorizo *m.* pork sausage
chuleta *f.* chops

cilantro *m.* cilantro
ciruela *f.* plum
coco *m.* coconut
codorniz *f.* quail
comer *v.* to eat
comida *f.* food; lunch
conchitas *f./pl.* bay scallop
conejo *m.* rabbit
cordero *m.* lamb
cortar *v.t.* cut
corvina *f.* bass
costilla de cordero *f.* rack of lamb
costillas *f./pl.* short ribs
crema *f.* cream
crema chantilly *f.* whipped cream
croqueta *f.* croquette

desayuno *m.* breakfast
dátil *m.* date

empanadas *f./pl.* pasty filled w/ savory ingredients
encebollado *adj.* smothered with onions
encurtido *m.* relish
enrrollado *m.* roulade
ensalada *f.* salad
entremés *m.* appetizer
escabechada *adj.* marinated
escabeche *m.* marinade;
espinaca *f.* spinach
estofado *m.* beef stew

flan *m.* créme caramel; pudding
freír *v.t.* to fry
fresco *adj.* fresh
frito *adj.* fried
fruta *f.* fruit

galleta *f.* cracker
ganso *m.* goose
garbanzo *m.* chick pea
grasa *f.* fat
guindilla *f.* hot pepper

harina *f.* flour
helado *m.* ice cream
higos *m./pl.* figs
hinojo *m.* fennel
hongo *m.* mushroom
huevo *m.* egg

jamón *m.* ham
jengibre *m.* ginger
jugo *m.* juice

langosta *f.* lobster
laurel *m.* bay leaf
leche *f.* milk
lechón *m.* suckling pig
lengua *f.* tongue
lenguado *m.* flounder, sole
lentejas *f./pl.* lentils
levadura *f.* yeast
libras *f./pl.* pounds
liebre *f.* hare
limón *m.* lemon

Indices — Cooking A–Z

limonada *f.* lemonade
lomo *m.* loin

maiz *m.* corn
manteca *f.* butter; lard
mantequilla *f.* butter
manzana *f.* apple
mariscos *m./pl.* seafood
masa *f.* dough
mayonesa *f.* mayonnaise
melón *f.* melon
mejillón *m.* mussel
melocotones *m./pl.* peaches
membrillo *m.* quince
menta *f.* mint
menú *m.* menu
menudo *m.* tripe
mercado *m.* market
merluza *f.* hake
mondongo *m.* tripe
mora *f.* blackberry
morrones *m.* hot peppers

nueces *f./pl.* nuts

omelet *m.* omelet
orégano *m.* oregano, wild marjoram

palta *f.* avocado
pan *m.* bread
papas *f./pl.* potatoes
pasas *f./pl.* raisins
pastel *m.* pie
pato *m.* duck

pavo *m.* turkey
pejerreyes *m./pl.* smelts
pera *f.* pear
perdiz *f.* partridge
perejil *m.* parsley
pescado *m.* fish
pez espada *m.* swordfish
pimentón *m.* paprika
pimienta *f.* pepper
pimientos *m./pl.* bell peppers
piña *f.* pineapple
piñones *m. pl.* pine nuts
pistachos *m./pl.* pistachios
pollo *m.* chicken
polvo de hornear *m.* baking powder
poroto *m.* bean
preparar *v.t.* prepare
pudín *m.* pudding
pulpo *m.* octopus
puré *m.* purée

queso *m.* cheese

rabo *m.* shank
rebanar *v.t.* cut into slices
receta *f.* recipe
relleno *m.* filling; *adj.* stuffed
remolacha *f.* beet
repollo *m.* cabbage
riñón *m.* kidney
ron *m.* rum

sal *f.* salt
salmón *m.* salmon

salsa *f.* sauce
sardinas *f./pl.* sardines
seco *adj.* dried; dry
sopa *f.* soup
sopa espesa *f.* chowder

tallarines *m./pl.* noodles
tarta *f.* cake; tart
ternera *f.* veal
tocino *m.* bacon
tomillo *m.* thyme
torta *f.* cake

trigo *m.* barley
trucha *f.* trout

vainilla *f.* vanilla
vegetales *m./pl.* vegetables
venado *m.* venison
vinagre *m.* vinegar
vinagreta *adj.* vinaigrette
vino *m.* wine

zanahoria *f.* carrot
zapallo *m.* squash

Other Spanish and Latin American Interest Titles ...

Emergency Spanish Phrasebook
80 pages • 4½ x 7½ • 0-7818-0977-0 • $5.95 • (460)

Spanish-English/English-Spanish Practical Dictionary
35,000 entries • 338 pages • 5 x 8 • 0-7818-0179-6 • $9.95pb • (211)

Spanish-English/English-Spanish Dictionary & Phrasebook
2,000 entries • 250 pages • 3¾ x 7 • 0-7818-0773-5 • $11.95pb • (261)

Hippocrene Children's Illustrated Spanish Dictionary
English-Spanish/Spanish-English
500 entries • 94 pages • 8 x 11 • 0-7818-0889-8 • $11.95pb • (181)

Spanish-English/English-Spanish Concise Dictionary (Latin American)
8,000 entries • 500 pages • 4 x 6 • 0-7818-0261-X • $11.95pb • (258)

Spanish Learner's Dictionary
14,000 entries • 300 pages • 4 x 6 • 0-7818-0937-1 • $14.95pb • (386)

Beginner's Spanish
313 pages • 5½ x 8½ • 0-7818-0840-5 • $14.95pb • (225)

Mastering Advanced Spanish
326 pages • 5 x 8 • 0-7818-0081-1 • $14.95pb • (413)
2 cassettes: ca. 2 hours • 0-7818-0089-7 • $12.95 • (426)

Spanish Grammar
224 pages • 5 x 8 • 0-87052-893-9 • $12.95pb • (273)

Spanish Verbs: Ser and Estar
220 pages • 5 x 8 • 0-7818-0024-2 • $8.95pb • (292)

Dictionary of Latin American Phrases and Expressions
1,900 entries • 178 pages • 5½ x 8½ • 0-7818-0865-0 • $14.95 • (286)

Dictionary of 1,000 Spanish Proverbs: Bilingual
131 pages • 5 x 8 • 0-7818-0412-4 • $11.95pb • (254)

Spanish Proverbs, Idioms and Slang
350 pages • 6 x 9 • 0-7818-0675-5 • $14.95pb • (760)

Maya-English/English-Maya Dictionary & Phrasebook (Yucatec)
1,500 entries • 180 pages • 3¾ x 7 • 0-7818-0859-6 • $12.95pb • (244)

How to Read Maya Hieroglyphs
360 pages • 6 x 9 • b/w & color photos/illus./maps • 0-7818-0861-8 • $24.00hc • (332)

Mexico: An Illustrated History
150 pages • 5 x 7 • 50 illustrations • 0-7818-0690-9 • $11.95pb • (585)

Tikal: An Illustrated History of the Ancient Maya Capital
271 pages • 6 x 9 • 50 b/w photos/illus./maps •
0-7818-0853-7 • $14.95pb • (101)

Treasury of Spanish Love Poems, Quotations and Proverbs: Bilingual
128 pages • 5 x 7 • 0-7818-0358-6 • $11.95 • (589)
2 cassettes: ca. 2 hours • 0-7818-0365-9 • $12.95 • (584)

Treasury of Spanish Love Short Stories in Spanish and English
157 pages • 5 x 7 • 0-7818-0298-9 • $11.95 • (604)

Folk Tales from Chile
121 pages • 5 x 8 • 15 illustrations • 0-7818-0712-3 • $12.50hc • (785)

Other Hippocrene Cookbooks of Spain and Latin America

Old Havana Cookbook
Cuban Recipes in Spanish and English

Cuban cuisine, though derived from its mother country, Spain, has been modified and refined by locally available foods like pork, rice, corn, beans and sugar, and the requirements of a tropical climate. Fine Gulf Stream fish, crabs and lobsters, and an almost infinite variety of vegetables and luscious, tropical fruits also have their places on the traditional Cuban table. This cookbook includes over 50 recipes, each in Spanish with side-by-side English translation—all of them classic Cuban fare and old Havana specialties adapted for the North American kitchen. Among the recipes included are: Ajiaco (famous Cuban Stew), Boiled Pargo with Avocado Sauce, Lobster Havanaise, Tamal en Cazuela (Soft Tamal), Quimbombó (okra), Picadillo, Roast Suckling Pig, and Boniatillo (Sweet Potato Dulce), along with a whole chapter on famous Cuban cocktails and beverages.

123 pages • 5 x 7 • line drawings • 0-7818-0767-0 • $11.95hc • (590)

Mayan Cooking: Recipes from the Sun Kingdoms of Mexico
Cherry Hamman

Take a culinary journey into the Mexican Yucatan, to unravel the mysteries of the ancient Mayan diet! This book contains over 150 traditional recipes that date back several centuries, as well as contemporary creations that represent Maya ingenuity and imagination in borrowing new foods and ideas.

275 pages • 6 x 9 • drawings • 0-7818-0580-5 • $24.95hc • (680)

Art of Brazilian Cookery
Dolores Botafogo

In the 40 years since its original publication, *The Art of Brazilian Cookery* has been a trusted source for home chefs through the decades. This authentic cookbook of Brazilian food, the first of its kind to be published in the U.S., includes over 300 savory and varied recipes and begins with a vivid historical-geographic and culinary picture of Brazil.

240 pages • 5½ x 8¼ • 0-7818-0130-3 • $11.95pb • (250)

Art of South American Cookery
Myra Waldo

This cookbook offers delicious recipes for the various courses of a typical South American meal, with specialties from all countries. Dishes show the expected influence of Spanish and Portuguese cuisines, but are enhanced by the use of locally available ingredients.

272 pages • 5 x 8½ • 0-7818-0485-X • $11.95pb • (423)

Argentina Cooks!
Shirley Lomax Brooks

Argentine cuisine is one of the world's best-kept culinary secrets. The country's expansive landscape includes tropical jungles, vast grasslands with sheep and cattle, alpine lakes and glacier-studded mountains. As a result, a great variety of foods are available—game, lamb, an incredible assortment of fish and seafood, exotic fruits and prime quality beef. This cookbook highlights recipes from Argentina's nine regions, including signature recipes from Five Star chefs, along with the best of collections from the author and other talented home chefs.

298 pages • 6 x 9 • 0-7818-0829-4 • $24.95hc • (85)

Prices subject to change without prior notice. **To purchase Hippocrene Books** contact your local bookstore, call (718) 454-2366, or write to: HIPPOCRENE BOOKS, 171 Madison Avenue, New York, NY 10016. Please enclose check or money order, adding $5.00 shipping (UPS) for the first book, and $.50 for each additional book.